哲学史

所昭示给我们的，

是一系列的高尚的心灵，

是许多理性思维的英雄们的展览，

他们凭借理性的力量深入事物、

自然和心灵的本质

——深入上帝的本质，

并且为我们赢得最高的珍宝，

理性知识的珍宝。

——黑格尔

哲学史家文库

第2辑

熊十力哲学研究

郭齐勇 著

人民出版社

新　版　序

本书基础是我的博士论文《熊十力研究》，那是在萧萐父先生的指导下，于1990年完成并通过答辩的。尔后修改补充，改名《熊十力思想研究》，于1993年6月由天津人民出版社出版，为方克立、李锦全二先生主持并主编的"国家'七五'至'八五'哲学社会科学重点项目——现代新儒学研究丛书"之一。本书初版时曾印精、平装各500册，次年1994年再次印刷时，加印了精装2000册。1995年，本书获得原国家教委首届人文社会科学优秀成果著作类二等奖。

本书的贡献在于，抓住了熊十力哲学架构、主要范畴、命题等核心内容，予以解读、阐发与批评。全书研讨的中心是熊氏哲学体系与范畴结构，"本体—宇宙论"、"本体—方法论"、认识与修养论、政治历史哲学及其内在紧张与困局。由此而展开，本书论述了熊十力佛学、经学（特别是易学）、道家思想，熊十力与冯友兰、金岳霖、贺麟、唐君毅、牟宗三、徐复观等学术的联系与区别，熊十力哲学的特性，新旧唯识学及儒佛心性论的关系，熊十力哲学的当代意义等。我的本意是透过熊十力，理解中国传统哲学与文化的特质。所以，本书不仅仅是一本专谈熊十力的本，其实也是一本谈中国哲学的书，其中包含了我对儒、释、道，诸子百家，宋明理学与现代哲学的理解与分析。

作为博士论文或学术专著，一定要建立在对学术前史通晓的基础上，即对一切原始、第一手材料和对有关对象的海内外已有研究成果等所有材料，竭泽而渔。我们武汉大学中国哲学学科点在萧萐父先生的主持下，长期以来，已有了这一学术传统。需要说明的是，本书所以缺乏学术综述，是因为在此之前，我的硕士论文及其修订本《熊十力及其哲学》、扩大本《熊十力与中国传统文化》等著作中，已有了翔实的、数万言的《熊十力学术思想研究综述》与《熊十力学行编年》等。而且，本书写作时，我正在参与编辑、整理、点校《熊十力全集》。该全集于2001年由湖北教育出版社出版,于2003年12月获国家新闻出版总署第六届国家图书奖提名奖。

今年,承蒙人民出版社编审方国根主任之看重,建议重版此书,纳入该社"哲学史家文库"之中。我非常惶恐,实不敢当,然方先生盛意难却,只好忝列末座。我重新校读一过,尽量保持原貌。所增加者,乃附录一《论熊十力与唐君毅在刘蕺山"意"与"诚意"观上的讨论与分歧》。此文写于2001年。另外,对附录二《熊十力论著编年目录》及参考文献等做了补充。此次修订,主要功夫用于校核了全书所有引文及出处,凡引述熊先生原文,都核为《熊十力全集》本。

博士生谢远笋帮助我校对书稿,核对了一些引文,责任编辑方国根先生为本书出版尽心尽力,特此致谢。

回首本书写作与初版时的情景,仿佛历历如在目前。恩师萧萐父先生及指导、关心、支持、评论过我的熊十力研究及博士论文的前辈学者梁漱溟先生、张岱年先生、周辅成先生、任继愈先生、冯契先生、石峻先生、朱伯崑先生、吴林伯先生等已经作古,想起他们对我的提携与关爱,不禁潸然泪下!

是为序。

郭齐勇

己丑(2009)伏天于珞珈山

武汉大学中国传统文化研究中心

目　　录

第 一 章

真实的生命　伟大的人格
——熊十力的文化个性及其历史命运

　　熊十力(1885—1968年),原名继智、升恒、定中,号子真、漆园、逸翁,湖北黄冈人。熊十力早年投身于辛亥革命和护法运动,中年慨然脱离政界,潜心研究哲学,曾从欧阳竟无研习法相唯识之学,继被蔡元培礼聘为北京大学讲席,后不满于佛法,自创《新唯识论》,重建儒学,成为"后五四时期"我国哲学界奇特的、颇具独创精神的思想家。熊十力历任北京大学教授、中国人民政治协商会议特邀代表及第二、三、四届全国委员会委员。他一生著述宏富、神解卓特,发皇中国文化和中国哲学的基本精神和基本价值,融会中、印、西思想,建树了以"仁心"为本体,以"体用不二"、"翕辟成变"、"生生不息"和"冥悟证会"为宗纲,冶本体论、宇宙论、人生论、价值论、认识论、方法论于一炉的博大哲学体系。熊十力哲学具有自身的特色:重人文,尊生命;反空无,箴寂灭;主健动,阐变易;严思辨,倡体悟;一理欲,明道德;合天人,扬主体。熊十力在佛学、因明学、中国文化思想史的研究方面,特别在重建新儒学上创获颇多。他的哲学思想日益被海内外学者所重视。张岱年曾经指出:熊先生"著作丰富,内容宏博渊奥,确有甚深意蕴,以他的哲学著作和现代西方一些著名哲学家的著作相比,实无逊色"①。汉米敦(C. H. Hamilton)老博士为大英百科全书1968年版写的熊先生小传,肯定熊先生是中国最杰出的哲学家,认为他的哲学是"佛学、儒家与西方三方面要义之独创性的综合"。

　　熊十力在20世纪中国哲学思想史上的地位是由他对传统社会和现代

---

① 张岱年:《卓然成一家之言的哲学家》,《回忆熊十力》,武汉:湖北人民出版社1989年版,第32页。

社会人的异化的双向批判、双重扬弃所确定的。他力图理解时代、把握时代脉搏,而又保持距离,绝不随波逐流。在他一生的独行孤往、苦闷求索中,以传统批导现代,以现代批导传统,其深刻性超越了并世一般有着赫赫名声的所谓"学人"。他以全幅的生命抗拒着传统文化的腐化、僵硬,批判专制主义及其吃人礼教造成的政治—伦理异化;又警惕着、防范着人文的沦丧、价值的旁落、生命的钝化、灵性的消亡,抗议工业社会带来的负面——物化的浸染、人性的肢解。传统社会的异化和现代社会的异化都使人不成其为人。熊氏哲学正是企图救治存在的危机,恢复与鸢飞鱼跃、生意盎然的宇宙生命相匹配的人文世界,恢复具有创造精神的、活泼自强的人性与人生。

在价值迷失的年代,熊十力致力于活化民族精神。一方面,他主张"尊生"、"明有"、"主动"、"率性",强调用、物、有、坤的层面,呼唤科学、民主、知识理性,承认力、势、智、利、情、欲的合理性,批判陈腐的、令人窒息的传统教条的桎梏。另一方面,他重新抉发儒、释、道的人生智慧,启发人们自识"真的自己",珍视升进向上、清净纯洁、创化不息、开发无穷的精神生命的"大宝藏",去执息妄,化解无明,使人的精神得以安顿,人生的追求得以拨正,更强调体、心、无、乾的层面,重建人性的美善、人道的庄严、人格的独立、人际的和谐、人权的尊重。在民族文化大厦由于自身和外部的原因栋折榱崩之际,再创明天,重新挺立于世界民族之林。

一、下层生活的体验

与学院派的哲学家不同,熊十力是来自民间,来自社会最底层,亲身体验了民间疾苦,并把这种体验、感受融进其哲学创作中去的直感型的哲人。他所讲的,正是他要做的,安身立命之道必须要身体力行,理论与实践统一,学问与人格不二,使得他与其他的职业哲学家或学问家有了区别。

熊十力于乙酉(清光绪十一年)正月初四出生在湖北黄冈县上巴河以北张家湾的一个贫苦农民的家庭。家世穷困,其父以上三世皆单丁,都无立锥之地。他的祖父敏容先生为乡间木匠,父亲其相先生则掌教于乡塾。熊先生幼时为邻家放牛,只是在父亲和长兄仲甫的教育下才粗通文墨。熊十力13岁时,其父贫病交加,又遭乡间恶霸陷害,含恨而殁,不久其母相继辞世,家境更加穷困。熊十力随兄耕读,三日牧牛方得一日读书,备尝生活艰辛。以后,父亲的朋友何圣木先生喜其聪颖,让他上乡塾免费读书。熊氏却难受约束,仅仅读了半年就出走了。熊十力幼时放荡不羁,裸居野寺,遇人不避,喜打菩萨。他很自信,常常说"举头天外望,无我这般人"。

熊十力很早就养成了勤奋自学和独立思考的习惯。十六七岁之间,游学乡间,捧读陈白沙书,对"禽兽说"感受很深。他领悟到,人生的使命和价值不在饥食渴饮、争权夺利,而在超脱物欲,自识至大无匹之真我,如此才能做到与天地万物合德,威武不能屈,贫贱不能移,富贵不能淫。熊先生晚年曾回忆说:当年读白沙先生书,"忽起无限兴奋,恍如身跃虚空,神游八极,其惊喜若狂,无可言拟,顿悟血气之躯非我也,只此心此理方是真我"①。

此时,邻县有某孝廉上公车,每每购置新书回里,熊十力常去借阅。读到"格致启蒙"之类,大开眼界,遂视"六经"诸子为土苴,睨前儒疏记,且掷地而詈。又读到当时维新派论文和奏章,知世变日剧,即以范仲淹"先天下之忧而忧"一语书置座右。清末政治腐败,民族危机深重。熊十力捧读严译《天演论》,深为"物竞天择"、"自强保种"的召唤所感染;同时,"读船山、亭林诸老先生书,已有革命之志,遂不事科举,而投武昌凯字营当一小兵,谋运动军队"②。明清之际以及清末启蒙思想家的著作,震荡了一代有志青年的心弦。

1900 年至 1901 年间,熊十力与同县何自新、浠水王汉共游江汉,欲物色四方豪杰,共图天下事。三位青年身居社会下层,同情劳苦大众,养成叛逆性格。他们雄姿英发,指点江山,时常借题发挥"群龙无首"之意:"人各自立、人各自主,则群龙也;天下不得有君,故无首也。"他们提出"学长集义,智深经邦","学问与才猷必合"的主张,为强国富民,改革社会,一面求学识,一面为启迪民智而披肝沥胆,为创立革命团体而奔走呼号。何自新主张运动军队,熊氏力表赞成并以身先之,投第三十一标(即上说凯字营)当兵。熊十力白天上操练武,夜间读书看报,撰写文章,向报馆投稿,主张变革现实,救亡图存。

1904 年 7 月,张难先、何自新等在武昌创立革命党团——科学补习所。

---

① 熊十力:《十力语要初续》,《熊十力全集》第五卷,萧萐父主编、郭齐勇副主编,武汉:湖北教育出版社 2001 年版,第 280 页。
② 熊十力:《十力语要》卷三,《熊十力全集》第四卷,第 425 页。

1905 年春,王汉刺杀清阅兵大臣铁良于彰德火车站,未果,壮烈牺牲。是冬,熊十力由行伍考入湖北新军特别小学堂仁字斋为学兵。由于操课在校,就寝在营,各营士兵接触频繁,熊十力利用这一机会宣传革命,联络同人,揭露清吏。他曾在学堂揭示处张贴了揭露鄂军提督、第八镇统制张彪罪恶的短文。

1906 年 2 月,刘静庵、何自新等在武昌成立日知会,得到东京同盟会的支持。是春,熊十力加入同盟会,并发起组织"黄冈军学界讲习社",该社即成为日知会的外围组织,社员不限于黄冈籍同志,以订兰谱的方式,联络军学界志士。熊十力主持了该社的活动。每星期日,社员集会,熊十力等以孟子、王船山、黄宗羲思想阐发民族主义和民权主义,借讲《春秋》辩论种族关系,借讲《周礼》提倡地方自治。熊氏领导社员在军学界宣传《民报》、《警世钟》、《猛回头》、《革命军》和黄冈籍同人改写的《孔孟心肝》等。当时有人认为武昌不易发动革命,熊十力与何自新力辟其谬。

是夏,熊十力肄业于陆军特别小学堂。他提出,暗地联结荆、襄、巴、蜀及河南秘密会党与洪门哥老会等,使之发难于各地,清廷必遣军队去围剿,而军中同志即可乘机举事,中原不难光复。熊氏为此奔走军中甚为得力,响应者众多,风声渐大。不久事泄,熊十力被鄂军通缉,张彪等悬赏五百金购熊氏头颅,幸有友人事先暗通消息,秘密掩护,熊十力得以出逃,潜往鄂西恩施诸山。

事稍缓,熊十力归乡授徒。辛亥武昌起义爆发,熊十力参加了光复黄州的活动,后来省城任湖北督军府参谋。辛亥年腊月,为庆贺光复,黄冈四杰——吴崑、刘子通、李四光、熊十力聚会于武昌雄楚楼。为抒发心志,共出一纸,顺次挥毫。吴崑书李白《山中问答》:"问余何事栖碧山,笑而不答心自闲;桃花流水杳然去,别有天地非人间。"刘子通发挥老子《道德经》思想,写道:"生而不有,为而不恃,功成而弗居,若有心若无心,飘飘然飞过数十寒暑。"李四光书:"雄视三楚"。熊十力书:"天上天下,唯我独尊"。这句话出自佛经。佛门弟子颂扬释迦牟尼,说他出生时右手指天,左手指地,以表示天地无穷,佛的生命无所不在。熊十力的情志表明,辛亥志士有一种主观战斗精神。"唯我独尊"的"我"字在这里应作"大我"或"个性"解,反映了熊先生一辈人的时代觉悟。熊先生是一个有真性情的人,是孔子所谓"狂者",这种自尊、自信、自强、自立和率真,伴随了熊氏一生。

民国元年,熊十力参加了编辑日知会志的工作。次年,二次革命失败,熊十力回到江西德安(自1906年始,熊氏家族迁居德安),垦荒耕田,攻读先秦诸子和商务印书馆翻译的西方哲学书,亦教过一段时间的私塾。

熊十力衷心拥护孙中山先生的民族主义、民权主义和民生主义,向往民主政治,反对袁世凯篡国,反对北洋军阀政府。熊十力与人书曰:"今之执政,不学无术,私心独断,以逆流为治,以武力剥削为能,欲玩天下于掌上,其祸败可立俟。"①1917年至1918年间,孙先生领导的护法运动爆发,熊氏由江西入湖南参与民军,支持桂军北伐,抗击段祺瑞的进攻,不久即赴粤,佐孙中山幕,奔走于两广、西南。熊氏目睹"党人竞权争利,革命终无善果"②,痛惜鼎革以还,世风日下,道德沦丧,官方败坏,军阀官僚贪污、淫侈、残忍、猜妒、浮夸、诈骗、卑鄙、苟且,党祸至烈,士习偷靡,民生凋敝,人道灭绝③,慨叹"党人绝无在身心上做工夫者,如何拨乱反正?"④"由这样一群无心肝的人革命,到底革到什么地方去呢?"⑤熊先生"以为祸乱起于众昏无知,欲专力于学术,导人群以正见"⑥,深感"革政不如革心",遂慨然弃政向学,研读儒佛,以探讨人生的本质,增进国民的道德为己任。这是熊十力一生中重要的转折,先生自称"决志学术一途,时年已三十五矣。此为余一生之大转变,直是再生时期"⑦。

二、忧患意识的结晶

熊十力由广州返回德安,流寓匡庐西麓,题壁有:"数荆湖过客,濂溪而后我重来。"是年(1918),熊氏汇集两年多来的笔札二十五则,编成《熊子真心书》,自印行世。在这部处女作中,有为日知会战友立的小传,有研究王船山、孟子、老庄和佛学的心得,甚至也记载了轮回转胎的神秘传说。蔡元

---

① 熊十力:《心书》,《熊十力全集》第一卷,第20页。
② 熊十力:《尊闻录》附录,《熊十力全集》第一卷,第659页。
③ 参见熊十力:《读经示要》,《熊十力全集》第三卷,第626页。
④ 熊十力:《十力语要》,《熊十力全集》第四卷,第425页。
⑤ 徐复观:《有关熊十力先生片鳞只爪》,载1969年《中华杂志》第78号;又见《徐复观文录选粹》,台北:学生书局1980年版;又见《熊十力全集》附卷(下),第1413页。
⑥ 熊十力:《尊闻录》附录,《熊十力全集》第一卷,第659页。
⑦ 熊十力:《十力语要》,《熊十力全集》第四卷,第425页。

培发现了其中一些闪光的思想,奖掖提携,亲为之序。序中说:"今观熊子之学,贯通百家,融合儒释。其究也,乃欲以老氏清静寡欲之旨,养其至大至刚之气。富哉言乎!遵斯道也以行,本淡泊明志之操,收宁静致远之效,庶几横流可挽,而大道亦可无事乎他求矣。"①蔡熊二人当时都有道德救国的思想。先一年,蔡先生创进德会于北大,熊氏"由远道贻书赞助,极声应气求之雅"②。此后蔡先生经常关心熊氏,给予他许多帮助。

1919 年前后,熊十力先生任教于天津南开中学。此时他才看到梁漱溟1916 年在《东方杂志》上发表的《究元决疑论》。该文评议古今中外诸子百家,独推崇佛法,并指名批评熊升恒(即熊十力)1913 年在《庸言》上发表的指斥"佛家谈空,使人流荡失守"的文章。笔墨官司促成了二人于 1919 年暑假在北京广济寺相会,并开始了近半个世纪的友谊。由于梁的介绍,1920年秋至 1922 年秋,熊十力在南京内学院(当时是金陵刻经处研究部)从欧阳竟无大师学习佛学,打下了坚实的唯识学和因明学的基础,接受了理性思辨的严格训练。在内院苦读期间,熊十力生活极其清贫,当时只有一条中装长裤,洗了之后要等它干了才能穿着出门。1922 年,梁漱溟打算抽身自己办学,征得蔡元培同意,去南京请欧阳门下高足来北京大学顶替自己讲授佛教唯识学。借此机缘,熊十力得以受聘为北京大学特约讲师。这为他锻造自己的哲学体系提供了最好的条件。只有在北京大学这样的学术环境中,只有在蔡校长"思想自由"、"兼容并包"的开放政策下,熊十力才得到了与学术界精英砥砺学问的机会。

熊十力先生的中年时代是沉潜冥思、自立权衡的时代。他绝不随波逐流,亦不囿于陈说,从 1918 年到 1922 年,他经历了由儒转佛,直从大乘有宗入手,后舍有宗而深研大乘空宗的学术历程。1923 年到 1932 年,则是熊十力酝酿、营造自己的哲学体系的关键年代。熊十力在北京大学讲授法相唯识之学的过程中,逐步形成了自己的一套观点,一步一步背弃师说,由佛归儒。1923 年,北京大学印制熊先生《唯识学概论》讲义,分"唯识、诸识、能变、四分、功能、四缘、境识、转识"等八章,约九万余言,基本上依据于世亲、护法之本义,忠实于内院所学。是年,忽盛疑旧学,于所宗信,极不自安,毁

---

① 蔡元培:《熊子真心书序》,《熊十力全集》第一卷,第 3 页。
② 蔡元培:《熊子真心书序》,《熊十力全集》第一卷,第 3 页。

弃前稿,开始草创《新唯识论》。1926 年,北京大学印制了熊先生第二种《唯识学讲义》,含"唯识、转变、功能、境色"四章。是稿以功能说为本体,与旧义绝异。这一年,为讲授因明学之需,熊十力删注窥基《因明大疏》,由北京大学和上海商务分别印行,是书为治因明之津梁。1930 年,公孚印刷所印制的《唯识论》,分"辩术、唯识、转变、功能、色法"等章(末章有目无文),标志熊十力由主张"众生多元"改变为主张"众生同源",由赞同轮回说改变为批判轮回说,扬弃佛学的"非人生"倾向,确认"儒家的人本主义"才是"大中至正"的。此稿与 1923 年稿相比则主张根本变异,与 1926 年稿相比也改变了十之三四。是年还将 1924 年至 1928 年与高赞非论学语录和一些信札,经张立民整理删削并序,编为《尊闻录》印行。

大约在 1925 年前后,熊十力先生为自己更名为"十力"。(此前,大家都叫他"子真")"十力"是佛典《大智度论》中赞扬佛祖"如来"即释迦牟尼的话,比喻他具有超群的智慧、广大的神通和无边的力量。沈约《内典序》也有"六度之业既深,十力之功自远"之说。1932 年 10 月,体大思精的《新唯识论》文言文本终于在杭州出版,由浙江省立图书馆发行。这是熊十力哲学成熟的标志。在此之前,由于殚精竭虑,熊十力患下了神经衰弱、遗精和胃下垂等疾病,曾于 1927 年以后到杭州休养。养病期间的生活来源,由蔡元培和教育部关照北京大学发给薪金。在酝酿、建构、确立其哲学体系的 10 年间,熊十力得以与友人林宰平、马一浮、梁漱溟、张东荪、汤用彤、钱穆、蒙文通、张申府等先生反复切磋、辩难。是书九万余言,分"明宗、唯识、转变、功能、成色上下、明心上下"诸章。以后的《新论》语体本大体沿此架构。对于这样一部传世之作,学术界毁誉参半,争议颇大。

熊十力先生陶铸百家,自立其说,形成了他的创造性的哲学系统。马一浮和蔡元培给予了高度评价。马序指出:是书"昭宣本迹,统贯天人,囊括古今,平章华梵","确然有见于本体之流行,故一皆出自胸襟,沛然莫之能御。尔乃尽廓枝辞,独标悬解,破集聚名心之说,立翕辟成变之义,足使生肇敛手而咨嗟,奘基挢舌而不下。拟诸往哲,其犹辅嗣之幽赞易道,龙树之弘阐中观。自吾所遇,世之谈者,未能或之先也。可谓深于知化,长于语变者矣!"①以熊十力比之扫除经学烦琐之风,阐发周易哲学大义的王弼和印度

---

① 马一浮:《新唯识论序》,《熊十力全集》第二卷,第 7 页。

大乘佛教中观宗的创立者龙树,而把道生、僧肇、玄奘、窥基等著名佛学理论家置之于不在话下的地步,真可谓推崇至极！蔡序论述了近代佛学的趋势,认为以钢和泰、陈寅恪为代表的佛学研究者是考据派,以欧阳竟无之内学院为代表的佛学研究者是经院派,前者没有发挥微言大义,后者未敢参加批评态度。"当此之时,完全脱离宗教家窠臼,而以哲学家之立场提出新见解者,实为熊十力先生之《新唯识论》。"蔡元培说:佛典中有高深的哲理,"惜二千年来为教界所限,未有以哲学家方法,分析推求,直言其所疑,而试为补正者。有之,则自熊十力先生之《新唯识论》始。"①蔡元培对于熊十力之出入于佛学的哲学家气魄和贡献,许之甚高。

　　《新唯识论》文言本出版之后,佛学界人士几乎群起而攻之。内院师友、南方唯识学派的欧阳渐(竟无)、吕澂(秋逸)、王恩洋、刘衡如、陈真如,北方唯识学派的周叔迦,具有兼综取向的著名佛学大师太虚法师,还有释巨赞、释印顺和台湾的朱世龙居士等,纷纷著文批驳。论战持续了几十年。论战的第一个回合即于《新唯识论》文言本出版的当年(1932年)开始,刘定权(衡如)作《破新唯识论》,欧阳先生亲为之序,猛烈批评《新唯识论》。欧阳大师严辞苛责,曰:"灭弃圣言。唯子真为尤。"以师训戒之,"应降心猛省以相从"。熊十力以"吾爱吾师,尤爱真理"的气度,不计毁誉,并于次年年初出版《破〈破新唯识论〉》加以反驳,立论愈坚。尽管如此,熊十力对于他的老师欧阳先生和友人吕秋逸、巨赞等一贯尊敬、爱护。熊十力治学的特点是不依经傍传、不拘家派,于古今中外一切思想资料都有所取、有所破。意在建立自己的哲学体系。直到晚年,熊先生一直保持了他自立权衡、径行独往、无所依傍的学术品格。他对于中国传统哲学和中国化了的佛学有着敏锐的直觉、深切的理会和强烈的共鸣。在他那放胆的、天才的批评佛教的言论中,尽管难免不周到、不准确(如在缘起性空的理解上和对于空有二宗及其相互关系的评价上),然往往一语中的,抓住了佛教泯灭人的创造功能和无上价值,使人生屈服于神权、沉沦于鬼趣、侥幸于宿定的毛病。熊氏以儒家《周易》刚健辩证法的精神,批判重灭而不重生、蔽于天而不知人、消极遁世、脱离现实的佛道二家。熊十力自诩"入乎其内,出乎其外";又自称既非

① 蔡元培:《新唯识论序》,《蔡元培哲学论著》,石家庄:河北人民出版社1985年版;又见《熊十力全集》第二卷,第4,5页。

佛家，又非儒家，"吾只是吾"，似乎不无根据。他晚年的著作，常常自署"黄冈熊十力造"。这个"造"字，在印度是被尊为菩萨的人才能用的。如果说，他的师友欧阳渐、吕澂、汤用彤等，以谨严的学风、广博的学识和深厚的功力成为现代佛学的大师，那么，熊十力则是以非凡的洞察力和创造力，以吞而食之和取而代之的气魄成为现代哲学之大家。他们之间有着狷与狂、收敛式思维与发散式思维、学问家与哲学家、"我注六经"与"六经注我"的不同。

熊十力哲学体系虽于20世纪30年代初期建立起来，然充实、发展、完善这一体系并使之在国内哲学界具有一定影响，还是抗日战争前后的事。抗日战争期间，熊十力颠沛流离、生活穷困，凭着他对国家、民族、人民和传统文化执著的爱，发愤忘食，乐以忘忧，勉力著述、讲学。

1937年"七·七"事变发生的第二天，熊十力先生装扮成商人由学生刘公纯陪同，从北平城南出逃，乘运煤的货车，历尽艰辛回到武汉。其间遇到瓢泼大雨，二人浑身上下淋得透湿。是冬回到故里后，文祥等乡邦后进曾向熊先生请教国是，熊痛哭国土沦丧，大骂蒋氏政府不抗日，号召家乡青年找共产党的队伍，拿起枪杆抵抗侵略者。

1938年春，熊十力先生入川，在颠沛流离之际不废讲学，与学生邓子琴等讲民族精神、种原及通史，砥砺气节，确信"日本人决不能亡我国家，亡我民族，亡我文化"。因作《中国历史讲话》，力图为各民族团结抗战提供历史依据。熊先生维护抗日民族统一战线的建立和发展，拥护国共两党第二次合作。在重庆时代，他曾把老友董必武介绍给鲜英（特生）先生，以后鲜先生的家——"特园"就成了中共代表与民主人士的一个活动地点。当时，郭沫若常去北碚看望熊十力，两位高才相处甚契。郭曾书一笺云："愿吾夫子，永恒康健，爱国讲学，领袖群伦。"

熊十力先生的忧患意识、乐观精神，他的全部的真挚的情感都倾注在中国文化的存亡继绝之上。熊先生以大无畏力，平章华梵，融会佛儒，自创新论，于西化之风狂飙突进之年代，为改造东方旧学，开辟新途，可谓孤往直勇，用心良苦。一个民族要有自己的哲学，这就是他创制体系的出发点。他对于"五四"运动之后菲薄固有、"全盘西化"的倾向和所谓"本位文化"的主张均持否定的态度，认为这两派其实都不懂得"西方之真"和"何者为国之粹"，指出必须深切了解西洋人所以成功现代文化之根本精神和中国传统文化的精华，不讳短，不掩长，相互融和，自觉创新。他说，"此土著述，向无系统,而浅见者流,不承认此土之哲学或形上学得成为一种学",因此,创造一种融和了西方科学思想和知识论,又继承了东方哲学的骨髓与形貌,对于宇宙人生诸大问题无不网罗融合,具有系统严谨之体制的哲学,就是非常之必要的了。作为有识的哲人,熊十力不满足于转手稗贩,在贞下起元、民族复兴的抗战年代,矻矻孜孜,熔铸百家,发展了20世纪30年代初的思想,完善了昂扬进取、思辨细密、中国化了的、成体系的哲学,既为辛亥革命作出理论上的补课,又为弘扬中国传统哲学,使之具有世界价值和现代意义,作出了难能可贵的贡献。面对西方、印度或我国的先圣先贤、哲学大家,熊先生没有丝毫的奴颜媚骨。

他一生"求真"、"忌俗",甘贫贱,忍淡泊,去浮华,务潜修。他赞扬船山所说的"恶莫大于俗,俗莫偷于肤浅"。他说:"凡人心思,若为世俗浮浅知识及肤滥论调所笼罩,其思路必无从启发,眼光必无由高尚,胸襟必无得开拓,生活必无有根据,气魄必不得宏壮,人格必不得扩大。""君子于其所不知,盖阙如也。至其所笃信,则必其所真知者矣。不知而信之,惊于其声誉,震于其权威,炫于社会上千百无知之徒之辗转传说,遂从而醉心焉,此愚贱污鄙之尤。少年志学,宁当尔哉?天下唯浮慕之人最无力量,决不肯求真知。"因此,他反对"好名"、"好胜",强调学者必须耐得住寂寞,有一种"孤冷"、"孤往"精神和毅力。"盖欲有造于学也,则凡世间一切之富贵荣誉皆不能顾,甘贫贱,忍淡泊,是非至苦之事欤?虽然,所谓功名富贵者,世人以之为乐也。世人之乐,志学者不以为乐也。"他批评李恕谷等结纳官僚、名士"以广声气为宏学者","忍不住寂寞,往来京邑,扬誉公卿名流间,自荒所业。外托于宏学,其中实伏有驰骛声气之邪欲而不自觉"。"乐名者逐于名,则徘徊周旋于人心风会迎合之中,而毁誉之情俱,虽得名,亦无自得之意矣。""凡有志根本学术者,当有孤往精神。""人谓我孤冷,吾以为不孤冷到极度,不堪与世谐和。"①这种堂堂巍巍做人,独立不苟为学的自立之道,今天对于我们学术界仍有现实意义。因为如果没有独立的学人,就不可能有独立的学术。

为了锻造我们民族的哲学体系,熊十力自甘孤独,自甘寂寞,伏案数十年如一日。他在给徐复观的信中说:"知识之败,慕浮名而不务潜修也;品

---

① 熊十力:《尊闻录》,《熊十力全集》第一卷,第577—581、641页。

节之败,摹虚荣而不甘枯淡也。"他长期不与家眷住在一起,为的是集中精力研究学问。他每天清晨四时左右起床读书写作,中午亦只闭目坐上片刻。入蜀之前,在北平相继出版了《十力论学语辑略》和《佛家名相通释》。入蜀之后,除在马一浮主办的复性书院、梁漱溟主办的勉仁书院和迁至乐山的武汉大学短期讲学外,主要的工作是将《新唯识论》文言文本改写成语体文本。这是对自己哲学体系的补充、修正、扩大与发展,工作量很大。熊先生当时"孤羁穷乡破寺中,老来颠沛,加复贫困,乃强自援笔……"①1939 年 8 月 19 日,日寇飞机轰炸乐山,熊十力左膝受伤,寓舍全毁于火,频年积稿尽毁,幸有部分笔札为学生陈仲陆录有副本,遂将此辑为《十力语要》卷二。《十力语要》卷二和《新唯识论》语体本卷上、卷中,都是靠朋友和学生的资助才得以印制的。直到 1944 年春,语体本全书三卷 32 万字,才由以冯友兰、贺麟、金岳霖为常务理事的中国哲学会作为"中国哲学丛书"甲集的第一部书稿交重庆商务印书馆出版发行。

正如任继愈先生所说,熊先生"以理想滋润生命,以生命护持理想"。对中华民族传统文化的深挚的爱,使他虽长年病痛、贫困,却肩起了振兴中华文化的责任。"这种深挚而悲苦的责任感,是 20 世纪多灾多难的中国爱国的知识分子独有的。对中国传统文化了解得愈深刻,其深挚而悲苦的文化责任感也愈强烈。这就是熊先生理想的动力。""有了这个理想,使他百折不回,精进不已,勇往直前,义无反顾。"他自题堂联:"道之将废也,文不在兹乎"②,以此自励并励人。他的所有著作,都是这种忧患意识和责任意识的结晶。

熊先生学无常师,堂庑甚广,才气过人,自视很高。读书的过目不忘就令其弟子瞠目。他说:"吾平生著述与笔札之属,字字从胸中流出。稍有识者,当能知之。吾所为文字,向不肯引古书。有时对流俗须征引旧文,但此等处亦不多。……陆象山云:六经皆我注脚,未可如言取义。(如言,即执著言说之谓。)"③他写作的速度是惊人的。《新唯识论》的姊妹篇、熊十力

---

①　熊十力:《新唯识论·初印上中卷序言》,《熊十力全集》第三卷,第 5 页。
②　任继愈:《熊十力先生的为人与治学》,《回忆熊十力》,武汉:湖北人民出版社 1989 年版;又见《熊十力全集》附卷(下),第 1463—1464 页。
③　熊十力:《新唯识论》语体文本,卷下之二,《熊十力全集》第三卷,第 538—539 页。

政治哲学和思想史专著《读经示要》一书 30 万字，"肇始于六十揽揆之辰，毕事于寇迫桂黔之日"，即 1944 年虚岁 60 寿辰（正月初四）起草，迄秋冬之际而毕。据说，《读经示要》自序就是在北碚镇长卢子英刚刚捐给熊十力办哲学研究所的一座空荡荡的房屋中写的。当时，所用的毛笔秃而掉毛，没有砚台，用两只粗饭碗代替，一盛墨汁，一盛朱红。写作条件之简陋，可见一斑。鉴于此书极有价值，1945 年，中国哲学会将它作为"中国哲学丛书"甲集之三交重庆南方印书馆印行。

《读经示要》在研究先秦、汉宋和明清学术思想史方面颇有见地。尤其值得注意的是，是书推《周官》、《礼运》、《周易》和《春秋》为我国自由、民主和社会主义的经典。在当年政府讳言民主的高压之下，熊先生倡言民主政治是挽救危亡、振兴科学和实现社会主义的前提，殊属难能可贵。熊先生1956 年出版的《原儒》实是《读经示要》的必然发展。正如徐复观所说，熊先生的政治哲学镶入历史之中，在历史中求根据，并以此转而批评历史，形成了他独特的"史观"。熊先生特别彰显庶民在穷苦中的志气与品德，并以这种"庶民史观"赋予历史以新的解释。他的政治思想是民主政治与社会主义的结合。他向往一种革命、民主、公平的社会主义。由于他的政治哲学、历史哲学不是以纯思想的形式表达出来的，而是一定要镶在历史中去讲，镶在思想史中去讲，便不能不引出若干纠葛。① 在这一方面，他不是一位严谨的史学家，而是以微言大义阐明自己的政治理想和庶民史观的思想家。

抗战胜利以后直至新中国成立之前，熊先生仍然处在拮据、窘迫的境地，为谋生和求一安身之地，四处奔波。1946 年春返汉口，夏初重入川，应化学实业家孙颖川之邀，在乐山五通桥主持黄海化学社附设哲学研究部，发表《中国哲学与西洋科学》的讲词，编辑《十力语要》卷三、卷四。后因资金发生困难，哲学研究部办不下去，遂于 1947 年春末返回北京大学，次年春赴杭，应浙江大学文学院张其昀、谢幼伟之聘讲学。夏秋赴粤，闲居广州郊外化龙乡黄艮庸家。

抗战时期和胜利之后，熊先生在学术刊物上发表了很多论文，学术界对

---

① 参见徐复观：《熊十力大师未完成的最后著作——〈先世述要〉》，香港《明报月刊》1980 年 8 月号。

《新唯识论》和《读经示要》的评议也渐渐多了起来,尽管褒贬不一,然说明熊先生在学术界的影响越来越大。1947 年,湖北省和武汉市政府出资印行"十力丛书",印制《新唯识论》语体本和《十力语要》各一千部。1949 年,《读经示要》由上海正中书局重印,《十力语要初续》和《韩非子评论》在香港出版。

总之,特殊的时代孕育了特殊的人物。熊十力由辛亥革命的失败痛切地认识到,没有文化精神的陶养和道德理想的追求,放任于本根良知的泊没和功名利禄的追逐,只可能出现"革命成功,走狗当道"的结局。军阀混战,百事日非,使他愤然退出政界,专攻学术,旨在为苦难的人民寻找正见与正道。不管他走的这条道德救国、学术救国的道路是否正确或有效,他的出发点总是"与天下庶民同忧患",他的悲苦来自中国最广大最穷困的农民。因此,我们可以说,熊先生的"忧患意识",首先是对最下层、最普通的人民生活、人民地位、人民权利的忧患,正是这种忧患,促使他走上了学界,企图为辛亥革命作出理论补课。

中西文化的冲突,民族自尊的丧失,使他一走上学界就对那种崇洋媚外的殖民地心态深恶痛绝。浮浅贫乏的所谓"学人",在他看来不过是"海上逐臭之夫",抛却自我,失去了依归。这就激起他以强烈的民族自尊意识,自主自立的信念,拯救民族自信心的衰亡,首先要救活这浮浅芜杂、自贱自戕、毫无生气、随波逐流的所谓"思想界"。面对"菲薄固有"、"一意袭外人肤表"、"追随外人时下浅薄风会"的西化倾向,熊先生提倡"自本自根、自信自足、自发自辟"。他由对"民生之艰"的忧患上升到对"民族文化兴衰"的忧患! 日寇侵华的大变局,更加强化了熊先生的忧患意识。

从忧患意识出发,熊先生挺立了、接续了民族文化的生命,这是他所有著述的终极目的。他说:"清季迄今,学人尽弃固有宝藏,不屑探究,而于西学亦不穷其根抵,徒以涉猎所得若干肤泛知解妄自矜炫,凭其浅衷而逞臆想,何关理道? 集其浮词而名著作,有甚意义? 以此率天下而同为无本之学,思想失自主,精神失独立,生心害政,而欲国之不依于人、种之不奴于人,奚可得哉? 天积众刚以自强,世界积无量强有力分子以成至治。有依人者,始有宰制此依者,有奴于人者,始有鞭笞此奴者,至治恶可得乎? 吾国人今日所急需要者,思想独立、学术独立、精神独立,一切依自不依他,高视阔步而游乎广天博地之间,空诸依傍,自诚、自明,以此自树,将为世界文化开发新生命,岂惟自救而已哉!"①

"作《易》者其有忧患乎?"熊先生由对民生的忧患上升到对民族兴衰和文化续绝的忧患,进而上升到对整个人类前途和世界文化的忧患。较之"周文疲弊"之后孔子之忧患和"清军入关"之后王船山之忧患,熊氏之忧患更具有广阔的、世界的意义!

三、道的孤寂与儒的真性

1949 年 10 月,广州解放以后第 10 天,董必武、郭沫若联名电邀熊十力先生北上,共商建国大计。这份电报辗转良久才到熊先生手中。熊十力这才彻底摆脱了为期一年为寻找出处而产生的复杂、矛盾、彷徨、烦恼的心理状态。此前,熊先生拟入川任教,又欲赴印度讲学,也曾有去台港之念。1950 年初,熊先生抵达北京。政府给他安排了住房,并按他的要求让他仍回北京大学任教。但他实际上仍过着独居、思考、著述的生活,不到学校去。贺麟、任继愈曾分别带学生到熊家听过一两次课。这一段时间,熊先生生活比较安定,精神较为舒畅。他的著作的出版均得到政府的支持和资助。从1950 年至 1953 年,在北京印行了《摧惑显宗记》、《与友人论张江陵》、《论六经》和《新唯识论》删节本四部著作。《新唯识论》删改工作是 1951 年至1952 年完成的,内容更为精练,思想也有了一些变化,但从总体上来说,仍申"体用不二、心物不二、能质不二、吾人生命与宇宙大生命本来不二"等义,强调推衍《易》理,归本《大易》。"七十年来所悟、所见、所信、所守在兹。"

从 1954 年 10 月开始,熊先生依子世菩定居上海。先生在京时已写成《原儒》上卷,回沪起草下卷,但因家人太多,孙儿又小,写作环境较差。1956 年春,陈毅获悉此事,即令上海市府秘书长管易文代为觅房。熊十力遂于 1956 年夏迁居淮海中路(旧霞飞路)的一座楼房。他自己雇请了一位厨工,一位誊抄文书,专事著述。这一年,北京大学评熊先生为一级教授。

陈毅经常看望熊十力先生,与他谈论天下大事,也与他谈论佛经和儒

---

① 熊十力:《十力语要初续》,《熊十力全集》第五卷,第 25 页。

学。当他得知先生门庭冷落，学无传人，很多人怕扣"唯心论"的帽子不敢去问学的情况时，曾在一次上海高校教师大会上说："熊十力先生是我们的国宝，你们要去讨教问学。"熊十力对党和政府的工作，包括内政外交，尤其是文教建设方针和知识分子政策，坦率地向陈毅提出过一些批评意见。陈毅常说："熊十力先生是我党难得的诤友。"1956 年 3 月，陈毅在给熊先生的一封信中写道："无论从事著述或作个人修养，政府均应予照顾和协助。毛主席和党的政策如是订定甚为合理，我人所应遵办者也。至学术见解不能尽同，亦不必强求其同，此事先生不必顾虑。对尊著毅除佩赞外，尚有若干意见，俟他日见面时再细谈。"①

1956 年 2 月，熊先生作为特邀代表出席全国政协知识分子会议，以后被选为第二、三、四届全国政协委员。每次去京开会，一般只是住在宾馆见见老朋友。他说他只保证三到，即"开幕到、闭幕到、照相到"。1964 年底至1965 年初，熊先生赴京列席第三届全国人大一次会议，读了周总理《政府工作报告》独有会心，特别对报告中关于"从必然王国进入自由王国"的哲理很感兴趣，写下札记，请董老阅后转主席、总理、陈总、郭老一阅。中央领导同志一致肯定熊先生转向研究唯物主义哲学是一大进步，并建议董老适当向熊先生介绍马列主义和毛泽东哲学著作，让他慢慢看，不要过急。由于坊间均小字本，不适于老人阅读，周恩来私人买送线装大字本《毛泽东选集》四卷、毛主席四篇哲学著作和恩格斯的《费尔巴哈论》。1965 年 1 月，董必武致函熊十力，指出："兄治哲学之背景，不仅弟理解，吾党之士亦多能理解也。"②

熊十力定居上海以后，虽年事已高且患有心脏病等多种疾病，然仍著书不辍，写作了五部重要著作。1956 年出版了流布欧亚、影响深远的巨著《原儒》。是书两卷共 32 万字，含原学统、原外王、原内圣三大部分。其内圣学，重申了他的道德理想主义的哲学体系。其外王学，则阐扬《大易》日新富有的社会发展观和可以会通西方自然科学的参赞格致说；阐扬《春秋》"贬天子、退诸侯、讨大夫"的批判精神和由据乱世而升平世而太平世的进化思想；阐扬《礼运·大同》的社会主义乌托邦理想；阐扬《周官》"以均（均平、和谐）为体"，"以联（联合、互动）为用"的思想；希望融摄"科学"与"民

---

① 陈毅：《陈毅致熊十力》，见《熊十力全集》第八卷，第 735—736 页。
② 董必武：《董必武致熊十力》，见《熊十力全集》第八卷，第 858 页。

主",发展工业,消灭私有制,取消王权而达到"天下为公"的境界。这实际上是现代新儒学"开新外王"的滥觞。是书与他的其他著作一样,揭示了儒学和中国文化之不同于西方和印度文化的特殊价值。1958 年至 1959 年出版的《体用论》和《明心篇》是先生晚年之《新论》,仍以"体用不二立宗,本原现象不许离而为二,真实变异不许离而为二,绝对相对不许离而为二,心物不许离而为二,质力不许离而为二,天人不许离而为二,种种原理,皆禀《大易》之辩证法"。

1961 年印行的《乾坤衍》为熊氏之新易学思想,基本精神仍属《新唯识论》。他说:"余患神经衰弱,盖历五十余年。平生常在疾苦中。而未尝一日废学停思。余之思想,变迁颇繁,惟于儒佛二家学术,各详其体系,用力尤深。本书写于危病之中,而心地坦然,神思弗乱。此为余之衰年定论。"熊先生 1963 年还写了最后一部著作《存斋随笔》,释十二缘生。这部著作虽未刊行,但誊正稿犹存。

熊十力先生在解放初曾致函毛泽东,申明自己拥护共产党,热爱新中国,但一辈子学的是唯心论,无法改变自己的哲学主张。他绝没有"尽弃其所学"。他曾对朋友说,他与马一浮、梁漱溟一样,"确乎其不可拔",终其身坚守自己的哲学信念和哲学体系,甚至说"我是不能改造的,改造了就不是我了"。但熊十力绝不是封闭、偏执、心量狭小之辈。他早年曾经认真地读过唯物史观方面的书;20 世纪 50—60 年代,在原哲学体系的基础上强调了"摄体归用"的侧面,多少融摄了一点唯物主义;他对于自然科学的新发展也日益关注,不加排斥,有时请人讲相对论和量子力学。

熊十力先生对于"左"的一套深恶痛绝。早在 1950 年就致函中央政府和毛泽东主席,建议设立中国哲学研究所(这是先生毕生未能实现的夙愿);建议恢复南京内学院、浙江智林图书馆和勉仁书院,分别由吕澂、马一浮和梁漱溟主其事,政府予以资助;建议保存与弘扬祖国传统文化与传统哲学,提出"马列主义毕竟宜中国化"的主张。是年著《与友人论张江陵》,批评江陵禁讲学、毁书院,认为"学术思想政府可以提倡一种主流,而不可阻遏学术界自由研究、独立创造之风气。否则,学术思想锢蔽,而政治社会制度何由发展日新?"1953 年后,梁漱溟屡遭批判,1957 年至 1958 年间,熊十力的一部分友人、弟子被错划为右派,熊十力都及时致函中央,为被批斗者讲话。虽被目为"书生之见"而不受重视,然先生的心情,可以想见。在

1954 年《甲午存稿》和 1956 年《谈百家争鸣》诸文中,熊十力再次强调马列主义宜中国化,主张培养中西兼通、马列主义与中国古典兼通之才。"哲学研究所如成立,对于中国哲学思想,自当彻底研究一番。古学还他古学,不可乱他真相。若变乱之,是使思想界长陷于浑沌,此有百害而无一利也。至于中学之为长为短,则中外学者可本其所见以作批判,惟批判之业,必待中学真相大明之后,方可下手耳。""若批评旧学,只以地主或小资产阶级等名词为意,而任意取古人书中一段话胡乱骂他一顿,以为是据马列主义作批判,吾恐马列诸哲有知,亦必不愿如此也。"

熊先生晚年尤其孤独苦闷。1958 年出版的《体用论》中有诗云:"万物皆舍故,吾生何久住。志业半不就,天地留亏虚。亏虚复何为,岂不待后人?后顾亦茫茫,嗟尔独自伤。待之以无待,悠悠任天常。噫予犹御风,伊芒我亦芒。"他在 1963 年写作的《存斋随笔》中慨叹:"余年七十,始来海上,孑然一老,小楼面壁。忽逾十祀,绝无问字之青年,亦鲜有客至。衰年之苦,莫大于孤。""文化大革命"前夕,他已预感到他的学术生涯同他所承续的国学即将濒于灭绝。

在熊十力的起居室内有三幅大字书写的君师帖。一居中,从墙头直贴到天花板上,上书孔子之位。一在右,从墙头往下贴,上书阳明先生。一在左,也从墙头往下贴,上书船山先生。他的"内圣外王"之道,他的理想人格情操,乃至他整个的身心,已经与这三位历史人物浑融无别了。他当时曾作一联:"衰年心事如雪窖,姜斋千载是同参。"(按:姜斋即王船山)

黄钟毁弃,瓦釜雷鸣。这旷代奇哲和千千万万的文化人一样消逝在一个残酷践踏文化的所谓"文化大革命"的浊流之中了。1949 年之后,由于周恩来、董必武、陈毅的保护,熊先生是学术界中极少数没有受到批判、没有写过检讨的学者。像他这样仍然能够安心创制自己的一套思想体系并由政府资助出版著作的,确属凤毛麟角。这一次就不一样了,陈毅尚且不能自保了。熊先生遭到抄家、被斗的厄运,大字报贴到他的家门口。他不断给中央写信(多数被家人扣下),甚至不断地在纸条、裤子、袜子上写着对"文化大革命"的异议。他时常双泪长流,跌跌撞撞地走出门外,口中喃喃自语:"中国文化亡了,中国文化亡了!"他绝不屈服于文化专制主义的淫威,他心中在流血,他悲愤、痛惜的是他终身为之奋斗的中国文化遭逢了浩劫。

1968 年 5 月 23 日,熊先生因患肺炎,心力衰竭,与世长辞,享年 84 岁。

1979年4月,上海市政协隆重召开追悼大会,平反昭雪。1985年12月,北京大学、武汉大学和湖北省政协在湖北黄州召开盛大的有海内外学者参加的"纪念熊十力先生诞生100周年学术讨论会"。萧萐父老师在开幕词中指出:"熊先生作为辛亥革命失败的痛苦中觉醒的一员,他深研古学,对中国传统文化进行严肃的历史反思,如他所说:'用心深细,不敢苟且';而且目的十分明确,就在于弄清'中国何由停滞不进,他主要从两个方面着眼:一方面着眼于对中国封建传统遗毒的清理。这方面他的观察敏锐,爱憎分明,认定'两千年专制之毒',乃至《儒林外史》等所揭露的'一切人及我身之千丑百怪',都需要大力清除;又指出'汉宋群儒,其遗毒甚深,直令夏族萎靡莫振',尤其是历代统治者标榜的所谓'以孝治天下'以及'移孝作忠'等宗法伦理政治信条,'支持帝制,奴化斯民',更必须彻底清算;解放后仍反复叮咛:'吾国帝制久,奴性深,不可不知!'另一方面,区别于一般无视传统、菲薄固有的西化论者,熊先生又深刻总结出辛亥革命失败的原因之一,在于'清季革命思想自外方输入,自己没有根芽',即是说,民主主义革命的理想在中国由于民族资产阶级政治上软弱,文化上落后而缺乏应有的根基和思想土壤。因而,他上下求索,试图在传统文化中去'掘发其固有之宝藏,竭力为他心目中的民主革命理想——诸如反对神权、否定帝制、'树立人极'、'宏大人道'、'荡平阶级'、'实行民主'、'同于大公'、'协于至平'等等,找到自己民族传统中的'根芽',赋予它们以富有历史感的民族文化形式,借用古代的语言和传统思维形式来表达新的时代思潮。他对《周易》、《春秋》、《周礼》及《礼运》等儒经的独特解释,以及对历史政治学术的评论,几乎全是围绕民主革命和自由平等社会理想的设计这一主题。他采取这种'引古筹今'、'六经注我'的方式所表达的思想内容,实际是对封建专制主义和封建蒙昧主义的尖锐批判,是对东方近代化的价值理想的执著追求,力图使外方输入的'自由平等'、'天赋人权'等民主革命理论得到系统的中国化,从而对先天不足的辛亥革命进行理论补课。这是跳动在熊先生评史说经著作中的反映时代精神的思想脉搏。"①这是熊先生历史反思的真正的精华。

---

① 萧萐父:《杰出的爱国民主思想家》,载《回忆熊十力》,武汉:湖北人民出版社1989年版,第62—63页。

熊十力先生这个人的性格特征,可以用三句话来概括:禅的机趣、道的自然与儒的真性。

据任继愈先生说,熊先生讲课时,或者平日与友人门生论学时,讲到重要的地方,随手在听讲者的头上或肩上拍一巴掌,然后哈哈大笑,声振堂宇。有次与张东荪谈哲学,一巴掌拍在张的肩上。郑昕先生说,他在天津南开求学时,听熊先生讲课,怕熊先生的"棒喝",每次早一点到场,找一个离老师远一点的位子坐下。熊先生教弟子,不只"棒喝",更多"机锋"。熊先生著作中最喜引用禅宗公案,他说他平生最服膺马祖搯百丈鼻孔的公案和马祖启发慧海自识本心的公案。他生活中的禅之机趣,令人捧腹。

熊十力先生更有道的飘逸。他喜与友人门生在江边或山林游走,在闲暇时与自然山水融成一体。他天庭饱满,目光炯炯,胡子稍长,随风飘飘,一袭长衫,两只布鞋,二三门人跟随,山麓湖畔行吟。活脱脱一仙风道骨!先生不喜雕饰,通脱旷达。一次王元化拜访,他正在沐浴,赤身坐在澡盆里与王谈话。中年在京,一次坐在马桶上与冯文炳(废名)争论起学术问题来,面红耳赤,大叫大嚷,继而扭成一团,动拳动腿。第二天又谈笑风生,和好如初。可见他感情丰富,一任自然流露。正如王元化先生所说,熊先生简脱,信札、著作,不拘纸张,常常写在已用纸的背面,信笔写成,潦草不堪,自行圈点。他没有古代儒者程伊川的居恭色庄之态,也没有现代名士马一浮的典雅考究之仪。

熊十力先生除有道的飘逸、禅的机趣外,更多的是儒的真性,待人情感真挚,做事认真不苟。他自号"子真",号如其人,憎爱分明,胸怀洒落。他是真的知识、真的生活、真的人格相结合的典范。他毕生"与天下庶民同忧患"。抗战时期,每每想到沦陷区的同胞,他总是禁不住嚎啕大哭,有时亦破口大骂执政当局。他有悲天悯人的情怀,乐于助人。与他相处,好像接近一盆火,灼热烤人。

熊十力先生一生绝不媚俗,绝不随人俯仰。他憎恶那种"颠狂柳絮随风舞,轻薄桃花逐水流"的小人儒和乡愿。凡是接触过他的人都知道他爱骂人,尤其爱骂达官贵人和名士。他认为中国的希望不在达官贵人和名士,而在庶民,在为民请命、舍生求法、埋头苦干、拼命硬干的人,与鲁迅一样,熊十力也认为,只有这些普通的人才是"中国的脊梁","虽是正史也掩不住他们的光焰"。

好骂朋友和学生，也是熊先生生活的一部分。这往往是因为"忧世之思深，愤世之情急……忧愤急，故求人也殷，责人也切"。他胸怀坦荡，具有大将风度。"他也像普通人一样，有时为了一点小事发脾气，过后，却深自谴责，好像雷阵雨过后，蓝天白云分外清新，胸中不留纤毫芥蒂，真如古人所说的，如光风霁月。他具有只有他才具有的一种人格美。"①

抗战期间，他衣食无着，拮据到要靠学生接济的地步，却严词拒绝了他的好友居正、陶希圣、方东美等让他去官办大学任教并办哲学研究所的建议。《读经示要》出版后，徐复观曾将是书呈送蒋介石，蒋馈赠法币 200 万元，熊痛责徐之卤莽，分文未收，悉数移赠流徙江津的内学院。1946 年，蒋介石接受陶希圣的建议，由陶打电话给当时的湖北省政府主席万耀煌，让万送 20 万元给熊办哲学研究所，遭到熊的严词拒绝。解放后，三年国民经济困难时期（1959—1961 年），他主动提出减薪，与人民同舟共济，并时刻关怀家乡黄冈和德安人民的生活，并坦诚真率地对政府工作提出批评意见。由此可见其为人。1962 年 10 月，熊氏长女幼光向董老求字。日后，董老书赠条幅："宁拙毋巧，宁丑毋媚，宁支离毋轻滑，宁粗率毋安排，此傅青主论书法也。十力我兄正字。"董必武深知熊十力的个性和品德，以傅山的书法美学警语，比喻熊先生质朴而高尚的人格。笔者以为，熊先生的人格风范亦是一笔巨大的精神遗产。

著名哲学家金岳霖曾对张岱年说过："熊先生的哲学中有人"，可谓知言！天下庶民的忧患，民族文化的危机，坎坷生活的体验，特立独行的品格，全部溶化在熊氏哲学中。金岳霖说这句话时，是非常谦虚地以自己作为反衬的。金岳霖说自己的哲学中没有人，而所谓"哲学中有人"是什么意思呢？据柏拉图记载，苏格拉底赞美伊索克拉底时曾说过："此人中有哲学。"方东美说，中国哲学家却要把这句话反过来说："中国哲学中有人。""中国四大思想传统：儒家、道家、佛学、新儒家（按：指宋明儒学），都有一个共同的预设，就是哲学的智慧是从伟大精神人格中流露出来的。"②民族的生命精神透过一定哲学家、思想家的性情品格表达出来；真正的哲学家的哲学，

① 任继愈：《熊十力先生的为人与治学》，《玄圃论学集》，北京：三联书店 1990 年版；又见《熊十力全集》附卷（下），第 1463 页。
② 方东美：《原始儒家道家哲学》，台北：黎明文化事业公司 1987 年 11 月三版，第 39 页。

思想家的思想,其背后总有一个活生生的人格在那里呼之欲出!任何的自我标榜,任何的矫揉造作,任何的反复无常,任何的不守节操,都与中国的哲学思想家不类。金岳霖教授用英文向外国朋友介绍中国哲学时指出:中国哲学家与他的哲学是一致的,哲学家的生活就是在实践他自己的哲学,甚至可以说,哲学家本人就是实行他的哲学的工具。① 如果把自己的人生和自己所讲的哲学割裂开来,讲的是一套,行的是另一套,硬把人生哲学(做人的道理)给取消了,或者对人是一套,对己又是一套,此时是一套,彼时又是一套,保留庸俗不堪的市侩哲学,不敢拿出来给人看,这样的人,是不够资格当中国哲学家的。如果不讲正气,不讲道义,没有人格操守,哲学研究的目的只是为了发表文章,争当教授,博取利禄浮名,这样的人也是不够资格研究中国哲学的。

　　熊先生的哲学智慧、圣贤气象和崇高的人格精神是浑然一体的。他就是伟大的中华民族精神生命的象征!他的一生,是为赤县神州不绝如缕的文化慧命而奉献奋斗的一生。他的生命的学问并没有完结。他曾经说过,天下多他一本书不为多,少他一本书不为少。面对晚年的孤寂和今天海峡两岸学界对于他的少许的热度,他在九泉之下都将含笑不置。重要的是他奋斗过,他思考过,他含辛茹苦地把自己的哲学反思凝结了出来。他不是完人,他的哲学也不是终极真理,但他对传统与现代的双向批判,他的人文睿识,对于我们民族哲学神殿的建构,对于我们走向现代的精神启迪,绝不是可有可无的。他和他的哲学的命运,是一面镜子。

---

① 参见金岳霖:《中国哲学》,《哲学研究》1985 年第 9 期。

第 二 章

熊十力的"境论"

——"本体—宇宙论"发微

熊十力的哲学代表作——《新唯识论》是关于本体论、宇宙论和人生论的玄思,是对"万化大原、人生本性、道德根底"①的追寻。这部著作深刻探究了人类存在的最深层次的问题,表达了人类在现当代的终极关怀,旨在提扬人文价值在当代社会的地位。

一、对存在危机与形上迷失的回应:
重立"大本大源"

熊十力《新唯识论》写作的背景是价值系统的崩溃、意义结构的解体和自我意识的丧失。近现代中国的思想危机是"意义的危机",即人们对于人生、宇宙的基本意义的看法与信仰的危机。中国现代知识分子在外来思潮冲击下所出现的"精神的迷失"格外地显著。"除了价值和存在的迷失,精神危机另有深沉的层面,这层面颇难为名,且谓之'形上的迷失'。由于全然采用传统宗教和哲学的形上世界观,过去的中国知识分子生活于睿智的世界中。到了现代,科学的输入成了传统世界观的强力溶剂。对许多受过教育的中国人来说,科学的冲击并非全然的困扰,因为使外在世界更加合

---

① 熊十力:《新唯识论》语体文本,初印上中卷"序言",《熊十力全集》第三卷,第9页。论者或以为熊先生晚年著作《体用论》、《明心篇》、《乾坤衍》更能代表他的思想,余甚不以为然。研究熊先生似应以《新唯识论》文言与语体本为主,辅之以《十力语要》。熊先生晚年著作,基本思想不外《新唯识论》,逻辑和文字均不如盛年清晰、典丽。

理这一点上,科学的确开出了一条新途。但是科学提供的睿智是有其限制的。因为科学虽然能回答许多'什么'和'如何'的问题,可是对于'究竟因'却无法不缄默。因此,科学因其本质之故,无法取代传统中广涵一切的世界观。"①对唯科学主义的反动,使得熊十力们归宗儒家的道德理想与准宗教精神,重新确立传统知识分子对宇宙人生的根本意义的终极信念。

熊十力的全部工作,简要地说,就是面对西学的冲击,在传统价值系统崩坏的时代,重建本体论,重建人的道德自我,重建中国文化的主体性。

熊十力一生重复得最多的话是:"吾学贵在见体"。"体"是什么? 如何去"见"? 或者说,什么是人的生命存在的本体、宇宙万物之本根及其生生不息的源头活水? 如何以自己的真实的生命去透悟、契接和回应它? 这便是中国哲学的本体学和方法学的问题。熊十力正是从这两方面去建构他的哲学体系的。前者叫做"境论",后者叫做"量论"。"量论"虽未及作,其内容亦被包括在"境论"之中。而所谓"境"者,按他的解释:"如关于本体论及宇宙论、人生论等,有其所知、所见、或所计持者,通名为境。"②事实上,熊氏之"境论"就是他的形上学,是针对着"存在危机"与"形上迷失"而创发的哲学体系。

熊十力的终极关怀,即在于为人类寻找回失落了的自我。科技理性的膨胀,人文价值的丧失,道德意识的危机,生命本性的困惑,促使他以探寻宇宙人生的大本大源为己任。因此,"重立大本"是熊氏"境论"的要旨。为了"重立大本",又必须"重开大用",由此而展开了"体用不二"的哲学体系。在熊十力看来,法相唯识之学、汉学考据、实证主义、科学主义,如此等等,根本的缺陷在于它们关注的不过是饾饤枝节,从而肢解、掩蔽了对于"宇宙之基源"、"人生之根蒂"的考察和体悟。因此,重新思考人的类存在的危机和人的类本质的发展,重新反省生命的意义和人生的价值,重新寻找"人生本质"和"宇宙本体",并明了二者的关系,就成为哲学家的首要任务。

---

① 张灏:《新儒家与当代中国的思想危机》,《近代中国思想人物论——保守主义》,台北:时报文化出版公司 1980 年版,第 373—375 页。
② 熊十力:《新唯识论》语体文本,初印上中卷"序言",《熊十力全集》第三卷,第 6 页。

熊十力从原始儒家、原始道家、佛家和宋明理学的思想资源里发掘并重建了"大本大源"。他以"明示本体"为己任,声言哲学应当"以本体论为其领域"。

熊十力先生说,哲学虽可划分为本体论、宇宙论、人生论、知识论,但不能将它们"分截太甚"、"斠画太死"。他说,他的苦心处即在《新唯识论》中直将以上四者融成一片,而以本体论统摄之。今天,我们有些学者由于受西学的影响,把全部哲学等同于认识论,说"哲学就是认识论"。而他们所说的认识论或知识论,又全然排斥了东方哲学关于人生和宇宙本质的冥悟证会,排斥了关于基本存在论的"智的直觉"。这就对哲学的意义、功能和价值完全做了狭义的理解。我们还有一些学者,一谈起本体论,就以为是研究外在世界的"自然本体"的哲学。熊先生所说的"本体论"和"哲学就是本体论"则完全不是这么一回事。站在科学万能论、科学一元论的立场,以西方近代哲学作为唯一的参照系,便完全不能理解熊先生的人文睿识,完全不能理解中国哲学究竟是怎么一回事。熊十力说:

> 哲学,自从科学发展以后,它的范围日益缩小。究极言之,只有本体论是哲学的范围,除此以外,几乎皆是科学的领域。虽云哲学家之遐思与明见,不止高谈本体而已,其智周万物,尝有改造宇宙之先识,而变更人类谬误之思想,以趋于日新与高明之境。哲学思想本不可以有限界言,然而本体论究是阐明万化根源,是一切智智(一切智中最上之智,复为一切智之所从出,故云一切智智。)与科学但为各部门的知识者自不可同日语。则谓哲学建本立极,只是本体论,要不为过。夫哲学所穷究的,即是本体。我们要知道,本体的自身是无形相的,而却显现为一切的物事。但我们不可执定一切的物事以为本体即如是……本体是不可当做外界的物事去推求的……然而吾人的理智作用,总是认为有离我的心而独立存在的物质宇宙,若将这种看法来推求本体,势必发生不可避免的过失,不是把本体当做外界的东西来胡乱猜拟一顿,就要出于否认本体之一途。所以说,本体不是理智所行的境界。我们以为科学、哲学,原自分途。科学所凭藉的工具即理智,拿在哲学的范围内,便得不着本体。①

---

① 熊十力:《新唯识论》语体文本,《熊十力全集》第三卷,第14—15页。

熊十力先生所说的"本体"是什么呢？

　　仁者本心也，即吾人与天地万物所同具之本体也。①

　　盖自孔孟以迄宋明诸师，无不直指本心之仁，以为万化之原、万有之基。即此仁体，无可以知解向外求索也。②

　　本心即万化实体，而随义差别，则有多名：以其无声无臭，冲寂之至，则名为天。以其流行不息，则名为命。以其为万物所由之而成，则名为道。以其为吾人所以生之理，则名为性。以其主乎吾身，则谓之心。以其秩然备诸众理，则名为理。以其生生不容已，则名为仁。以其照体独立，则名为知。以其涵备万德，故名明德。③

　　本心是绝待的全体。然依其发现有差别义故，不得不多为之名。一名为心。心者主宰义，谓其遍为万物实体，而不即是物。虽复凝成众物，要为表现其自己之资具，却非舍其自性而逐物化也。不物化故，谓之恒如其性。以恒如其性故，对物而名主宰。二曰意。意者有定向义。夫心之一名，通万物而言其统体，非只就其主乎吾身而目之也。然吾身固万物中之一部分，而遍为万物之主者，即主乎吾身者也。物相分殊，而主之者一也。今反求其主乎吾身者，则渊然恒有定向。于此言之，斯谓之意矣。定向云何？谓恒顺其生生不息之本性以发展，而不肯物化者是也。故此有定向者，即生命也，即独体也。依此而立自我，虽万变而贞于一，有主宰之谓也。三曰识。夫心意二名，皆即体而目之。复言识者，则言乎体之发用也。渊寂之体，感而遂通，资乎官能以了境者，是名感识。动而愈出，不倚官能，独起筹度者，是名意识……故心、意、识三名，各有取义。心之一名，统体义胜。意之一名，各具义胜。识之一名，了境故立。本无异体，而名差别，随义异故。④

熊十力先生的本体论就围绕着"本心"而展开。"本心"不仅是自身的主宰，而且遍为万物之主，遍为万物实体。"本心"不是理智之心，亦不仅仅是道德之心，而是一个绝对的"本体"，是"生命"，是万化之源、万有之基。

---

① 熊十力：《新唯识论》语体文本，《熊十力全集》第三卷，第397页。
② 熊十力：《新唯识论》语体文本，《熊十力全集》第三卷，第398页。
③ 熊十力：《读经示要》，《熊十力全集》第三卷，第636页。
④ 熊十力：《新唯识论》语体文本，《熊十力全集》第三卷，第429—431页。

我们知道,"天"、"命"、"道"、"性"、"心"、"理"、"仁"、"知"、"明德"、"本心"诸范畴,是殷周时期中国哲学的原型观念及在此基础上生长的原始儒、道诸家和宋明理学的基本范畴。与世界上其他大的文化系统的哲学原型观念和基本范畴不同,它们表达了关于人与世界的真实性及潜在的完满性的信仰,表达了民族文化生命的严肃性,表达了巨大的历史感、道德感及人与自然的亲和感。这些基本范畴是中国哲人从不同侧面对一切存在的根据、宇宙生化的根据和人们道德实践的根据探讨的结晶。

由此可以看出,熊十力之"本体",不是僵死的、机械的、纯粹客观的、外在的"自然本体",而是生生不已、刚健自动、主客内外合一的"生命本体";不是自外于宇宙万象和人类生活的所谓"超绝本体",而是合天地万物于一体,将宇宙人生打成一片的、动态的有机整体。同时,它又是内在的"道德自我"即"道德主体"。人的生命创造活动、道德自我完善的活动,体现了人的最高本质,涵盖了天地万物,主导着自然宇宙。

按照传统儒、释、道的看法,人的存在必须以成就人格(成圣、成佛、成至人或真人)为最高目的。通过内在于人的"仁心"或"明德"之体,即人的精神生命与道德意识的运动或感通,人的生命与宇宙大生命能够回复成一体。"一体之仁"亦可以推广到鸟兽、草木、瓦石。这是中国哲学形上学的特点。

本体论,又称存在论、存有学或形上学,是关于最高存在或终极存在问题的探讨,亦即是关于人与世界之关系,人对自身存在于其中的世界的一种整体的觉识、觉解。这种探讨,在不同的时代、不同的民族或不同的学派有不同的特色,代表了不同的文化精神和价值取向。传统中国哲学没有"本体论"的名称,然却有其独特的本体论。

熊十力发皇了传统哲学中,尤其是《易》、《庸》形上学中关于人与宇宙之关系的理论,探讨了人的本体论的地位和关于最高的存在的思想,把儒、释、道关于这些问题的回答加以择别去取,加以系统化、体系化,同时又投注了自己的生活体验,投注了自己的情感和整个生命,从而创制了《新唯识论》的形上系统。

熊十力创制了严整细密的哲学体系,又使用了本体论的名称。这也是"新儒家"之所以"新"、"现代儒家"之所以"现代"之处。仅仅是这一点,熊十力就遭到了许多批评。吕澂说:"玄哲学、本体论、宇宙论等云云,不过西欧学人据其所有者分判,逾此范围,宁即无学可以自存,而必推孔、佛之言入其陷阱,此发轫即错者也。"①梁漱溟亦认为,熊先生的失败在于癖好哲学这一把戏,即意在吸收西方哲学之长,并自逞其才,以建立其本体论、宇宙论等理论体系,背离了中国文化之反躬向内、践形尽性的根本。② 在梁先生看来,反躬向内、践形尽性,是要靠体验和实践的,是不需要理论体系的。晚年马一浮也赞同梁对熊的批评。

熊十力则不以为然。他正是要把这一套理论体系化。正是要对不可言说之体悟、践履的内圣修己之学加以言说。他把本体论的重建与民族尊严、与中国哲学的现代化和世界化联系了起来。他说:"此土著述,向无系统……而浅见者流不承认此土之哲学或形而上学得成为一种学",菲薄固有,一意袭外人肤表。因此,亟需建立继承"东方哲学的骨髓与形貌",吸纳西方知识论和科学思想,"对于宇宙人生诸大问题无不网罗融合"的"系统严谨之体制"③。

熊十力认为,他所穷究的"玄学的本体论"或"玄学的真理"与"科学的真理"根本不同。"盖哲学之究极诣,在识一本。而此一本,不是在万殊方面,用支离破碎工夫,可以会通一本也。科学成功,却是要致力于支离破碎……所以于科学外,必有建本立极之形而上学,才是哲学之极诣。哲学若不足语于建本立极,纵能依据一种或几种科学知识出发,以组成一套理论、一个系统,要其所为,等于科学之附庸,不足当哲学也。"④在熊氏看来,不懂得人的生命本体和道德主体,仅仅依一种科学,如物理学或生物学中的一种学说去解释宇宙万化之源或生命之源,则未免以管窥天。无论是科学,还是道德,都必须有作为终极存在物的本体的支撑。

熊十力认为,如果不从建本立极处深究"一本",如果不以本体论即形而上学统摄宇宙论、人生论、道德论、知识论、治化论等,则宇宙论只能认识

---

① 吕澂、熊十力:《辨佛学根本问题》,《中国哲学》第 11 辑,北京:人民出版社 1984 年版;又见吕澂:《吕澂复熊十力》(1943 年 4 月 12 日),《熊十力全集》第八卷,第 427 页。

② 参见梁漱溟:《读熊著各书书后》,《勉仁斋读书录》,北京:人民日报出版社 1988 年版;又见《熊十力全集》附卷(上)。

③ 熊十力:《十力语要》,《熊十力全集》第四卷,第 178 页。

④ 《印行十力丛书记》,《熊十力全集》第四卷,第 5 页。

现象界,不能认识万化之源、万物之体;人生论无有归宿,不能参究生命本性,从有限的生活内容体悟无限;道德论无内在根源,只能成为一种外在的法规;知识论没有源泉;治化论也没有基础。熊氏自诩其《新唯识论》将此融成一片,抓住了穷究宇宙实体的一本性这个核心,从而继承发扬了中国哲学的传统。这一传统,张东荪解释为:"其道德观念即其宇宙见解,其宇宙见解即其本体主张,三者实为一事,不分先后。"①尽己性以尽物性,宇宙从属于人生,从深解人生真相透悟大自然的真情,"在人生日用间提撕人,令其身体力行,而至于知性知天"。这便是所谓"圣学血脉"②。

熊十力所说的"究体"、"见体",即彻见真实的存在,所本所见的既是生生不息、翕辟开阖的宇宙本体,又是人之所以为人的真宰。因此,宇宙本体不是超越于人类而独在的,吾人之真性遍为天地万物本体,天地万物之本体即是吾人真性。由此观之,这一本体论不仅讨论宇宙生化的过程和根源,尤其关怀人性及其全面发展,关怀人存在的意义、价值和功能的问题。本体的追寻乃在彰显人类文化与宇宙之生生不息的终极根源。③

而这两个方面在中国哲学上原本就是被打通了的。中国哲学特别是原始儒家哲学认为,从本体上达到人与自然的统一,没有别的途径,只有"存心养性事天","尽心知性知天"。"天"是终极根源,生化之本,但"天"绝不是离开人而能存在的。创化的宇宙与创造性的人类相互感通。能够侍奉天、体悟天的,不是自然人,而是文化人,首先是有德性的人。因此,要达到人与宇宙的统一,把握天地万物和谐一体的本体境界,别无他法,只有通过道德的自我完善和自觉实践。所以,在中国,本体论、宇宙论的思考脱离不了人,特别是人之心性。"本体"、"宇宙",都不是身外之物,都不能不与"人性"纠葛在一起。在这种背景下,本体的玄思不能仅仅依赖科学理性,还需要诉诸道德实践,并通过这一实践体验,上升或达到超道德的本体境界。

---

① 张东荪义见《十力语要》卷二,《熊十力全集》第四卷,第 174 页。
② 熊十力:《十力语要》,《熊十力全集》第四卷,第 172 页。
③ 参见杜维明:《探究真实的存在:略论熊十力》,傅乐诗等著:《近代中国思想人物论——保守主义》,台北:时报出版公司 1980 年版,第 349 页;又见《熊十力全集》附卷(上),第 859 页。

二、"本体"——熊十力哲学最高范畴透视

1. 宇宙本原与吾人真性不二

熊十力"境论"开宗明义指出:"今造此论,为欲悟诸究玄学者,令知一切物的本体,非是离自心外在境界,及非知识所行境界,唯是反求实证相应故。"①这里有两个要点:第一是宇宙本体不在自心之外;第二是靠理智不能把握本体。熊十力说:

> 哲学家谈本体者,大抵把本体当做是离我的心而外在的物事,因凭理智作用,向外界去寻求。由此之故,哲学家各用思考去勾画一种境界,而建立为本体,纷纷不一其说。不论是唯心唯物、非心非物,种种之论要皆以向外找东西的态度来猜度,各自虚妄安立一种本体。这个固然错误。更有否认本体,而专讲知识论者。这种主张,可谓脱离了哲学的立场。因为哲学所以站脚得住者,只以本体论是科学所夺不去的。我们正以未得证体,才研究知识论。今乃立意不承认有本体,而只在知识论上钻来钻去,终无结果,如何不是脱离哲学的立场?凡此种种妄见,如前哲所谓"道在迩而求诸远,事在易而求诸难"。此其谬误,实由不务反识本心。易言之,即了万物本原与吾人真性本非有二,(此中真性,即谓本心。以其为吾人所以生之理,则云真性。以其主乎吾身,则曰本心。)遂至妄臆宇宙本体为离自心而外在,故乃凭量智以向外求索。②

按照熊十力的解释,"本体"也就是"真性"——"吾与万物所以生之实理"。因为它是"吾与万物本然的实相"。故亦云"本体"或"实体"(真实存在、本然如此的本体)。又因为它"主乎吾身,则曰本心"。熊氏又说:

> 从来哲学家谈本体,许多臆猜揣度,总不免把本体当做外在的物事来推求,好像本体是超越于一切行或现象之上而为其根源的。他们多有把本体和一切行或现象界,说成两片。他们根本不曾见到体,而只任

---

① 熊十力:《新唯识论》语体文本,《熊十力全集》第三卷,第13页。
② 熊十力:《新唯识论》语体文本,《熊十力全集》第三卷,第17—18页。

他的意见去猜度。因此,任意安立某种本体,(或以为是心的,或以为是物的,或以为是非心非物的,总当做外在的物事来猜拟。即在唯心家言,亦是臆想宇宙和人生有个公共的本源,而说为精神的已耳。其立论皆出于猜度,要非本于实证,与吾侪所见,自是天渊。当别为文论之。)并组成一套理论以解释宇宙。其实,只是他们各自构造宇宙,绝不与真理相应的。①

熊十力之本体不在现象界之上、之外,本体与现象界之间没有不可逾越的鸿沟。在熊十力看来,自然物质本体论或绝对精神的本体论,及其对宇宙的构架或对宇宙的解释,都不过是"戏论"而已。他认为,本体不是外在的物事,更不是思维中的概念,或意念中追求的虚幻境界。他在"境论"中,"直指本心,说为宇宙实体"②。本心本体是超越的根据、根源,是绝对。

为什么要强调"万物本原与吾人真性本非有二",以"本心"、"本性"来界定"宇宙实体"?"天体""道体"与"心体""性体"之间有什么样的关联?

2. 本体乃"创生实体"

体察熊十力先生的思路,不难发现,他认为本体的最基本的含义是"肇万化而成万物"。也就是说,本体之所以能成为宇宙本体,首先在于它是一个"创生实体"。

他指出,儒者之"天",老子之"道"(或"常道"),佛氏之"真如",都是指的"本性",表示了本性的真实性、常住性和超越性。正因为它不是虚妄的,不是空无的,才能成为万化根源。本性的真常性、超越性不是指它是兀然坚凝的物事,与生灭变动的宇宙互相对立,而是指的它的一种美德——无形无象、无所染污。《中庸》言"诚",并引《诗》曰"德輶如毛,毛犹有伦,上天之载,无声无臭",都是赞美本体"真实无妄"、"常住不易"、"无形无象"、"无所染污"的美德和属性。但本体还有另一重美德与属性,即孔子所说的"天何言哉? 四时行焉,百物生焉,天何言哉?"——这里表达的是本体"刚健"、"生化"孕育并鼓动万物生生不已的本性,表明本体作为一种形而上的存

---

① 熊十力:《新唯识论》语体文本,《熊十力全集》第三卷,第91—92页。
② 熊十力:《新唯识论》语体文本,初印上中卷序言,《熊十力全集》第三卷,第11页。

在,它是一种"创生实体"——"肇万化而成万物"。① 这种"创生实体",不仅是超越的,而且是内在的。他说:

> 玄学上所谓一切物的本体,是至大无外的,(此大不和小对。)是虚无的,(所谓虚无,不是空洞的意义,不是没有的意义,只是恒久的存在,而无迹象可见的意义。)是周遍一切处,无欠缺的,是具有至极微妙、无穷无尽的功用的。儒家哲学,称一切物的本体曰太易,是无形兆可见的。(太易者,本不易也,而涵变易,亦即于变易而见不易,故云太易。)……有说我们是要离开客观独存的现实世界,要妄构一个高贵的、玄妙的本体,好像是太空里的云雾一般。其实,我们所谓本体虽不同世俗妄执现实世界,却亦不谓本体是在一切物之外的。如果说它是在一切物之外,又如何成为一切物的本体呢?须知,一切物都是本体显现,不要将他作一一物来看。譬如众沤都是大海水显现,不要将众沤作一一沤来看。识得此意,更可知我人和一切物实际上是浑然一体不可划分的。如何妄计内心外境划以鸿沟?②

熊十力之形上学,明显地来源于《周易》经传的形上学。吾人与天地万物一体的观念、人与自然宇宙和谐一致的观念、内心与外境不二的观念、变易不易统一的观念、作为本体的符号——"太易"、"太极"、"乾"、"坤"、"道"所兼具的客观普遍性与主体能动性、超越性与内在性的观念,都在熊氏哲学中得到充分地发挥。因此所谓"本体",一定是"万物资始"、"万物资生"的超越根据,是"一阴一阳"、"乾道变化,各正性命"、"显诸仁,藏诸用"、"鼓动万物"、"生生不息"、"日新"、"富有"、"盛德大业至矣哉"的动力之源和价值之源。

3. 本体为"能变"、"恒转"、"功能"

关于本体的规定性,《新唯识论·转变章》说为六义,《体用论·明变章》说为四义。

> 本体所以成其为本体者,略说具有如下诸义:一、本体是备万理、含万德、肇万化,法尔清净本然。法尔一词,其含义有无所待而成的意思。

---

① 熊十力:《新唯识论》语体文本,《熊十力全集》第三卷,第279页。
② 熊十力:《新唯识论》语体文本,《熊十力全集》第三卷,第41页。

清净者,没有染污,即没有所谓恶之谓。本然者,本谓本来,然谓如此。当知,本体不是本无今有的,更不是由臆想安立的,故说本来。他是永远不会有改变的,故以如此一词形容之。二、本体是绝对的,若有所待,便不名为一切行的本体了。三、本体是幽隐的,无形相的,即是没有空间性的。四、本体是恒久的,无始无终的,即是没有时间性的。(此中恒久二字并不是时间的意义,只强说为恒久。)五、本体是全的,圆满无缺的,不可剖割的。六、若说本体是不变易的,便已涵着变易了,若说本体是变易的,便已涵着不变易了,他是很难说的。本体是显现为无量无边的功用,即所谓一切行的,所以说是变易的;然而本体虽显现为万殊的功用或一切行,毕竟不曾改移他的自性。他的自性,恒是清净的、刚健的、无滞碍的,所以说是不变易的。①

　　有问:"本体具何等义?"答曰:略说四义。一、本体是万理之原、万德之端、万化之始。(始,犹本也。)二、本体即无对即有对,即有对即无对。三、本体是无始无终。四、本体显为无穷无尽的大用,应说是变易的。然大用流行毕竟不曾改易其本体固有生生、健动、乃至种种德性,应说是不变易的。②

熊先生冥心独造地直接探究宇宙万有的本体。按照以上他对"本体"范畴的规定,"本体"应是无形相的、无滞碍的、绝对的、永恒的、全的、清净的、刚健的、无始无终的、能显为无穷大用的。在所有的这些规定性中,熊氏强调的是本体的能动性、创造性、变易性。实际上,只有人的"本心""本性"具备这些条件。

　　在熊十力的哲学体系中,"本体"又被称为"能变"或"恒转"。他说:"我们把本体说为能变,这是从功用立名……因为本体全显现为万殊的功用,即离用之外亦没有所谓体的缘故。我们从体之显现为万殊和不测的功用,因假说他是能变的。"熊氏唯恐有人误解,以为在"能变"之外别有"所变",以致划成"本体"与"现象"之"两重世界","以为本体是超脱于万殊的功用或一切行之上,而有创造万有之胜能的"。他说:"这种误解能字的意义,那便成邪见了。实则本体不可视同宗教家所拟为具有人格的神,亦不可

---

①　熊十力:《新唯识论》语体文本,《熊十力全集》第三卷,第94页。
②　熊十力:《体用论》,《熊十力全集》第七卷,第14页。

视为如人有造作一切事之能的。本体只是无能而无所不能。他显现为万殊的功用或一切行,所以说是无所不能;他不是超脱于万殊的功用或一切行之上而为创造者,所以说无能。"①可见熊先生认为"本体"不是君临于万事万物之上的人格神、造物主,不是"超绝的本体"或所谓"第一因"。在熊先生看来,创造者与创造物之间的本体论上的隔阂是不存在的。

沿着这样的思路,熊氏称"本体"为"恒转"。"恒字是非断的意思,转字是非常的意思。非常非断,故名恒转。我们从本体显现为大用的方面来说,(用而曰大,赞美辞也,形容此用之至广大而不可测也。)则以他是变动不居的缘故,才说非常。若是恒常,便无变动了,便不成为用了。又以他是变动不居的缘故,才说非断。如或断灭,也没有变动了,也不成为用了。不常亦不断,才是能变,才成为大用流行。"②也就是说,"本体"作为一个有自性的整体,它自身亦是生生不已的运动变化之过程。

本体既是恒转,说明本体不是兀然僵固之体。"恒"与"转"是相对的,但在这里统一了起来。"转"是舍故生新,是变易,本不可言"恒",不可言"常",但舍故生新是宇宙万物本性,不分时空,永远如此,因此,新新而起、永无断灭之"转"实在是绝对的恒常之道。"恒转"是指的本体运动(变易)的绝对性(不易)。这种运动、变易的"动力"、"能量"来自何方? 熊氏认为仍来自本体、本心之自身,而不在其外。本体是"能变"、"恒转",同时也即为"功能"。

1922 年,熊十力在北京大学的第一个《唯识学讲义》稿本,已有"功能"章,但"功能"内涵大体依据佛家唯识本义,即"功能"为"种子"异名,是"种子"能生结果(形形色色事物)的功用能力。1925 年冬至 1926 年春,熊氏在北京大学的第二个《唯识学讲义》稿本,开始直接"以功能说为本体"。在成熟著作《新唯识论》中,熊氏"功能"观要旨为:第一,功能即是真如,无二重本体过;第二,依功能假立诸行,无体用分成二界过;第三,功能是浑一的全体,但非一合相的,亦非如众粒然。(按:熊氏批评有宗把功能说为粒子性,是各各独立的,是至多无量数的,这些众粒必须有储藏的地方,所以建立阿赖耶识。熊氏指斥这也是一种多元论。熊氏把本体、功能都看成整一之全

---

① 熊十力:《新唯识论》语体文本,《熊十力全集》第三卷,第 95 页。
② 熊十力:《新唯识论》语体文本,《熊十力全集》第三卷,第 95—96 页。

体、绝对、浑全、圆满、一元，与之对应的便是相对的物事，是多样。他不能容忍本根、本性、主体性、能动性出自多元。)第四，功能与习气不容混同。"功能"范畴亦如"恒转"范畴一样，是熊氏借用大乘佛学的范畴而别加改造过的。

"本体"、"能变"、"恒转"、"功能"在何种意义上是等质等价的呢？本心即恒转，恒转势用大得无量无边，故又名之以功能。本体自身即有"能"有"用"。本体的能力或功用只是一种动势，一翕一辟。翕是摄聚而成形象的动势、功能，辟是刚健不物化的势用、能力，交参互涵，恒转不已。所谓心物万象(心理世界与物理世界)即是辟翕两种势用或过程。本体的能力或功用即本心内在固有的生生化化流行不息的真几，而不具有实在性或固定性。熊十力借用"功能"范畴，反对把本体与现象、本体的质与能对峙起来，根本上还是强调"本心"即真如本体的唯一性与能动性。这是在本体一宇宙论的场合说的。功能是宇宙的本体，亦即是吾人的本性。在心性论、修养论的场合，"功能"是指天事、本性，与之相对应的是"习气"、"人能"。因此，功能与习气有性与习之别。人要发挥能动作用，不断增养净习，克服染习，就能让天赋的功能显发出来，复归本性，达到与天地合德的境界。

熊十力指出："夫本体者，从一方面言，是势用无穷之大伏藏。从又一方面言，是万理皆备之大伏藏。(有宗《大论》说圆成为大伏藏，最宜深玩。圆成亦本体之名。)故本体得名功能，亦得名之为理，不可以理为离异功能而托于虚也。理字本即条理或法式、则律等义，但如以理与能离之为二，(功能，即省言能。)则理只是空形式，既无所丽矣。能与孤存之空形式又不知如何结合，云何得成物？故理与能虽随义而异其名，要不可离之为二，皆所以自本体也。自本体具大势用而言，目之以能；(以能目体，是即用显体义，详《新论》。)自本体备万理：含万德而言，目之以理。在玄学上，言理便是有能之理，言能便非无理之能，如单言能，固为本体之目，单言理，亦本体之目也。理与能不可离而二之，不可以理托于虚，本体绝待，无处不充周，又焉有空虚之所乎？伊川每言实理，着一实字最有深义，此与佛家以真如名为真理者义亦暗合。(真如即本体之名。)"①这里把"能"与"理"统一了起来，

---

① 熊十力：《与诸生谈新唯识论大要》，见《摧惑显宗记》附录，《熊十力全集》第五卷，第536页。

别有深意。这种设定是为了避免将本体与现象、思维与存在、主观与客观、形式与质料二重化。

熊氏把宇宙看做是"极生动的、极活泼的、不断的变化的过程"。"这种不断的变化,我们说为大用流行,这是无可呵毁的。我们依据这种宇宙观来决定我们的人生态度,只有精进和向上。"①熊氏的本体—宇宙论把动态历程的宇宙观和刚健进取的人生观融成一体,把生生不息的天道与自强不息的人道融成一体。

4. 天体、道体、心体、性体之统一

天体、道体,是指一切存在的本体、宇宙生化的本体,即本体论意义上的实在,实体;心体、性体,是指天体、道体下贯到人而成为人的生命本体、道德实践的主体。中国传统儒释道的形上学,大体上认为这二者是一回事。这种哲学的重心不落在天道本身,而落在性命与天道相贯通上。中国哲学家把对天道的超越遥契发展而为内在的遥契,即不是把天命、天道推远,而是一方面把它收进来作为自己的性,一方面又把它转化而为形上的实体。②

熊十力说:"圣人之道,天道也。道者,宇宙本体之目。天字与道字合用为复词。圣人能体现天道于己,故曰圣人之道,天人本非二也,若有超脱于吾人而独在之造物主,则是宗教迷情所执,非吾儒所谓天道。"③熊先生对《易》、《庸》形上学的解释,不仅肯定天地万物是活泼泼的有机的生命整体,而且把人与天地万物,把人类的社会历史文化活动都看做是活泼泼的有机的生命整体,彼此依赖、补充,动态地关联在一起。

方东美曾经说过,比较东西方哲学的本体论,"显而易见的差别有二:(1)希腊人较为着重'存有'之静止的自立性,印度人与中国人则往往赋予'存有'一种动态流衍的特性;(2)希腊人深通二分法,遂断言'存有'高居超越界,不与表象世界相涉;中国人与印度人则相信机体主义的生化历程,使'存有'能够流衍贯注于万事万物"。"儒家形上学具有两大特色:第一,肯定天道之创造力,充塞宇宙,流衍变化,万物由之而出……第二,强调人性

---

① 熊十力:《新唯识论》语体文本,《熊十力全集》第三卷,第87页。
② 参见牟宗三:《中国哲学的特质》,上海:上海古籍出版社1997年版,第35—40页。
③ 熊十力:《原儒》,《熊十力全集》第六卷,第554页。

之内在价值,翕含辟弘,发扬光大,妙与宇宙秩序合德无间。"①按方东美、熊十力的理解,富于创造精神的人,才能德配创造性的宇宙。《周易》经传的"生之谓性"、"继善成性"说,《中庸》的"参赞化育"说,都是主张尽己、尽人、尽物之性,去体会、领悟、感通、契接"天命"、"天道"的流行之体,进而参赞天地之化育。

熊先生面对某些西方哲学把宇宙与个人隔截开来,把现象与本体隔截开来,把宇宙秩序描绘成机械的秩序,肯定"存在"的静止的自立性,抹杀人生的价值等等缺憾,创制《新唯识论》,重建中国哲学的本体论。因此,他把"本体"规定为活生生的生命本体、心性本体。在"天—人"统一场中,把宇宙论与人生论,把天体、道体与心体、性体都打通了。他说:

> 心体即性体之异名。以其为宇宙万有之源,则说为性体。以其主乎吾身,则说为心体。陶诗云:"日暮天无云,春风扇微和。"以此形容心体,差得其实,而无偏于滞寂之病。"日暮天无云"是寂静也。"春风扇微和",生生真机也,元德流行也。②

关于"性体",熊十力改造、批评了空宗之论。他肯定空宗见到性体是寂静的,性体上不容起一毫执著,不可谓不知性。但空宗只见性体是寂静的,却不知性体亦是流行的,是生生不息的,因而未知性德之全,不曾领会性德"无生而生之真机"。熊先生认同宋明理学家(尤其是心学家)关于"心体"与"性体"的看法,认为寂静之中即是生机流行,生机流行毕竟寂静。例如孔子"天何言哉"之"天",乃"性体"之别名,所含涵的是"四时行""百物生"。"我们体认所及,确信得性体。元自是空的,诸法一相,本无相故;性体元自是寂的,本来清净,不容增减故。(……性体恒是圆满自在的,无可增减,所以恒寂。)我们玩味佛家经典所说,便觉得佛家于性体之空寂方面,确是有所证会,但因有耽空滞寂的意思,所以不悟生化。或者,他们并非不悟生化,而只是欲逆生化,以实现其出世的理想。"③这里对"性体"的界定,

---

① 方东美:《生生之德》,台北:黎明文化事业公司 1987 年 7 月四版,第 338、283—289 页。

② 熊十力:《新唯识论》语体文本,《熊十力全集》第三卷,第 173 页。按:熊氏这里所说的"元德",以"元"指"健"、"仁",又说"元德"即"生德",乃生生不息的宇宙和人类文化的根据。

③ 熊十力:《新唯识论》语体文本,《熊十力全集》第三卷,第 189 页。

强调它是空寂与生化的统一。熊先生在《新唯识论》关于"性体"的论说,无不强调两个方面:第一,性体不是死物,性体有生有化;第二,性体作为宇宙生化的本体,"元自空寂。其生也,本无生;其化也,本无化"。"故谈空寂而不悟生化,要非识性德之全。然有不可不知者,凡谈生化者必须真正见到空寂,乃为深知生化。性体离一切相故说为空,离一切染故说为寂。于其寂而可识神化之真也,于其空而可识生生之妙也。"①

由此我们可知,熊十力是在存在论的意义上,融合儒、释、道之说,把宇宙本体、道德本体与道德主体统一了起来。因此,作为超越现象界的本体存在,熊氏强调了它的"空"、"寂"、"静"、"神无方、易无体"、"无相"、"无为"、"澄然"之"真性"、"境界";作为贯通现象界的主体精神,熊氏又强调了它的能动性,它的展示、显现、发用流行、生生化化、"用"、"实"、"动"、"有为"、"有形"、"感而遂通",如此等等。作为道德本体,熊氏强调了它的"湛然"、"清净"、"无滞无碍"、"离相"、"离染";作为道德主体,熊氏又强调了它的自主、自立、自我主宰、自为、自律。

熊十力把来自佛教和宋明诸儒的"心体"、"性体"说都打通了,认同通过心性的合一达到天人的相契。他不喜心性、体用、性情、已发未发之分疏,把"本然"、"至善"之心提到宇宙本体与主体的地步,将其作为性之全体,任何殊相、个相不能自外于彼。他主张通过道德实践沟通天人,确立人的主体性。这种饱含道德情感的主体性,来源于宇宙天性,又进而主宰了宇宙天地,使宇宙变得有了意义。总之,他把人的主体意识(特别是道德的情绪、情感和道德自律)本体论化了。

宋明理学家,有以为心未即是性者。此未了本心义。本心即是性,但随义异名耳。以其主乎身,曰心;以其为吾人所以生之理,曰性;以其为万有之大原,曰天。故"尽心则知性知天",以三名所表,实是一事,但取义不一,而名有三耳。尽心之尽,谓吾人修为工夫,当对治习染或私欲,而使本心得显发其德用,无有一毫亏欠也。故尽心,即是性天全显,故曰知性知天。知者证知,本心之炯然内证也,非知识之知。由孟子之言,则哲学家谈本体者,以为是量智或知识所行之境,而未知其必

① 熊十力:《新唯识论》语体文本,《熊十力全集》第三卷,第192页。

待修为之功,笃实深纯,乃至克尽其心,始获证见,则终与此理背驰也。①

熊氏"本体"范畴的核心内容是"心体"与"性体"。"性者何?即本心是也。"仁、义、礼、智诸德都是"本心"的显发。"此心之全体大用,即所谓天道是也,亦即性之全德而为言也。必有反观内证之功,自明而自喻之,即此通达物我同源之体,是为证知天道。"②"仁义礼智天道者,若迹其发现,要自一原之性,流行成物而后,有物有伦,而仁义等等始显现焉。孟子故曰命也。假若性体只是洞然空无,而无流行可言,即无物可言,更从何说仁义等等耶?然仁义等等,虽于凝命以前无可说,要是自性固有,不是本性上元无之却从有生以后外铄得来。孟子故曰'有性焉,君子不谓命也。'"③熊十力说《孟子》"口之于味"章"是融贯天人之际而谈,易言之,即在他的人生论里面,包含着宇宙论在内。他以为人的食色等欲虽是气质方面后起的事,而气质之凝成则本于天化。由此,把欲推原到性上去"④。"夫命与性,本非二也。以其为生生不息之理,则曰性;以其流行而成生机体,则曰命。"⑤也就是说,"性"是万物本原,万善万德无不具足。"命"是气质之始,是本体的流行。声、色、臭、味、安逸等等欲望,推其原,皆自性生,但毕竟不是性之本然,是它流行之后在具体的生命上的表现。因此,孟子说:"有命焉,君子不谓性也。"熊氏说:"故凡仁义等性德易显发与否,及食色等欲易循理与否,都须向命上理会。吾人立命工夫只在率性,以变化气质。"⑥

熊十力认为,"命"不是定命论的"命",而是具体的生命。他反对关于性命、理欲的二分,肯定"本心即性",因而指斥程朱关于孟子"口之于味"章的解释,全失原旨。他强调只是在有了具体的个体生命时,才可说具有了仁义等性德,而且仁义等性德总是在具体的时空场合、具体的关系上才显发出来。在这个意义上,他对"道不离器"、"形色即天性"之说推崇备至。当然,人沾滞在气质上,则难以见性。也就是说,如果我们迷执小己、沉溺私

---

① 熊十力:《新唯识论》语体文本,《熊十力全集》第三卷,第19页。
② 熊十力:《十力语要》,《熊十力全集》第四卷,第281页。
③ 熊十力:《十力语要》,《熊十力全集》第四卷,第279—280页。
④ 熊十力:《十力语要》,《熊十力全集》第四卷,第280页。
⑤ 熊十力:《十力语要》,《熊十力全集》第四卷,第279页。
⑥ 熊十力:《十力语要》,《熊十力全集》第四卷,第282页。

欲,则"歧物我、判内外",使内我与外物隔截开来,就不可能达到"吾与万物浑然同体"的境界。在他看来,吾心与万物本体,无二无别。"本心"就是吾与万物所同具的"真性",是"寂然非空,生而不有,至诚无息的实理",也是吾与万物共同的生生不已的根源。只有修养自身,提升境界,才能彻见真实的存在,把人升为本体。

总之,"真性"就成了吾人与万物最本质的存在。熊十力之"本体"是生生不息的宇宙大生命,随着创生的天道贯注于吾人的生命,内化为人之性。天体、道体离不开心体、性体,尤其是人的道德的本体、道德的主体和道德的实践。客观的"天体"、"道体"与道德的"心体"、"性体"冥合为一体。这是一道德的与形而上的实体。总而言之,熊氏"本体"不是纯粹的自然本体,也不是纯粹的精神本体,而是一种人类生命本体,道德主体,是吾人与天地万物共同的根据,是一切价值的源头活水。熊氏之本体论,离不开宇宙论和人生论,离不开人与仁(体)及其展开——宇宙万象和人之文化活动(统称为用)。在这里,天道与人道、生命存在与心灵境界、宇宙价值与人生价值获得了完满的统一。不管其间是否需要知识理性、道德他律等等中间环节,熊氏理想主义地排斥一切曲折周章,主张它们的直接统一。

三、熊十力"本体—宇宙论"阐要

1. 坚实的形上基础与能动的哲学性格

现代中国哲学家罕有谈宇宙论者,熊十力则是一个例外。但熊先生的宇宙论不是一般的宇宙论,而是"本体—宇宙论"。

所谓"本体—宇宙论",是穷究宇宙本源、本根、本质的宇宙论,又是探讨宇宙发生、发展、变化的本体论。熊氏哲学的特点之一,是不离宇宙谈本体,不离本体谈宇宙。所谓"本体",是生灭变动的宇宙之"体";所谓"宇宙",是依本体而现起的"用",即本体的大化流行。

以上我们初步分析了熊十力哲学的最高范畴——"本体"范畴。这里,我们进而研究熊氏本体—宇宙论最有特色的内容。

贺麟早就认为,熊十力先生"对陆王本心之学,发挥为绝对的本体,且本翕辟之说,而发展设施为宇宙论,用性智实证以发挥陆之反省本心、王之致良知……为陆王心学之精微化系统化最独创之集大成者"。"他冥心独造地,直探宇宙万有的本体。本体,他指出,是无形相的,是无滞碍的,是绝对的,是永恒的,是全的,是清净的,是刚健的。最后他启示我们,人的本心即是具备这些条件的本体。……假如他单讲本心,而不言翕辟,单讲本体,而不讲大化流行之用,即不免陷于空寂。然而他又能发挥阳明'即知即行'的意蕴,提出体用不二,即流行见本体的说法,以为基础。"①

陈荣捷指出,熊十力系统地建立了完整的哲学体系,重建了新儒学,并且"赋予(宋明)唯心主义新儒学以一种更坚实的形上学基础和更能动的性格"。"熊十力从佛学中所获益的与其说是唯心主义,不如说是瞬息变化的概念,他把这运用于《周易》的生生不息的学说,并予以强化。这个能动的变化的观念,在新儒学,特别是在王阳明那里,已经是显著的。但是,熊十力却为之提供了一个形上学的基础。"②牟宗三说,《新唯识论》"融摄孟子、陆王与《易经》而为一,以《易经》阴扩孟子,复以孟子陆王心学收摄《易经》,直探造化之本,露无我无人之法体"③。以上诸说把握了熊十力活用思想资源的特点。

熊十力本体—宇宙论,是以他所了解的西方哲学的本体—宇宙论和印度佛教哲学的本体—宇宙论作为参照和反衬的。

就西方哲学而言,他认为,亚里士多德、斯宾诺莎的实体学说,黑格尔的"绝对精神",都有作为外缘的、离开主体客观独存的实体,或超越于主体和客体之外的"第一因"、"主宰者",君临万物之上的造物主、神天、上帝。这种实体,是如如不动、绝对静止的。

就佛教哲学来说,熊十力指出:"佛氏谈本体,只是空寂,不涉生化;只是无为,不许说无为而无不为;只是不生灭,不许言生。……详核佛氏根本大义,却是体用条然各别。……此盖出世法之根本错误。"④比较儒佛本体

① 贺麟:《陆王之学的新发展》,1945 年 4 月《建国导报》一卷十七期;又见《当代中国哲学》,胜利出版公司 1947 年 1 月版;又见《熊十力全集》附卷(上),第 667、668—670 页。
② 陈荣捷:《中国哲学资料书》第 43 章,普林斯顿大学出版社 1973 年第 4 版,所见为钱耕森译稿;又参见台湾陈瑞深的译注,陈氏译注见罗义俊编《评新儒家》一书,上海人民出版社 1989 年版;又见《熊十力全集》附卷(上)。
③ 牟宗三:《我与熊十力先生》,《生命的奋进》,香港《百姓》半月刊丛书出版部出版。
④ 《印行十力丛书记》,《熊十力全集》第四卷,第 8—9 页。

论的差异,熊十力认为,两者天壤悬隔处在于,佛家证会到的本体是空寂的。"佛家观空虽妙,而不免耽空;归寂虽是,而不免滞寂。夫滞寂则不悟生生之盛,耽空则不识化化之妙。此佛家者流,所以谈体而遗用也。儒者便不如是……故善观空者,于空而知化,以其不耽空故。妙悟寂者,于寂而识仁,以其不滞寂故。我们于儒家所宗主的《大易》一书,便知他们儒家特别在生生化化不息真机处发挥……《大易》只从生化处显空寂,此其妙也。佛家不免耽空滞寂,故乃违逆生化,而不自知。""佛家于性体之空寂方面,确是有所证会。但因有耽空滞寂的意思,所以不悟生化。或者,他们(佛家)并非不悟生化,而只是欲逆生化,以实现其出世的理想。"①

　　熊十力正是基于对西学和佛学"本体—宇宙论"之缺陷的这种批评,来赋予宋明唯心主义新儒学以一种更坚实的形上学基础和更能动的性格的。在这里,他特别强调"生化",强调生生不息,大化流行。

　　熊十力认为,"生化"是本体所蕴涵的不容已之真几,是宇宙万变不息的原动力。就本体或性体的基本属性来说,它当然是空寂的,因为它不等同于具体的现象,离开了一切染污。"生化的本体元自空寂。其生也,本无生,其化也,本无化。因为生化的力用才起时,即便谢灭……生化之妙,好像电光的一闪一闪,是刹那刹那、新新而起,也就是刹那刹那,毕竟空,无所有。所以说,生本无生,化本不化。然而,无生之生,不化之化,却是刹那刹那、新新而起,宛然相续流。"②在他看来,这不是一种物质的力量,不是一种持续的生力之流,也不宜从生化的结果即各种物化的现象形态中加以推测。创生实体的这种功用是时时突发的。

　　也就是说,生命本体或心性本体是活泼泼的具有内在动力的本体,其变动不居、流行不息的特征和能动的、创造自然和文化的功能,绝非静止的、"耽空滞寂"的自然本体或绝对精神之本体所能比拟,同时又不是柏格森的生命冲动所能取代的,因为柏氏之冲动只是本能、习气,是盲目的,它不是生命的本质、自觉的本心和道德自我的力量。

　　熊先生驳唯识、论体用、衍乾坤,所为何事?依我看,最根本的是张大生命本体,肯定人的主体性的意义,弘扬道德主体的价值。这在他的本体——

---

① 熊十力:《新唯识论》语体文本,《熊十力全集》第三卷,第187—189页。
② 熊十力:《新唯识论》语体文本,《熊十力全集》第三卷,第192页。

宇宙论中表现为高扬本体的能动性和生化功能。他用了许多对范畴,如体—用、翕—辟、乾—坤、心—境、理—气、天—人,等等,从不同侧面来证明这一点。

2. 论"体—用"

熊十力哲学的根本问题即是体用问题。他说,如果透悟体用义,即于宇宙人生诸大问题,豁然了解,无复凝滞。中国传统哲学的"体"、"用"范畴,近似于印度佛家的"法性"、"法相"范畴,也近似于西方哲学的"实体"、"现象"范畴。但笔者认为,中国哲学,尤其是熊氏哲学之"体"、"用"范畴的特殊性在于,以存在为"体",以功能为"用"。"体"既是"本体"同时又是"主体","用"既是"现象"同时又是"功用"。在西方哲学中,"实体"与"主体"是不同的两个概念,"现象"与"功能"亦是不同的两个概念。中国哲学范畴涵盖面广,分疏性差,即于此可以得到印证。

把握熊十力体用论的要点其实并不难。首先,不应把本体视做一恒常的事物。本体是实有的,然而却无方所、无形象,如老子所言,"玄之又玄,众妙之门"。本体是至神的,然而并不是有意志的上帝或人格神在那里宰制、造作。不能认为宇宙有一个不变不动者为万变不居者之依据。因此,本体自身,即是显为变动不居的现象,离开变动不居的现象既无本体。其次,本体没有内外、主客之分,不能承认有离开心体、性体而外在的本体。"吾人如自识本体,便见得自己兀是官天地、府万物,更无内外二界对峙。斯理也,自吾人言之如是,自一微尘言之亦然。一切物皆从其本体而言,都无内外。"①再次,不能把用看作是实在性或固定性的东西。

用者,作用或功用之谓。这种作用或功用的本身只是一种动势(亦名势用),而不是具有实在性或固定性的东西。易言之,用是根本没有自性。如果用有自性,他就是独立存在的实有的东西,就不可于用之外再找什么本体。

体者,对用而得名。但体是举其自身全现为分殊的大用,所以说他是用的本体,绝不是超脱于用之外而独存的东西。因为体就是用底本

---

① 熊十力:《十力语要初续》,《熊十力全集》第五卷,第14页。

体,所以不可离用去觅体。①

因为体是要显现为无量无边的功用的,用是有相状诈现的,是千差万别的。所以,体不可说,而用却可说。用,就是体的显现。体,就是用的体。无体即无用,离用元无体。所以,从用上解析明白,即可以显示用的本体。简单言之,我们剋就大用流行,诈现千差万别的法相上,来作精密的解析,便见得大用流行不住,都无实物,即于此知道他只是真实的显现。(此中真实一词即谓本体……)易言之,我们即于无量的分殊的功用上,直见为一一都是真实的显发而不容已。②

熊十力把一切物质现象和精神现象都看成本体的功用、本心的显发。他认为,离开了"用",即离开了本体的流行和作为本体之显现的万事万物,便无法透识本体。当然,他的错误在于否定了万事万物的客观实在性。他常常使用佛家惯用的绳麻之喻,说明"即用显体"。他说,绳子没有自体,不是独立的实在的物事,而只是麻的显现,麻的一团功用。我们即于绳子的相状,直见它是麻。因此他把现象说成是"诈现"的。

熊十力的本体学说,不仅重视立心性之本体,尤其重视开本心之大用。熊十力哲学本体论强调了"健动之力"和"致用之道",坚持"由用知体","即用显体",以此彰显本体(本心、仁体)是唯一真实的存在、最高的存在,是人类文化与自然宇宙之生生不息的本质和终极根源。

熊十力本体论,首先肯定本体的唯一性,其次肯定本体的能动性和变易性,再次肯定本体与功能的一致性。熊氏认为,所有的物理现象、心理现象,都是没有自性、没有实体的,人们不过是将这些假象执著为真实存在。在他看来,真实存在的只有一个本体——它既是宇宙的心,又是一一物各具的心;既是本体,又是主体;既是宇宙万象的本源,又是人们反求自识的绝对真理。本体既具有超越性、根源性,又具有内在性、能动性。这个本体与现象不是隔碍的。本体显现为大用,本体不在现象之外或现象之上,就在生生化化的物事之中。本体最重要的特征是"无不为"、"变易"、"生化"。"本体"范畴同时就是"功能"范畴、"现象"范畴,不能在功能或现象之外另求本体。体用之间、形上形下之间、理气之间,没有谁先谁后的问题(无论是逻辑上

---

① 熊十力:《新唯识论》语体文本,《熊十力全集》第三卷,第151页。
② 熊十力:《新唯识论》语体文本,《熊十力全集》第三卷,第79—80页。

的还是时间上的)。《新唯识论》是在肯定本体真实的前提下,来承认物理世界、现象界、经验界或所谓日常生活之宇宙的。所有这些,都是仁心本体大化流行的显现。没有它们,亦无从彰显本体。宇宙万相万物都是大用流行,都是体之显现。但我们不能执著此大用流行为真实,以为别无有体;也不能在流行之外去求体。

熊十力说"即用显体"、"体用不二"之论是"自家体认出来的",并自诩这一理论克服了西洋、印度哲学视本体超脱于现象界之上或隐于现象界之背后的迷谬,纠正了多重本体或体用割裂的毛病。熊先生自谓"潜思十余年,而后悟即体即用,即流行即主宰,即现象即真实,即变即不变,即动即不动,即生灭即不生灭,是故即体而言用在体,即用而言体在用"①。"夫体之为名,待用而彰,无用即体不立,无体即用不成。体者,一真绝待之称;用者,万变无穷之目。"②这就是说,良知是吾人与天地万物所同具的本体,天地万物是良知的发用流行。"一真湛寂"就是"大用流行";"大用流行"原是"一真湛寂"。抹杀了天地万物,也就是抹杀了能够显现出天地万物之"本心"的功能,那么,这唯一的本体也就只能束之高阁,形同死物。熊十力愈是要突出一元实体的包容性和真实性,便愈要强调它的生灭变化的功能,这就使得他的哲学在唯心主义的前提下,在一定程度上容纳了客观物质世界的存在、发展及其规律的内容,尽管他把客观世界说成是依俗谛而假为施设的。他的本意是说,离开了人之良知,世界便没有意义。

熊十力以《易》、《庸》形上学的模型,以阳明、船山二王之学的体用观,以大乘起信论"一心开二门"、天台宗"圆融三谛"和华严宗"一即一切、一切即一"的思辨模式,甚至袭用其"水波"之喻,说明本体不是共相,不是宇宙万有的总计、总和或总相,而是宇宙万有的法性。他认为现象世界里每一事物都是"本心"之全体,这主要还是华严宗的理路。每一物(现象)都以一元(本体)之全体为其所自有,而不仅仅占有全体之一分,犹如每一个水波都是整个大海的显现。本体是体与用的统一、无待与有待的统一、不易与变易的统一、主宰与流行的统一、主体与客体的统一、本质与现象的统一、整体与

---

① 熊十力:《十力语要》,《熊十力全集》第四卷,第79—80 页。
② 熊十力:《论体相》,《思想与时代》1942 年第 12 期;收入《熊十力全集》第八卷,《熊十力论文书札》,第 151 页。

过程的统一、绝对与相对的统一。熊十力哲学本体论的最高范畴充满着活力,具有最大的功能。不唯如此,这个"创生实体"充满着人性,不仅具有人格特征,而且就是个体的生命(亦是宇宙的生命),是理论理性、实践理性和情感的统一。由此观之,价值真正之终极根源只在每个人的本心。只要除去私欲、小我的束缚或知见的掩蔽,圆满自足的生命本性或宇宙的心(亦是一一物各具的心,亦是个体的心或个体的理性)就具有极大的创造性,足以创造和改变世界。

3. 说"翕一辟"

熊十力从本体论上说心物都不实在,然从大用流行上,从宇宙论和人生论的角度假立翕辟。"以本体之流行现似一翕一辟,相反而成化,此谓之变,亦谓之用。"①"翕辟",在熊十力早年的唯识学讲义中用的是"屈伸",在晚年著作中又喜用"乾坤",均来自《周易》。

熊十力之"本体"或"实体"内部隐含着矛盾与张力(如心与物,生命、精神与物质、能力)。两极对待,蕴伏运动之机,反而相成,才有了宇宙的发展变化。本体同时具有两重功能,一为翕,一为辟。"翕"是摄聚成物的能力,由于它的积极收凝而建立物质世界;"辟"是与"翕"同时而起的另一种势用,刚健自胜,不肯物化,却能化物,能运用并主宰翕。实体正是依赖着一翕一辟的相反相成而流行不息的。翕势凝敛而成物,因此翕即是物;辟势恒开发而不失其本体之健,因此辟即是心。翕(物)、辟(心)是同一功能的两个方面,浑一而不可分割。这两种势能、两种活力相互作用,流行不已。但这两方面不是平列的,辟包含着翕,翕从属于辟,辟势遍涵一切物而无所不包,遍在一切物而无所不入。"翕和辟本非异体,只是势用之有分殊而已。辟必待翕而后得所运用,翕必待辟而后见为流行,识有主宰。"②

熊十力认为,吾与宇宙同一大生命,自家生命即是宇宙本体。因此,所谓"辟"即是生命,即是心灵,生化不息,能量无限,恒创恒新,自本自根。

要之,本体不是一个僵死的东西,而是一个生生化化的东西。就它的这一本性,我们称本体为"恒转"或"功能"或"大用"。这"大用"实是由相反

---

① 熊十力:《十力语要初续》,《熊十力全集》第五卷,第14页。
② 熊十力:《新唯识论》语体文本,《熊十力全集》第三卷,第102页。

相成的两种势能、两种活力相互作用而成。一翕一辟,刹那不住地顿变,展现了万殊的大用。翕辟是本体内部蕴涵着的生生不息的内在矛盾和动力。在这一对矛盾中,辟势(或心力)主导着翕势(或物质)。"用不孤行,必有一翕一辟。翕势收凝,现起物质宇宙,万象森然。辟势开发,浑全无畛,至健不坠,是乃无定在而无所不在。包乎翕或一切物之外,彻乎翕或一切物之中,能使翕随己转,保合太和。辟势不改其实体之德,故可于此而识本体。余尝云即用明体者,其义在斯。"①看来,把握即用明体的关键,在于肯定辟(心)势主导翕(物)势。翕辟开阖的世界是"本心"的发用,而在一定意义上可以说辟也是体,但不可说翕亦是体。

4. 衍"乾—坤"

乾为生命、心灵,具有刚健、生生、升进、焰明的特征,能够了别物、改造物、主导物而不受物之蔽。坤为物质、能力,具有柔顺、迷暗的特性,顺承生命心灵之主导。"生命心灵之力,一方能裁成天地,变化万物;一方能裁成自己,变化自己。如自植物至高级动物,上极乎人类,生命心灵常以自力裁成自己,常以自力变化自己。""人之生也,禀乾以成其性,禀坤以成其形。阴阳性异,而乾坤非两物。性异者,以其本是一元实体内部含载之复杂性故。非两物者,乾坤之实体是一故。"②

"乾—坤"范畴与"翕—辟"、"心—物"范畴等质等价。依据熊十力的思路,本体或实体内部是复杂的而不是单纯的,其中既有物质性又有精神性。他说,如果实体或本体内部没有物质性与精神性的矛盾,如何得起变动、成功用呢? 他认为,宇宙万有是发展不已的全体,从物质层发展到机体层,从植物机体到低等动物机体到高等动物机体到人类机体层,宇宙演进的动因乃在于实体(或本体)内部蕴涵着乾坤(或翕辟)的矛盾。

从一定意义上,我们可以说熊先生是一位"物活论者"或"泛心论者"。他认为有形的宇宙的生成变化,一方面是实体的物质性的势能和功用发展的必然结果,另一方面又是实体的精神性的势能和功用主宰、指导前者的必然结果。这两方面缺一不可,交织上升。就像植物从种子到生根、发芽,到

---

① 熊十力:《体用论》,《熊十力全集》第七卷,第 22 页。
② 熊十力:《乾坤衍》,《熊十力全集》第七卷,第 504 页。

枝叶繁茂、开花结果一样,种子内在地蕴涵着自身发展的多重属性。在这一过程中有天时、土壤等外缘的作用,但从根源性上来看,主要是种子内部早就具备了心灵、生命与物质、能力的矛盾。从宇宙肇始,便不是唯有物质而无生命心灵的。无形无象的精神或生命之流默运其间,至健无息,不断地冲破物质层的锢闭,才有宇宙世界从无机到有机、从低级到高级的发展,才产生出聪明睿智之人类。在宇宙的发展长河中,乾或辟之发展,由潜而现,由隐之显。要之,精神或生命之流,总是斡运乎无量物质世界,一步一步破除物势之锢闭和迷暗,于是才有了人类。人类自身的发展史,亦是精神生命与物质生命相辅相成、相互矛盾、斗争的历史,精神生命既裁成天地又裁成自己。

> 至精之运、生命之流,无定在而无所不在,毕竟一步一步破物质之锢闭而有生机体出现。自植物而低等动物,以至高等动物,上极乎聪明睿智之人类。伟哉宇宙,赫然贞观贞明。《易大传》所以赞扬至精之运与生命之流者,庶几尽其蕴矣。乾为生命和精神,坤为物质和能力,宇宙万有只是此两方面,何可否认。乾之发展,由潜而现,由隐而显,乾卦明示此义。①

> 物界由质碍层而忽有生机体层出现,此绝非偶然之事。实由辟之潜势,阴帅乎质碍层中。卒使物界之组织由粗大而益趋分化,由简单而益趋复杂,由重浊而益趋微妙。生机体层之组织所以迥异乎质碍层者,盖阳明、刚健之大力斡运不竭所致。深于观化者,当悟斯趣也。夫辟之运乎物,自质碍层迄生机体层,逐渐转物以自显其胜用。盖从微至著,从隐之显,其势沛然莫御。及至人类机体层则辟势发扬盛大,殆乎造极。人类之资地与权能,号为官天地府万物而莫与匹者,正以吾人机体是辟势高度发展之所在。是故从宇宙全体之发展而观,阳明、刚健之辟,一步一步破物质之闭锢而复其炤明主动之贞常性,明明不是偶然。②

这就是熊十力的宇宙发生论和宇宙发展观。这种发生论和发展观,是一种心物合一的泛心论。与"万物有灵论"相类似,熊十力认为宇宙世界尚未形

---

① 熊十力:《乾坤衍》,《熊十力全集》第七卷,第508—509页。
② 熊十力:《体用论》,《熊十力全集》第七卷,第21—22页。

成前即有潜在的辟或心之势用。但这种与物相对的心亦是无自性的,或为习心,不是灵明或精神之宇宙本体或绝对先天的本心。根源或超越层面的绝对永恒之本体乃本心。本心仁体涵盖着对立统一的两面。心物、翕辟、乾坤,是过程亦是现象,是整体的相反相成的两方面,不可分离。由此观之,熊氏亦不执著于泛心论,只是通过体用、翕辟、乾坤之说返归生香活意、生机洋溢的万物一体之仁,此即生命充实的本体和绝对的本心。

5. 训"心—境"

熊十力认为没有离心独在的境,心与境是相互对立又相互联系着的一个系统。他强调,并不是没有境,而只是没有离开主体、离开主体意识的境。《新唯识论》"虽不许有离心独在的境,却不谓境无,只以境与识不可分为二片而已。然心的方面对境名能,境的方面对心便为所。如此,则境毕竟是从属于心的"①。他认为,"心和境,本是具有内在矛盾的发展底整体"②,"是不可分的整体之两方面……能谓心,所谓境。心能了别境,且能改造境的,故说心名能。境但是心之所了别的,且随心转的,故说境名所。唯识的旨趣,是把境来从属于心,即显心是运用一切境而为其主宰的,是独立的,是不役于境的"。③ 在这个方面,熊氏与旧唯识学并没有区别。

熊十力认为,"妄执的心"或"取境的识"也是没有自体的,即没有质的规定性的不是独立的实在的东西。他把客观外在的境,以及与境相对的"认识之心",都说成是没有自体的。从真谛来说,"认识之心"与"认识对象"都不是真实存在的,是"毕竟空"、"无所有"的。从俗谛来说,"认识之心"与"认识对象"又是唯一真实的本体的显现,亦是存在着的,但这都是假相,我们不能执著于此。熊氏"境论"中的心境两个侧面都是他的"生命本体"或"创生实体"的表现或展开,都是用而不是体。

然就心—境关系而论,熊十力认为认识起因于具有自我意识的主体,因而把主客体同一的基点放在主体一边,以主统客。按照宋明理学特别是陆王心学的观法,我的身以迄日星大地乃至他心,都是不能离开我的视觉、触

---

① 熊十力:《新唯识论》语体文本,《熊十力全集》第三卷,第84页。
② 熊十力:《新唯识论》语体文本,《熊十力全集》第三卷,第42页。
③ 熊十力:《新唯识论》语体文本,《熊十力全集》第三卷,第47页。

觉和情思而与"心"同体之"境";按照佛教唯识学的观法,"摄所归能","会物归己",主体的自我意识是认识活动的主宰和源泉。与唯识学不同的是,熊十力强调了自我意识的综合统一功能,认为客体的建构、认识的发生不是源于分散的诸识,而是源于认识心之综合统一功能。他又强调,建构起来的客体与主体之间组成为一个矛盾的整体,从而有了发展着的认识系统。他对主体的能动认识功能的肯定是有意义和价值的,但他过分夸大了主体对于客体的规定和创造,相对忽视了主体本身亦是被客体所规定和制约的。

熊十力主客体一致的心境统一论仍落脚在道德理性上。他非常推崇《中庸》的"合外内之道也,故时措之宜也",并发挥说:"世间以为心是内在的,一切物是外界独存的,因此将自家整个的生命无端划分内外,并且将心力全向外倾,追求种种的境。愈追求愈无餍足,其心日习于逐物,卒至完全物化,而无所谓心。这样,便消失了本来的生命,真是人生的悲哀咧。如果知道,境和心是浑然不可分的整体,那就把世间所计为内外分离的合而为一了。由此,物我之间,一多相融。虽肇始万变,不可为首,而因应随时,自非无主。用物而不滞于物,所以说无不宜。"①这仍然是说,万变不穷,并不是有一个人格神那样的创造主;主体和主宰力是生命本体,有此则能创造万物、因应万物而不被物化。

6. 辨"理—气"

熊先生把"理—气"范畴纳入"体—用"系统中,作出了有别于宋明诸儒的、别开生面的阐释。他认为,"理和气是不可截然分为二片的。理之一词是体和用之通称,气之一词但从用上立名,气即是用"②。他承认"理之为义至宽广,如形式、规律、轨范、法则、条理等等,皆应通名之曰理也"③,但不同意把"理"看做是"气"上的条理、法则,认为这种看法视"气"为实在或实有,而视"理"为空洞的形式。他指出,"理"才是真实的存在,"气"只是一种生生的"动势"或"胜能",是"运而无所积"的。"气"即是"用",不具有实体、实在的性质。那么,为什么说"理"是"体用之通称"呢?"因为就体而

---

① 熊十力:《新唯识论》语体文本,《熊十力全集》第三卷,第45页。
② 熊十力:《新唯识论》语体文本,《熊十力全集》第三卷,第246页。
③ 熊十力:《原儒》,《熊十力全集》第六卷,第709页。

言,此体元是寂然无相,而现似翕辟万象,即众理灿然已具。故此体,亦名为理。又体之为言,是万化之源,万物之本,万理之所会归,故应说为真理,亦名实理,也可说是究极的道理。就用而言,翕辟妙用,诈现众相,即此众相秩然有则,灵通无滞,亦名为理,即相即理故,或相即是理故。前所云理,当体受称,是谓一本实含万殊。后所云理,依用立名,是谓万殊还归一本。理虽说二,要自不一不异。体用义别故,故不一;即用即体故,故不异。"①

可知,"理—气"范畴,在熊十力看来,与"体—用"范畴基本等质。"体用不二"即"理气一体"。"理"是一种终极存在,而不是"气"之上或"气"之外的形式;"气"是"理"的发用流行,而不是"理"的质料或挂搭处。熊氏在《新唯识论》卷中"后记"里,在"释体用"、"释体常义"之后,专门"释理",在卷下"成物"章,则进一步申论"理体"与"用相"之关系。

若如我义,心物根本不二。就玄学上说,心物实皆依真理之流行而得名。……所谓理者,一方面理即心,吾与阳明同;一方面理亦即物,吾更申阳明所未尽者。程子曰理在物,科学家实同此意。如此,则先肯定实物,再于物上说有个理,是乃歧物与理为二也。自吾言之,物之成为如是之物即理也,不可将物与理分开。……伊川云。"冲寞无朕,万象森然已具"。以吾义通之,冲寞无朕说为一理。万象森然,不可徒作气来会。当知万象森然,即是无量无边的众理秩然散著也。冲寞无朕,而万象已具,是一理含无量理,故言体而用在。又当知,万象森然,仍即冲寞无朕,故言用而体在。是无量理本一理也。一为无量,无量为一。宇宙人生真蕴,如是而已。妙极。②

理之现为相,不待别立材质而与之合。如果把理说为一种空洞的形式或法式,则必顺于理之外,更建立一种气为材质,而理乃与之搭合以成物。如此,似未免戏论。宋儒言理气,已有未尽善处。后人遂有以气为材质,而理别为法式,遂成种种支离之论。今在本论所谓理者,既是实体,所以不须别找材质。理体渊然空寂。空故神,寂故化。神化者,翕辟相互而呈材。生灭流行不已,而造化之情可见。是故材质者,理之流行所必有之势也,其情之至盛而不匮故也。材呈,故谓之相。故

① 熊十力:《新唯识论》语体文本,《熊十力全集》第三卷,第246—247页。
② 熊十力:《新唯识论》语体文本,《熊十力全集》第三卷,第280—281页。

曰理之现相,不待别立材质而与之合。以其为至实而非无故也。(世之以共相言理者,只是空洞的形式,即等于无。)①

宋儒说理不离乎气,亦不杂乎气,是直以理气为两物,但以不离不杂,明其关系耳。此说已甚误。明儒则或以气为实在的物事,而以理为气之条理,则理且无实,益成谬论。后之谈理气者,其支离又不可究诘。余以为理者,斥体立名,至真至实。理之流行,斯名为用,亦可云气。故气者理之显现。而理者,气之本体也。焉得判之为二乎。②

在理气关系上。熊十力既不同意程朱判理气为二物的"不离不杂"之说,又批评了王船山的"天下唯器"论和气一元论;既不同意亚里士多德的形式质料说,又批评了冯友兰的共相殊相观。他强调"理体与用相,不可分为二界",即以其"体用不二"论涵盖或取代理气关系说。体用关系能否取代理气关系,尚需深入探究。但从熊氏关于理气关系的论证上,我们可知,他企图用一元唯心主义的心性本体涵盖一切,说明一切,只承认"本心"之体的唯一性、真实性、能动性、整全性和潜在的完满性,不肯承认在此之外,别有动力、别有材质、别有作用。动力来自"本心",材质亦不过是"理体"的流行与变现。他说"理体"不是空洞的形式,即是说"理体"是实体,能化生万物,"理体"即"用相",不是在"用相"之外别有"理体"。熊氏说,理体为潜在无量可能的世界,故以《艮》卦表示;理体现为大用,化几畅矣,故以《兑》卦表示。理即气,气即理。理气不二,犹如《艮》卦与《兑》卦不二。前者表示潜藏不动的理,后者表示流行条畅的理。后者是前者的大用流行。③

熊十力理气论的"本体—宇宙论"意义在于,不承认有这样一个共相(条理、法式、轨范、形式),"离开现实界之特殊物事而自存于真际界",即反对将真际界与现实界、形上与形下、"物自体"与现象、彼岸与此岸瓜分豆剖,截然二之。其实,"气一元论"也反对这种分割,而主张以气为本体解释宇宙;"理一元论"无法解释生动活泼的宇宙,借助于气或质料,以便使理有挂搭之处。熊氏以"心一元论"的体用论和理气论说明世界,其中的理论悖

---

① 熊十力:《新唯识论》语体文本,《熊十力全集》第三卷,第365—366页。
② 熊十力:《新唯识论》语体文本,《熊十力全集》第三卷,第367页。
③ 参见成中英:《综论现代中国新儒家哲学的界定与评价问题》,《玄圃论学集》,北京:三联书店1990年版;又见《熊十力全集》附卷(下)。

谬,我们在下面还要分析。

7. 释"天—人"

熊十力"本体—宇宙论"反对在变动的宇宙万象之外去寻求"能变者",反对离开人去寻求天的变化,始则以生命本体作为万化之源、万有之基,继则指出这一"创生实体"就是"心力",就是人的能动性和创造力。熊氏本体—宇宙论所强调的"变",是改造物质世界和改造社会。他认为,具有创造世界功能的,不是什么不死的灵魂或超然的上帝,而是活泼泼的主观精神。吾人一切以自力创造,有能力、有权威,是自己和世界的主人。因此,熊氏认为,维护"人道之尊",必须破除出世或遁世思想,批判宿命论,自强不息,积极入世。这既是对刚健天道的回应,又是对人的价值和存在根据的肯定。《中庸》讲"道不远人",王船山讲"依人建极",熊先生亦以人文的自觉,突出了人文世界和人文价值。

熊十力说:"天行健,明宇宙大生命,常创进而无穷也,新新而不竭也。君子以自强不息,明天德在人,而人以自力显发之,以成人之能也。"①否则,"人将耽虚溺寂,以为享受自足,而忽视现实生活,不能强进智力以裁成天地,辅相万物,备物致用,以与民群共趋于富有日新之盛德大业"②。"识得孔氏意思,便悟得人生有无上的崇高的价值,无限的丰富的意义,尤其是对于世界,不会有空幻的感想,而自有改造的勇气。"③熊十力以这种自觉的人本主义精神,强调以"人道"统摄"天道",珍视人的价值,高扬活生生的生命力量,提倡刚健进取的人生态度。他修正并发挥了《论》、《孟》、《易》、《庸》形上学"修人道以证天道","明天道以弘人道"的基本思想。他说:

> 孔子曰:"人能弘道,非道弘人。"(言人能弘大其道,道不能弘大吾人。道者,即本体或真性之称,真性虽是吾人所固有,而吾人恒迷执小己以障蔽之,则真性虽自存,却不能使吾人弘大。必吾人内省而自识本来面目,存养而扩充之,则日用云为之际皆是真性炽然流行,是则人能弘大其道。)斯义广大渊微至极,其否认有超越吾人与天地万物而独尊

---

① 熊十力:《读经示要》,《熊十力全集》第三卷,第955页。
② 熊十力:《读经示要》,《熊十力全集》第三卷,第955—956页。
③ 熊十力:《新唯识论》语体文本,《熊十力全集》第三卷,第135页。

之神道,使神道不复能统治吾人。哲学精神至此完全脱去宗教尽净,遂令人道天道融合为一,不可于人之外觅天也。①

至此,我们可以看到熊十力本体—宇宙论的落脚之处。一方面,熊氏认为,通过内在于人的本心、本性("仁心"或"明德"之体),即人的精神生命与道德意识的运动或感通,人的生命与宇宙大生命能够回复成一体。但是,人之生命与宇宙大生命回复成一体的中间环节是"用",也即是工夫,即是道德实践。熊氏强调的是道德实践与道德根据——良知、仁心的一致,工夫与本体的一致,外王与内圣的一致。

另一方面,熊十力本体—宇宙论又不完全等同于孟子—陆王的"心本论"或道德扩充论。尽管他在一定层面上把宇宙本体(或实体)内化为心性本体,并对"天人合一"、"浑然与天地万物同体"的人生境界作了本体论的亦即是"道德形上学"的论证,但同时,由于近代思想的影响和他本人的民主革命实践的体验,他没有把实践仅仅局限在修身养性的范围之内。他切身体验到革故鼎新和变化日新的氛围,因此,他认定,只有在变革现实即改造自然和社会的活动中,在比道德实践宽阔得多的社会实践中,才能彻见真实的本体——这一本体既是宇宙万物的本源,又是人之所以为人的真宰。他通过"体—用"、"翕—辟"、"乾—坤"、"心—境"、"理—气"、"天—人"诸层面,同时也对这种社会实践作了本体论的论证。因此,在一定意义上,熊氏的本体—宇宙论具有实践本体论的含义,强调本体与工夫的辩证统一。尽管其本体是心灵生命或自然合目的性的"至善",但它是依靠人及其实践才得以实现出来的。熊氏关于世界意义和人类存在意义的终极思考,特别是透过"体用不二"理论间架的形上论证,高扬了人的主体性和创造性,具有积极的意义。

正如周辅成先生所说:"熊先生的天人不二论,大大提高了人在宇宙中的尊严和地位……大大表扬了宇宙中个性、个体的重要;还不止此,他是用这些道理来讲清楚:人是小宇宙,精神(乾)必然会起主动作用;人之所以为人,也因为人有这个主动能力。熊先生也因为见到这点,所以觉得宇宙在'变',但'变'决不会回头、退步、向下,它只有向前、向上开展。宇宙如此,人生也如此。这种宇宙人生观点,是乐观的,向前看的。这个观点,讲出了

---

① 熊十力:《原儒》,《熊十力全集》第六卷,第320—321页。

几千年中华民族得以愈来愈文明、愈进步的原因。具有这种健全的宇宙人生观的民族,是所向无敌的,即使有失败,但终必成功。"①

四、熊十力"本体—宇宙论"格义

上一节论述了熊十力"境论"的基本范畴,其中,以"体—用"为核心,就"体"而言,有"天(道)"与"人(道)",就"用"而言,有"翕—辟"、"乾—坤"、"心—境",就"体—用"而言,有"理—气",而以"体用不二"相贯通。这几对范畴的逻辑关系,略见下图:

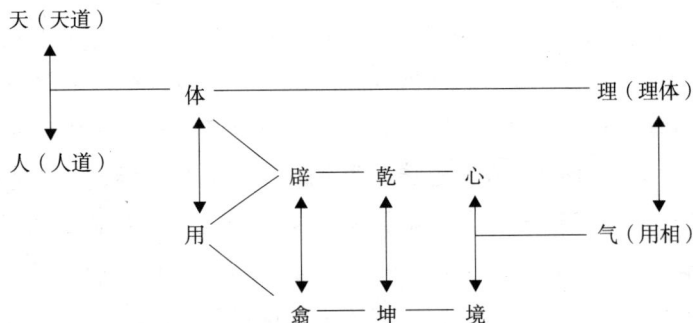

我们在分析了熊十力本体—宇宙论的主要内容与特点之后,需要进而研究它的价值与意义,以及为什么说熊氏"境论"是对传统形上学的重建。

1. "内在—超越"义

中国传统的儒、释、道的形上学,各不相同,但就其共性而言,完全不是西方哲学主流学派那样一种"超绝的"或"超自然的"形上学。方东美说:"我以'超越形上学'一辞,来形容典型的中国本体论,其立论特色有二:一方面深植根于现实界;另一方面又腾冲超拔,趋入崇高理想的胜境而点化现实。它摒斥了单纯二分法;更否认'二元论'为真理。从此派形上学之眼光看来,宇宙与生活于其间之个人,雍容洽化,可视为一大完整立体式之统一

---

① 周辅成:《熊先生的人格和哲学体系不朽》,《回忆熊十力》,武汉:湖北人民出版社1989年版,第135页。

结构……据一切现实经验界之事实为起点,吾人得以拾级而攀,层层上跻,昂首云天,向往无上理境之极诣。同时,再据观照所得的理趣,居高临下,'提其神于太虚而俯之',使吾人遂得凭藉逐渐清晰化之理念,以阐释宇宙存在之神奇奥妙,与人类生活之伟大成就,而曲尽其妙。""我们之心态取向既然如此,很自然地,中国各派的哲学家均能本此精神,而百尺竿头,更进一步,建立一套'体用一如'、'变常不二'、'即现象即本体'、'即刹那即永恒'之形上学体系,藉以了悟一切事理均相待而有,交融互摄,终乃为旁通统贯的整体。"①

熊十力的形上学体系,正是"体用一如"、"变常不二"、"即现象即本体"、"即刹那即永恒"之体系。按方东美先生的理解,在这一体系中,超越世界与现实世界、本体界与现象界、理世界与气世界、真谛与俗谛、天国与人间、圣者与凡人之间,没有不可逾越的鸿沟。这正是中国主流学派本体论的特点。儒、释、道的形上学体系,从"宇宙"或"世界"之自然层面和实然状态出发,然不执著于此,不断地加以超化,进入具有价值意蕴的理想境界,诸如"道德宇宙"(儒)、"艺术天地"(道)、"宗教境界"(释)等等。

这种形上学的超越义在于,各派哲学家都有各自的理想人格,都希望达到尽善尽美的圆满境界。他们以不同的方式表达了各自的终极信念:或者主张"立人极","与天地参",追求自我实现,成圣成贤(儒);或者超凡脱俗,飘逸物外,寻求永恒之逍遥与解脱,得道成真(道);或者超越生死,体认真谛,追求净化与超升,见性成佛(佛)。

一般地说,西方哲学重外在超越,以理性来追求价值之源,从而造成了超越界与现实界的分裂与紧张;中国哲学重内在超越,其内在义在于,各派哲学家理想境界的实现,并不脱离现实人生,"道"即在"人伦日用"之中,即在"担水砍柴"之间,价值即在事实之中。在中国哲学,由现实或事实世界到超越或价值世界的路径是内倾而不是外向的,所谓"为仁由己"、"尽心知天"、"明心见性"、"得意忘言",即是此义。② 另一条路径则是由价值理想向下贯注,内在于世界的实现,人生的实现。"在中国,要成立任何哲学思

---

① 方东美:《生生之德》,台北:黎明文化事业公司 1987 年 7 月四版,第 283—284 页。
② 参见余英时:《从价值系统看中国文化的现代意义》,《文化:中国与世界》(一),北京:三联书店 1987 年版。

想体系。总要把形而上、形而下贯穿起来,衔接起来,将超越形上学再点化为内在形上学。儒家中人不管道德上成就多高,还必须'践形',把价值理想在现实世界、现实人生中完全实现。道家固然非常超越,但是到最高境界时,又以道为出发地,向下流注:'道生一,一生二,二生三,三生万物。'道家理想亦须贯注到现实人生中……中国人所以不重小乘而重大乘,就是因为宗教智慧是以拯救众生、拯救世界为目的;应该不逃避人世间一切艰难痛苦,使般若涅槃与尘俗世界结合在一起……哲学上的智慧在中国各种思想发展看来,都是要避免'超自然形上学'的缺陷,而发展'超越形上学',着重价值理想,这种价值理想又当在现实人生之中完全实现,如此方可以拯救世界,拯救人生。""与西方哲学不同,中国哲学采取超越形上学的立场,再与内在形上学贯通;他以宇宙真相、人生现实的总体为出发点,将人生提升到价值理想的境界,再回来施展到现实生活里,从出发到归宿是一完整的体系"。① 因此,在中国哲学家看来,生活于现实世界中,照样可以超脱解放,把精神向上提升,超越的理想要在现实世界中完成、实现。

熊十力先生的"体用不二"论,正是"内在而超越"的传统形上学的发展。它体现了华夏族哲学的这样一个特殊的性格,即自然与人的统一,理想境界与现实人生的统一,宗教情绪与道德伦理的统一,天道与性命的统一。这大概与我们的祖先跨入文明的门槛,走的是一条连续性的道路而不是一条破裂式的道路有关。② 这种连续性、即人类与动物之间的连续、地与天之间的连续、文化与自然之间的连续,规定了中国哲学本体论的性格,也规定了中国哲学宇宙论的性格,亦即是内在超越的、有机的、连续的、整体性的。

中国形上学"内在—超越"特性确立的另一个契机,是周代的文化早熟。按方东美在前引书中所说,周人以其早熟的文化智慧,化原始宗教之玄秘为道德之仪轨。以理性的道德价值支配人心的情绪。"天"、"道"等中国哲学的原型观念,实际上涵盖了原始宗教的玄秘性。不是宗教之"神",而是人类理性所能设想的"天"、"道",成了宇宙万物、人类生命的本源,亦成

---

① 方东美:《原始儒家道家哲学》,台北:黎明文化事业公司 1987 年 11 月三版,第 16—18、33 页。

② 参见张光直:《连续与破裂:一个文明起源新说的草稿》,香港:《九州学刊》1986 年 1 卷 1 期。

了一切价值之源。原始儒道文化保存并修正了原始宗教"尊生"、"重生"、"报始返本"的情绪和"玄之又玄"的秘密,并分别把它哲学化了。三教合一的宋明哲学的所谓"居敬"、"体仁"、"存养"、"立诚",即兼顾到宗教情绪与道德理性。

宗教重超越义,道德重内在义。"天道"既是超越的,同时又贯注于人身,内化为人之性。"在中国古代,由于特殊的文化背景不同,天道的观念于内在意义方面有辉煌煊赫的进展,故此儒家的道德观得以确定……西方哲学通过'实体'的观念来了解'人格神',中国则是通过'作用'的观念来了解'天道',这是东西方了解超越存在的不同路径……反观天道、天命本身,它的人格神意味亦已随上述的转化而转为'创生不已之真几',这是从宇宙论而立论。此后儒家喜言天道的'生生不息'。便是不取天道的人格神意义,而取了'创生不已之真几'一义。如此,天命、天道可以说是'创造性的本身'。然而,'创造性的本身',在西方只有宗教上的神或上帝才是。"①

因此,性命与天道的隔阂被打通了。"天命"、"天道"通过忧患意识所生的虔敬心理而步步下贯,贯注到人之身,而成为人的主体。《周易》之"性与天道"的发展,《中庸》之"至诚者"尽己、尽人、尽物之性,参赞天地之化育,通过仁、诚去体悟和契合"天命"、"天道"流行之体,进而与天地相参之说,奠定了中国形上学的基础。一方面从天道天命向下贯注到人生,落实到现世,由此而彰显了人的主体性;另一方面由内在的本心出发,知性、知天,领会乃至体现天道,从尽己性出发,参赞天地之化育。总之,在天人的统一中扩充人性,实现人性。至是,宇宙与个人不是隔截的,客体与主体不是隔截的,现象与本体不是隔截的,外物与自我不是隔截的,形上与形下不是隔截的,体用不是隔截的,常变不是隔截的,理想价值与人伦日用不是隔截的,宗教信念与道德理性也不是隔截的。熊先生的"境论",难道不正是集中儒、释、道形上学的共同特点而予以再造和重申吗?难道不正是面对西方二元论或二分法的本体—宇宙论的一种积极回应吗?

2."整体"—"动态"义

熊十力"本体—宇宙论"的思想模式,具有鲜明的机体主义的,亦即"整

---

① 牟宗三:《中国哲学的特质》,台北:学生书局1974年版,第26—27页。

体—动态"的特点。熊氏哲学从不把宇宙世界看做是杂乱无章的拼凑物，从不把宇宙系统视为封闭系统，从不把宇宙秩序视为机械秩序。一方面，他认定人与宇宙不是对立的、彼此孤立的系统，强调二者的统合性、整体性；另一方面，又赋予这种统一体以生生不已、创进不息的生命本性。"人—天"统一体的整合性、统摄性、丰富性、充实性诸层面的强调，反对了他所理解的佛教唯识学和西方实证主义的空疏与抽象；"人—天"统一体的动态—过程性、创造性与能动性诸层面的强调，反对了他所理解的西方宇宙论的静态—结构性、呆板性与机械性。这种形上学，就其能够从总体上、全貌上和发展上把握宇宙万象来说，似更能抓住本质。不仅如此，这种"整体—动态"的思想模式，并不把主体的参与与评价自外于"人—天"系统，反之，其所肯定的是本体的统一、存在的统一、生命的统一和价值的统一，它是一种积极的存在论、本体论与宇宙论。

就机体主义这一特点而言，熊十力可谓善承道家经典《老子》、《庄子》和儒家经典《易经》、《易传》的整体的系统观，把宇宙看做是一个动荡不已的进程，强调运动变化的潜力及发展过程，肯定各种事物是在一种永恒变化的动态历程和相互关联、相互作用的生机脉络中相互决定和界定的。自然界是活泼的有机的生命整体，人与天地万物亦是活泼的有机的生命整体，人类的、民族的社会活动、历史文化都是活泼的有机的生命整体，其活动的历程是内在的阴与阳（即否定的与肯定的力量）彼此消长的过程，这个过程永远不会完结。在这里，主体与客体、物体与精神之间没有鸿沟，它们彼此依赖、相互补充，动态地关联在一起。整个宇宙生命、民族文化生命都是创造性的历史过程，是诸杂多的动态的统一过程。所谓"一阴一阳之谓道"、"天地之大德曰生"、"生生之谓易"、"万物化生"、"道生一、一生二、二生三、三生万物"等等，表明了中国形上学的创生性（勃勃生机）和系统性（统之有宗，会之有元）。这与西方本体论所强调的"存在"之静止的自立性和"存在"高居超越界，与表象世界截然二分的思想模式不同，其侧重面在于彰显"存在"的动态流衍的特性，使之在生化历程中能够流衍贯注于万事万物。机体形上学的立场使中国哲学总是把宇宙视为丰富完整的有机整体，把人生视为丰富完整的有机整体，把宇宙与人生贯通起来，把人生活动的各层面，例如身体活动、心理活动、政治社会、历史文化、知识探求、美感经验、人伦道德、实存主体、生死解脱、终极存在等，及其不同的价值，沟通贯串起来，使得宇宙不但不贫乏,反而可以成为更丰富的真相系统,更丰富的价值系统。

3. 价值中心义

苏格拉底以后的希腊哲学和中世纪哲学把完整的世界、完整的人生划分为两截:一是形而下的物质世界;一是形而上的精神世界和真善美的价值世界。这两层世界的隔绝,使绝对的真善美的价值世界很难在此岸、现界完全实现。近代笛卡儿以降,又以另一种二分法,把内在的心灵世界与外在的客观自然界划分为两截。

中国主流学派的形上学却不是这样的。以熊十力哲学而论,他的宇宙论并非纯粹论宇宙,而是在描绘、说明、认识宇宙的同时,渗进了多层面的人的生命活动及丰富的人文价值。甚至我们可以说,在中国许多哲学家看来,宇宙的真相、宇宙的全体,不在于宇宙自身,而在于人与宇宙之关系,在于在这种关系中人的创造活动,以及在这种活动中所把握的真、善、美的价值,所体验的崇高的精神境界。

中国古代许多哲学家的"宇宙",不仅仅是自然的宇宙,同时又是道德的宇宙、艺术的天地。中国哲学家承认各种相对的价值、相对的境界,同时承认有一个统摄、贯通它们的绝对的价值和最高的境界。这里有内外上下的层次,但没有绝对的界限,不同的价值和境界相互联系,彼此贯通。儒家讲"志于道,据于德,依于仁,游于艺",讲"尽善尽美",贯通自然现象、社会现象,在人类生命内部,将这些理想予以艺术、道德的精神点化,贯通道德生活与艺术生活,成为富有"美"、"善"的价值世界。道家讲超越的价值,认为只有在智慧的修养、精神的锻炼达到极致的程度,才能进入"天地与我并生,万物与我为一"的境界,于此才能把握宇宙的真相和最高的价值。总之,使人格向上发展,不离开现实世界又要超越现实世界的种种限制,培育真、善、美统一的理想人格,是儒道思想的真谛。

熊十力哲学在存在或人生方面寻求一种一切有活力的生命和一切精神活动从中涌流出来的统一的有创造力的源泉。熊氏提倡一种清明在躬、志气如神的生活,主张实现"人生无上的崇高的价值,无限的丰富的意义"。因此,熊氏"本体—宇宙论"同时又是一种"价值论",强调人在宇宙创进不已的过程中发挥自身的主体性,在成己成物的实践中产生责任意识和道德价值的崇高感,成就"尽善尽美"的理想人格,进而达到"至善"的境界。这样,生命的创造过程也就是人生价值实现的过程。他的哲学充满着理想主义。

这种哲学不是从知识论上把世界的客体化成观念的系统,然后从观念的系统所形成的知识、科技、方法去笼罩、控制现实世界。相反,是要把人的生命展开来去契合宇宙,即"天人合德"、"合一"、"不二"、"同体"。然而人不可能把赤裸裸的自然人就投射出去,人要适应那个广大和谐的宇宙客体,首先必须修养自身,成就人格,把人生与世界点化成为一个理想的领域,然后在那个地方从事我们人生的意义与价值的追求。

4. 生命本体义

贺麟曾说过:"熊先生注重天地万物一体之仁,以生意盎然,生机洋溢,生命充实言本体,而有意避免支离抽象之理。"[1]

熊十力先生的本体论是以生命为中心的本体论。他关于"生命"的界定是:"此中生命一词,直就吾人所以生之理而言,换句话说,即是吾人与万物同体的大生命。盖吾人的生命,与宇宙的大生命,实非有二也。故此言生命是就绝对的真实而言。"所谓"绝对的真实"亦即"本体"。他说:"吾人本来的生命,必藉好的习气(后云净习),为其显发之资具,如儒者所谓操存涵养,或居敬思诚种种工夫,皆是净习。生命之显发,必由乎是。然亦以有坏的习气(后云染习),遂至侵蚀生命,且直取而代之。(谓染习为主,是直取生命而代之也。)不幸人生恒与坏习为缘,常陷入可悲之境。故哲学对于人生的贡献,要在诏人以慎其所习。(孔门的克己,印度佛家的断惑或破执,都是去坏习。东方哲学的精神,只是教人去坏习。坏习去,然后真性显。)"[2]熊先生认为:"人生唯于精进见生命,一息不精进即成乎死物,故精进终无足也。""精进者自强不息,体自刚而涵万有,(此言体者,合也。人性本来刚大,而役于形锢于惑者,则失其性。故必发起精进,以体合乎本来刚大之性。夫性唯刚大,故为万化之源。唯率性者为能尽其知能,故云涵万

---

① 贺麟:《陆王之学的新发展》,1945 年 4 月《建国导报》一卷十七期;又见《当代中国哲学》,胜利出版公司 1947 年 1 月版;又见《熊十力全集》附卷(上),第 671 页。

② 熊十力:《新唯识论》语体文本,《熊十力全集》第三卷,第 259 页。

有。)立至诚以宰百为,(诚者真实无妄,亦言乎性也。立诚即尽性也。百为一主乎诚,即所为无不顺性。一切真实而无虚伪,故是精进。)日新而不用其故,(《易》曰:'日新之谓盛德。'唯其刚健诚实,故恒创新而不守故。)进进而无所于止"。①

熊十力先生并不把统一的宇宙看做是纯粹的自然事物,而把它看做是一个生命现象。《周易》形上学以"乾元"为"大生之德","坤元"为"广生之德",这种"广大悉备"的创造性的生命精神贯注于天地人之间,孕育了万事万物。人的生命与宇宙生命具有同一性。《中庸》形上学则进一步发挥此说,认为天地的生命精神贯注到人的生命之中,人以创造精神加以回应,而一旦人能充分地护持自己的生命理性、道德理性,人就能全面发挥其本性,参赞天地之化育,理性地适应并进而主宰天地。因此,《易》、《庸》之学的本体论、宇宙论都要落实到人的生命的价值和意义上来。人在宇宙中的地位是由此而确定的。

现代新儒家认为,中国儒、释、道三教都是"生命的学问",其特殊的智慧都落实在"人生的方向"上。以这样一个看法回溯熊十力的"境论",不难看出熊氏"境论"的中心是生命,熊氏"本体—宇宙论"的立场是生命的立场,向外回应创生不息的大宇宙,向内培养刚健精进的小宇宙,向下不脱离物质基础,向上可以提升到高尚的价值理想。在这里洋溢着生命的活力,没有内外上下的界限,彻上彻下、彻里彻外只是生命,甚至以自己的生命作为宇宙的生命中心。但这生命绝非柏格森氏的自然物质生命。

5."仁之本体论"与"仁之宇宙观"

在本章,我们力图通过熊十力哲学去了解中国传统主流学派的形上学的特点。反过来,我们又力图通过抉发传统主流学派"本体—宇宙论"的特点去理解熊十力哲学。

20世纪40年代,贺麟曾在《儒家思想的新开展》一文中,从哲学人类学的角度总结先秦儒学到梁漱溟、熊十力、马一浮等现代儒学,提出了中华民族的命脉与精华之所系的"仁的本体论"与"仁的宇宙观"。贺麟指出:"儒学是合诗教、礼教、理学三者为一体的学养,也即是艺术、宗教、哲学三者的

① 熊十力:《新唯识论》文言文本,《熊十力全集》第二卷,第138、139页。

和谐体。因此新儒家思想之开展,大约将循艺术化、宗教化、哲学化之途径迈进……从哲学看来,仁乃仁体,仁为天地之心,仁为天地生生不已之生机,仁为自然万物的本性,仁为万物一体生意一般之有机关系之神秘境界。简言之,哲学上可以说是有仁的宇宙观,仁的本体论。"①与此相联系,儒家哲学亦以"诚"这一范畴表明真实无妄之理或道。"仁"与"诚"都是指的实理、实体、存在或本体,包含着存在真实无妄,宇宙流行不已,人生健行不息的意味,同时也表明了人对终极存在的虔诚、敬畏和信仰,并将其转化为人的文化活动。离开"仁"与"诚"而言本体或宇宙,只能陷于死气沉沉的机械论或浮游无根的虚空论。

熊十力说:"健,生德也;仁,亦生德也。(生生之德,曰生德。)曰健曰仁,异名同实。生生之盛大不容已,曰健;生生之和畅无郁滞,曰仁。是故健为静君,仁为寂主。(君,犹主也。健德为静之主,故静非沉滞。仁德为寂之主,故寂非枯槁。)'大生'、'广生',万物发育。人生以是而继天德、立人极,(天者,实体之名。天德者,实体之德。人禀天德而生,能实现之而不失,故曰继。极者,至高之轨则。)亦即以是而尽人能弘大天性。(尽,犹发展也。天性,谓实体,佛云法性是也。佛氏说众生惑障,故不见性,必去惑而后见性。儒学则以人生当发展人能,天性必待人能而后弘大。人能,见《易大传》。人禀天德而生,既为人矣,则自成其殊胜之能,故曰人能。万物皆禀天性而未能弘大之,惟人乃足以弘大其天性也。人生当弘性,岂曰见性而已乎? 此儒佛之大辨也。)天人不二,儒学其至矣。"②

首先,"仁的本体论"和"仁的宇宙观",是儒家"人文化成"原则的哲学抽象,关注"存有"与活动的关系。儒家主流派的文化哲学肯定"天文"(自然的生命秩序)和"人文"(人事的生命秩序)的相互协调,相互投射。圣人仰观俯察,观象制器(从工具到礼乐典章制度),教化民众,流传后世。文化由此而创造、发展。建立和发展文化的原则是"生生"和"变通",是"大用流行",是"称体起用"、"举体成用"。因此,在这里必须弘大天性,排拒佛家的空疏和寂静。无体不能成用,不能成就宇宙,更不能成就文化;无用不能见

---

① 贺麟:《文化与人生》,上海:商务印书馆1947年版,第5—6页。
② 熊十力:《体用论》,《熊十力全集》第七卷,第49页;另见《新唯识论》语体文本,《熊十力全集》第三卷,第172页。

体,没有宇宙万象和文化创造,就扼杀了生命精神之"仁体"。要之,以仁(人)为体,以文为用;以存有为体,以活动为用。这个体是真实的充满活力的存在。有体则有文化,无体则无文化。这是文化原创力很强的儒家与佛、道的根本区别。熊十力"体用不二"的文化哲学强调了这个区别,充分发挥了"人文化成"论,并作了形上学的论证。

其次,"仁的本体论"和"仁的宇宙观"是儒家伦理学的基础和核心,关注道德与本体的关系。人所禀持的天性,是宇宙之"生生之德"。只有有德行的人才能弘大其天性,全面展开其人能,进而成为宇宙的中心。一般地说,与佛学相比较,儒学的长处在于积极地肯定了人的社会存在的丰富性,肯定了人的创造性,以扩充、发展其天性或潜能。熊十力指出:"儒者的然实证本体,而不务论议,专在人生日用间提撕人,令其身体力行,而自至于知性知天。(知性知天即证体之异语。)故儒家之学,自表面观之,似只是伦理学,而不必谓之玄学,实则儒家伦理悉根据其玄学,非真实了解儒家之宇宙观与本体论,则于儒家伦理观念必隔膜而难通。"[1]这就是说,主体通过道德实践才能体证本体。天道本体是道德的根源与根据,也是理想主义的人生境界。超越的天道与道德的本心的统一,使本心既是形而上的又是道德的实体。

再次,"仁的本体论"与"仁的宇宙观"肯定了人在宇宙中的地位,关注"存有"与万有的关系,可以救治"形上的迷失"。一个充实完备的人格,应当与宇宙大化冥合为一。在天、地、人三者之中,人是一个关键、一个枢纽,天地宇宙的创造精神把握在人的创造生命之中。真正的儒者的博大气象,乃是以自己的生命通贯宇宙全体,笼罩并成就宇宙的一切生命。这就是人类生命的价值与归宿。正是在这样的意义上,中国哲学家以公正平和的心态,使万有在不同的存在领域中各安其位。其中,人性为天命所授受,人在大宇长宙的万象运化中,承受、禀持了於穆不已的创化力,成为宇宙的中心。人在本质上,在精神本性上与宇宙同其伟大;宇宙创造精神与人之间,无有间隔;人自可日新其德,登跻善境。[2] 以中国传统本体论、宇宙论、人生论,

---

[1]　熊十力:《十力语要》,《熊十力全集》第四卷,第 172 页。
[2]　以上参见方东美:《生生之德》,第 292、352 页;《原始儒家道家哲学》,第 158—159、176—177 页。

有助于解决当代人"精神的惶惑"、"形上的迷失"、"存在的危机"和"人之疏离"(人与神、人与自然、人与他人、人与自我的疏离,疏离即异化)。这正是熊十力等现代新儒家集中儒、释、道本体论的优点和长处,重建本体论,并使之逻辑化、普遍化的原因。尽管他们对此所抱的理想主义色彩过重,对现实生活、对西学的价值体认未周,有着不少的局限和缺憾,然而他们对民族精神的弘扬、民族哲学特点的抉发和对于"现代病"的批判,仍具有现实的意义和深远的影响。

"人是什么?""终极存在究竟为何?"诸如此类古老的存在论(本体论)问题一直困扰着人们。不论人们是否有能力解开关于终极存在的谜底,作为"形上学的动物"的人,却永远没有停止过形上学的探讨。我国传统儒、释、道诸家,对于生死解脱、生命的终极意义和价值,都有自己的特殊的回答。熊十力的"境论",对这些思想资源择别去取,融会贯通,作出了新的发挥。熊先生哲学是以人的生命存在为本体和出发点的哲学学说,即是从人类学本体论出发的哲学学说。它充分肯定文化(特别是道德人格)乃是由人类创造而又反过来创造了人类的特点,充分重视在社会生活中,一切活动都是在人这一主体(尤其是作为道德主体)的参与下才得以发生的这个本质。熊十力先生所作的本体论的思考,深究宇宙与人的动态关联和创化过程,安排人类与万有的地位,从人类的自我创造活动中寻找其根源,以人类生命本体取代无根的自然本体和虚构的精神本体。宇宙与人处在生命的秩序之中,挺立、创造、实现"道德自我"即"道德主体",是人与天地万物道通为一、相融无碍的途径,是人合理地适应天地并与天地相参的基础。在这个意义上,熊十力是 20 世纪中国哲学史上敏感地觉察到必须重建"人类学本体论"和"道德的形上学"的第一人。

五、熊十力"本体—宇宙论"批导

在上一节,笔者以同情的理解抉发熊十力"境论"的价值、意义及其与传统哲学的继承关系。本节则试图对熊氏"本体—宇宙论"提出批判。康德哲学的"批判",贺麟主张译为"批导"。"批导"语出《庄子·养生主》"庖丁解牛"之"批大郤,导大窾"。庖丁目无全牛,技进于道,刀向间隙,游刃有余。哲学史工作者评判某种哲学,欲达到这种工夫和境界,绝非易事。笔者对熊先生哲学的理解,尚不及于万一,绝不敢夸此海口。然而,向空隙处操刀,即解剖某一哲学思想体系的矛盾或不足,总结思维教训,使之导向更深刻更正确的侧面,却是哲学史研究的起码要求和题中应有之义。

真正伟大的哲学家、思想家的思想,往往包含着巨大的困惑、矛盾和张力。许多大家自早期至晚期并非有一个一以贯之、自圆自足、过分严密的体系。他们提出的某些重大课题并没有或不可能最后解决。我们常常说哲学史上某一位哲学家非常伟大,不是肯定他的理论自足圆满,他的体系无懈可击,而恰恰是肯定他的思想的内在冲突和紧张非常之深刻。真正值得称道的,正是具有创发性而不墨守成规,提出了深刻的问题并孕育了巨大张力、留下了发展余地的哲学。这种哲学,启迪后人继续探讨、补充修正,进而超越提升。这正是它的生命力之所在。

1. "摄用归体"与"摄体归用"的矛盾

这是熊十力"境论"的一个根本矛盾。前面我们说过,熊十力哲学阐发了儒家的道德主体(心性本体),同时也是宇宙万物的存在本体,一般意义的心物皆其用,而体不离用,由此展开了"体用不二"的系统。熊十力常常说,他的《新唯识论》的主旨在"摄用归体"。也就是说,他只承认"本心"、"本性"的唯一真实,而把宇宙万象看做是这一最高存在的变现。同时又指出:这并不是要在宇宙之上、之外,别立主宰。"本论摄用归体,(用即是体之显现,非别异于体而自为实在的物事,故用应摄入体,不可将体用析成二片。)故说功能即是真如;会性入相(性者,体之异名。相,谓用……)故说真如亦名功能。以故,谈体无二重过。"①《新唯识论》要义有三:一、剋就法相而谈,心物俱在。(心起,即物与俱起;心寂,即物亦俱寂。)二、摄相归体,则一真绝待,物相本空,心相亦泯。(所谓'遮法相而证实体'者,即此旨。)三、即相而显体,则说本心是体,虽复谈心未始遗物,然心御物故,即物从心,融为一体,岂有与心对峙之物耶?②他又说,《新唯识论》虽在设施法

---

① 熊十力:《新唯识论》语体文本,《熊十力全集》第三卷,第247—248页。
② 熊十力:《新唯识论》语体文本,《熊十力全集》第三卷,第499页。

相(假立现界)上与空宗不同,但在"摄相归性"的问题上与空宗是一致的。①

熊十力先生为了贯彻他的圆融不二的体用论哲学体系,总是从两面立论:一方面摄用归体,另一方面原体显用;一方面遣相证性,另一方面会性入相。他说:"尤复应知:摄用归体,心物俱泯,一真无待;(依此立真谛。……)举体成用,心物俱现,万有纷若。(依此立俗谛。……)由举体成用言之,绝对即是相对;由摄用归体言之,相对即是绝对。穷理至此,高矣!广矣!深矣!远矣!至矣!尽矣!"②熊先生指出,本体绝不是各部分相加之总和,而是浑一的全体。"融体归用……只就用相上立言,故只说到部分互相融摄而为全体,便随宜而止。至全体何故不即是各部分相加之和,则恐泥执用相者不能摄用归体,必横生滞碍,故复将体用分疏一番,期善学者深思而自得之。总之,本论谈体用,有时须分疏,(如说体无方无相,用则诈现有相,体无差别,用则万殊,又如说体显为用。如是等等,皆见体用二词的意义,不可混淆。)有时须融会,(或融体归用,或摄用归体,皆融会之谓。)此在读者随文会义。至理不可方物,说得死煞,便不是。"③其实应当这样说:从分疏上说,即体而成用;从融会上说,摄用而归体。

"原体显用"、"融体归用"、"会性入相",是从用的侧面来说的,如果从体的侧面来说,又可以叫做"举体成用"、"称体起用"。他说:"夫翕,是成形的,是有方所的,是有下坠的趋势的。据此说来。翕的势用是与其本体相反的,而辟虽不即是本体,却是不物化的,是依据本体而起的。他之所以为无形,为无所不在,为向上等等者,这正是本体底自性的显现。易言之,即是本体举体成用。(举体二字,吃紧)。譬如水,举其全体,悉成为一切冰块,故水非离一切冰块而独在。本体之现为功用,是举其全体悉成为一切功用。这种用是流行无碍的,是能运用翕而为翕之主宰的。……至所谓辟者,才是称体起用。此中称字,甚吃紧,谓此用是不失其本体的德性。譬如冰,毕竟不失水性,故云称也。"④

---

① 参见熊十力:《新唯识论》语体文本,《熊十力全集》第三卷,第166—167页。

② 《为诸生授〈新唯识论〉开讲词》,《摧惑显宗记》(附录二则),《熊十力全集》第五卷,第542页。今按:既"摄用(相)归体",又"依体起用",前者显出法身,后者修成报身,统之曰从心现境妙有观。华严宗师法藏曾多有发挥,见《修华严奥旨妄尽还源观》。熊先生在这里吸取了华严宗的思维方式。

③ 熊十力:《新唯识论》语体文本,《熊十力全集》第三卷,第254页。

④ 熊十力:《新唯识论》语体文本,《熊十力全集》第三卷,第103—105页。

以上我们详细引证了熊十力有关"摄用归体"的论述,足见他确实是以此作为他的哲学体系的要旨之一的。同时,与此相对应,从强调"本心仁体"的巨大功用而言,从究极的意义而言,一切现象(万殊)都是一个不可分割的整全的本体之自性的显现,是"全体大用"、"举体成用"或"称体起用"。这是熊先生的一个重要思想。

值得注意的是,在1955年出版的《原儒》上卷中,熊十力先生忽然将他一贯认为是孔子、《易》学和他自家哲学之要旨的"摄用归体"思想,栽在道家头上,加以痛斥,又将一贯视为"摄用归体"之补充的"称体起用"与之对立起来。他说:"道家之学在摄用归体,以主一为究竟。道家学《易》,而终别乎儒,其故在此。《易·系辞传》曰:'天下之动,贞夫一者也。'孔子之学要在于用而识体,即于万变万动而逢其原。夫万变逢原即万变而皆不失其正,是乃称体起用。(称字去声。此义深微,强为取譬,如冰由水成,而冰却不失去水之湿润等德性,故应说冰之起,恰恰是与其本来的水,相称而起,以其未失水性故。今以冰喻用,以水喻体。)此与摄用归体,意义迥别。姑略言之,摄用归体,将只求证会本体。皈依本体,将对本体起超越感,而于无意中忘却本体是吾人自性,不悟本体无穷德用,即是吾人自性德用。虽复不承认本体为有人格之神,而确已将本体从吾人自身推向外去,关、老之学'主之以太一',确有谬误在。后来庄子承其流,遂以为本体即是外界独存,变化无穷的大力,而吾人与万物皆外在大力之变化所为。"①

这里将"摄用归体"思想,视为不悟自性,将本体从吾人自身向外推的一种谬误。而在三年后即1958年出版的《体用论》中,虽肯定宇宙万化、万变、万物、万事都是真真实实的,而不是虚幻的,然复又将"摄用归体"作为"本体—宇宙论"的重要的、正确的一环加以肯定。他说:"夫摄用归体,夐然无对,心物两不可名。(摄者,摄入。譬如睹冰而不成冰相,直会入水,即唯是水而已。今在宇宙论中说摄用归体,即是观心物诸行而直会入其本体。夫剋就本体而言,即无形相、无作意,故心物两不可名也。)原体显用,(原者,推原其理也,推原体显为用,当如下所云也。)用则一翕一辟,以其相反而成变化。"②这里又回复到肯定"摄用归体"。

---

① 熊十力:《原儒》,《熊十力全集》第六卷,第352页。
② 熊十力:《体用论》,《熊十力全集》第七卷,第19页。

在 1959 年出版的《明心篇》中,熊先生对自己一贯主张的"以仁为体"提出了质疑。"宋明儒以仁为本体,甚失孔子之旨。仁是用,究不即是体,谓于用而识体可也,谓仁即是本体则未可。"①从上下文来看,熊先生在这里指出天是心物之实体,仁心以天为其根,是实体之德性,是一切德行的源泉。下文又说,仁心只是万德之端,还需要通过格物、认知等等扩充、发展。"宋儒之于天理,王阳明之于良知,皆视为实体,固已不辨体用。"②这里把良知与天理之心都视为"用"而不即是"体",与熊氏在《新唯识论》和《十力语要》中的大量提法或论证不相契合。在这里,"体"、"用"的规定性被相对主义化了。如果说天是体,仁心是用,求仁得仁即是得天,天是实体,是仁心之根和吾人丰富充实生活的源头活水,这似乎是在最高层次说的。以下,熊氏以"仁心只是万德之端"来证明不即是体,就显得非常软弱无力。按下文义,既肯定仁心为道德之源,应指出仁心是下一层次之体,但这里却大批宋明诸儒,提出格物、民智等问题。按熊氏逻辑,格物、民智应为第二层次之用,无论如何得不出仁心良知不即是体的结论。从这里,我们看出了熊氏体用观或"归体"、"归用"说的逻辑悖谬。熊氏在这里,在这种逻辑矛盾中,倒是透露出他的本体说与道德说的新意:"程子言天理,则以为只须诚敬存之。阳明言良知,则以为良知无所不知,而改变《大学》格物之本义。殊不知,民智未进时,即缺乏格物之知,其所谓道德者常是大不道。余少时读《后汉书》,觉其皇帝真非人类,帝制已穷则当变。范史悲悯见乎辞,而犹赞扬忠义,莫正其迷谬,民主之大义不彰,岂不惜哉!……道德之源即仁心也。仁心之发为行动,主断以趣事变,毕竟须格物以精其知,而毋误用其仁。此乃人之自成其能,以扩充其仁而善用之,是人道所以立也。"③这里明明指陈了专制主义条件下仁心向非道德的异化,肯定了客观的社会规范、道德他律、知识理性、民众素质、道德实践过程中格物、认知的重大作用,却没有按他惯常的理路,视之为道德本体和主体的"仁心"、"良知"之"用"。我个人很欣赏熊先生这里表现出的体用观的矛盾,因为这表明,"体用一如"所涵盖的体与用、内圣与外王、玄学与科学、道德与知识、自律与他律的冲突、矛

---

① 熊十力:《明心篇》,《熊十力全集》第七卷,第 274 页。
② 熊十力:《明心篇》,《熊十力全集》第七卷,第 274 页。
③ 熊十力:《明心篇》,《熊十力全集》第七卷,第 274 页。

盾是消解、融化不了的。唯其如此，才能推动现时代体用之并建。圆融的“体用不二”观，对于“用”的超升、冲突、创发、跃迁及其给予“体”带来的深刻变化重视不够。或者我们换一种设计，即在终极层面上按熊氏体用架构，而在现实存在层次上，为什么不能倒体为用，倒用为体呢？现实生活中为什么不能以实业、科技、知识、商业活动为体呢？“体”的圣洁化为什么不能消解呢？……

在1961年出版的《乾坤衍》中，熊十力则将“摄体归用”与“摄用归体”严重地对立起来。熊先生爱把自己不主张的思想挂在佛教、道家身上，而把自己的主张挂在孔子、《易》学身上。他在这里进一步指陈，“摄体归用”是孔、《易》的正确意见，“摄用归体”是释、道的错误看法，而且把“肯定现象真实、万物真实”作为第一原则，以免“将实体从万物自身中推出于外界去”。

熊十力认为：“孔子既主张体用不二，即是以实体为现象之真实自体，现象以外，决定无有超越现象而独存的实体。”①如此，则“肯定现象真实”。“反之，如偏向实体上说真实，偏向现象上说变异，则不独有体用剖作二界之大过，而且以实体为主更有佛家摄用归体、摄相归性、摄俗归真之巨迷。”②“切不可将实体、功用、现象误作三重世界。余玩孔子之《易》，是肯定现象真实，即以现象为主，可以说是摄体归用。（摄字，约有二义：一、收入义。二、包含义。此处所引佛说之摄字，应是收入义。即以用，收归于体，是佛之义也。）佛氏以用收归于体，即把用消除了，而只承认不生不灭的实体。佛氏毕竟是出世的宗教。孔子摄体归用，此在学术思想界确是根本重要的创见。摄体归用，元是反对哲学家妄想有超越现象而独存的实体。于是正确阐明实体是现象的真实自体，易言之，实体是万物各各的内在根源。……摄用归体者，如佛氏之归于寂灭，老氏之返于虚无，有种种恶影响。摄体归用，则万物皆有内在根源。既是真实不虚，自然变异日新，万物所以不倦于创造也。摄体归用，即是将实体收归万物，方知万物真实。哲学家往往将万物的真实自体，推出于万物以外去，遂成大颠倒。……摄体归用，则现象真实、万物真实、人生真实、世界真实。人生一切皆得自主自在，一切皆得自创自造。孔子倡导裁成天地、辅相万物诸弘论，实从其摄体归用之根本

① 熊十力：《乾坤衍》，《熊十力全集》第七卷，第546页。
② 熊十力：《乾坤衍》，《熊十力全集》第七卷，第547页。

原理而出也。……东方先哲深穷万有之原,大概多以现象摄归实体。宋以来小康之儒每有纳万殊于一本之意,亦受佛教影响也。……惟孔子、《周易》摄体归用,即将实体收入于万物与吾人身上来。……摄用归体之论,将实体从万物、吾人身中推出去,说为无对,而兴皈仰。非作雾自迷而何?"①

至此,"摄用归体"从熊氏哲学的根本要义,一下子变成了释道的"巨迷"、"大颠倒"。我们不难看出,熊先生在他的晚年定论中似乎肯定了现象真实,而在此前的本体—宇宙论中,不过把现象作为"假象"(诈现的、依俗谛假为施设的),作为"本心"的变现,作为没有自性、没有自体的东西,作为本体的衍生物,加以定位的。熊十力先生曾在《新唯识论》中言之凿凿:"站在玄学或本体论的观点上来说,是要扫荡一切相,方得冥证一真法界。如果不能空一切相,那就不能见真实了。(真实,谓本体)……就本体上说,是要空现象而后可见体……在本体论的观点上,是不能承认现象为实有的"。②我们不妨把以上两段引文对照起来看,反差是较大的。

但是,熊十力先生的根本思想在晚年是否扭转了呢? 在《乾坤衍》书末,熊十力反驳有人把"唯心主义污名,胡乱加于老夫",因说此书发明《大易》体用不二之义,"本以现象为主","收摄实体以归藏于现象,说为现象之内在根源"③。这并不能说明他离开了唯心主义,转向了唯物主义。因为在《乾坤衍》中,他仍旧把"实体"规定为人的主体,人的精神生命和道德理性。他说"实体"有复杂性,既有精神生命、心灵的一面,又有物质、能力的一面,相互作用,衍化为宇宙自然、社会人生,但他强调的侧重面却仍旧是心、灵、精神,及其从潜在到现实的发展。他说:"哲学上唯心一元之论,固决不可持;唯物一元之论,又如何说得通乎? 夫斡运乎物质、了别乎物质、分析物质、改造物质、裁成物质、主导物质,要皆倚仗于生命力之充实不可以已,与心灵作用之自由创造无竭。今乃偏其反而,立物质为一元。以主导物质之生命、心灵,降为物质之副产物,而无视于其主导物质之种种事实,岂非大怪事哉!"④

① 熊十力:《乾坤衍》,《熊十力全集》第七卷,第547—550页。
② 熊十力:《新唯识论》语体文本,《熊十力全集》第三卷,第73—75页。
③ 熊十力:《乾坤衍》,《熊十力全集》第七卷,第678页。
④ 熊十力:《乾坤衍》,《熊十力全集》第七卷,第520—521页。

我们不必苛求熊先生,或者,仅仅给熊十力先生哲学贴上"唯心主义"的标签,亦无补于吸取理论思维的经验教训。透过"摄用归体"与"摄体归用"的冲突,"本体真实"与"现象真实"的矛盾,玄学与科学的张力,道德与知识的紧张,我们不妨分析一下熊氏"境论"的缺憾,也许这倒是有意义的工作。

首先,体用含混不分所带来的本体论思考的随意性。"体用不二"模型较之本体与现象二分模型的长处,前面已有论述。现在我们再换一个角度来看一下。如前所述,熊十力之"体",是天体、道体、心体、性体的浑融。就体而言,实体、本体、主体、客体,全都打成一片;就主体而言,认识主体、实践主体、道德主体、政治运作主体、科学实验主体等等,全没有分疏。按道理讲,质体、似体、假体、实体、本体、主体、客体都有不同的含义,不能笼统地以一"体"名之。就用而言,功能、功用、势用、精神现象、物质现象等等,在熊氏这里也缺乏严格的、明确的规定性。还有一个"即"字,从逻辑上看,也有不同的含义,天台宗、禅宗和宋明儒爱笼统地用"即"字,熊氏也是如此。本体即主体即客体,本体与本体的功能及其所产生的心物万象全都是混淆的,这会带来什么样的后果呢?

这种后果便是,其所主张的与所反对的,肯定与否定、是与非,完全可以颠倒过来。也就是说,这种思考模型可能导致相对主义。用来肯定熊先生所谓"本体真实"的论证,亦可以用来肯定这一结论的反面——"现象真实"。

有趣的是,熊十力的论证方式、思考模型,甚至用语,都没有变化,他用同样的范型主张"摄用归体",又用同样的范型批判"摄用归体"。在肯定这一命题的时候,他说,如果不肯定它,我们就不能理解宇宙存在的本质和根源,就会造成体用两橛,就会导致否定人生的自主自在、自创自造;在否定这一命题的时候,他又说,如果不否定它,我们就会承认有超越现象而独存的实体或造物主,就不能把实体收摄入万物与吾人身上来,亦可能导致否定人的自主性和创造性。特别有意思的是,他又用同样的思考模型、论证方式,甚至用语,批评过"摄体归用",最后又肯定了"摄体归用"。如此地"不确定",如此地"辩证",如此地"圆融",如此地"随机应答"、"随文会意",这倒令人怀疑起熊氏"本体—宇宙论"的模型本身是不是有弊病。

熊十力先生"以心为本"、"体用不二"的原理,是不许怀疑,只能周而复始地推演的第一原理。严格地说，它是不需要论证的。因此，熊先生的所有著作，都陷于这种不需要论证的"体—用—体—用"的循环推衍的圆圈中。不能说完全没有清楚、分明的理性步骤，然而也确实包含有一些非理性的独断。

在世界哲学史上，肯定或彰显人的主体性，特别是道德主体，可以有各种方式，例如可以采用体用裂解的方式、二分的方式，甚至不从本体论而从认识论的路数，最终建立起道德的形上学，如康德那样。康德的方式绝不是唯一的或最佳的方式。熊先生采用传统中国哲学特别是陆王心学的本体论的路数，先确定心性本体的唯一性、全知全能性，以体用不分、心包万物、心包万理的方式演绎下去。这种推演的一个重要的前提就是所谓"遣相"，而结论都必须"摄相"，甚至"入相"或者"归用"，前提和结论发生了矛盾。熊十力先生说："《新论》的根本意思，在遮遣法相而证会实体。超出知解而深穷神化，伏除情识而透悟本心。"①所谓"遮遣法相"，即是把所有的心物万象扫荡干净，透悟了"本心"之后，再以假言（俗谛）建立现象世界。这里的逻辑背反是：如果要张大"本心"，当然必须收摄宇宙万物；而且按照体用不分的逻辑，肯定"本心"、"本体"的真实，就必须肯定本心之变现、本体之功用——现象世界的真实；然而同时承认这两种真实又有违《新唯识论》的宗旨。为了避免所谓"二重本体"、"三重本体"之过，他借用了佛教二义谛（真谛、俗谛）的方法来建构他的宇宙论，但闭眼不承认现实世界又有违儒家《易》、《庸》形上学的思考模型。一般地说，原始儒家哲学也好，熊氏哲学也好，又主张不脱离现实，不脱离自然、社会与人生，这就意味着必须承认现象真实，即承认现实世界不是"俗谛"，不是"假言"。熊先生哲学就深深地陷入了这样的矛盾之中，而体用的浑沦不二及其循环推衍，看起来十分辩证、十分圆融，似乎可以缓解这种矛盾，实际上愈来愈加深了这种矛盾。

其次，与上相联系，我们再来看看熊先生"即体即用"、"即用即体"的本体论模式，能否彻底的融贯。按熊十力"体用不二"的思路推导，"摄用归体"与"摄体归用"、"本体真实"与"现象真实"，并不一定造成紧张。熊氏历来两面开弓，一面固然强调遮拨、扫荡法相，一面又不能不安排自然宇宙、万事万物的地位；一面摄用归体，遣相证性，一面融体归用，举体成用。20

---

① 熊十力：《新唯识论》语体文本，《熊十力全集》第三卷，第498—499页。

世纪 40 年代末,他在那篇著名的《略谈〈新论〉要旨(答牟宗三)》一文中,谈到《新唯识论》圆融无碍的义理时,也明确论证了既"归本性智"又"摄体归用"的诸侧面和诸关系。① 但实际上,他也发现了这个圆融的道理其实并不圆融。尤其是在晚年,觉察到"摄用归体"与"摄体归用"毕竟有一些冲突和矛盾。

熊十力"本体—宇宙论"凸显的是人的生命本体,尤其是道德主体。他最终是要肯定这一本体的真实无妄,确立它是大宇长宙的终极根据,认定现象世界里每一事物都是它的全体的显现。他认为必须脱落知见、摒弃或超越物质世界和物质利益才能达到这个目的。他不能不强调"良知本体"或"本心仁体"的炯然独立,肯定这一境界的高明精微的层面;而一旦他强调这一面时,他就脱离了"即体即用"、"即用即体"、本体与现象不二、理想与现实统一的本体论模式。于是,他就不能不在一定层面上包容、收摄物质宇宙,不能不在一定场合肯定至上境界的广大中庸的层面,承认现象真实、万物真实、世界真实、人生真实,但他肯定这一面时,又害怕掩蔽了心性本体的真实性、唯一性、至上性,于是构造了"翕辟成变"的宇宙论。按照"即体即用"的逻辑,翕辟既然都是用,理应亦即是用之体,但熊氏一再告诫,可以视辟(心)为体,不能视翕(物)为体,翕(物)只能从属于辟(心)。如此对"翕辟"、"心物"、"乾坤"、"心境"等两面作出主从关系的定位,显然有悖于"即用即体"、体用"无始无端"的内在逻辑。正是这样一种两难,导致熊氏在其主要著作《新唯识论》、《体用论》、《乾坤衍》中,游离于"摄用归体"与"摄体归用"、"本体真实"与"现象真实"之间,使得这一最圆融的机体主义模型不能贯彻到底。

最后,他认同"吾心之本体,即是万物之本体"这一陆王心学的思想②,肯定"一切物的本体,非是离自心外在境界"③。按照这一思路,当然不能肯定客体世界的真实性。然而,如果否定宇宙万象的实体性、实在性,又不能应对科学昌明的现代世界和现代人生。在《十力语要》中,我们从熊十力与

---

① 《学原》二卷一期,1948 年 5 月;又见《十力语要初续》,《熊十力全集》第五卷,第 8—16 页。

② 熊十力:《读经示要》,《熊十力全集》第三卷,第 635 页。

③ 熊十力:《新唯识论》语体文本,《熊十力全集》第三卷,第 13 页。

许多弟子的应答中,不难看出熊氏自己也感到漏洞很大,不能自圆其说。他有一个逻辑,即为了不把本体与现象对立起来,则第一,不能承认现象为实有;第二,也不能把本体看做是立于现象的背后,或超越于现象界之上的根源。实际上,"体用不二"并不能导致第一点,而只能导致第二点。以心为本、为体的"体用不二"说才能导致第一点。若是以物为本、为体的"体用不二"论,则会得出相反的结论。他在晚年著作《原儒》、《体用论》、《明心篇》、《乾坤衍》中作出了一点点修正,而且有反复,但从总体上说,这些著作在描述宇宙发展时,仍含有"万有精神论"(泛心论)和"物活论"的倾向,并最终归结为绝对的本心论。坚持心本论而又要肯定现象真实,坚持"道德自我"至上,而又不能不肯定格物、认知、民智开发、客观律则的作用,这当然会出现逻辑悖谬。不过,熊氏的精神、心灵、自我意识决定宇宙发展的宇宙论思想没有人再理会了,连他最得意的弟子也不再重视这一宇宙发生学与宇宙发展观了。他的本体论还有生命力,他的庞大的宇宙论即使在现代新儒学中也没有得到多大的回响。

2. 立"体"与开"用"两不足

如上所述,熊氏"境论"重立大本,重开大用,重建人文精神的价值世界,具有一定的意义。这里我们要说的是,仅仅从现代新儒家哲学发展的逻辑来看,熊十力在立"体"和开"用"两方面都有所不足。

首先,就体而言,熊先生哲学表明本体—宇宙论不能与道德形上学分开,但他终究停留在营造庞大的本体—宇宙论体系本身,而未能完成道德形上学的体系。他通过对人生根底和道德本性的追寻,开启了重建以道德的"心体"、"性体"作为存在本体的现代新儒学的精神方向,然而因为西方哲学的学养不足,方法不够,始终未能突破他在1932年就已成形的《新唯识论》的架构,未能完善、丰富中西兼通的道德形上学思想。

熊先生以他特有的颖悟和对传统中国哲学的慧解,认识到光靠科学理性不足以建立道德,不足以建树本体学,不足以给人以"安心立命"的依据,不足以回答人生的目的、意义和终极关切。他以他人生的体验和对传统中国文化的证会,认识到人的"生命理性"或"生命本性"要求"理论理性"与"实践理性"的统一,而在一定意义上,"实践理性"高于"理论理性",从而确立道德的主体性。就这两方面来说,熊先生哲学与康德哲学有着不谋而合之处。

熊十力先生通过体悟、感受，提示了道德形上学建树的精神方向，但没有以理性的、缜密的、现代哲学的手段，真正下工夫研究中国哲学，哪怕是宋明理学诸流派，如何通过道德而接近或达到形上本体的实践体验，没有研究他们的本体论和工夫论，没有分疏心体与性体。而由于语言的局限，更没有研究西方的道德哲学，特别是德国理想主义和海德格尔等存在主义的道德形上学，这方面的工作，都留给他的弟子做去了。

其次，就用而言，"由于对现代自然科学以及与之密切相关的近代西方文明缺乏了解，对这个物质世界由大工业带来的改造历史的状况缺乏足够认识，不仅使熊的'外王学'和'量论'（认识论）写不出或写不好，而且使他的这种本应向外追求和扩展的动态的、人本的、感性的哲学仍然只得转向内心，转向追求认识论中的'冥悟证会'的直觉主义和'天人合一'的精神境界。现实的逻辑逼使这个本可超越宋明理学而向外追求的现代儒家，又回转到内收路线，终于成为'现代的宋明理学'（新儒学）了"①。也就是说，熊十力并没有把他的新的外王学和认识论建树起来，而做不到这一点，就无法回应西方，无法走向现代。这是熊氏哲学的一个很大的局限性。

熊十力体用论包含有一点点实践本体论的内容，但它所强调的主要还是道德实践，没有把实践内容开拓到人类生活多样、多元的方方面面，例如经济生活、商业活动、各项实业、科技实验、社会生产、文化教育、知识系统、工具理性、民主政治运作程序、各种操作性……这样，熊先生的"用"、"新外王"、"量论"的具体内涵不够丰富，不够完整、全面，不能适应现代世界和现代生活。这种所谓"切于实用"的层面，显得单薄、褊狭，现实性不强，时代性和实践性欠缺。这主要是因为熊先生这种一本性（道德本体与主体合一的心性本体）的单元凸显、一元至上，与一体多元、多体多用的现代生活架构差距甚大，最终与"即用即体"的路数相悖谬。

熊十力先生哲学内在矛盾还是体用之间、内圣外王之间、成己成物之间的矛盾，或者说，是无与有、仁与智、德与业、性与情、理与欲（势）、整体与个体等等的矛盾。熊氏强调以上两面的内外贯通、浑融，理想主义地以一面主导另一面（如仁统率智），从超越的体证本体的形上层面看是高明的、玄远

---

① 李泽厚：《中国现代思想史论》，北京：东方出版社 1987 年版，第 276—277 页。

的,我们当然不能苛求形上玄学的现实化,让它去回答一切实际问题,但熊先生"一心二门"、"一体两面"、"体用不二"间架不正是试图解决或提供一个中国哲学现代化的思想范型么? 我以为,熊先生对主客之间的张力、中间多层次多环节多向路交互作用的重视是不够的。因此,需要有新的思路、新的分疏,重视客观面和客观化的操作历程。即使是凸显道德主体、道德自由,也只有在道德的客观规范和具体运作中,在不同的人多样的现实欲求和现实生活中才有可能。或者我们比较超脱地设计一下,以一体涵盖多用的模型,能否转换为多样之体与多样之用并建并立,各自充分发展,相互促进、相互冲突,在互动中辩证统一的格局? 首先是"体",无论是人的本体存在,还是中国文化的体用观,我们所理解的"体",本身是多样、多维、多向、多元的。因此,"体"不能仅仅局限于单维的道德本体和道德主体,中国文化也不能狭隘地理解为儒家、《易》学的单元一本。必须尊重人的社会存在的多样性、丰富性、完整性,尊重中国文化基因的多维性、多元化、多走向,肯定一体多元与多体多元。其次是体用关系,中国语言"体用"本身即含有以"体"指导、统摄、包容"用"之意,是"本末"、"主辅"、"因果"、"隐现"、"能所"关系,而不是二者平列、并建的关系。如果我们严格按照熊先生圆融的"体用不二"关系推导,"以用为体"、"摄体归用"和"以体为用"、"摄用归体",都应当受到尊重和肯定,不必相互排斥。就红专、德业、仁智、性情、理欲、理势、整体性与个体性、内圣与外王等等关系而论,"用"之层面的充分多样发展,难道不正是"体"之发展的前提或基础吗? 因此,如果说要在现代社会回应"存在危机"与"形上迷失",重立"大本大源"固然是不可易移的,然而如何重立重建呢? 必须是在充分发展专、业、智、识、情、欲、势、利、力、效、物、用、个体性、外王学的开放格局内,必须充分正视红专、德业、仁智、性情、理欲、义利、整体个体、内圣外王之间的张力及互动过程中复杂的中间环节。没有这种认识,现代化的安心立命之道,内圣修己之学和道德价值的大本大源是无从建立的。其实,这也符合熊先生所强调的富有日新、生生不息、明有健动和"率性以一情欲"的思路。

实际上,熊氏思想矛盾并不证明他关于重建人文精神价值世界的思考是无意义的或迂阔的,我们只是从更广阔、更现实的现代生活背景上,顺着熊氏立体开用思想来指陈其不足之处,希望把他那种直接等同的思想方式略加理性分疏,更加推动他的人本、动态、感性的哲学。

第 三 章

熊十力的"量论"

——"本体—方法学"探讨

上一章我们讨论了熊十力的"本体—宇宙论",本章拟讨论熊十力的"本体—方法论"。熊先生终身引以为憾的是"量论"未及作。所谓"量论",是对于"本体"的一种体证或契悟的方法论。它的范围,超出了我们通常所理解的认识论或知识论。传统哲学的方法学,实际上包括了道德修养的内容。

本章将把散见在熊十力所著各书中的"本体—方法学"思想集中加以阐释,同时予以批导。达到本体的方法与途径不同,显示了中西哲学的不同特色。西方哲学一般要讲方法学的程序、原理,然后据此形成一个思想体系。中国哲学则相反,没有孤立的、脱离思想内容及其实践的方法学。从熊氏"量论"思想的讨论中,亦可以窥见传统"本体—方法学"的利弊得失。

一、熊十力"本体—方法学"基础——"性智与量智"

如何去"见体"?或者说,如何透识本体?靠西方哲学认识论的逻辑思辨方法能不能"见体"?为了解决这些问题,熊先生区分了所谓"科学的真理"与"玄学的真理"、"科学的心理学"与"玄学的心理学"、"量智"与"性智"、"思辨"与"体认",并且进而论证了"玄学方法"。由于中国特有的认识论和方法学进路,不是或不完全是主体对于客体的知觉理解、推理思考,而是在本心性体的具体呈现中"证会"、"体悟"其普遍性和超越性,是在感性具体的艺术实践,特别是在道德实践中,对于天道和性体的"会悟"或"冥契",因此,熊十力先生的"量论"自然包括了"穷神知化"、"知性知天"、"性修不二"、"思修交尽"的内容。当下直接地体证本体,是东方智慧中特有的"智的直觉"。

1. 科学真理与玄学真理

世界上是不是有两重真理?两条认识路径?熊十力认为,就真理本身言,无所谓科学与玄学之分,但就学者的研究对象而言,似乎应当作出区别。"科学尚析观(析观亦云解析),得宇宙之分殊,而一切如量,即名其所得为科学之真理。……玄学尚证会,得宇宙之浑全,而一切如理,即名其所得为玄学之真理。"①"吾确信玄学上之真理决不是知识的,即不是凭理智可以相应的,然虽如此,玄学决不可反对理智,而必由理智的走到超理智的境地。"②熊十力认为,科学有科学的领域,但科学理性不能解决宇宙人生的根本问题。科学各门类的发展,是人类进步的重要条件。但是,人类如果只要科学而不要"反己之学",不警惕科学带来的一些负面的影响,抛却了自家本有的主体性和道德人格,人就会变成为非人。如果没有玄学真理,科学真理也失去了基础和依归。

哲学与科学,对象不同,领域不同,因此玄学真理与科学真理是不同层次的真理,获得这些真理的方法迥异。科学主要靠理智、靠精密的解析工夫,玄学则需要通过理智进入超理智的境地,如此才能把握宇宙人生的真谛。熊十力指出:"佛家确是由理智的而走到一个超理智的境地,即所谓证会。到了证会时,便是理智或理性转成正智,离一切虚妄分别相,直接与实体冥为一如,所谓正智缘如。此时即智即如,非有能所,通内外、物我、动静、古今,浑然为一,湛寂圆明,这个才是真理显现,才是得到大菩提。佛家学问,除其出世主义为吾人所不必赞同外,而其在玄学上本其证会的真实见地而说法,因破尽一切迷执,确给予人类以无限光明,……儒家底孔子,尤为吾所归心。孔子固不排斥理智与知识,而亦不尚解析,此其异于印度佛家之点,然归趣证会则大概与佛家同。孔子自谓'默而识之',默即止,而识即观也。止观的工夫到极深时,便是证会境地。"③熊氏有时也使用老子"玄览"

---

① 熊十力:《十力语要》,《熊十力全集》第四卷,第184页。
② 熊十力:《十力语要》,《熊十力全集》第四卷,第187页。
③ 熊十力:《十力语要》,《熊十力全集》第四卷,第189—190页。

之说,指出玄学真理的发现,需要关闭知见,才有玄览之路。知见愈多,"吾人与万物浑然同体的不属形限的本原,乃益被障碍,而无可参透。……我们在本体论方面,对于空宗涤除知见的意思,是极端认可,而且同一主张的。"①可见,熊先生对于儒释道诸家体证本体、归趣证会的方法学是非常推崇的。取得玄学真理,即要达到无主客、物我之分,能所互泯、内外浑然的"真如"或"本体"境界。"玄学真理"不是别的,就是"本体真实"。"本体真实"既是"证会"和"体悟"的对象,又是"证会"、"体悟"的结果。

由于中国传统哲学中之"本体"(儒家之"良知"、"天道",道家之"道"、"逍遥",佛家之"真如"、"空理"),不是通过时空形式、知性范畴的整理,通过"感性——知性——理性",通过"概念——判断——推理"得出来的,而是超越于关于经验对象的认知方式,当下体证最高对象"本体"的。因此,佛家之"般若智"、"止观"也好,道家之"玄览"也好,儒家之"静观"、"默识"、"逆觉"也好,是人的一种最高的智慧、最高的认识能力。培养这种能力的功夫,不在逻辑思维的训练,而在心性人格之修养。只有下了道德实践的功夫,才能当下体悟本体。

> 哲学所究者为真理,而真理必须躬行实践而始显,非可以真理为心外之物,而恃吾人之知解以知之也。质言之,吾人必须有内心的修养,直至明觉澄然,即是真理呈显,如此方见得明觉与真理非二。中国哲学之所昭示者唯此。然此等学术之传授,恒在精神观感之际,而文字记述盖其末也。夫科学所研究者,为客观的事理。易言之,即为事物互相关系间之法则。故科学是知识的学问,……哲学所穷究者,则为一切事物之根本原理。易言之,即吾人所以生之理与宇宙所以形成之理。夫吾人所以生之理与宇宙所以形成之理本非有二,故此理非客观的、非外在的。如欲穷究此理之实际,自非有内心的涵养工夫不可。唯内心的涵养工夫深纯之候,方得此理透露而达于自明自了自证之境地。前所谓体认者即此。故哲学不是知识的学问,而是自明自觉的一种学问。但此种意义极深广微奥,而难为不知者言。须知哲学与科学,其所穷究之对象不同,领域不同,即其为学之精神与方法等等亦不能不异。但自西洋科学思想输入中国以后,中国人皆倾向科学,一切信赖客观的方法,

---

① 熊十力:《新唯识论》语体文本,《熊十力全集》第三卷,第164—165页。

　　只知向外求理而不知吾生与天地万物所本具之理元（原）来无外。中
　　国哲学究极的意思，今日之中国人已完全忽视而不求了解。①

这是熊十力先生与意大利学者马格里尼论中国哲学时所说的。应当指出，
熊先生这里所谓"哲学"与"中国哲学"，即"性命"或"心性"之学。因此，其
研究对象与方法，不仅与自然科学不同，也与一般哲学不同。看来，熊先生
不仅把科学真理与玄学真理相区别，而且实际上把中西哲学相区别，把西方
哲学等同于科学，这当然是极不准确的。西方哲学中亦有注重体认方法的。
大而化之、笼统地作出下面的判断是不严谨的，尽管亦不妨作这种粗线条的
比较："中国哲学有一特别精神，即其为学也，根本注重体认的方法。体认
者，能觉入所觉，浑然一体而不可分，所谓内外、物我、一异，种种差别相都不
可得。唯其如此，故在中国哲学中，无有像西洋形而上学以宇宙实体当做外
界存在的物事而推穷之者。西洋哲学之方法犹是析物的方法，……都把真
理当做外界存在的物事，凭着自己的知识去推穷他，所以把真理当作有数
量、性质、关系等等可析。实则……真理非他，即是吾人所以生之理，亦即是
宇宙所以形成之理。故就真理言，吾人生命与大自然即宇宙是互相融入而
不能分开，同为此真理之显现故。但真理虽显现为万象，而不可执定万象，
以为真理即如其所显现之物事。真理虽非超越万象之外而别有物，但真理
自身并不即是万象。真理毕竟无方所、无形体，所以不能用知识去推度，不
能将真理当做外在的物事看待。哲学家如欲实证真理，只有返诸自家固有
的明觉（亦名为智），即此明觉之自明白了，浑然内外一如而无能所可分时，
方是真理实现在前，方名实证。"②

　　这里所说的"实证"，绝非西方实证主义的"实证"。恰恰相反，乃是东
方哲学的"体认"的意思。熊十力先生也承认中国哲学"亦有所短者，即此
等哲学，其理境极广远幽深，而以不重析物的方法故，即不易发展科学，若老
庄派之哲学即有反科学之倾向"③。但认为"儒家于形而上学主体认，于经
验界仍注重知识。有体认之功，以主乎知识，则知识不限于琐碎，而有以洞

———————

① 熊十力：《十力语要》，《熊十力全集》第四卷，第 202 页。
② 熊十力：《十力语要》，《熊十力全集》第四卷，第 198—199 页。
③ 熊十力：《十力语要》，《熊十力全集》第四卷，第 199—200 页。

彻事物之本真;有知识,以辅体认之功,则体认不蹈于空虚,而有以遍观真理之散著。"①

总之,玄学真理是关乎宇宙人生根源的大道理,这种道理是不远于吾人的。因此,从一定意义上来说,对于这种真理的认识,其实是一种自明自了。熊十力先生所说的玄学真理与科学真理的区别在此。

准此,熊十力提出了所谓"科学的心理学"与"哲学的心理学"的区别。他认为,科学的心理学注重实测,以神经系统为基础解释心理现象,但科学的心理学的实验却不能解释人类的高级心灵——仁心。"心的发展必至乎仁,始不受锢于形气的个体,而流行充塞乎宇宙。"②"若夫高级心灵,如所谓仁心,则唯有反己体认而自知之耳,诚非实测术所可及也。"③"哲学的心理学,其进修以默识法为主,亦辅之以思维术。默识法者,反求吾内部生活中,而体认夫炯然恒有主在,恻然时有感来,感而无所系,有主而不可违,此非吾所固有之仁心欤?"④

这就是说,科学手段和方法,包括生理学、心理学、神经科学或脑科学的理论和实验,并不是万能的,其适用的范围是有限的。哲学的心理学,即中国传统的心性之学,把人提升到宇宙本体的高度,从而确立人的本质、地位和价值,主张在现实人生中达到自我完成、自我实现,恢复人的道德本性,同时也就发挥了天与天道赋予人的内在潜能,达到人与宇宙的无限性的统一。人们的道德意识,人们对于完满人格的追求,人类的主体性、创造性,人之所以为人的道理,人的安身立命的根据,人的终极关怀,所有这些,不可能用层层剥蕉的分析方法、思维术或实验手段来解决,只能由高一层次的玄学本体论及玄学方法来解决。这种玄学方法论,就是道德实践基础上的"默识"、"内省"、"反己体认"、"反求自识"、"自明自了"。

至于科学真理与玄学真理、科学心理学与玄学心理学的契合、互补与会通,熊先生则较少论及,这不能不是一大缺憾。

这里还有许多问题值得深究,时下有很多学者热衷于探讨"灵感思维"。熊十力"玄学方法",即"高级心灵"、"仁心"对于人的本体存在的洞

①　熊十力:《十力语要》,《熊十力全集》第四卷,第201页。
②　熊十力:《明心篇》,《熊十力全集》第七卷,第221页。
③　熊十力:《明心篇》,《熊十力全集》第七卷,第220页。
④　熊十力:《明心篇》,《熊十力全集》第七卷,第221页。

达,恐怕是"灵感思维"的最高级、最特殊的一部分。"灵感思维"当然不可能全部用心理学、脑科学加以解释,自有其产生的特殊性。熊先生所谓"默识法",只能描述而不能论证、解释、说明它,不能揭示其规律性。所有这些问题,不仅一般分析法、思维术、实验手段不能解决,即使是"玄学方法论"也不能完全解决。因为它涉及道德意识、理想追求的问题,与人的社会存在联系在一起,绝非自身能够完全"自明自识"的。

2. 性智与量智、体认与思辨

熊十力先生严辨哲学之知与科学之知,认为这是分属不同层次的认识。在自然科学领域里,需要向外探索,以理性思维为主要方法;在玄学范围里,需要的是反省自求,起主要作用的是一种超乎理性思维的"觉"和"悟"。前者是"为学日益"的"量智",后者是"为道日损"的"性智"。

"性智"是对于"体"的认识,"量智"是对于"用"的认识。"性智"相当于"德性之知","量知"相当于"见闻之知"。但熊氏很少使用宋明理学家的这一对范畴。有没有"不萌于见闻"的"德性之知"呢? 看来这是一个十分复杂又难于解说的问题。按照唯科学主义的看法,西方经验主义和理性主义的看法,当然不承认我国道家、释家和儒家的"玄览"、"顿悟"、"明心"、"见性"、"静观"、"默识"等等。但是,奇怪的是,即使在西方,哲学家们似乎越来越肯定人类的确有超越于经验主义和理性主义之上的认识方式。其实,人有多重的本质、多层次的生活,也有多样的认识宇宙和认识自身的方式。尼采以降,无论是生命派哲学家,还是现象学哲学家,无论是存在主义还是解释学,是结构主义还是解构主义,一种主要的趋向倒是把"逻各斯主义"的传统"悬置"起来,超越语言、逻辑的局限,穿透到它的背后,去体究、省悟"人心之本体",证会那些先于认识、先于逻辑的东西。老庄玄禅、陆王心学的本体论及其文化价值、美学价值和认识—方法论的价值日益被人们重视起来。

这倒不是说我们要跟在西方哲学家背后去搞所谓"东方神秘主义",去赶这个时髦。不是的。严肃的哲学史家有责任把古往今来的哲学家们关于人类自身的思维范式、运思途径的方方面面都弄清楚,而不至于像王船山所批评的那样,"执一以贼道"。因为人对自身的认识是非常贫乏的。

体悟、洞观、神契,有没有呢? 人类的"本性良知"有没有呢? "良知"或

"性德"的当下呈现有没有呢？承认它们是不是就违背了科学，就是唯心主义呢？

熊十力先生对于这个问题的思考是有借鉴意义的。尽管他和他的同道几乎与近代以降中国思想家们引进科学、形式逻辑、理性精神，强调精确、严密的思考方式这一主潮背道而驰，似乎脱离了时代，无视中国人思维方式改造的必要性和迫切性，但从长远的历史眼光来看，他在本体学和方法学上的重建与重振，以一种多元的视角省视人本身，界定"中国性"，与严复、胡适、金岳霖辈的工作，互补互济，相得益彰。

不知道大家注意了没有，熊先生在"本体—宇宙论"中老是讲"合"，讲"不二"，讲本体与现象不能剖成两片；而在"认识—方法论"上却老是讲"分"，讲"二之"，讲对本体的认识与对现象的认识有两套方法，不能混淆。再细看一下就会发现，他在这里讲"分"是要从科学、理性认识中摆脱出来，是要肯定"本体方法学"的独立性。他讲"分"并不是目的，最终还是"合"，是以关于本体的认识（性智）去涵盖、代替关于现象的认识（量智）。

熊十力先生关于"性智"和"量智"分别的意义就在于：如果以经验界的一套认识方法去认识本体，所得出的结论必定是"物自体"不可知。与康德哲学相反，中国哲学家认为"物自体"不在现象之外，甚至不在吾身之外，可以直接地当下体悟。肯定"本体"可知，肯定人有最高的般若智，是熊氏"量论"的核心。这一点我们在下面还要继续说明。

现在我们还是耐心地看一看熊十力关于"性智"与"量智"的界定。"性智者，即是真的自己底觉悟。此中真的自己一词，即谓本体。……即此本体，以其为吾人所以生之理而言，则亦名真的自己。……量智，是思量和推度，或明辨事物之理则，及于所行所历，简择得失等等的作用故，故说明量智，亦名理智。此智，元是性智的发用，而卒别于性智者，因为性智作用，依官能而发现，即官能得假之以自用。"①"性智"是不待外求的"具足圆满的明净的觉悟"，而作为"思量和推度"的"量智"，不过是"性智的发用"而已。"性智是本心之异名，亦即是本体之异名。见体云者，非别以一心来见此本心，乃即本心之自觉自证，说名'见体'，此义确定，不可倾摇，玄学究极在

① 熊十力:《新唯识论》语体文本，《熊十力全集》第三卷，第15—16页。

此。如何说不纯恃性智或体认耶?"①"性智"又称"证会"、"证量"、"体认"、"现量"。"量智"又称"思辨"、"思议"。

熊十力认为,"量智"只是一种向外求理之工具。这个工具用在日常生活的宇宙,即物理的、经验现象的世界之内,是有效的,但如果不慎用之,在解决形而上学的问题时,也以它作根据,把仁心本体当做外在的境物来推求,那就大错而特错了。玄学及其方法则不停留在这一步,它需要从性智方面下涵养工夫。"量智只能行于物质的宇宙,而不可以实证本体。本体是要反求自得的,本体就是吾人固有的性智。吾人必须内部生活净化和发展时,这个智才显发的。到了性智显发的时候,自然内外浑融(即是无所谓内我和外物的分界),冥冥自证,无对待相(此智的自识,是能所不分的,所以是绝对的)。"②

按熊十力先生的看法,穷理到极致的地方,是要超脱理性思辨而归趣证会。所谓"证会",是"冥冥契会而实无有能所可分者"。到这种境界,必须涤除知见,直任寂寥无匹的性智恒现在前。这就是儒者所谓"天人合德"的境界。熊先生说,"证会"、"默然自喻",才是学问的极诣,而理性思辨和言辞议论毕竟是低层次的。他肯定了理性思辨的作用,但规范了它的效用的范围,逾此即无效。他说:"我并不曾主张废绝思议。极万有之散殊,而尽异可以观同;察众理之通贯,而执简可以御繁;研天下之几微,而测其将巨;穷天下之幽深,而推其将著。思议的能事,是不可胜言的。并且思议之术日益求精。稽证验以观设臆之然否,求轨范以定抉择之顺违,其错误亦将逐渐减少,我们如何可废思议? 不过思议的效用,不能无限的扩大。如前所说,穷理到极至处,便非思议可用的地方。这是究玄者所不可不知的。"③即是说,尽管理性思辨的作用很大,但不能用在玄学领域。在"体证本体"方面,理性思辨没有用武之地。

熊十力先生认为,本体唯是"证会"相应,不是用量智可以推求到的。因为量智起时,总是要当做外在的物事去推度,这便离开了本体而不能冥然自证。因此,他主张区别这两种认识方式。"今云证会者,谓本体之自明自

---

① 熊十力:《新唯识论》语体文本,《熊十力全集》第三卷,第 528 页。
② 熊十力:《新唯识论》语体文本,《熊十力全集》第三卷,第 23 页。
③ 熊十力:《新唯识论》语体文本,《熊十力全集》第三卷,第 146 页。

了是也。""夫证会者,一切放下,不杂记忆,不起分别,此时无能所、无内外,唯是真体现前,默然自喻。"①"恃思辨者,以逻辑谨严胜,而不知穷理入深处,须休止思辨而默然体认,直至心与理为一,则非逻辑所施也。恃思辨者,总构成许多概念,而体认之极诣,则所思与能思俱泯,炯然大明,荡然无相,则概念涤除已尽也。(概念即有相)余之学,以思辨始,以体认终。学不极于体认,毕竟与真理隔绝。"②按照熊氏的说法,证会或体认,是一种顿超直悟,当下即是,不需要经过感觉、概念、判断、推理,顿然消除了主客、能所、内外、物我的界限。熊氏强调,玄学不废理性思辨,不排斥量智,但必须超越思辨或量智,达到天人合一的性智、证会或体认的境界。玄学境界,也即是玄学方法。这是超越逻辑、祛除言诠、止息思维、扫除概念,排斥记忆、想象、分析、推理诸理性思维活动,精神内敛、默然返照,浑然与天道合一的一种大彻大悟。

首先,这是一种思维状况,即"众里寻他千百度,蓦然回首,那人却在灯火阑珊处"、"恰恰无心用,恰恰用心时"的状态,当下得到了对于生活和生命,对于自然世界和精神世界之最深邃的本质的一种整体的、综合的洞悉。这其实是在多次反复的理性思维的基础上产生的。

其次,这是一种思维方式,其特点是主体当下、直接渗入客体,与客体合一。主体对于最高本体的把握,即采用这种体悟或证会的方式。熊氏强调,这种思维方法,不是站在吾人的生活之外作理智分析,而是投身于日常生活之中的一种感性体验,以动态的直接的透视,体察生动活泼的宇宙生命和人的生命,以及二者的融会。只有切实的经验,与自家的身心融成一体的经验,设身处地,体物入微,才能直接达到和把握真善美的统一,顿悟本心仁体。这种体验或证会,破除了对于有限的语言、思辨、概念和推理的执著。

最后,这又是一种道德的和超道德的境界。"从来儒者所谓与天合德的境界,就是证会的境界。吾人达到与天合一,则造化无穷的蕴奥,皆可反躬自喻于寂寞无形、炯然独明之地。"③破对待,一物我,"民胞吾与","天人合一",熊十力追求的是仁者不忧的"孔颜乐处",是一种绝对快乐的崇高精

① 熊十力:《十力语要》,《熊十力全集》第四卷,第436、437页。
② 熊十力:《十力语要初续》,《熊十力全集》第五卷,第58页。
③ 参见熊十力:《新唯识论》语体文本,《熊十力全集》第三卷,第146页。

神境界。从形式上看,它是超苦乐、超善恶的顿悟;从实质上看,这种道德直觉功夫是由长期涵养性智累积而成的最敏感的价值判断,顷刻之际,是非善恶壁垒分明。冯定所谓"正义的冲动"即此。我们每个有良知的人,当下回应社会生活的各方面,亦时常有此种"冲动"和道义担当,我个人亦有这种体验。这正是人之所以为人的光明高洁之处。鲁迅先生赞美的汉的清流、明的东林的精神,莫能外之。中国哲人历来主张对于道德行为和精神生活,对于真、善、美的价值,靠感性体验来加以把握。这就是所谓"证量境界"。

3. 名言与理智的局限

熊先生倾心于这种证会境地,必然对于科学认知与名言概念的局限性有所认识,乃至不免夸张。他说:"哲学上的用语,是非常困难的。语言文字,本是表示日常经验的事理,是一种死笨的工具。我们拿这种工具,欲以表达日常经验所不能及到的、很玄微的、很奇妙的造化之理,其间不少困难是可想而知的。"①名言只能表达具体的、有相状的、局部的物事,而难以表达超物的玄理。本体是不可言说的,因为体无封畛,故非言说所可及;言说所表达的是有封畛的千差万别相状的物事,故用是可说的。② 熊先生在这里发挥了老庄玄禅思想,看到了名言的局限性,认为抽象的名言限制了活生生的发展着的世界,更不足以表达玄学(超越物之理)。但是,按照熊先生"由用知体"、"即用即体"的思维逻辑,既然"用可言说","体"也应当是可以言说的,如若不然,熊先生何以用鸿篇巨制来"发明本心"呢? 看来,言说不可言说的,正是哲学家面临的语言学矛盾。但是以科学思维论述玄学思维,以逻辑思维论述后逻辑思维亦是一种方式,与以寓言、诗歌表达并重。

熊氏又说:"吾人底理智作用,应日常实际生活的需要,常常是向外去找东西,所以,理智作用不能理会造化的蕴奥。易言之,即不能明了一切物刹那刹那、生灭相续的活跃跃的内容。他总是把捉那刹那刹那、生灭相续所诈现的相状,即是将那本来不住的东西,当作存在的东西来看。于是设定有一切物,便许一切物都是能任持他底自体,且自有轨范,可以令人起解的。故所谓轨持,只于不住的变化中,强作存在的物事来图摹,本不可执为定实。

---

① 参见熊十力:《新唯识论》语体文本,《熊十力全集》第三卷,第117—118 页。
② 参见熊十力:《新唯识论》语体文本,《熊十力全集》第三卷,第78—79 页。

然由此而知识乃非不可能,即科学也有安足处。"①熊先生认为,分析剖解的方法,把流动的视为静止的,把局部的当做整体的,以静、死代动、活,截取一个片段,以偏概全,如何能理会大宇长宙的真谛和造化的蕴奥呢?

熊十力迂阔地把"理智"分为两种:一种是作为"性智"之发用的"量智";另一种是"性智"障蔽不显时的"量智"。他说:"量智云者,一切行乎日用,辨物析理,极思察推徵之能事,而不容废绝者也。但有万不可忽者,若性智障蔽不显,则所有量智唯是迷妄逐物,纵或偶有一隙之明,要不足恃。人生唯沦溺于现实生活中,丧其神明以成乎顽然之一物,是可哀可惨之极也。"按照熊氏的理解,"玄学见体,唯是性智,不兼量智,是义决定,不应狐疑"。"然玄学要不可遮拨量智者,见体以后大有事在。若谓直透本原便已千了百当,以此为学,终是沦空滞寂,隳废大用,毕竟与本体不相应。"②

这就是说,必须先立乎其大者,加强人格修养,保任固有性智,不以染习、私意乱之,于此才能体悟万化根源,通物我为一。王阳明咏良知诗所说的"无声无臭独知时,此是乾坤万有基"的境地,不是能由量智入手得来的。但在见体之后,达到此种境界之后,又不可废量智。熊先生批评性智障蔽不显时的量智,而主张见体之后,作为性智之发用流行的量智。实际上,量智就是量智,毋须分为先后。为什么性智前就不能有量智呢?为什么"见体"之前的理性思考、逻辑分析就一定会遮蔽本体呢?我认为,前性智的量智思维——性智——后性智的量智思维,如此三阶段及其循环,是认知、体悟宇宙本原、人生真谛不可或缺的环节和过程。或者我们也可以说,前理智的直觉——理智思维——后理智的直觉,如此三阶段及其循环,是认知、体悟宇宙本原、人生真谛不可或缺的环节和过程。③ 总之,模糊——清晰——模糊——清晰,也是一个无限发展的过程。

对于语言和理智的局限看得过重,对于性智与量智,乃至作为性智之发用的量智和性智障蔽不显时的量智,分剖甚严,是熊十力玄学方法的特点,其中蕴伏着熊氏"量论"的矛盾与张力。

---

① 参见熊十力:《新唯识论》语体文本,《熊十力全集》第三卷,第132页。
② 熊十力:《新唯识论》语体文本,《熊十力全集》第三卷,第528、529页。
③ 参见贺麟:《宋儒的思想方法》,《哲学与哲学史论文集》,北京:商务印书馆1990年版。

4."本体"不可思,唯在自明自见

本体不可思,不是本体不可知,熊十力哲学与康德哲学不同,承认本体是可知的,即是可以通过道德实践加以体证、体验、冥悟、接近、契合、通达的,但不是可以由理智推断的。

熊十力说:"宇宙或一切行是有他底本体的。至于本体是怎样的一个物事,那是我们无可措思的。我们的思维作用是从日常的经验里发展来的,一向于所经验的境,恒现似其相。因此,即在思维共相时,亦现似物的共相。(例如方,是一切方的物之共相,而思维方时,即现似其相。)若思维本体时,不能泯然亡相,即无法亲得本体,只是缘虑自心所现之相而已。须知,本体不可作共相观,作共相观,便是心上所现似的一种相,此相便已物化,(心所现相即是心自构造的一种境象,此即物化。)而不是真体显露。所以说,本体是无可措思的。(此中所谓思,是就通常所谓思维作用而说,别有一种殊胜的思,是能涤除实用方面的杂染而与真理契会者,吾名之冥思。这种思,是可以悟入本体的,当俟'量论'详谈。)"①

这里强调的是,本体不是"共相"。这是熊十力的一个重要思想。"本体不可思"与"本体非共相"是联系在一起的。也就是说,既然本体不是理智或知识的对象,不是抽象的一般,那么,它就是不可用理知求知的,而只能契合、冥思。冯友兰与熊十力的区别,一个关节点就在这里。冯先生认为本体是"大全",是一般、共相之"理",是不在"气"中、不在殊相之中之"理"。熊先生则认为本体是感性具体之"心",是物我合一的大生命,是天赋人受的道德本性、道德本体。在冯先生看来,不过是一个假设(Postulate),用康德的话来说,是不得不有的"设准"。熊先生曾经当面批评了冯先生的这一说法,指出"良知"是真实的"呈现"。熊先生确认,良知呈现是绝对的真实,不容许有一丝一毫的假设。因此,对于良知本体,只能"亲得"、"亲证"、"体会"、"实践"。这是一种生命体验,是道德实践。

熊十力认为,玄学真理唯在反求而不待外求。为什么这样说呢?因为所谓"本体",即吾人生活的源泉,是至广无际、至大无外、含蕴万有、无所亏欠的,是生天生地和发生无量事物的根源。"我人的生命,与宇宙的大生命

---

① 熊十力:《新唯识论》语体文本,《熊十力全集》第三卷,第93—94页。

原来不二；所以，我们凭着性智的自明自识才能实证本体，才自信真理不待外求，才自觉生活有无穷无尽的宝藏。若是不求诸自家本有的自明自识的性智，而只任量智，把本体当作外在的物事去猜度，或则凭臆想建立某种本体，或则任妄见否认了本体，这都是自绝于真理的。"①

或者可以说，关于本心仁体的认识，其实是一种自我认识，是一种自明自了。熊十力说，体认或实证，是无所谓方法的。"实证者何？就是这个本心的自知自识。换句话说，就是他本心自己知道自己。不过，这里所谓知或识的相状很深微，是极不显著的，没有法子来形容他的。这种自知自识的时候，是绝没有能所和内外及同异等等分别的相状的，而却是昭昭明明、内自识的，不是浑纯无知的。我们只有在这样的境界中才叫做实证。而所谓性智，也就是在这样的境界中才显现的，这才是得到本体。前面说是实证相应者，名为性智，就是这个道理。据此说来，实证是无所谓方法的。但如何获得实证，有没有方法呢？应知，获得实证，就是要本心不受障碍才行。如何使本心不受障碍？这不是无方法可以做到的。这种方法，恐怕只有求之于中国的儒家和老庄以及印度佛家的。"②

熊十力强调"反求自识"、"反己体认"、"自得"、"亲证"，因为所谓"本体"是不远于吾人的。这种反躬内向、自省，是中国本体方法学的特点。"吾心之本体即是天地万物之本体。宇宙、人生，宁可析为二片以求之耶？致知之极，以反求默识为归，斯与西洋知识论，又不可同年而语矣。总之，中土哲人，其操术皆善反，其证解极圆融。西洋则难免庄子所谓'小知间间'，不睹天地之纯全。然西洋所以发展科学，其长亦在此。"③所谓中土哲人"操术皆善反"，指的是孔子所说的"反求"与"默识"，孟子所说的"万物皆备于我"、"反身而诚"、"反而求之"，张载所说的"善反，则天地之性在焉"，庄子所说的"自明自见"。这里说的是反躬、反省，挺立道德自我，一下子把宇宙本体提升为道德本体。所谓中土哲人"证解极圆融"，指的是即物即心、即外即内、即动即静、即器即道、即俗即真、即多即一、即现象即实体的学说，与西方分析方法（所谓小知间间）不同。在熊氏看来，前者是发现玄学真理之

---

① 熊十力：《新唯识论》语体文本，《熊十力全集》第三卷，第22页。
② 熊十力：《新唯识论》语体文本，《熊十力全集》第三卷，第21—22页。
③ 熊十力：《十力语要》，《熊十力全集》第四卷，第102页。

道,后者是发现科学真理之道。两者具有完全不同的"逻辑"。

熊十力说:"东方哲人一向用功于内,涤尽杂染,发挥自性力用。其所谓体认,是真积力久,至脱然离系、本体呈露时,乃自明自见,谓之体认。"①正是在这样的意义上,熊氏认为,本性良知的呈露,不是假设,不能由理智推求,而是一种顿然呈现,自明自见。

在我们看来,人的道德价值意识、理想人格追求等问题,不是仅凭其本身就能够"自明自了"的。这是一个与生产方式、社会环境、经济条件、文化背景、社会行为规范、历史与现实的道德楷模、个人所处的群落和个人的文化修养、道德修养等等诸条件、诸因素密切关联的问题。因此,不承认良知的当下呈现是不对的,但光谈良知的当下呈现则是很不够的,必须把上述诸条件、诸因素、诸前提考虑进去。

5. 表诠、遮诠与转识成智

"表诠"、"遮诠"均佛教用语。就语言的表达方式而言,表诠是从正面作肯定的表述,显示对象自身的属性,遮诠即从反面作否定的表述,排除对象不具有的属性。遮诠也是一种间接的方式,不直接说破作者的真正意图。"遮为遣其所非,表谓显其所是。"在因明学中,遮诠即否定判断,表诠即肯定判断。同时,它们又是一对矛盾概念。有时表诠中也包含遮诠的功能,如言"青",遮"非青"、"黄"等,方能显"青"之共相。

熊十力指出:"夫言说有遮诠、表诠。表诠者,直表其事,如在暗室而对彼不睹若处有几者,呼告之曰若处有几。遮诠者,因有迷人于暗中几妄惑为人为怪,乃从所惑而遣除之,即以种种事义,明其如何非人,以种种事义,明其如何无怪,而不复与直说是几,卒令彼人悟知是几。故缘生言,但对彼不悟识自性空者,方便遣执,故是遮诠。如或以为表诠者,将谓缘生为言,表示识由众缘和合故生,是反堕于执物之见,宁非甚谬。故知辞有遮表,不可无辩。详夫玄学上之修辞,其资于遮诠之方式者为至要。盖玄学所诠之理,本为总相,所谓妙万物而为言者是也。以其理之玄微,故名言困于表示。名言缘表物而兴,今以表物之言而求表超物之理,往往说似一物,兼惧闻者以滞物之情,滋生谬解,故玄学家言,特资方便,常有假于遮诠。此中奥隐曲折,

---

① 熊十力:《新唯识论》语体文本,《熊十力全集》第三卷,第532页。

诚有非一般人所可喻者。"①

熊先生借用这两个名相,加以发挥。大意是说,玄学所穷究者,特重"至一的理";科学所穷究者,特重"分殊的理"。这"至一的理",至玄至微,遍为万有的实体,虚而无所不包,隐而难穷其蕴,在表达上就不宜用表诠的方式,而必须用遮诠的方式。这种遮诠的方式,也即冯友兰所说的负的方法、烘云托月的方法。熊十力说:"古今讲玄学的人,善用遮诠的,宜莫过于佛家。佛家各派之中,尤以大乘空宗为善巧。他们的言说,总是针对着吾人迷妄执着的情见或意计,而为种种斥破,令人自悟真理。因为吾人的理智作用,是从日常实际生活里面,习于向外找东西的缘故,而渐渐的发展得来。因此,理智便成了一种病态的发展,常有向外取物的执着相。于是对于真理的探求,也使用他的惯技,把真理当做外在的物事而猜度之。结果,便生出种种戏论。大乘空宗以为,真理既不是一件物事可以直表的,所以就针对吾人的执着处,广为斥破。易言之,他就在吾人的理智的病态中,用攻伐的药方。这样,便使人自悟到真理,因为真理本不远离吾人,更没有躲避的。只要吾人把一向的迷执拨开,自然悟到真理了。"②

也就是说,玄学真理(至一的理)不同于一件件外在的事物,不可以条分缕析——直接表述,而必须善于斥破种种迷妄、执著,尤其是需要否定、遮遣理智病态发展之后所造成的种种偏见,使人自悟真理。

他在这里所说的遮诠,主要还是否定科学、理智对于玄学真理的分割和遮蔽。所谓"一向的迷执",其实包括日常的知解、分别。他认为,这些知见愈多,愈不利于体认"本体"。

知见也就是"识"。因此,熊十力又借用佛教"转识成智"的说法,以说明破除"虚妄分别"(即识),可以得到一种最高的智慧,关于本体的智慧。瑜伽行派和法相宗认为,通过特定的修行,领悟佛教真理,有漏(有烦恼)的八识就可转为无漏(摆脱烦恼)的八识,从而得到四种智慧——眼、耳、鼻、舌、身识转得"成所作智",意识转得"妙观察智",末那识转得"平等性智",阿赖耶识转得"大圆镜智"。具此四智,即达到佛果。熊氏没有沿用这些旧义,而是抓住"转识成智"四个字发挥己意。他常对他的弟子说,你们不要

---

① 熊十力:《新唯识论》文言文本,《熊十力全集》第二卷,第37—38页。
② 熊十力:《新唯识论》语体文本,《熊十力全集》第三卷,第78—79页。

"认贼作父",意即不要把"识"当做"智"。熊氏论著中,常常有破除情识、情见、情计、意计之说。所谓"情识"云云,熊氏解释为:"虚妄分别,不如理故,说明情识。众生从无始来,于日常实际生活中,因析别与处理物界而发展其慧解。(此慧解,即俗云理智……)故此慧解作用恒有染着,即常执有外界实物之相而为析别故。易言之,即恒本其析物之执著心习,以推求真理。由此不得与真理相应,故名虚妄分别。亦名情识,又名情计,又名情见,又名意计。"①

熊氏在他的著名的《论玄学方法》②一文中指出,东方学术,不论是本土的儒道,还是印度释宗,"要归见体"。而所谓"见体",不是别以一心见本心,而是本心的自觉自证。这是玄学之究极处。在这里,没有量智的插足之地。有一种顿超直悟者,即上根利器者,如佛家宗门大德及颜渊、庄周、僧肇、王弼、程颢、陆九渊、王阳明等,能够"当下觌体承当,不由推求,不循阶级",直指本心,直接见体。另有一些根器钝者,"难免迂回,其触处致力全凭量智作用,探索不厌支离,徵测尤期破碎,以此综事辨物,功必由斯,以此求道(道,谓本体),岂不远而!但使心诚求之,久而无得,终必悟其所凭之具(具,谓量智),为不适用。一旦废然(不信任量智有无限的效能),反之即是(反之即得性智)"。③

总之,熊十力认为,"本体"不是外在的,不是由理性分析方法所勾画的。《新唯识论》直指本心,通物我、内外,浑然为一,正是孟子所谓"反身而诚"。因此,在方法学上,必须以遮诠即否定的方法,涤除知见、情识,转识成智,以期达到"智的直觉"的本体境界。

熊十力辨析"量智"与"性智",在哲学史上的意义,主要是肯定自在之物可知,肯定人有最高的般若智慧,可以直接地把握宇宙人生的最高本质。这种智慧的拥有者,不是超绝的上帝,而是我们自己。就这个意义来说,这是一种人本主义的"本体方法学"。

---

① 熊十力:《佛家名相通释》,《熊十力全集》第二卷,第604页。
② 原以《答谢幼伟》为题,《思想与时代》1942年1月第16期;又作为附录之一,收入《新唯识论》语体文本,《熊十力全集》第三卷,第526—535页。
③ 熊十力:《新唯识论》语体文本,《熊十力全集》第三卷,第528页。

二、熊十力"本体—方法学"模型—"一心开二门"

上节我们评述了熊十力"量论"思想的重要内容——关于玄学真理的认识(性智)与关于科学真理的认识(量智)的定位。前者是一种"人文的睿智",后者是一种"科学的知见"。按照笔者的看法,这两者当然有一些区别,更有辩证的联系。熊先生虽未在二者之间划上鸿沟,然却过于推崇前者,贬抑后者。他在有了这样一些基本看法之后,于晚年拟定了一个简略的"量论"提纲。本节将评述这一提纲,并进而研究熊十力方法学的另外两个重要问题———一心二门、一体二面的思维模式;贯通本体与现象,性智与量智的门径。

1."量论"提纲

首先我们看看熊十力在《原儒》上卷"绪言"中拟定的"量论"提纲(见《原儒·绪言第一》,载《熊十力全集》第六卷)。

熊十力拟议中的"量论",大约分为两大部分,曰"比量"篇,曰"证量"篇。"比量"借用于因明学而未拘守原意,大体上把据实测而作推求的"理智"之知,说为比量。"证量"则是无能所、内外、同异区别的"性智"境界,是吾人固有的炯然炤明、离诸杂染之"本心"的自明自了。

"比量"复分上下。上篇论"辨物正辞"。熊十力认为,"辨物正辞"始于《易》《春秋》,而晚周名学(荀子、墨子及其后学、公孙龙、惠施、韩非等)得以发挥。形式逻辑的方法,重视感觉、实测、格物,通过概念、判断、推理以尽其用,复验之于物理人事,俱为国学所倡,亦可与辩证唯物论相会通。下篇论"穷神知化",则包罗至广,内含宇宙、人生的辩证法与辩证逻辑。熊十力说:"然则变化之道,非通辩证法固不可得而明矣。大地上凡有高深文化之国,其发明辩证法最早者莫有如中国。"①从羲皇画卦始,中国辩证法就以其特色著称于世。

熊十力在"比量"下篇拟着重论述各种辩证关系,就本体—宇宙论而

① 熊十力:《原儒》,《熊十力全集》第六卷,第318页。

言,打算论及体与用、无对与有对、无限与有限、心与物、能与质的关系;就人生论而言,打算论及人道与天道、性善与性恶之关系。注意,熊氏提示说,以上所有的对子,都不是平列关系,而是一种统摄关系。"统谓统一,摄谓含受而主领之也。"①按照这样一个规定,形成如下公式:A 与 B 相反也,而 A 统摄 B,乃反而相成。例如:"心物相反也;而心统摄物,乃反而相成"②;"性善性恶,二说相反也,而善统治恶,乃反而相成"③。余可类推。

熊十力指出:"辩证法是无往而不在,学者随处体察可也。""知识论当与宇宙论结合为一,离体用而空谈知识,其于宇宙人生诸大问题不相干涉,是乃支离琐碎之论耳,何足尚哉?学者必通辩证法而后可与穷神。""感觉、量智(亦云理智)、思维、概念等所由发展与其功用,在上篇(《辨物正辞篇》)固应论及,本篇(《穷神知化篇》)当进一步讨论量智、思维等如何得洗涤实用的习染而观变化"④。

如果说,在"比量"篇的两阶段大体上分别论及形式逻辑与辩证逻辑、理性思维与辩证的理性思维的问题,那么,到"证量"篇所谈的则是非逻辑、非理性的直觉思维的问题。但用"非理性"这个词,熊先生一定不会高兴。因为此篇中心在"论涵养性智",在他看来,这正是正宗的中国式的"理性"。如以"本体理性"、"道德理性"或"实践理性"来概括,相信熊先生可以认同。

他说,"性智"是与生俱来的。人初出母胎,堕地一号,隐然呈露其乍接宇宙万象之灵感,这就是"性智"。人性本来潜备无穷无尽德用,是大宝藏,是一切明解的源泉。我们在性智内证时,大明洞彻,外缘不起,浑然与天地万物同体,默然自了,这就是证量境界。到了这一境界。方可于小体而识大体,于相对而悟绝对,于有限而入无限,即人即天,即天即人。"大体"、"天",都是宇宙本体。这是对本体的契合、会悟的境界。

怎样才能得到证量境界?有什么门径?"答曰:思维与修养交致其力,而修养所以立本。思修交尽,久而后有获也。"也就是说,这种洞察力或自

① 熊十力:《原儒》,《熊十力全集》第六卷,第 318 页。
② 熊十力:《原儒》,《熊十力全集》第六卷,第 319 页。
③ 熊十力:《原儒》,《熊十力全集》第六卷,第 322 页。
④ 熊十力:《原儒》,《熊十力全集》第六卷,第 323、324 页。

己认识自己的能力。不单纯是一个认识论的问题,同时又是一个道德论的问题。涵养人的性智,需要从这两方面下力:"思而无修只是虚见;修而无思终无真解。"①

熊先生最后说,所以拟立"证量"一篇,盖有二意。第一,儒、释、道三家,其学皆归本证量。但各家主张却有不同。熊先生希望明其所以异,而辨其得失。他指出,求趣证量的,易流于僧侣主义,倾向出世,乖于大道,不可为训。孔子以人道弘天道,从天地万物浑然一体处立命,故有裁成辅相之功,不以孤往独善为道。第二,熊先生说:"余平生之学不主张反对理智或知识,而亦深感哲学当于向外求知之余,更有凝神息虑,默然自识之一境。……默然之际,记忆、想象、思维、推度等等作用,一切不起,而大明炯然自识。……余谈证量,自以孔子之道为依归,深感为哲学者,不可无此向上一着。"②

熊十力先生留给我们的"量论"提纲,基本上概括了他的认识—方法论的主要内容,值得重视。以下,我们仅就熊氏"比量"中的辩证思维模式和"证量"中的"性修不二"、"思修交尽"的问题略作讨论。

2.一心二门、一体两面的思维范式

熊十力先生哲学的思维架构,是中国哲学常见的一种辩证思维的架构。翻开熊著,扑面而来的是众多的"不二":"本体现象不二,道器不二,天人不二,心物不二,理欲不二,动静不二,知行不二,德慧知识不二,成己成物不二"③;"本论以体用不二立宗。本原、现象不许离而为二,真实、变异不许离而为二,绝对、相对不许离而为二,心物不许离而为二,质力不许离而为二,天人不许离而为二"④。很明显。这个框架来自《周易》、《四书》和《老子》为代表的辩证方法论模型,即"一体两面"的模型。如以易、道、天、太极、太虚为"一体",以阴阳、乾坤、形神、心物、理气、翕辟、动静为"两面"。两面并不是均衡的、平行的或平等的。正如我们前面在介绍《量论》提纲时说过,A与B两面相反,反而相成,其动力是这两面的不平衡,A≠B,A>B,A统摄

---

① 熊十力:《原儒》,《熊十力全集》第六卷,第 325 页。

② 熊十力:《原儒》,《熊十力全集》第六卷,第 325—326 页。

③ 熊十力:《原儒》,《熊十力全集》第六卷,第 312—313 页

④ 熊十力:《体用论》,《熊十力全集》第七卷,第 143 页。

B。熊氏体用、翕辟、心物、心境、理气、动静、乾坤、天人等等成对范畴,都是如此。这是二元对待归于机体一元,进而发展两面互动的模型。传统儒、释、道辩证法讲"一阴一阳之谓道","反者道之动","阳中有阴,阴中有阳","一物两体","动静无端,阴阳无始"等,即不是把矛盾双方的对立看成是僵死的、绝对的,亦不把矛盾的统一看成是双方的机械相加,或所谓"一方吃掉一方",而是在互相补充、互相渗透、互为存在条件的前提下,由矛盾主动方面对于被动方面的作用,从而构成新的均衡稳定、动态和谐的统一体。这个统一体又处在一个有机的系统之中。例如:体用互动,反而相成,体为主导。体即"恒转","恒转"分一为二,曰翕曰辟,相互作用,辟为主导,反而相成,合二以一。"翕辟是相反相成,毕竟是浑一而不可分的整体。所以,把心和物看作为二元的,固是错误。但如不了吾所谓翕辟,即不明白万变的宇宙底内容,是涵有内在的矛盾而发展的,那么,这种错误更大极了。(矛盾,是相反之谓。利用此矛盾,而毕竟融合,以遂其发展,便是相成。吾国《大易》一书,全是发明斯义。)"①承认内在矛盾推动事物的发展,承认"分一为二"与"合二以一"是一条长链中的诸环节,而且融合老子和黑格尔思想,肯定"道生一、一生二、二生三、三生万物"即不断地"正—反—合"的否定之否定的过程辩证法,这是熊十力活用"一体两面"模式的特点。从一定侧面讲,这一辩证模型具有有机性、整体性、系统性、能动性。

熊十力"不二"理论架构,更多地来自佛学。天台宗有所谓"十不二门",由智顗开其端,而由湛然总其成。湛然作《法华玄义释籤》,在解释智顗《妙法莲华经玄义》之"十妙"中,把十妙的无边法相摄作色心、内外、修性、因果、染净、依正、自他、三业、权实、受润十门,而在每一门中都运用一念三千、三谛圆融的义理,把它归结为无二无碍,即称为"十不二门"。其中特别是"色心不二"(即物心不二)、"内外不二"、"修性不二"之说,对熊十力有很大影响。湛然的思想,善于将天台宗的教观与《大乘起信论》的理论架构相结合。因此,"不二"架构,可溯源于《大乘起信论》。

《大乘起信论》通传为古印度马鸣著,南朝梁真谛法师译,但关于撰造和译者究竟为谁,古今众说纷纭。大体上可以把它看作是中国人的创造,是较早的中国化的佛教典籍,其中积淀了中国人的思维方式。它的"一心开

① 熊十力:《新唯识论》语体文本,《熊十力全集》第三卷,第105页。

二门"的理论又反过来对隋唐佛学(特别是天台、华严、禅宗)和宋明理学具有很大的影响。

《大乘起信论》以众生心为本体,说"能摄一切法,能生一切法"。其理论钢骨为"一心二门",把一切诸法归诸一心,以心具真如生灭二门,真如具不变随缘二义,真妄和合之阿黎耶识(按即阿赖耶识)有觉与不觉等思想,解释本体与现象、清净自性与杂染诸法的相互关系。如果把大乘佛学分为三大系列:般若(性空)系统、唯识系统和真如(真心)系统,则《大乘起信论》和天台、华严、禅宗属于真如(真心)系统。《大乘起信论》云:"唯是一心名为真如",而又以明体、阐用、辨相三者合而言之是般若。

所谓"分一心法,复作二门(真如门、生灭门),析一义理,复为三大(体、相、用)",显示大乘的实质有二:一法,二义。法即是众生心,心能摄一切法,有心真如相和心生灭因缘相;义有体大、相大、用大三大。这是诸佛菩萨所乘,故名大乘。所谓"心真如门",显示真如是一法界(即一切法)的总相法门体,不生不灭,离言说相,离心缘相,毕竟平等,无有变异;但依言所分别,有如实空和如实不空二义。所谓"心生灭门",显示一切法的体、相、用——即依如来藏有生灭心转,它是不生不灭与生灭和合,非一非异,名阿赖耶识。此识有觉和不觉二义。通过复杂的心生灭诸法,最终由生灭门入真如门。《大乘起信论》的义理,主要是先肯定有一个超越的真常心或自性清净心,这好比是良知本体、本心仁体,由此开出"真如"、"生灭"二门。二门指两界:生灭门是现象界,有生死流转的现象;真如门是清净法界,即本体界。二门又指两重认识途径:一是间接的途径,大意是说,我们的真心本来是清净的,但在现实界、物欲界,只要有一念之差,就会堕入"无明",受到染污,于此必通过一番坎坷、曲折或实践,通过下沉、否定,才能提升道德本性;另一种是直接的途径,有般若智,当下呈现本性良知或自性清净心。

"一心开二门"架构对宋明理学的重大影响,表现在北宋五子之一的张载提出了著名的"心统性情"之说。这是宋明"心性论"的一个重要的公式。"心统性情",意即心是性、情两面的辩证的综合。朱子对此有所发挥,指出:"心有体用。未发之前是心之体,已发之际乃心之用……";"性是体,情是用,'心'字只一个字母,故'性''情'字皆从心"。① 朱子把"心统性情"

---

① (宋)黎靖德编:《朱子语类》卷五,北京:中华书局1994年版,第一册,第90—91页。

之"统"释为"兼"和"主宰"两义,而以"体用"说"性情"。性是心之体,情是心之用;体为形而上之性,用为形而下之情。心、性、情,不是三个东西,而是统一体。就这一点来说,熊十力先生是认同朱子的。

熊十力先生好友马浮先生对此有精到研究。他把《大乘起信论》与张、朱之说融会贯通,指出:"依《起信论》一心二门,性是心真如门,情是心生灭门,乃有觉与不觉二义。随顺真如,元无不觉,即是性其情;随顺无明,乃成不觉,即是情其性。……性即心之体,情乃心之用。离体无用,故离性无情。情之有不善者,乃是用上差忒也,若用处不差,当体是性,何处更觅一性?"①心统性情,而性情即体用。性、理属体,情、气为用。按,马先生主张心是理气之综合,以心体为真如,以性、情为真如门和生灭门。马先生认为,天、命、心、性,都是一理。"就其普遍言之,谓之天;就其禀赋言之,谓之命;就其体用之全言之,谓之心;就其纯乎理者言之,谓之性。"②熊先生的理论架构与马先生同,唯所异者,则认为天、命、性、理、生命力,都是一心,而不是一理。熊马的区别在这里存而不论,何况这并不影响他们有共同的方法学。

这里我们要特别指出的是,熊十力的"本心"与"习心"、"性智"与"量智"、"玄学真理"与"科学真理"的二分,正是"一心开二门"的活用。这两种分划,可以说上承张载及宋明诸儒的"德性之知"与"见闻之知"的二分,下启牟宗三、唐君毅的"德性主体"与"知性主体"、"智的直觉"与"认识心"的二分。然而"二分"并不是目的。按这一架构的特点,一心虽开出二门,二门之中有主导者、统摄者,而且,一心通过一门的下沉、否定、坎坷、曲折而进入另一门。

熊十力先生引进佛学,指出人有两种智慧:一种是根本智;一种是后得智。心中融会见道,得根本智;事上磨炼见道,是后得智。根本智缘真如(本体),后得智缘事物(现象)。根本智即证体之智。智虽假说为能缘,如(真)虽假说为所缘,而实则智即是如,无有能所可分。由根本智起已,方乃起后得智,缘虑一切事物。后得智亦即是根本智的发用。宋儒所谓"德性

① 马浮:《尔雅台答问续篇》,《马一浮集》,杭州:浙江古籍出版社与浙江教育出版社1996年版,第一册,第571—572页。

② 马浮:《复性书院讲录》,《马一浮集》,杭州:浙江古籍出版社与浙江教育出版社1996年版,第一册,第113页。

之知"是根本智,"见闻之知"是后得智。熊氏"性智"与"量智"即由此而来。

由一心开出二门有两种方式:无漏清净法是直接的方式,有漏杂染法是间接的方式;根本智、德性之知、性智是直接的方式,后得智、见闻之知、量智是间接的方式。《大乘起信论》所肯定的如来藏自性清净心,孟子与陆王的"本心"、"良知",王龙溪的"当下良知",都是当下可以呈现的。这就是一种"智的直觉"。中国哲学肯定人有般若智,有自性清净心,与它否定现象与"自在之物"的分裂有关。因为按照中国哲学的看法,即现象即"自在之物",即体即用,对于"自在之物",完全可以由般若智、由性智直接地体认。"自在之物"不在彼岸,而在现象之中;根本智不在上帝,而在人心之中。康德否定人有"智"的直觉,中国儒释道三家、宋儒中的理学心学两派,都肯定"智的直觉"。

"一心"开"二门"是应对现象界与本体界的妙法。如果完全不肯定现象界,熊十力先生就没有必要讲"量智"、"后得智"了,尽管它们为"性智"和"根本智"所涵摄,但毕竟有其独立的认识论和方法论的意义。以后牟宗三讲"良知的自我坎陷开出知性主体",转出"认识心",可以说是顺着这条思路下去的。我们特别要注意的是,一心开二门,并不是裂解本体与现象二界,也不是裂解关于本体与现象二界的认识,因为这两个方面、两重世界和两种认识,要靠道德实践进一步贯通起来,融会起来,统一起来。

总而言之,熊十力先生的思维范型,与其说是"一体统二面",不如说是"一心开二门"。前一模式未能点出"体"即"心"的特点。因为,由"易"、"道"等一体生发出世界,或者天地、乾坤、阴阳、翕辟两面,"易"、"道"则可以被认为是客观精神。而"一心开二门"在熊十力这里,是绝对主体生发世界的模型。就"本体—宇宙论"而言,开出本体(体)与现象(用)、内圣与外王二门,所谓由良知主体的辩证否定、坎陷,开出新的外王,开出民主、科学和现代文化的思想,亦出于这一思考模式。就"心性论"而言,绝对主体开出"性"与"情"、"本心"与"习心"二门,所谓"性修不二"说亦出于这一思考模式。就"认识—方法论"而言,绝对主体开出对于本体之认识的"性智"、"智的直觉"与对于现象之认识的"量智"、"知识心"等二门,而由伦理实践把上述二门贯通起来。

熊十力先生"一心二门"、"体用不二"的思维范式贯穿到他的哲学的各方面。这一思维模型的短处是它的相对性、不确定性、无边界性，循环推衍而毋须论证，容易导致非理性的独断论。这一点我们在上章已有论证和批导。这一范式集优点与缺点于一身。它的长处又恰恰是它的内在的超越观、有机的系统观、辩证的发展观、主体的能动观和整体的综合观。

3. 性修不二、思修交尽的修为途径

讲认识论与方法学离不开心性论，认识论与道德价值论有着内在关系，这也是中国哲学的一个特点。熊十力先生的本体方法学进路大体上不离传统："中土学者，大抵皆从伦理实践上纯粹精诚、超脱小己利害计较之心作用，以认识心体。"①按他的理解，只有人类能直接通合宇宙大生命而为一，以实显本体世界无上的价值。人性具有包宇宙、挟万有、圆成而实的生命力。但人之有生，不能无惑，人成形禀气之始，就有了此惑，愈沦溺于物欲，愈隔断了与宇宙大生命的通贯。习气掩蔽了人性本具的光明宝藏。因此，欲保持"性智"，就不能不加强修养。

考"性修不二"之说，亦渊源于佛教。笔者前曾提到天台宗湛然的《十"不二"门》，其中"修性不二门"指出："性虽本尔，藉智起修，由修照性，由性发修。存性则全修成性，起修则全性成修，性无所移，修常宛尔。修又二种：顺修、逆修……"②熊十力《新唯识论》以儒家"继善成性"说融合改造之，指出："天人合德，性修不二故，学之所以成也。《易》曰：'继之者善，成之者性。'全性起修名继，全修在性名成。本来性净为天，后起净习为人。故曰：'人不天不因，天不人不成。'故吾人必以精进力创起净习，以随顺乎固有之性，而引令显发。"③今按，据熊十力是书"绪言"，这一段文字乃采纳马浮先生的意思。

熊十力借佛学的"习气有净有染"之说，加以改造，指出人要发挥能动作用，必须不断地增养顺性之净习，克服违性之染习，使天赋的本性功能显发出来，达到与天地合德的本体境界。在这里，性修之统一，也即是本体与

---

① 熊十力：《新唯识论》文言文本，《熊十力全集》第二卷，第 81 页。
② 石峻等编：《中国佛教思想资料选编》第二卷第一册，北京：中华书局 1983 年版，第264 页。
③ 熊十力：《新唯识论》文言文本，《熊十力全集》第二卷，第 144 页。

工夫之统一,天与人之统一。"继"、"成"的前提是人所禀赋的道德理性,"成"、"继"的工夫旨在促进这一圆满具足的道德理性显发、拓展。没有这样的工夫,不能"继善成性",不能"涵养性智",就不可能达到关于本体的认识。因此,能否"见体",与道德人格修养有密切的关系,认识—方法论与心性—修养论难分难解。

熊十力先生的心性论,我们将在下章详说。这里特别指出,他的特点是强调"创"、"动",反对"守"、"静"。他强调,如果不尽人力,不从事学习、修养,则固有的道德本性也不能充分显发扩展。他在《熊子真心书》、《尊闻录》、《新唯识论》文言本中,多处发挥王船山"命日受、性日生","性日生而日成"之说,并且批评包括王阳明在内的宋明儒"过恃天性","纯依天事立言",忽视"人能"对于"天性"的创造,忽视"成能"与"成性"的关联。"吾之为学也,主创而已"①,然宋明理学家"多半过恃天性,所以他底方法只是减,……他们以为只把后天底染污减尽,天性自然显现,这天性不是由人创出来。若如我说,成能才是成性,这成的意义就是创。而所谓天性者,恰是人创出来。"②"吾言明智与阳明良知说有不同者,彼以良知为固有具足,纯依天事立言,而明智则亦赖人之自创,特就人能言也。"③"良知一词,似偏重天事,明智则特显人能。"④也就是说,熊十力主张积极地利用诸如"良知"之类的萌蘖去努力创生,而不是以"良知"为固有具足,消极保守之,被动地减去染污之足为害者。他一度主张用"明智"这个词取代"良知",意即"明智"是赖人自创的,而所谓人的"天性"亦无不是人创的。

这是对王阳明"即工夫即本体"理论的改造和发展,在方法学上具有很大的意义。与熊十力健动、生生不已的宇宙本体论和积极入世的人生论相配合,他的认识方法论基于这种创造型的心性论、修养论或工夫论,提出了在后天积极培养"明智"的致思趋向。这就把关于"本体"的认识,从与生俱来、天赋人受、圆满自足的良知本性中略有疏离或松动。或者说,达到关于本体的曲径通幽之道是发挥"人能","创起净习","不容一息休歇而无创,

① 熊十力:《十力语要》,《熊十力全集》第四卷,第494页。
② 熊十力:《十力语要》,《熊十力全集》第四卷,第492页。
③ 熊十力:《十力语要》,《熊十力全集》第四卷,第494页。
④ 熊十力:《十力语要》,《熊十力全集》第四卷,第491页。

守故而无新",拓扩固有的道德本性,"成能以成性"。于是,"性智"境界并不是普通的人无法企及的。①

他提出了"由用知体"、"转识成智"的方法:"玄学之所致力者,不仅在理智思辨方面,而于人生日用践履之中涵养工夫,尤为重要,前言哲学为思修交尽之学,其义与此相关。"②"哲学方法,则思辨与体认须并重,余欲为《量论》一书明此义,兹不及详。体认非修养不能臻,故余常以哲学为思修交尽之学。"③"玄学亦名哲学,是固始于思,极于证或觉,证而仍不废思。亦可说:资于理智思辨,而必本之修养以达于智体呈露,即超过理智思辨境界,而终不遗理智思辨。亦可云此学为思辨与修养交尽之学。"④这就是"思修交尽"的门径。中国特殊的认识—方法论,不单独提知性、理性,把理性思维的培养与道德修养的工夫的交互作用,作为达到或透识宇宙人生的根源、本质、本体境界的"桥"或"船"。因此,在熊十力"量论"提纲中,要特别揭示这个问题,而且强调"修养所以立本";"思而无修,只是虚见,修而无思,终无真解"。

儒家哲学的"量论",在一定意义上是它的工夫论。在这一方面,唐君毅在《中国哲学原论》中有相当成功的发展。熊十力先生在给唐君毅的一封信中指出:"主宰是无为,有为者人功也……良知主宰是要致。致者,推扩之谓,推扩工夫即顺良知主宰而着人力,人能弘道以此也。顺主宰而推扩去,才无自欺,故曰欲诚意者先致其知也;不能顺良知主宰而努力推扩,鲜不陷于自欺者。《新论·明心章》,特提揭即工夫即本体,此予苦心处。……吾《新论》归重人能,特提即工夫即本体,此是从血汗中得来。"⑤

工夫所致,金石为开。我们可以把"思修交尽"作为"用"与"体"、"量智"与"性智"、"生灭"与"真如"相贯通的不二法门。

---

① 参见冯契:《〈新唯识论〉的"翕辟成变"义与"性修不二"说》,载《玄圃论学集》,北京:三联书店 1990 年版。

② 熊十力:《十力语要初续》,《熊十力全集》第五卷,第 13 页。

③ 熊十力:《十力语要初续》,《熊十力全集》第五卷,第 212 页。

④ 熊十力:《新唯识论》语体文本,《熊十力全集》第三卷,第 548 页;又见《十力语要初续》,《熊十力全集》第五卷,第 12 页。

⑤ 熊十力:《十力语要初续》,《熊十力全集》第五卷,第 216—217 页。

三、传统"认识—方法论"的
现代意义与现代转型

熊十力的"量论"在主要方面反映了传统哲学的本体方法学的特点。我们在这里予以评价和批导。

1. "本体理性"、"智的直觉"与"澄明之境"

熊十力本体方法学的意义何在呢？前面我们反复说过，"现代病"即权力、金钱的争夺，科技理性的过分膨胀，道德价值的失落，人与天、地、人、我的疏离，如此等等，正是熊氏哲学所要救治的。从认识论和方法学上说，人的安身立命之道，人的终极关怀发生了问题，不是因为他没有科学知识、专业技术，而是因为他失去了悟性正智的作用，掩蔽了人的真性，"性智"不能显发，生命和世界的真相无法洞悟、契合。是什么使得天人脱节、人类沉沦呢？从方法学上看，熊十力认为，必须修正西方学者那种分析型的、支离琐碎的思想方式。本体与现象的二分，上界与下界的悬隔，边见的执著，知解的纷扰，反而妨碍了我们从总体上把握宇宙人生的全体意义、全体价值和全体真相。

释道庄禅，智的直觉，超概念思辨的体认，在现代心理学和现代科学上有了一定的地位，然而这并不是文化保守主义者的希望之光。他们关切的仍然是一个问题，即从总体上透视宇宙人生的意义和价值。儒释道共通的、最高的智慧，乃在于彻悟人的本性与创造性的大自然体合无违。所谓"见体"，即彻见真实的存在，最高的存在。它不是彼岸的上帝和不可知的"物自体"，它是生生不息、范围天地的无穷的创生力，宇宙的生命。"这种创生的力量，自其崇高辉煌方面来看是天，自其生养万物、为人所禀来看是道，自其充满了生命、赋予万物以精神来看是性，性即自然。天是具有无穷的生力，道就是发挥神秘生力的最完美的途径，性是具有无限的潜能，从各种不同的事物上创造价值。由于人参赞天地之化育，所以他能够体验天和道是流行于万物所共禀的性份中。由中国哲学家看来，人常在创造的过程中，随着宇宙创造的生力浑浩流转而证验其程度，他一方面是创造者，一方面又是旁观者。惟其如此,人的生命时时渗透于宇宙的秘奥中而显露它神奇的力量。他认清自己受禀于天道。他的自性中含有神性。他更了解没有任何东西能遮盖由天道所生的神秘的创造力。这种创造力是自生的,也没有任何力量能阻碍它的发展。不仅人是它所创的,人的理性和神性也是它所生的。由于人同具理性和神性,所以他对神和人性的了解是直接的,而非推论的;最亲切的,而非隔膜的;是直觉的,而非分析的。由于直观的体验,中国的哲学家能确知人性的至善是源于神性的。人也许会失落,但并非偶然的,而是由于他违离了天道。"①方东美的这段话,精彩地道出了中国传统本体方法学的思考模式。

人与禽兽的区别非常的微小,人性要不异化为兽性,要突破自然性,必须归于天赋的道德理性或本体理性,并且加以创造和扩拓。这是人之所以为人之道。"天道性命贯通","上下与天地同流"的思考模式或存在模式,决定了人必须发展自己的本体理性或生命理性。

生命理性或本体理性以达到宇宙生命与个体生命的统合为目的。在中国哲学家看来,天体、道体与心体、性体,客体与主体,有着内在的、辩证的联系,失落了这种辩证的联结,就是失落了宇宙与人生的根据。孔子所谓"知天命",孟子所谓"尽心—知性—知天"、"存心—养性—事天"、"修身—立命",正是从终极的意义上,把握世界的本质。这就是儒家哲学的本体论,同时又是它的方法论。

熊十力孜孜以求的,正是恢复儒家(其实也部分地包含了道家、释家)对人本身存在于其中的世界的整体的、终极的看法,即本体论的看法。在我国古代大多数哲学家看来,本体论绝不是与人毫无联系的所谓"纯粹自然客体"或与人的活动脱节的"纯粹精神客体"的描述。道德问题,或至善问题,是人生的终极关切的问题。在中国,又特别是天人契合、天道性命贯通的关键。在西方,道德问题总是和宗教结合在一起。在中国,没有西方式的宗教,而只有准宗教式的儒教与道教。如果我们暂时地对释道存而不论,我们看原始儒家的本体论与方法论,正是把握了天人贯通的关节点,以一种巨大的精神力量,成为中国人根本的精神寄托和向善的内在动力。没有上帝,却是人们安身立命的根据,或作为终极存在物的本体的支撑。这种与宇宙

---

① 方东美:《生生之德》,台北:黎明文化事业公司 1987 年 7 月第四版,第 271 页。

生命道通为一的道德理性、本心良知的发用流行、慎独的自律伦理、道德自觉与实践,由于缺乏他律的架构,在"道统"、"学统"、"政统"、"治统"之间的张力瓦解之后,发生了异化,变成了传统专制统治者利用的工具绳索和陈腐的形式的道德教条。那是另一个问题。

熊十力以全力抨击了伦理异化①,并试图把原始儒学的本体论和方法论拯救出来,正因为生生不息的宇宙赋予人以生命理性,而与宇宙生命贯通的不可能是自然人而必须是有道德的人。因此,天道性命贯通的形上学,在一定意义上是一种道德的形上学。正是在道德实践中,才能体证或契悟天道,在本心性体的具体呈现中把握、契合天道。在这里,天道既超越又内在,既普遍又具体,既是客体又是主体。

对于这种天道的认识,当然不能靠支离破碎的、条分缕析的科学理性,或所谓"量智",而只能靠体证形而上的"性智"。这种"性智"或本体理性,要求理论理性与实践理性的统一,也就是思修交尽、性修不二,本体与工夫的圆成,内圣与外王的一致。于此,才能达到生命的最高境界。说到底,熊十力正是在终极意义上复兴原始儒家关于宇宙人生的根本看法,并且充满理想主义地试图以此作为现代人安身立命的根据。他的"认识—方法论"正是从属于他的"本体—宇宙论",从属于他的道德的理想主义的。从一定意义上说,他的"境论"的模型,也就是他的"量论"的模型。真所谓境论与量论的不二。

熊十力高扬了儒家实践形上学的方法论,又会通释道超越形上学的方法论,凸显了东方哲学关于宇宙人生的最高的智慧,那就是体证"本体界"或"物自身"的"性智",也就是本体理性、生命理性、道德直觉。用康德的讲法,叫"智的直觉"。康德认为,人是决定的有限的存在,人只能在时空形式与知性范畴的整理下,认识感性与知性所及的"现象",而不能认识"自在之物"。"自在之物"可以成为"智的直觉"的对象,然而"智的直觉"非人所能有,只属于上帝。

牟宗三在《智的直觉与中国哲学》、《现象与物自身》中指出,"智的直觉"不仅在理论上必须肯定,而且是实践上必然呈现的。在东方哲学中,儒

---

① "伦理异化"是萧萐父先生的提法,参加萧萐父:《传统·儒家·伦理异化》,载《吹沙集》,成都:巴蜀书社,1991年,第129—142页。

家的逆觉、静观,道家的玄智,佛家的般若智,不依时空与范畴,当下证会对象的本性,体证物之在其自身。儒、释、道的认识方法论,就是要证成这种体认本体的能力,并在实践中培养这种能力。道德本心的明觉发用,就是智的直觉。就道德主体的绝对普遍性说,道德本心,不但是开道德界的道德实体,同时还是开存在界的形而上的实体。因为本心仁体的明觉发用,其自由自律不容自己,就证明了它本身是"自由无限心",有其绝对普遍性。它既创发了道德行为,就在纯亦不已的道德实践中,遍体万物而不遗,引发"於穆不已"的宇宙秩序。"一心开二门",由"自由无限心"(道德本心)开存在界,成立一个"本体界的存有论"(无执的存有论);由"自由无限心"的自我否定,自我坎陷而开出"知性",由"识心之执"执成现象,而成立"现象界的存有论"(执的存有论)。由这两层存有论,通而为一,形成一个系统。牟宗三通过智的直觉的证成,确立东方哲学的实践价值。

在本体界的存有论中,仁心与万物浑然一体。万物在感性、知性的认识活动中,都是有形相的有限存在,而在仁心的明觉感通中,即在"智的直觉"中,却是"物自身",即"物之在其自己",无时空性,无流变相。这个存在界的"存在",是"物自身"之存在,是物之本来面目,物之实相、真相、自体……。因此,"物自身"(物之在其自己),不是事实概念,而是价值概念。

在"现象界的存有论"中,道德主体自觉地自我否定,成为知性主体,与物为对,使物成为对象。由物的种种样态、实理,形成科学的知识系统。道德主体正是在这否定、坎陷中,实现了自己。由道德自我转成认知主体是一辩证的过程。

我们这里不讨论牟宗三的"本体—现象论"的哲学体系,即他的道德的形上学系统。牟氏的这一套思想,是熊十力先生的本体论和方法论的进一步发展。尤其是从熊氏"性智"与"量智"到牟氏"智的直觉"与"良知坎陷",有着内在的关联。熊氏强调的是"性智"与"量智"的区别以抬高"性智",牟氏则把它们定位于两层存有论中,肯定这两种思维方式所具有的不同功用,最后圆成一更大的系统。

熊十力境论与量论所追求的本体境界,也就是海德格尔的"澄明"之境。海德格尔对道家及整个东方文化的理解当然不如熊氏深刻。不过,海氏的、包括启发了海德格尔的荷尔德林的"存在之思"或"诗的沉思",与本章首节评介的熊十力的本体方法学确实是殊途同归。海德格尔扬弃建筑在思维与存在、主体与客体二分模式基础上的西方传统形上学,创设"基础存在论",将"存在"由抽象、僵化的逻辑理念还原为、理解为出现着、生成着、显露着的活生生的过程;熊十力亦同样针对西方二分模式,力图复兴"人与天地万物浑然同体"的东方传统形上学,强调了存在的创生流衍、刚健能动的特质,活化了先儒有关天人之际、性命之原的终极存在的思考。海德格尔否定超感性的抽象的本质世界或理念世界,重新正视存在着的世界,肯定世界以"此在"(人)为展开自己的场所,世界通过具体的感性的人的活动而获得意义,因而由把握人的生存开始,体证科学理性无法直观的形上学、本体论;熊十力同样高扬传统的、感性的、生生变易的人本主义哲学,同样分疏科学的关怀与形上的关怀,以确立人的本体地位。海德格尔与熊十力的共识是:科学的关怀是"有"(用),是"现实存在物",而形上学的关怀是"无"(体),是"超出现实存在物";然而玄学或形上学并不脱离、摒弃、消解现实存在。"体"("无")包含着、超克着"用"("有")之整体。玄学主张动态、当下、整体地把握"有"。"无"之发现,端赖"此在"即人,因为只有人才能动态、整体地把握现实存在,超越整体达到"无"(体)的境界,即佛、道的境界。熊十力以部分儒者之"尊生"、"明有"、"主动"、"率性"来弥补释道和宋明儒学之"空"、"寂"、"无"、"静",然在本体的追求上亦并不否定反而更加追求"空"、"寂"、"无"、"静"。他只是在赶超西方的思想驱动下,主张"用"、"有"与"量智",抨击传统而容纳近代西学的价值;然而在根本上,却仍以"体"、"无"与"性智",提扬东方形上学而批评西学、批评现代。

这样,在有关本体的玄思上,熊十力与海德格尔又不谋而合了。海德格尔认为,诗意的生存是人本己的生存方式,"诗意地栖居在大地上"的人就是一首"存在之诗"。因此,对本真生存的深入沉思就有了直接可见的经验事实,那就是"诗化活动"。于是,对本体的思考,由"思"转向了"诗"。"科学算计之思"是形上学之思的典型形式,它仅仅思考"存在者"(有);只有作为回忆之思的"诗意之画"才是存在之思的典型形式,它沉思的是"存在"(无、神性)本身。由前者返回后者乃是一种"语言的还原",即让存在言说。那么,这种言说不能使用逻辑理性语言,而需返回诗性语言。对真与存在之关联中人的生命之领悟愈是深入,愈脱离抽象理论分析;愈思入存在,也就愈临近诗;思与语言愈诗化也就愈临近存在。人们总是要言说不可言说者,思议不可思议者。然而只有"诗之思"才能走到近处,窥探在澄明的状态中保持自身神秘的"存在"。这就与熊十力先生的"性智"十分相似。有意思的是,熊先生一生十分喜爱陶渊明的诗,而今天论及海德格尔者,亦无不引述陶诗。这恐怕不是偶然的巧合。因为诗比哲学更能表达"存在"的真意。①

　　启迪人们从"用"与"有"的现实存在物中超越出来,体悟"体"与"无",是海德格尔与熊十力之共同点。(当然,熊之"体"包涵"有"与"无"。)但如何超越呢?海德格尔、熊十力的主张则大相径庭。海德格尔、萨特以为,只有在"烦恼"、"畏惧"等消极情绪、情感的场合,或者面临死亡,才能超越俗世生活的执著、牵绕、羁绊,回复到人的"本真状态",达至"无"之澄明之境。然而熊十力则本着儒家的立场,不仅不需要消极的情绪,情感,相反批判了"无明"、"惑"、"烦"、"畏",以一种积极乐观的心态,化解、消除、超克俗世的迷执、沾滞,肯定并提扬人性的正面价值,复返回归于"良知"、"性善"的人的"本真状态"。工夫在克去己私,断除惑染,使本体得以发现。本体呈露时的自明自了,即是证量或体认。熊十力"量论"在本体层面上的现代意义仍然值得发掘,起码不亚于海德格尔。

2. 传统"量论"的弊病与转型

　　熊十力先生并不是不知道传统"认识—方法论"的缺陷与不足。他说:"吾国学术,夙尚体认而轻辩智,其所长在是,而短亦伏焉。诸生处今之世,为学务求慎思明辨,毋愧宏通。其于逻辑,宜备根基,不可忽而不究也。"(但他马上注了一笔:"然学问之极诣,毕竟超越寻思,归诸体认,则又不可不知。")②可见熊十力对传统"量论"的弊病及其对我国社会生活的各方面带来的负面影响并非没有检讨。

　　熊十力先生对此提出的修正方案,是"德理双持"、"仁智交修"。他指出:"夫格物之学,其观点在万殊,所谓物界。阳明学派反对程、朱《大学·

---

① 参见海德格尔:《诗·语言·思》,北京:文化艺术出版社 1990 年版;余虹:《思与诗的对话》,北京:中国社会科学出版社 1991 年版;张世英:《海德格尔的形而上学》,《文史哲》1991 年第 2 期。

② 熊十力:《十力语要》,《熊十力全集》第四卷,第 258 页。

格物补传》而讥其向外求理,实则就格物学而言,非向外求理固不可。陆、王后学误陷于反知与遗物之迷途,而不自悟其失也。然复须知,圣学本不反知,却须上达于证解之境;本不遗物,却须由万殊以会入一本。"①这是说,在现象学层面上坚持不反知、不遗物;在本体学层面上必须会悟一本之境界。此一本之"乾元性海"统含万德万理。"惟人也,能即物以穷理,(理虽散著乎庶物,而会通与主领之者,则心也。)反己以据德,(蓄德在反己,而施之于物,则须格物。)而总持之,(德、理双持,缺一即亏其本。)以实现天道于己身,而成人道,立人极。"②理在这里是指物则、自然规律。人道范围天地,曲成万物,皆循理而行,据德可久。在《读经示要》卷一中,熊十力详细分析了朱王异同,肯定朱子重视知识,力矫传统反知之弊,下启近世科学知识之风,肯定向外寻理有产生科学方法之可能;批评阳明学不承认有物,即不为科学留地位,偏于道德实践而过于忽视知识。但总体上则认为"识得良知本体,而有致之之功,则头脑已得,于是而依本体之明,去量度事物,悉得其理。则一切知识,即是良知之发用,何至有支离之患哉?"③虽然肯定了外在事物的独立研究,肯定了科学、知识的独立地位,把这种活动从道德实践下分化出来;然而,对《大学》的阐释和朱王之比较,最终还是认为"一切知识,要依良知得起。若无良知本体,即无明辨作用,如何得有对于事物之经验而成其知识乎? 故良知是一切知识之源……"④因此,在总体上他还是主张价值指导知识,价值统率知识。

　　熊十力明确提出"仁智交修"论,作为"内圣学"的纲要。"仁智交修,谓之内圣学。若采用今世通行之名,亦不妨称哲学。西洋哲学本别是一套,然哲学要当向仁智之途趣进。庄生斥惠子逐物之学弱于德,惠子当能采纳。而近代学人,无论其为科学、为哲学,设有以庄生语告之,则鲜有不大笑之者。世有超然上达之才,虚怀一究圣人之学,当知仁智境界,不是偏于向外逐物者所可悟到也。于仁智无真切体会,终难与语道德之原。古圣姑勿论。晚明王、顾、颜三君子之书,吾少时读之,感觉其字字从真怀本愿流出。三君

---

①　熊十力:《原儒》,《熊十力全集》第六卷,第 343 页。
②　熊十力:《原儒》,《熊十力全集》第六卷,第 568 页。
③　熊十力:《读经示要》,《熊十力全集》第三卷,第 666—669 页。在《原儒》、《明心篇》中也有类似说法。
④　熊十力:《读经示要》,《熊十力全集》第三卷,第 669 页。

子并尚博物,而能念念不忘返己自治之功,敦仁、发智,卓然匡宋明、超汉唐,虽承汉以来二千余年思想界锢闭之患,成就犹未如其所志,而其德量识量已远大矣。"①

熊十力"仁智交修"、"德理双持"、"知识乃良知之发用"诸论当然有一定意义,毕竟把格物学、把对外在自然的研究、把知识论、把科学理论方法等等作为内圣学的重要内容加以确认。这对现代社会中玄学与科学、道德与知识之关系虽不失为一合理调节模式,但对一贯轻视科学知识系统及知识分子之独立地位的传统中国来说,此论似乎尚不关痛痒。关于一切知识乃"良知"之发用、展开之论,笔者不作过高评价。

熊十力先生知识论的总的倾向是肯定比量(理知思辨),但更加重视现量(证会本体)。"知识论,吾国人只知诵法西洋,其实西洋哲学家只盘旋知识窠臼中,终无出路。中国及印度哲学,皆于知识论上有博大高深之造诣,惜乎今人莫知求也!余以为哲学不当反知而当有超知之诣。(哲学家有主张反理智与知识者,此固未妥。然孔门所谓默识、后儒所云体认与佛氏所云证量,此皆超知境界,乃哲学上极诣,学者未可忽而不求。)虽上几乎虑亡诠丧之域终不废思辨,庶乎见独而不流于蹈空,(见独,借用庄子语,谓证会本体也。独谓本体。务默识者或反知,则不察于事物而有蹈空之患。)通感而不陷于支离。(不废思辨,故可通感。默识本原以立本,故不支离。本原亦谓本体。)"②熊先生这里关于本体理性的超知境界和理智思辨的知识层面都涉及到了,论断是全面的。但我仍要对广大中庸面的思维方式的转型问题,对熊先生提出若干批评。

我国曾经有过形式逻辑的传统,但先秦名学很快中绝了,近代以来虽略有复兴,但是直至今日,以情绪代替逻辑,以臆测视为结论,把主观估计的或然的东西当做客观实在的必然的判断,不是仍然屡见不鲜么?所谓"左"的教条主义,在思想方式上不就是反逻辑、反理性、反分析的么?不就是搞貌似辩证法的一套主观主义的东西么?

我国曾经有过注重实验方法的传统,《墨经》、《考工记》中记之甚详,但

---

① 熊十力:《明心篇》,《熊十力全集》第七卷,第271—272页。

② 熊十力:《为诸生授〈新唯识论〉开讲词》,见《摧惑显宗记》(附录二则),《熊十力全集》第五卷,第545页。

这一传统很快被人们忽视和淡忘,直到今天,培养实验科学的精神仍成为现代化工程的一项重要的任务。著名物理学家丁肇中教授颇有感慨地说:"中国人很聪明,这一点任何人都不怀疑。遗憾的是传统不太注重实验科学,这是很可惜的。自然科学是个实验科学,任何理论都离不开实验。这个世纪,科学上有发明创造的多是西方人,中国人的贡献不太多。中国人口占世界人口的四分之一,贡献应该大,贡献不多的原因是一向不太注重实验。我的看法并不是因为穷、仪器不好,最重要的是基本观念问题。这个问题,我不知道和我的那位老乡孔子有没有关系。"①这位自然科学家的话显然是极不全面的,当然仍对我们有所启发。

熊十力先生强调的是,"性智"的隐而不彰,对于国民失去了精神寄托、终极信念,如何的可惜,这关切到人之所以为人,中国人的"中国性"的问题。我们姑且认同熊先生的忧思,理解他的苦心。但是,我们反问熊先生,"量智"被"性智"所掩蔽、取代,难道不也关系到人之所以为人,中国人的"中国性"的问题吗?

一百多年来的思想史有一个很奇怪的现象,大多数有活力的思想家,仍然陷于内圣强、外王弱,重"性智"、轻"量智"的格局。例如像谭嗣同、章太炎、熊十力一类有思想脉络可寻的近代哲人,他们的论著闪烁着耀眼的火花,散发着勃勃的生息。他们以一种不绝如缕的愿力,相继锻造了具有能动特性的、夸张主观战斗精神的、发皇道德主体意识和人格精神的哲学。如果要细究,还可以从他们所凭借、采借的传统儒释道思想资源里,发现与此相关的问题。总之,革故鼎新的变局折射为不守故常的哲学,西方数百年的思想积累压缩,变形为不中不西的杂拌。他们难逃一个致命的困局——中国走向现代所真正需要的工具,特别是科学的精神、理性的批判、分析的方法、逻辑的架构,一次又一次地被本土固有的有机的整体观、圆融的辩证法、特殊的人生智慧、生命哲学及其在俗文化中的形形色色的变种所吞没、所遮蔽。而得到的报复却是,辩证法导致了诡辩论和相对主义,即俗称的变戏法;民族的素质、民族的精神并未在"变道德为宗教"或"道德理想主义"的呼唤中提高和挺立。这也许是谭嗣同、章太炎加上蔡元培、熊十力们所始料不及的。

---

① 《科技日报》1990年4月27日。

熊十力先生所推崇的、所创发的传统哲学,的确是一种很高的哲学、很高的智慧! 包括他自己的哲学,如果从纯粹的文化哲学、生命哲学上来讲,的确很有价值和意义。

但是,现时代的人所需要的是多层面的文化建构。从广大中庸面来说,这个社会的进步,更需要文化人、思想家做这样一些工作,即把我们的传统的朴素辩证法、圆融不二的辩证逻辑,通过近代理性主义文化的洗礼和批判,转化为现代文化的有益的成素。缺乏理性精神的支撑,我们民族的健康的主体意识,并不能成功地建设起来。这是 150 年思想史给我们昭示的最主要的教训。鸦片战争以降,特殊的历史文化氛围,大大强化了我们民族在主体对客体的意识活动中"以价值判断统摄事实判断"、"以道德主体掩蔽知识主体"的特殊的思维方式,致使其作为民族文化心理结构中的重要因素,深深地影响着我们民族近代的思维性格,有意无意地根据自己的"需要"来决定"事实",而缺乏冷静、客观的科学态度和严谨、密致的分析方法。例如,不讲形式逻辑、实证精神、科学分析方法,夸大朴素辩证法的主观随意性,给我们造成了许多灾难性的后果。说到底就是差了那么一环,缺乏理性的中间架构。再说到底,这不仅仅是"思维方式"的问题,而且也是生产方式、领导体制、行为方式的问题。这个问题不解决,那种凡事"体悟"、"体会"的思维方式就会永远存在下去。

朴素形态的辩证法与科学形态的辩证法之间,横亘着理性思维的阶段。我们应当在传统文化转换的工作中作出更大的贡献。与现代新儒家熊十力先生相反,我们认为,在现代文化建设中,我们尚不存在"滥用理性"的问题,而是"理性精神不足"的问题。中国传统的圆熟至极的朴素辩证思维,需要经过理性的洗汰,需要从概念的精确性、逻辑的严密性讲起。这对于国民性的改造和民族精神的建设,乃至民主法制建设,都有重要意义。太多的隐喻性、多义性、相对性、圆融性、不确定性,会使我们永远无法超越传统思维方式。

熊十力先生的认识—方法论思想,没有充分重视科学对于形上学、"量智"对于"性智"的作用。实际上,他也承认,即使是对于"本体"的认识,也需要运用实证科学的工具,进行理性的求证,当然更要靠体验、顿悟。至若对于社会生活诸层面的需要来说,宜当并举道德理性(性智)和科学理性(量智),这两者是相互补充、相互促进而不是互相排斥的,甚至后者更为重要。

有趣的是,熊十力先生高扬不落言诠、自明自了的形上体验,然而他却是以语言和逻辑思辨来说明这一体验的。熊先生并不是不要分析方法,只是唯恐分析方法肢解了道德理性。熊先生"量论"的缺失是没有正视传统认识论、方法学的主要毛病,尤其是传统思维方式对现代化的障碍。

传统"量论"的转型与再生之道何在呢?

从思想史的角度来看,我们民族的思维方式在150年来,的确发生了一些变化,特别是通过"五四"的洗礼,怀疑批判、探讨争鸣、科学理性、求实务实、开拓进取、公平竞争的精神,有了长足的进步,但是,距离现代化的要求还十分遥远。逻辑理性思维的训练、科学实证精神的培育、严谨的分析方法的掌握,将笼统、直观、模糊、浑沌的朴素辩证法上升到科学理性分析为基础的辩证法,是传统认识—方法论改造转型的十分重要的步骤,需要好几代知识分子下苦功夫,并做切实的工作,以优化我们民族的文化心理结构。

我们在同情地理解熊先生"量论"思想时,亦提出了如上批评,认为不仅仅是道德实践,而且是一切社会实践,首先是物质生活实践,都是"量智"与"性智"互济和贯通的环节。我们这些批评,当然是就整个社会庸众层面上的认识—方法论来说的,至若玄学之思和本体洞悉,中国哲学,包括熊十力哲学的高明深邃,我们的肯定和欣赏,已如前说,不再赘述。

第 四 章

熊十力的佛学思想
——"儒佛心性论"辨析

熊十力先生的《新唯识论》出,颇遭佛教界的訾议、责难。平心而论,许多学者(不仅仅限于佛学界)对熊先生佛学的批评是正确的,尤其是涉及许多知识性的、细节方面的问题,更是如此。但熊十力不是一位纯粹的学者,而是一位哲学思想家。我在旧作《熊十力及其哲学》(1985)中就曾指出,批评佛学并不是他的目的,他是借助于批评法相学去批评乃至回应西方哲学,借助于批评佛学阐发自己的思想体系。从解释学的观点看,熊先生对佛学的重新诠解、阐释,即便有一些牵强、误会、歪曲、呵毁,亦属思想史上的正常现象。六经注我,随机创发,于此正可以窥见他的佛学思想。或许有某些佛学专家,造诣甚深,学术研究水平很高,然不一定有独到的佛学思想。本章拟从新旧唯识学的区别入手,围绕儒佛心性论之异同,论述熊十力佛学思想的一个侧面。

一、新旧唯识学之区别

我国近代佛学的复兴,从现象上看,乃杨文会(仁山)旅英结识日本僧人南条文雄,继通过南条返输中土失传的古德著述二百八十余种,将《大藏经》未曾收录、宋明理学家未曾读过的这些著述择要刊行,并通过金陵刻经处、祇洹精舍、佛学研究会,培育了大量人才,影响了晚清新学。杨文会门下,欧阳渐(竟无)、释太虚等,均为佼佼者。杨文会同时开启了近代佛学的多重闸门,不唯振兴了唯识,亦倡导了华严、净土。他本人对《大乘起信论》、《玄文本论》独有会心,并提倡佛学各宗和内外诸学的调和、融会。"唯居士(按指杨仁山)之规模弘广,故门下多材,谭嗣同善华严,桂伯华善密宗,黎端甫善三论,而唯识法相之学有章太炎、孙少侯、梅撷芸(光羲)、李证刚、蒯若木、欧阳渐等,亦云夥矣。"①夏曾佑、张尔田等亦为杨氏门人。以杨文会为中心,出现了"居士佛学"的独特文化现象,震荡了近世学术、思想界。梁启超说:"晚清所谓新学家者,殆无一不与佛学有关系,而凡有真信仰者率皈依文会。"②

　　近代佛学的复兴,从实质上看,乃是适应近代变革、应运而生的思想运动,满足了我国思想界的双重需要:第一是社会政治变革的需要。康有为、梁启超、谭嗣同、章太炎,无不借助佛学张大主体,鼓吹自强,推进平等自由,主张不守故常,激励勇猛无畏的主观战斗精神,净化革命者的道德。第二是理论思维转型的需要。儒、道、禅的认识—方法论,不足以回应西学,而能够与缜密的逻辑分析、科技理性相抗衡、融会的,在思维方法上与中国走向近代相协调的,正是古已有之却失传甚久的因明学与唯识学的思想资源。因此,近世佛学的复兴,特别是唯识学的复兴,是对西方冲击的回应,走出中世纪的需要,与荀、墨、名学的复兴,中西印思想的融会,相辅相成,相济相生。

　　杨文会辛亥年辞世,欧阳竟无继其未竟之业,校刻经书,弘扬佛法,尤于瑜伽学系一本十支学说,极深研几。玄奘以降,没有第二个人像欧阳那样,完整准确地论述从印度至中土法相唯识学的统系,"使慈宗正义,日丽中天"③,并以"弥勒学"的立场,打破了自唐以来视唯识、法相为一宗的见解,将其判为二宗。章太炎许其"独步千祀"④。在欧阳主持的金陵刻经处研究部、支那内学院,先后从学者有邱晞明、吕澂、黄忏华、梁启超、梁漱溟、陈铭枢、王恩洋、聂耦庚、熊十力、汤用彤、缪凤林、景昌极、释巨赞、蒙文通、刘定权、虞愚、朱谦之、唐迪风与君毅父子、田光烈等。

　　据前引吕澂《亲教师欧阳先生事略》,欧阳经历了由汉学而陆王而《起信》、《楞严》而法相唯识的学术历程。南京内学院,遂成为法相唯识重镇。内院师弟,被人称为"南欧派"。尊崇唯识学的,还有北京"三时学会"的韩

　　①　欧阳渐:《竟无内外学·内学杂著》,自印本。
　　②　梁启超:《梁启超论清学史二种》,上海:复旦大学出版社1985年版,第81页。
　　③　吕澂:《亲教师欧阳先生事略》,载《欧阳竟无大师纪念刊》,自印本。
　　④　章太炎:《支那内学院缘起》,《中国哲学》1981年第6辑。

清净、周叔迦师弟等,被人称为"北韩派"。

与"南欧派"相关的有两桩公案,在现代佛学史上具有一定影响。我个人认为,这两桩公案有着内在的逻辑的与历史的联系。第一桩公案是围绕着《大乘起信论》的论战。1922年夏,梁任公、殷太如、蒋竹庄等聚于南京,邱晞明、吕澂、熊十力、陈铭枢等俱在内院,请欧阳先生作《唯识抉择论》,对《大乘起信论》真如无明互相重生等义多所驳斥。是年,太虚法师创办武昌佛学院,次年作《佛法总抉择谈》,反驳欧阳之说,以救《大乘起信论》义。欧阳见之,嘱弟子王恩洋作答。时梁任公适作《大乘起信论考证》,根据日本佛学界之主张而引申之,断此为唐人著作,西土无此书也,但对《大乘起信论》之学理则推崇备至,谓为最进步之佛学,乃中国佛学青出于蓝之证。1923年春,王恩洋《大乘起信论料简》出,武昌佛学院乃出《大乘起信论》研究专书,多为反驳王氏《大乘起信论料简》。从一定意义上说,这场论争,是中土佛学与西土佛学之争,台、贤、禅与唯识学之争的继续。

第二桩公案是围绕着《新唯识论》的论战。1932年熊十力《新唯识论》文言本出版,遂展开了欧阳授意刘定权作《破新唯识论》与熊氏作《破〈破新唯识论〉》的论争。日后参与论争的不仅仅有"南欧派"的吕澂、王恩洋、陈铭枢等,还有其他学派的释太虚及其弟子释印顺,以及周叔迦、释巨赞、朱世龙等。

我们欲讨论熊十力的佛学思想,不能不作以上简略的回顾,以明争辩的缘起。现在我们要讨论的是,熊十力出入于佛学,特别是唯识学,所吸取所排拒的究竟是什么? 他从欧阳门下分化出来,独标《新唯识论》,其所创《新唯识论》与欧阳重振之"旧论"有什么联系与区别?

1. 熊十力对法相唯识学的吸取

尽管熊十力以批评法相唯识学著称,然而不可否认,法相唯识学是熊十力的主要思想渊源之一。法相唯识学以主张外境非有、内识非无,成立"唯识无境"的基本理论;把思想意识的转变即转依,看成是由迷而悟、由染而净的修习目的;用遍计所执性、依他起性和圆成实性之"三自性"说概括全部学说;反对流行于中土的"一切众生皆有佛性"、"一阐提亦可成佛"的观点。法相唯识宗派在中国佛教史上最忠实于印度大乘有宗的哲学体系。玄奘、窥基师弟都严守从印度搬回的经典教义。

　　熊十力对法相唯识学基本精神、基本理论、基本方法的汲取和改造是全面的。就"万有论"来说,心王与心所、色法与心法、能缘与所缘、无为法与有为法的宇宙构成论,不能不深刻地影响熊氏。就"缘起论"而言,尽管熊氏逐渐认同《大乘起信论》之"真如缘起论",但不可否认,"赖耶缘起论"的印痕仍是深刻的。以阿赖耶识作为宇宙的根源、万有的总体,森罗万象无不是阿赖耶识的变现,无疑是熊氏"心体"论的原型之一。"种子论"之种子生现行、种子与功能等体用、因果关系之"不一不异"论(体用、因果别论为不一,摄用归体,将因属果为不异);"三性三无性"之依他、圆成之论,诸法真实体性之常住不灭、真空妙有;"中道观"之破我法二执的非有非空说;"唯识观"的理性—事相、能所变现说;"五重唯识"的观法:遣虚存实之空有相对,舍滥留纯之心境相对,摄末归本之体用相对,隐劣显胜之王所相对,遣相证性之事理相对等等相性唯识之论。如此等等理论,无不是熊十力本体宇宙论的重要资粮。"修道论"之断障、转依、种习、净染诸论亦是熊十力心性说的诱发物。法相唯识学对熊十力的主要影响如:破除现实世界非真实存在论,肯定"真如"、"佛性"的唯一实在性;消解主客世界的对立,将客体世界看成是主体精神的变现;强调了别、认识的对象离不开认识主体的认识能动性,从根本上把自己与世界的关系转化为自己发现自己、自己认识自己的过程;性相、体用、心色、空有之辩证思考模型;严密的因明逻辑训练,建构哲学体系的缜密方法。

　　关于"唯识"的界说,窥基在《成唯识论述记》里指出:"唯谓简别,遮无外境;识谓能了,诠有内心。"这当然是否定外境,肯定内心的说法。熊十力批评这一界说把"外境"与"内心"对立起来。他强调"境识同体",并由此出发对"唯识"的"唯"字作了新的界定,确立"唯"是"殊特义",非"唯独义",意即"识"或"心"离不开境,但对于"境"有一种特殊的、能动的作用。他说:"唯识为言,但遮外境,不谓境无,以境与识同体不离,故言唯识。唯者殊特义,非唯独义。识能了境,力用殊特,说识名唯,义亦摄境。岂言唯识,便谓境无?"①

　　从这里我们就可以看出《新唯识论》与"旧论"的联系与区别。二者之同在于,都主张没有离识之境,都肯定识具有摄境的功能。事实上,唯识旧

---

　　①　熊十力:《新唯识论》文言文本,《熊十力全集》第二卷,第23页。

师并没有把识与境对立起来,就认识对象(境)与认识能力(识)的不离不即而言,二者也是一致的。当然,唯识学所说的"境不离识"之"境",不是意识之外的客观存在(外境),而是心中所分别的境,即"内境"。二者之异在于,《新唯识论》突出强调了二者的"同体",以及认识主体的能动功能。

冯友兰分析新旧唯识论的区别时指出,熊十力"认为'取境之识,亦是妄心',就是说,所谓识是个体的心,对于宇宙的心来说,这个识也是妄心,宇宙的心才是真心。这个论断就是《新唯识论》之所以为新的地方"。"主张个体的心的是主观唯心主义,主张宇宙的心的是客观唯心主义。"①冯友兰认为,二者的区别是主观唯心主义与客观唯心主义的区别,笔者不同意这一论断。因为熊十力并没有把"个体的心"与"宇宙的心"割剖成两片,个体的心、个体的生命与宇宙的心、宇宙的生命,天体、道体与心体、性体完全合一,在一定意义上也肯定了个体的心和个体的生命。

如前两章所述,熊十力的本体论是一种"心本论",主要是扬弃唯识学和陆王心学而形成的。他在为弟子讲解《成唯识论》时,归纳了四大要领:"一摄相归性,二摄境从心,三摄假随实,四性用别论。"②除第四点有异义外,前三点与他自己所说明的《新唯识论》的主旨——"摄用归体"、"遣相证性"在本质上并无二致。即是说,在遮遣法相而证会、透悟本心实体、空诸物相、摄相归体、以心御物、即物从心等等方面,二者具有一致性。③

熊十力对于唯识学吸取的更重要的方面是在方法学上。与熊氏一辈的学人,如胡适、冯友兰、金岳霖等,更早一辈如严复等,所受到的是近代西方经验论、逻辑学、新实在论、逻辑实证主义和科学理性的训练。熊十力没有这样的条件,他与他的思想前驱梁启超、谭嗣同、章太炎等一样,通过学佛,特别是唯识学的名相分析、逻辑运思来弥补和回应近代思维方式的训练和挑战。在中国思想史上,其不自觉的表现还可以上溯至明末王船山、方以智、傅山的注目佛学。王船山有《相宗络索》、《八识规矩颂》等,说明 17 世纪以来,伴随中西文化的交融,中国学人借助于佛教唯识学来改变自己的思维方式,尝试着走出中世纪。

---

① 冯友兰:《怀念熊十力先生》,《光明日报》1986 年 1 月 6 日。
② 熊十力:《十力语要初续》,《熊十力全集》第五卷,第 224 页。
③ 参见熊十力:《新唯识论》语体文本,《熊十力全集》第三卷,第 498—499 页。

熊十力先生的哲学形态是现代的,是理性主义的。他主要获益于在内学院欧阳门下所受到的训练。熊先生在《佛家名相通释·撰述大意》中指出:"今日治哲学者,于中国、印度、西洋三方面,必不可偏废,……佛家于内心之照察,与人生之体验,宇宙之解析,真理之证会(此云真理即谓实体),皆有其特殊独到处。即其注重逻辑之精神,于中土所偏,尤堪匡救。自大法东来,什、肇、奘、基,既尽吸收之能,华、台宗门皆成创造之业。(华严、天台、禅家,各立宗派,虽义本大乘,而实皆中土创造。)"①佛家"在认识论方面,则由解析而归趣证会。……尽有特别贡献,应当留心参学。今西洋哲学,理智与反理智二派互不相容,而佛学则可一炉而冶。"②

熊十力主张把缜密的分析方法与总体的把握、意境的领会统一起来,提出了"分析与综会,踏实与凌空"相结合的原则:"名相纷繁,必分析求之而不惮烦琐;又必于千条万绪中,综会而寻其统系,得其通理。然分析必由踏实,于烦琐名相,欲一一而析穷其差别义,则必将论主之经验与思路,在自家脑盖演过一番,始能一一得其实解,此谓踏实。若只随文生解,不曾切实理会其来历,是则浮泛不实,为学大忌。凌空者,掷下书,无佛学,无世间种种说,亦无己意可说,其唯于一切相都无取著,脱尔神解,机应自然,心无所得,而真理昭然现前。此种境地,吾无以名之,强曰凌空。"③

但熊十力反对辅陈名相,繁琐辨析。"吾尝以为治法相典籍,当理大端,捐其苛节(苛节者,谓悬空或琐碎之推析)。盖有宗末流往往辅陈名相,辨析繁琐,将令学者浮虚破碎,莫究其原。自非神勇睿智,阔斧大刀,纵横破阵,便当陷没,出拔无期。"④他认为,分析必须做到两条,一是据实分析,二是动态分析,否则,执著于静态,"分析愈密,愈乖化理"。

不管怎么说,熊十力《新唯识论》无论在内容上还是在方法上,都是获益于唯识学的。

2. 熊十力对法相唯识学的批评

综观熊十力所著各书,熊氏所不满意于唯识学者,约有如下数点:

---

① 熊十力:《佛家名相通释》,《熊十力全集》第二卷,第346—347页。
② 熊十力:《佛家名相通释》,《熊十力全集》第二卷,第350—351页。
③ 熊十力:《佛家名相通释》,《熊十力全集》第二卷,第349—350页。
④ 熊十力:《因明大疏删注》,《熊十力全集》第一卷,第276页。

第一,就本体——宇宙论言,认为唯识学将体用或性相割裂成二片。"有宗至《唯识》之论出,虽主即用显体,然其谈用,则八识种现,是谓能变,(现行八识,各各种子,皆为能变。现行八识各各自体分,亦皆为能变。)是谓生灭。其谈本体,即所谓真如,则是不变,是不生不灭,颇有体用截成二片之嫌。即其为说,似于变动与生灭的宇宙之背后,别有不变不动不生不灭的实法,叫做本体。"①又说唯识学"欲令众生于条然宛然诸法相而了悟其实性,即于一一法相不作一一法相想,而皆见为真理呈现、一极真如,是谓摄相归性。证及此者,超越情见,迷妄都捐,此唯识究竟宗趣也。但诸经论将法相说为生灭、法性说为不生不灭,由此将性相剖成二片,相上但说缘生,性上但说无为,竟无融会处。此当为出世思想之误。及《新唯识论》出,以体用不二立极,法圆义成,始无遗憾"。②

熊十力又批评唯识旧师犯有"二重本体"之过。他说,无著以下诸师,以种子为心物万象的根据、初因、本体,又沿袭空宗以来的真如观,承认绝对的、真实的、不动不变的真如是一切法的实体。"但他们既不说种子即是真如,又不说种子是真如的显现。那么,真如和种子,竟是各不相干的两片物事,还说个真如作甚? 而且他们虽以种子为心和物的因,但其因(种子)和果(心和物,对种子而名果),一为能生(种子是能生的),一为所生(心和物的现象,是种子之所生),也是划成隐显两界的。他们这种分析的方法,直是把日常生活里面,分割物质为段段片片的伎俩,应用到玄学的思索中来,结果成为戏论"。③

熊十力认为,世亲、护法将阿赖耶识说为神我,遂为其宇宙论上所建立之根本依。又说:"欧阳先生据唯识义,其真如纯是无为,其宇宙万象实皆生于赖耶识中一切种子。体用条然各别,而言即用显体,岂不异哉?"④熊氏《新唯识论》正是为了救此体用割裂、二重本体之失。按熊先生的理解,阿赖耶识其实只是一团习气,近似于不死的灵魂,与因果轮回的迷信思想有关。这样一个东西,怎么能作为宇宙的本源、人生的真谛、道德的根据呢?

---

① 熊十力:《十力语要》,《熊十力全集》第四卷,第79页。
② 熊十力:《十力语要初续》,《熊十力全集》第五卷,第224—225页。
③ 熊十力:《新唯识论》语体文本,《熊十力全集》第三卷,第82—83页。
④ 熊十力:《十力语要》,《熊十力全集》第四卷,第429页。

　　熊十力先生所谓唯识学犯有二重本体、体用割裂之过的批评不一定恰当，可以把这种批评看作是他对能动的、丰富的宇宙人生本体的颂扬。

　　第二，就认识—方法论言，熊十力虽身受因明、唯识学缜密的分析方法之赐，然批评其繁琐，认为这种方法是先用剖解术、破碎术将物的现象与心的现象一一拆散，然后又用拼合术将其拼合。熊氏认为，唯识的方法不是分析—综合法。如剥蕉叶，一片一片剥完，自无芭蕉可得。① 如此，则没有整全的宇宙与整全的人生。"阿赖耶识，以旧师立说体系言之，明是拆得零零碎碎，又再拼合，如何足取？"②"印度法相、唯识，亦甚繁琐，迷者惊其精密，识者病其虚构。"③

　　就"证量"言，"从来佛家法相诸师谈证量，每言正智为能证，真如为所证，智如分开，乃成大谬。（此实玄奘以来之误，宜黄欧阳先生亦承之。）《新论·明宗章》谈证量，则云是本体（即性智）呈露时，炯然自明自了，此救法相师之失。夫本体呈露时之自明自了方名证量。故学者功夫，只在克去己私，断除感染，使本体得以发现，尔时自性了然自识（自性谓本体），是名证量。孔云'默识'，《易》云'默而成之，不言而信'，皆证量也。阳明咏良知诗：'无声无臭独知时。'亦是证解（证解犹云证量。）"④可见熊氏主简易，反繁琐，仍以中土传统的本体方法学来批评唯识学的方法，尤其是静态的、琐碎的分析方法。这同时也是对西洋本体论和方法论的批评。

　　第三，就心性—人生论言，熊十力反对包括唯识学在内的整个佛学以"空"、"寂"言性体，抽掉了本心仁体的生动丰富的内涵。他说，印度佛教各宗派所见虽各有不同，但关于性体空寂这一点却是普遍认同的。他抓住"三法印"中的第三法印"涅槃寂静"做文章。他说，儒家理解的寂静，寂非空寂，而健德与之俱也；静非枯静，而仁德与之俱也。"孔佛同一证体，然亦有不似处。佛氏专以寂静言体"⑤，乃出世主义使然；孔子则不然，强调大用流行、德健化神、四时行而百物生。"佛家以出世思想，故其谈本体，只着重

————————

　　① 参见熊十力：《新唯识论》语体文本，《熊十力全集》第三卷，第209页。

　　② 熊十力：《十力语要》，《熊十力全集》第四卷，第331页。

　　③ 熊十力：《十力语要》，《熊十力全集》第四卷，第361页。

　　④ 熊十力：《十力语要》，《熊十力全集》第四卷，第377页。

　　⑤ 熊十力：《十力语要》，《熊十力全集》第四卷，第190页。

空寂的意义；儒家本无所谓出世，故其谈本体，唯恐入耽空溺寂，而特着重刚健或生化。"①熊氏批评佛学以空寂言体，不悟生化，也就是不能在现实世界尽体之大用。"趣寂之愿强，而经世之志衰。内照之功深，而外知之用寡。寄情来世，忘怀现实。其与吾《大学》三纲八目之要道，根本背谬。"②

熊十力批评佛学游心于现实之外。"人生万不可忽视现实，亦万不可沦溺现实。佛氏观空，其境界高深至极，不可不参究。余曾云儒佛堪称两大，儒者尽生之理，佛氏逆生之流，其道虽殊，譬犹水火相灭亦相生也。"③尽管许佛氏境界高深，然病其"欲逆生生之流，宁可沦空耽寂，而不惜平沈大地，粉碎虚空，以建清净之极。此大雄氏之宏愿也。儒之道，惟顺其固有生生不息之几，新新而弗用其故，进进而不舍其健，会万物为一己，于形色识本性，流行即主宰，相对即无对，此儒家《大易》之了义也。"④

总之，熊十力《新唯识论》意在将儒、释、道为主的中国哲学的本体论、宇宙论、认识论、方法论、心性论、人生论，综合融贯成一体系，以与他所说的"旧论"，即印土佛教唯识学区别开来。欧阳竟无先生及其学派，强调的是原原本本地复兴印度唯识学，维护弥勒—无著—世亲—陈那—护法—戒贤—玄奘—窥基—慧沼—遁伦之统系，以此为正统、核心，吸纳各派，包括孔学。正如蔡元培先生在《新唯识论序》中所说，他们是一经院派，未敢参加批评意见，未能建构一创造性的哲学体系。"欧阳竟无先生之内学院，专以提倡相宗为主，相宗者，由论理学心理学以求最后之结论，与欧洲中古时代之经院哲学相类似；内学院诸君，尚在整理阐扬之期，未敢参批评态度也。当此之时，完全脱离宗教家窠臼，而以哲学家之立场提出新见解者，实为熊十力先生之《新唯识论》。"⑤

熊十力先生以《新唯识论》对法相唯识之学作出补正，摒弃了教条主义的态度，提扬了、总结了中国化了的佛学与本土儒道的义理和方法，作出了别开生面的阐释。这同时也是他回应西学的一种方式。

---

① 熊十力：《十力语要》，《熊十力全集》第四卷，第375页。
② 熊十力：《读经示要》，《熊十力全集》第三卷，第786页。
③ 熊十力：《原儒》，《熊十力全集》第六卷，第437页。
④ 熊十力：《原儒》，《熊十力全集》第六卷，第435—436页。
⑤ 蔡元培：《新唯识论序》，《蔡元培哲学论著》，石家庄：河北人民出版社1985年版；又见《熊十力全集》第二卷，第3—4页。

为什么这样说呢？因为回应西学在他看来有如此两面：一是吸纳、借鉴，就是不忽视现实、开用，积极入世，甚至在一定意义上容摄西方近代价值观，肯定力、动、利、欲、有、物、效、用。这是他批评佛学出世主义、耽空溺寂的真意。二是排斥、否定，就是沉溺于现实，沉沦于有，不懂得即出世即入世的道理，不超越西方近代的价值追求，也就是没有立体，这是他肯定佛法高深境界的真意。他批评佛学体用隔碍，正是要把这两方面统一起来。在方法论上亦有两面：一是以肯定法相学分析方法的姿态来肯定西方实证科学、分析方法；二是以批评法相学繁琐、静态、肢解、隔绝等等，来批评西学所造成的大本大源的失落。

3.《新唯识论》与"旧论"："性觉"与"性寂"

如前所述，在心体与性体的问题上，熊十力批评了佛学以寂静言性体。吕澂则更为明确地指出，《新唯识论》与唯识学的分歧，是"性觉"与"性寂"的分歧，是中土"伪经"、"伪论"与法相唯识义理的分歧。

吕澂先生关于中与印、"性觉"与"性寂"之区别的说明是："印度佛学对于心性明净的理解是侧重于心性不与烦恼同类。它以为烦恼的性质器动不安，乃是偶然发生的，与心性不相顺的，因此形容心性为寂灭、寂静的。这一种说法可称为'性寂'之说。"中国的佛学则用"本觉的意义来理解心性明净"，即"人心为万有的本源，此即所谓'真心'。它的自性'智慧光明'，遍照一切，而又'真实识知'，得称'本觉'。此心在凡夫的地位虽然为妄念（烦恼）所蔽障，但觉悟自存，妄念一息，就会恢复它本来的面目"，因此可称为"性觉"之说。这两者的差异是：从"性寂"上说"人心明净"，是就人心人性之"可能"、"应然"的层面来说的；而从"性觉"上说"人心明净"，则是从人心人性的"现实"、"实然"的层面来说的。①

1943年，熊十力、吕澂往还书信十六通，辩论佛学根本问题。吕澂指出："性寂与性觉两词，乃直截指出西方佛说与中土伪说根本不同之辨。一在根据自性涅槃（即性寂），一在根据自性菩提（即性觉）。由前立论，乃重视所缘境界依；由后立论，乃重视因缘种子依。能所异位，功行全殊。一则革新，一则返本，故谓之相反也。说相反而独以性觉为伪者，由西方教义证

---

① 参见吕澂：《吕澂佛学论著选集》，济南：齐鲁书社1991年版，第1413—1424页。

之,心性本净一义,为佛学本源,性寂乃心性本净之正解。性觉亦从心性本净来,而望文生义,圣教无征,讹传而已。……中土伪书由《起信》而《占察》,而《金刚三昧》,而《圆觉》,而《楞严》,一脉相承,无不从此讹传而出。流毒所至,混同能所,致趋净而无门。不辨转依,遂终安于堕落。"①

吕澂批评熊十力《新唯识论》完全从"性觉"立说,与中土一切伪经、伪论同一鼻孔出气。所谓"性寂"、"性觉",是对于心性本净一语的两种解释,一真一伪,各有其整个意义。吕先生说:"要之,佛家者言,重在离染转依,而由虚妄实相(所谓幻也,染位仍妄),以着工夫。故云根本义曰心性本净。净之云者,妄法本相,非一切言执所得扰乱,(净字梵文原是明净与清净异)此即性寂之说也。(自性涅槃、法住法位,不待觉而后存,故着不得觉字。)六代以来,讹译惑人,离言法性自内觉证者(不据名言,谓之曰内),……于是心性本净之解,乃成性觉。佛家真意,遂以荡然。盖性寂就所知因性染位而言,而性觉错为能知果性已净。由性寂知妄染为妄染,得有离染去妄之功行。但由性觉,则误妄念为真净,极量扩充,乃愈益沉沦于染妄。两说远悬,何啻霄壤?"②

这里涉及西土佛学与中土佛学,唯识学与台、贤、禅在真如观和佛性论上的分歧。《成唯识论》的真如观,如熊十力先生所说,视真如为不生不灭、不变不化的,阿赖耶识与真如没有直接联系,阿赖耶识才是一切诸法的本源。《大乘起信论》则赋予真如以不变随缘二义。阿赖耶识有觉不觉二义,真如与阿赖耶识不一不异。台、贤、禅以真如理性为佛性,由于真如理性恒常遍在,故承认一切众生皆有佛性,均能成佛。唯识宗以本有无漏种子为佛性,认为有一类众生只具理佛性,不具行佛性中之本有无漏种子,这一类众生永无佛性,不能成佛。台、贤、禅主张理想与现实相即,烦恼即菩提,生死即涅槃。唯识宗则主张分截二者,以无漏种子断灭有漏种子,转识成智,转凡入圣。唯识宗的阿赖耶识并不是"心性本净",它具有染净两个方面。阿赖耶识是一切染净之所依,因此,问题的关键是如何转染成净。所以,"转依"成了重要课题。通过熏习,通过修行,舍染为净,转凡入圣,转烦恼为菩

---

① 吕澂与熊十力:《辩佛学根本问题》,《中国哲学》第 11 辑,人民出版社 1984 年版。吕澂,复书二,又见《熊十力全集》第八卷,第 428—429 页。

② 吕澂,复书五,见《熊十力全集》第八卷,第 448 页。

提,转生死为涅槃。而台、贤、禅则视佛性为"觉心",强调"反观心源"、"反观心性",以己心、众生心与佛心平等互具,把能否成佛的关键,放在"体悟自心"、"反观自心"、"自己觉悟"上,提倡"自性菩提"、"即心即佛"。①

吕澂把新旧唯识学的分歧归结到心性问题上来,认为熊十力先生《新唯识论》和台、贤、禅一样,一味主张"返本",有很大的毛病。他认为,唯识学的心性论才是革新进取之论。所谓"性寂"与"性觉",一则革新,一则返本。"唯其革新,故鹄悬法界,穷际追求。而一转掾间,无住生涯,无穷开展。庶几位育,匪托空谈。此中妙谛,未可拘本体俗见而失之也。唯其返本,故才起具足于己之心,便已毕生委身情性,纵有安排,无非节文损益而已。等而下之,至禅悦飘零,暗滋鄙吝,则其道亦既穷矣。"②这似乎是说,"性觉"、"返本"之论,容易导致人性负面的扩张。同时,这也是说,台、贤、禅在修持的体验上,只是保任本心,破除障碍以显现本心,忽视闻思修慧的无边功德,误解了本有、始起的缘起正义。既然一切是本具的、圆满自足的,就用不着下功夫努力修养了。因此,空谈返本很容易导致委身情性。今按,熊先生强调返本,更强调"性修不二"、"思修交尽",他不满意于唯识宗者,即在于唯识学将理想与现实、天国与人间、凡愚与圣佛之间的过渡环节设置得太多、太繁,不够简易直捷。他与那些空谈心性、空谈返本者是有区别的。

吕澂把"性寂"与"性觉"、"自性涅槃"与"自性菩提"的分歧看做是很严重的问题,绝不是偶然的。正统的唯识学者,以涅槃为体,菩提为用;涅槃为寂,菩提为智;涅槃为理,菩提为事。抗战间,内学院迁至江津,陈真如(铭枢)复函熊十力批驳《新唯识论》,并将此函录呈欧阳先生。欧阳于1939年7月10日作《答陈真如论学书》,论佛学的宗趣与熊氏《新唯识论》的错误。这篇文章,是前引吕澂与熊氏辩佛学根本问题的先导。欧阳竟无指出,陈真如"只破得十力扫教而不娴教之愆,并不知其立宗而不成宗之谬",并批评他们两人都不懂"佛之宗趣唯一是无余涅槃",亦不知"佛之法门八万四千,自发心以至正觉,节节境界节节行持节节殊异,而非以一法门概也"。欧阳认为:"无余涅槃为根本涅槃,所谓涅槃无体寂灭寂静毕竟空是也,所谓一真法界一切所依是也。此毕竟空人人皆具而不能显,谓之自性

---

① 参见赖永海:《中国佛性论》,上海:上海人民出版社1988年版。
② 吕澂,复书三,见《熊十力全集》第八卷,第431页。

涅槃。"这也就是"性寂"。寂非死水一潭顽空无物,乃人欲净尽天理纯全的定境。寂为人人所有,因有烦恼障而不显。"菩提之谓智。智是无分别。必得与涅槃相应乃能无分别,乃可谓之智。智亦是无漏,必正智缘如与涅槃相应时乃能无漏,乃可谓之智。""生得一分菩提,即显得一分涅槃。涅槃必待菩提而显,故必发菩提以显之。作用在菩提,归趣仍在涅槃也。"①智非人人所有,但有其种,可以发生,因有所知障而不生。智以障去而生,寂以智生而显;智为菩提,寂为涅槃。欧阳认为,宗趣唯一无余涅槃,法门则有三智三渐次。三智乃根本智、加行智、后得智。"在本心上,空其所知之障,转所依之迷为悟即智曰菩提;空其烦恼之障,转所依之染为净即寂曰涅槃。菩提为事,涅槃为理。菩提涅槃,须臾不离。事清净一分,理即显了一分,而以事之全净理之全显为实践的终极目的。是以转愚成圣关键全在'所依','所依'即'本心','本心'即寂,儒家曰仁。"②今按,能否以儒家的本心本性之"仁"与佛家之"寂"等量齐观,亦是欧阳与十力分歧的焦点之一。关于这一点,后面再谈。

4. 从唯识宗走向台、贤、禅

欧阳竟无、吕澂集中批评熊十力没有把握佛学的宗趣——寂灭寂静的"无余涅槃",批评熊氏将能所异位,也就是寂智倒置,遮蔽了"所依",忽略了"转依",迷恋于"觉心",与中土"伪经"、"伪论"和台、贤、禅之"性觉"说持同一立场。

今按,欧阳竟无、吕澂坚持的是印度佛学,特别是瑜伽行学派的"心性本净"、"心性本寂"的观念;熊十力认同的是中国佛学,特别是《大乘起信论》的"心性本觉"的观念。按"南欧派"的看法,"觉"是智慧,是用而不是体。"觉"(觉悟、智慧)与"寂"、"净"(清净、善)不同。"南欧派"认为,讲"性觉"会带来两个毛病:一是以能动的功能、作用,掩盖了本体,夸张了主体性、能动性,甚至有可能煽起情欲情感,煽起人们的物质追求,干扰了佛学

---

① 欧阳渐:《答陈真如论学书》,《内院杂刊·入蜀之作五》;又见《熊十力全集》附卷(上),第139、140页。
② 田光烈:《依仁游艺话吾师》,《玄奘哲学研究》,上海:学林出版社1986年版,第164页。

的宗趣;二是承认本觉的心性的永恒存在(即使为妄念所蔽,去掉妄念便可成佛),这就会弱化、简化修持。以上所引欧阳竟无、吕澂对熊十力的批评,归结起来,其实就是这两点。

由"性寂"与"性觉"的分歧,我们可知熊十力佛学思想的取向,确与唯识宗不类。太虚法师早在1932年所作《略评〈新唯识论〉》和1942年所作《〈新唯识论〉语体文本再略评》中就已指出这一点。太虚认为,大乘佛学分性空、唯识、真心三系。性空或般若宗以《中观》等论为代表,所宗尚则在"一切法智都无得",其教以能"励行趣证"为最胜用;唯识宗以《唯识》等论为代表,所宗尚则在"一切法皆唯识现",其教以能"资解发行"为最胜用;真如或真心宗以《起信》等论为代表,所宗尚则在"一切法皆即真如",其教以能"起信求证"为最胜用。中土之台、贤、禅属于真如或真心系统。

太虚指出:"畴昔支院师资,据《唯识》掊击《起信》,几将宗《起信》立说之贤首学之类,一蹴而踏之;余尝作《佛法总抉择谈》及《起信论唯识释》以明其并是各存而通摄焉。答王君恩洋质疑之后,其议因息。顷熊君之论出,本禅宗而尚宋明儒学,斟酌性、台、贤、密、孔、孟、老、庄,而隐摭及数论、进化论、创化论之义,殆成一新贤首学;对于护法、窥基之唯识学亦有一蹴而踏之慨。"①"然余许熊论不失为真如宗之属,以其提撕向上,主反求实证相应,鞭辟入里,切近宗门,亦正为义学昌炽中之要著。"太虚又肯定熊氏对唯识学繁琐方法论的批评,"亦颇中学者时弊"②。太虚认为,熊论应名真心论,不应题唯识论,"至其杂糅易、老、陆、王暨印度数论、欧西天演论等思想,在说明世间因缘生法未逮唯识,而发挥体用亦不如《华严》十玄,故其妄破唯识论处,百无一当"。太虚认为,熊氏虽不妨自成一派,但不过是"顺世外道",因其"宗在反究心体,故为唯心的顺世外道也"③。

印顺法师指出:"我们读《新论》,觉得他于般若及唯识,有所取、有所破;在修持上,还相对的同情禅宗;而即体即用以及种种圆理,是他自悟而取证于《大易》的独到处——从自己的心中流露出来。……《新论》是有所取

---

① 太虚:《略评新唯识论》,《太虚大师全书》第十六编第五十册,香港:1956年版;又见《熊十力全集》附卷(上),第32页。

② 太虚:《略评新唯识论》,《熊十力全集》附卷(上),第46页。

③ 太虚:《〈新唯识论〉语体文本再略评》,《太虚大师全书》第十六编第五十册,香港:1956年版;又见《熊十力全集》附卷(上),第157—158页。

于台、贤的……《新论》所说的'举体为用,即用为体';'称体起用,即用显体';'全性起修,全修在性';'大小无碍';'主伴互融';'一多相涉'等;以及'海沤'、'冰水'、'药丸'等比喻,在台、贤学者,甚至北朝地论学者,早已成为公式了。"①印顺法师判定《新唯识论》近于"真常唯心论",说此论在印度与婆罗门教合化,在中国与儒道混融,到台、贤发挥到顶点。印顺又说,《新唯识论》的玄学,是体验的产物,但受到禅宗的影响,于禅宗极为推重。慧与禅定,显然有所不同。"佛法与外道的不共处,是治灭无明的明慧——般若,不是禅定;是如实正观,不是收摄凝聚。《新论》虽标揭'自家深切体认,见得如此',高谈性智,然从实践的方法说,是重定而薄慧的——以定为善心所,病根即在于此。《新论》的深切体认,充其量,不过近似的定境!"②

以上我们通过"性寂"与"性觉"的考察,引证彼此对立的欧阳竟无学派和太虚学派的评论,意在说明《新唯识论》与唯识学的区别,乃在于佛学思想的路数根本不同,精神取向和思维方式根本不同。熊十力先生不拘家派,自成一家之言,但在思想倾向和学术路径上,接近于真如系统,即中国化的佛学宗派台、贤、禅宗。熊先生在《十力语要》卷二《与汤锡予》中,甚为推崇真谛法师、《大乘起信论》、华严诸师,特别是杜顺、法藏之"法界玄镜"、"理事圆融"之说。在他处对天台、禅宗的赞美亦所在多有。

我们说精神取向、思维方式的路数不同,在本体—心性论上的表现,即是唯识论强调作为本体的心性之德性乃"寂"与"静",而《新唯识论》则主张"寂"、"静"必须融摄"动"、"有",不惧怕发展"大用",甚至认为正是在拓展现实层面的过程中,在世间追求中,在外王事功的建树中,更能挺立道德自我。这里面包含着熊十力《新唯识论》在进化论、创化论影响下,在中国走向近代与现代的现实需求的背景上,活化"性寂"、"性净"说的苦心。因此,他宁可认同台、贤、禅,使之向儒学的"极高明而道中庸"、"即世间即出世"靠拢。于是,南欧派指责他推崇"性觉",是重用而忽视体;他则批判南欧派割裂了体用,僵化了体,贫弱了体。正因为此,太虚病其杂糅,讥为"顺

---

① 印顺:《评熊十力的〈新唯识论〉》。是文发表于1948年,现收入《中国哲学思想论集》第八册,台湾:牧童出版社1978年版。又见《熊十力全集》附卷(上),第225—226页。

② 印顺:《评熊十力的新唯识论》,《熊十力全集》附卷(上),第248—249页。

世外道"。在心性修养论上,熊十力先生认同《大乘起信论》所讲的"心性本觉、妄念所蔽",借突出"觉"(觉悟、智慧)的功能意义,强调了主观能动作用。这种能动作用,一方面是道德修养能动性,另一方面又是认识的能动性,即是德与知双重的功能。此外,既然承认本觉的心性只是为妄念所遮蔽,觉悟本性始终不变,那么,去掉妄念即能成佛,于是在修持上也变繁杂为易简。

我们需要考察的另一个问题是:法相唯识学的复兴,本来适应了我国走向近代的思维方式革新的需要,但熊十力先生为什么要批评唯识学的方法?"唯用分析之术,乃不能不陷于有所谓已成之断片相状,而无以明无方之变。""剖析静物,实于变义无所窥见。""条理繁密,人鬃鱼网犹不足方物。审其分析排比,钩心斗角,可谓极思议之能事。治其说者,非茫无头绪,即玩弄于纷繁之名相而莫控维纲,纵深入其阻,又不易破阵而游。"①"有宗之学,自昔以来,号为难治,则亦有故。其持论尚剖析,而析得太零碎;既破碎已,而又为之拼合排比,极穿凿之能事。"②

首先,这表明,在中国和世界上,当时有唯科学主义思潮、人文主义思潮等相互冲撞。熊十力们似乎较清醒地看到了唯科学主义、工具理性的局限,而较自觉地倾向于人文主义的新觉醒。这种新觉醒,超科学而不反科学,寻根而并非复旧。熊氏之"性智"、"体认",融摄"量智"、"理性思辨",对人文本体的玄思和道德形上学的建树,是非常重要的。这是实践本体论的思路。不过对此我们也要抱清醒的态度,对于一般社会生活来说,人民更需要科学逻辑分析方法的训练。在排拒静态分析方法的弊病时,我们要注意,国民习惯于浑沦的、模糊直观的、素朴辩证法的思想方式。这种思维方式不经过近代理性思维的洗礼,是不利于提高民族素质、不利于走向现代的。

其次,这又表明,即使是引入科学理性精神和思维方式,也有一个与传统文化相结合的问题。从表层看,熊十力的批评是对教条主义的、经院派的内学院的反动,是对烦琐哲学的排拒;从深层看,仍然有一个中国化的问题。教条式地忠实于印度法相唯识之学,严辨正统与非正统,排斥所谓"异端",是历史上的玄奘学派未能发达的原因,欧阳学派竟又重蹈覆辙。

---

① 熊十力:《新唯识论》文言文本,《熊十力全集》第二卷,第53页。
② 熊十力:《新唯识论》语体文本,《熊十力全集》第三卷,第467页。

冯友兰说："熊先生的《新唯识论》直接向《成唯识论》提出批评。这同法藏退出玄奘的班子有同样的意义。"①我们不同意这是由主观唯心主义向客观唯心主义转化。我们认为，熊十力退出欧阳班子的问题，非常发人深省，它主要启发我们考虑外国文化与哲学中国化过程中的思维范式转化的问题。

石峻指出：熊先生"比较接近于华严宗'一切有情，皆有本觉真心'的所谓'了义实教'。唐代华严宗又多注意研究可能是中国人创作的《圆觉经》。至于'华严'与'唯识'之争，则源远流长，甚至同是玄奘门下的窥基与圆测就有不同的理解；而华严宗大师法藏一贯反对唯识宗的学说，更是非常明显了。同样也可能是中国人创作且具有广泛影响的《大乘起信论》一书，也主张'一心二门'（即心真如门和心生灭门），可见同华严宗有类似的思想倾向。历史上这些反对唯识宗的思想，可能对熊先生都有不同程度的启发。至于中国禅宗提倡的'见性'与华严宗宣扬的'明心'，在有关心性问题的理论上，本来可以互相融合，互相发明。……至于熊先生借用《易经》（包括《易传》）上一个'生'字来代替一个'灭'字，引证'生生之谓易'和'天行健，君子以自强不息'一类的入世思想来改造印度佛教宣扬涅槃寂静的出世思想，则应当看作熊先生思想体系的核心。其实，这也是他为提高道德修养境界所作的本体论证明。"②

为什么对道德修养境界作本体论的证明，采用真如或真心系统——台、贤、禅等中国化了的佛教宗派，较之唯识学派更为易简？中国哲学家为什么习惯于这样一个思维路数？中国哲人的价值取向和思维方式的转型是渐进的。在文化传播学上，从文化涵化与文化整合的角度，研究佛教中国化、近现代佛学史上的几场论战中，为什么是中土所谓"伪经"、"伪论"和台、贤、禅，而不是教条主义的唯识学更有市场，确是一个值得深究的课题，或许对于中西方文化的融会和马克思主义的中国化的探讨，都有借鉴意义。

以上我们是把台、贤、禅作为真如系统混说的，实际上，佛学各宗各门，歧见甚多，台、贤、禅之间及各宗内部也是如此。但从总的趋向上看，与唯识

---

① 冯友兰：《怀念熊十力先生》，《光明日报》1986 年 1 月 6 日。

② 石峻：《熊十力先生的学术道路》，《玄圃论学集》，北京：三联书店 1990 年版，第 55—56 页；又见《熊十力全集》附卷（上），第 422—423 页。

学相较，熊十力《新唯识论》倾向于真如系统，这是就台、贤、禅的共性而言的。就天台宗而言，熊十力《新唯识论》所取的是主客观统一的"三谛圆融"的世界观模型，"无情有性"的人性论倾向，"定（止）、慧（观）双修"的修养方式；就华严宗而言，熊十力《新唯识论》所取的是"一多相即"、"理事无碍"的辩证思模框架；就禅宗而言，熊十力《新唯识论》所取的是单刀直入、"直指本心"、"明心见性"的禅观。但熊先生善于活用，亦善于综合，对以上各宗都有所取、有所破，然后融贯入以自己的思想为主的体系之中。以下我们专就心性论的问题看看熊十力的取、破与融贯。

二、儒佛心性论之辨析

1."大化流行"与"寂灭寂静"

欧阳竟无以唯识学的立场融会儒佛。他认为孔佛的相似或一致，都在讲明人的本心。本心之体，儒家曰仁，佛家曰寂，乃转凡成圣的根据。但就实践是否趋向人生究竟而论，孔行而无果，佛行即是果，这是二者的区别。欧阳甚不满意宋儒，认为"宋明诸儒不熄，孔子之道不著"。"敬告十力，万万不可举宋明儒者以设教也。"①"十力徒知佛门无住涅槃之数量，又错读孔书，遂乃附会支离，窃取杂糅孔佛之似，而偏执其一途。即恐怖无余涅槃，而大本大源于以断绝。无根之木如何生，无源之水如何长也。常乐我净仍不离无余涅槃。盖不生不灭是常，大寂静离闹是乐，大牟尼名法是我，解脱是净。十力乃云止是自己分上事，究竟属自己分上何等事耶？明德是无声无臭，中是喜怒哀乐之未发，诚是体物之鬼神，易是无思无为寂然不动，此与无余涅槃皆有关系。《毛传》解天命即天道，得经文天之所以为天包并天之体用全义。宋儒乃有流行命令偏解，而十力泥之。又拘解《系辞》生生之谓易之义，而不尽其妙。遂乃不知孔学根本于寂灭寂静也，是则错也。"②"熟读《中庸》，乃知孔佛一致，一致于无余涅槃三智三渐次而已。自孟子外，宋明

① 欧阳渐：《答陈真如书》，《内院杂刊·入蜀之作五》；又见《竟无内外学·内学杂著》，支那内学院蜀院 1944 年版；又见《熊十力全集》附卷（上），第 145 页。
② 欧阳渐：《答陈真如书》，《熊十力全集》附卷（上），第 140—141 页。

儒者谁足知孔？唯王阳明'无善无恶心之体'，'知善知恶是良知'，得有漏心之自证分。而转有漏为无漏，随顺趋向于无余涅槃，何曾梦得？三渐次之后得智，更何足谈？若其余诸儒，一言寂灭寂静即发生恐怖，恐怖不已发生禁忌，禁忌不已大肆谤毁。夫至谤毁而无漏途竭，轮转三途岂有穷极，灭灯毒露慧命枯亡，痛宁已哉。"①

　　这里提出了非常重要的问题，儒学的根本究竟是不是"寂灭寂静"？宋明儒者和熊十力们为什么一听说"寂灭寂静"便产生抵制的心态，而发挥"生生不息"、"大化流行"之义加以排拒？这才涉及新旧唯识学、儒佛心性论之判别的要害。

　　熊十力佛学思想的一个重要内容是比较儒佛心性论。他完全不同意欧阳竟无大师将儒家之"仁"与佛家之"寂"等量齐观，相反却认为这二者是尖锐对立的。在《读经示要》卷二，熊氏特别分析了佛家的长处和短处。短处的第一条即是："以空寂言体，而不悟生化。本体是空寂无碍，亦是生化无穷。而佛家谈体，只言其为空寂，却不言生化，故其趣求空寂妙体，似是一种超越感，缘其始终不脱宗教性质故也。"②佛家人生思想"毕竟以度脱众生令出生死为归趣，即以出世与寂灭为归趣"③。"印度佛家本趣寂灭，然及大乘，始言无住涅槃，（生死涅槃两无住着，名无住涅槃。小乘只是不住生死，却住着涅槃。及至大乘说两无住，即已接近现世主义。）又不弃后得智，（彼说后得智是缘事之智，即分辨事物的知识，此从经验得来，故名后得。）斯与儒家思想已有渐趋接近之势。然趣寂之旨，究未能舍。此吾之《新论》所由作也。"④欧阳曾批评熊氏只看到"无住涅槃"，没有懂得佛家的根本归趣是"无余涅槃"。实际上，熊氏并非没有看到佛家的趣寂之旨，他所要批评的正是这一点。

　　关于儒佛心性论之同，熊十力先生指出："儒佛二家之学，推其根极，要归于见性而已。诚能见自本性，则日用间恒有主宰，不随境转，此则儒佛所大同而不能或异者也。"⑤宋明儒学所以能发皇先秦儒学的心性论，并成就

① 欧阳渐：《答陈真如书》，《熊十力全集》附卷（上），第144—145页。
② 熊十力：《读经示要》，《熊十力全集》第三卷，第796页。
③ 熊十力：《十力语要》，《熊十力全集》第四卷，第57页。
④ 熊十力：《十力语要》，《熊十力全集》第四卷，第113页。
⑤ 熊十力：《十力语要》，《熊十力全集》第四卷，第287页。

一道德形上学的义理规模,很重要的是受到佛学的刺激影响。中国佛学的台、贤、禅宗才把"心"提到绝对的精神本体、道德本体的高度,所谓"心体"即是"性",即是人之所以为人的内在本性和终极根据。就洞见到人的道德本体和道德主体这一根本性而言,儒佛是相互补充与促进的。

关于儒佛之异,熊十力先生强调了几点:首先,儒学是哲学不是宗教,佛学是宗教不是哲学;儒学是积极入世的,佛学是归趋出世的。这一点与第二代新儒家唐君毅、牟宗三和第三代新儒家杜维明等很不一样,唐、牟、杜等很强调儒学的宗教性,甚至说就是宗教。① 熊先生则认为儒学是不离开现实人生的,而佛学的"根本迷谬之点"是主张"有迥脱形骸之神识,因欲超生,推其归趣,本属非人生的"②。其次,他认为,儒学尽生之理,佛学逆生之流;儒学于空寂而识生化之源,佛学讲空寂而不讲生化创造。看起来两家都讲万物刹那生灭,然佛氏侧重"灭"之方面,儒家侧重"生"的方面。所谓刹那生灭,按《周易》的哲理,那就是灭灭不住,生生不息,故故不留,新新而起,即"生生之谓易"。比较儒佛性论之见蔽,熊十力认为,佛教在性体寂静方面领会较深,但未免滞寂溺静,把生生不已变化不竭之机遏绝无余;儒家则以舍故生新、创造不竭的宇宙大生命之禀赋来界定人性,以生动创化、刚健自强、大用流行、德配天地的内涵说明"心体",以之推扩于社会人生,则自强不息、精进不止,人类的文化即由是而创建、累积、丰富、发展。在熊十力看来,唯有儒学才是立足现实、积极奋进之学,于此才见得人生的意义与价值。

"仁"体是具有实体意义的,不是"空"的,因此才能有生生不息大用流行的显现,才是丰富的人类文化的源泉,也即是人类的根本属性。反之,"寂"体是舍弃世间,渡化彼岸的,不能开"用",不能创造文化。因此,儒学才有它的"外王学",佛学则开不出"外王"、"事功"。诚如有的论者所说:"熊氏即以生生不息大用流行的《大易》观念注入,以替代寂灭观。这是儒佛的根本判别处。这涉及一个极其重要的形而上学问题,即是对心性的看法。熊氏认为,佛教的心性是空寂的心性,不能起用,因它不具有实体。用

---

① 关于这个问题,1982 年 8 月 1 日在台北举行的"当代新儒家与中国的现代化"座谈会曾讨论过,主持人韦政通、李亦园,主讲人余英时、刘述先、林毓生、张灏、金耀基等都谈到这个问题,详见 1982 年 10 月《中国论坛》第 15 卷第 1 期。

② 熊十力:《十力语要》,《熊十力全集》第四卷,第 500 页。

对实体或体说。有体才能起用，无体则不能起用。而一切文化的创造与建立，都从心性的用中说。故严格言，佛教的文化力量是很弱的。儒家的心性则是实体义的心性，由此实体而发用。而此实体又不是凝然不动的顽体，而是充满动力的，生生不息的，因而具有不断流行的大用。这是文化的创造与建立的根源。故儒家的文化力量是很强的。关于这种儒佛在心性方面的不同，宋明儒者是意识到的，但仍未予以正视。熊先生则比宋明儒者进了一步，在判别儒佛的有体与无体的心性方面，予以一哲学理论的处理。他自己的立场当然是儒家的。"①

"心性"不是"空"的，而是"实"的；不是"寂"的，而是"创"的；不是"静"的，而是"动"的。这就是"体"之特性。由"体"生发出"大用"，展示了"体用不二"、"内圣外王"的系统。按照熊十力的观法，儒家一面上达天德，贯通天道与性命，一面下开人文，实现人文理想价值，成就家国天下。根据他的天体、道体、心体、性体合一不二的模型，即客观面的"天道诚体"与主观面的"仁与心性"合一不二的模型，此体当然不可能是"寂灭寂静"的。熊十力与欧阳竟无、儒家与佛教的区别和分歧，不可谓不大。相对而言，熊氏认为《大乘起信论》和台、贤、禅尚不强调出世，且能谈"用"。因此，凡批评"寂灭"者特别指印度佛教与唯识法相之学。同时又认为，佛家各派整个地认同"空寂"，与儒家的心性本体的丰富、充实、潜能和创发性，不可同日而语。欧阳竟无指责他从宋明儒出发，这一点是不错的。在心性论方面，他与宋明诸儒一样，把心性本体即一切存在的本体看做是"即存有即活动"的实体，既"寂然不动，感而遂通"，又"於穆不已"、"生化不息"。此体静态地为本体论的"实有"，动态地为宇宙论的"生化原理"和道德自我的"创造实体"。他比宋明诸儒更强调这种创造性、能动性，多次批评宋明诸儒"守静"、"复性"、"过恃天性"，没有如王船山那样，看到"性日生日成"、"习成而性与成"、"未成可成，已成可革。性也者，岂一受成侀，不受损益也哉？"②他批评宋儒"把主静造成普遍的学风，其流弊必至萎靡不振"③。在

---

① 吴汝钧：《当代中国哲学》（一），台北：《鹅湖》月刊1990年第1期。

② （明）王夫之：《尚书引义·太甲二》，《船山全书》第二册，长沙：岳麓书社1998年版，第299—301页。

③ 熊十力：《十力语要》，《熊十力全集》第四卷，第512页。

"翻天动地,创制易俗,开物成务,以前民用"方面,"其学与识皆不足。何以故? 其精神所注终不在此"①。由此可见他对心性本体创生性、动态性的重视,亦见他并不拘于宋明儒,而更有所推进、发展。

这里我们特别要说一下,儒佛在不同时空条件下发展为多门多派,内外各门各派歧见甚多,甚至势同水火,儒佛各派之间亦互相渗透与融合。我们以上所说儒佛对立,中国佛学与印度佛学的对立,都是相对而言的。我们承认文化、学派的多元、多样,也不能不承认其间有不同层面的共性。熊十力先生辨析佛儒心性论,当然是就佛家各派的共性与儒家各派的共性来比较的,这种比较只有相对的意义。

2. "心体为一"与"集聚名心"

以上我们从熊十力《新唯识论》与欧阳竟无重振的法相唯识学的分歧入手,从内涵上分析了二者判别的一个重要枢纽乃是心性论上的"性觉"与"性寂"的问题,即心体是"大化流行"还是"寂灭寂静"的问题。另一方面,与之交织并进的,是关于思维方式与价值取向的分析,即以台、贤、禅与唯识宗相较,熊十力倾向于台、贤、禅,这是第一个层次的问题;以儒学与佛学相较,熊十力倾向于儒学,这是第二个层次的问题。以上我们分两个层次说明新旧唯识论的区别,第一层是中国式的佛教宗派与印度式的佛教宗派的区别;第二层是佛学与儒学的区别。这是本章的一个基本思路。顺着这一思路,我们继续研究新旧唯识学关于心性本体的认识。

佛家认为世界为幻象,世界的一切,包括"我",都是待各种条件、因缘和合而生。也就是说,一切事物都没有质的规定性,都是处在各种条件相互制约的关系之网中。所谓"性空"、"自性空"就是指的这个意思,即没有实在的自体。中国人以自己的哲学传统创造性地误读梵文"自性"两字的意义,以为"自性"、"性体"即是中国人所谓的人性。据有的研究者说,佛教所讲的"佛性"之"性",也不是"性质"的意思,而是"界"的意思。"界"有"因",即质因、因素。佛性并不就是中国先秦以来哲学家所讲的人性。佛性是讲众生成佛的根据、条件,但佛家所说"众生"的范围极广。"就佛性的意义来说,既指心性(包括人的本心、本性),也指悟解万物的真实智慧,还

---

① 熊十力:《十力语要》,《熊十力全集》第四卷,第268页。

和境、理相通,而指事物的本质、本性和宇宙万物的本体、本原。但佛性论也讲本性的善恶,与中国传统的人性论在内涵上有相似之处。"①而中国佛教所讲的"众生",主要是指人,"佛性论"渐渐变成主要讨论人成佛之根据和条件的问题,在一定意义上,"佛性论"变成了"人性论"。中国佛教关于佛性论的讨论刺激并影响了中国哲学的心性论。

中国哲学家所说的"心",大体上不外孟子所说的道德上的是非之心,荀子所说的逻辑学、知识论上的认知之心,和佛家、道家所说的虚灵明觉之心,即一种本体状态或精神境界。中国佛教台、贤、禅俱倡"心性合一"之说,把心、性提到本体论的高度,这就刺激中国宋明理学家从形而上学的角度,集中讨论了心性问题。面对佛教如此庞大的理论系统,宋明理学家的回应是重新发掘先秦儒学精神,融摄儒、释、道诸家,建树了自己的形上学、宇宙论、人性论、伦理学、知识论。新的理论体系不仅没有失去,反而强化了中国人对世界、对人生的基本态度,这就使他们能够内在地而不是外在地排拒、批判佛家的世界观、人生观,如排拒佛家的"空"观,肯定道德价值的立场等等。从佛学所说的"性"、"自性"、"佛性"出发,儒家讨论了具体的人与人性。又如,化除禅宗"明心见性"之"见性"的佛教原意,把探究宇宙是否为实有或虚幻的问题,曲解或阐释为作为宇宙之一部分的人类及其本性问题。如此等等,在与佛学的推就、排吸之际,阐发了新的意义,产生了新的理论。

宋明儒学讨论的中心问题,是"道德实践所以可能之先验根据(或超越的根据),此即心性问题是也。由此进而复讨论实践之下手问题,此即工夫入路问题是也。前者是道德实践所以可能之客观根据,后者是道德实践所以可能之主观根据。宋明儒心性之学之全部即是此两问题。以宋明儒词语说,前者是本体问题,后者是工夫问题。就前者说,此一'道德底哲学'相当于康德所讲的'道德底形上学'……"②熊十力先生正是在西学的冲击下,重新讨论道德形上学中的本体问题与工夫问题,即体与用的问题。他的侧重面在本心性体的阐释上。

与佛学的争鸣,其实是熊十力哲学的形式外壳,他的实质是要回应西

---

① 方立天:《中国佛教与传统文化》,上海:上海人民出版社 1988 年 4 月版,第 277 页。
② 牟宗三:《心体与性体》第一册,台北:正中书局 1981 年版,第 8 页。

方。在本心性体方面,第一个问题是肯定还是否定道德本体与道德主体,也就是它是"空"、"无实自体"还是具体地存在、有其"自性";它的特质是"寂灭寂静"还是"大化流行",是被动、静止还是主动、创生。在熊十力看来,这既是儒佛的区别,又是中西的区别。这在表现形式上是《新唯识论》与旧唯识学的论战。第二个问题,"本心性体"是整全的、有机一体的,还是零碎的、拼凑集聚的;与此相关,道德理性的显发,道德意识的修养,是简易直捷、当下即是,还是烦琐复杂、委婉迂曲。这就不仅是中西、儒佛的区别,而且包含了理学与心学的分歧。这也是在新旧唯识学争鸣的外衣下进行的。现在我们说说后一方面,即熊十力佛学思想的另一个重要内容,对法相唯识之学的"集聚名心"的抨击。

批评之一:唯识旧师肯定"诸识独立",肢解了心性本体之全。熊十力先生把唯识学关于心的分析与西方心理学相对照,并加排斥。就佛学言,自释迦至小乘,只立六识,六识是一体而随用异名,但认为各识独立,只相依而有,便已留下隐患。他说,自大乘有宗建立第八识,唯识理论渐以精密,并且逐步地形成两派。一派是"诸识同体异用"派,以印土一类菩萨、一意识师、来中土传法的真谛法师和玄奘门下受到攻难的圆测法师为代表,主张"诸识虽有八个名目,但随其作用不同而多为之名耳。诸识自体,究是浑然而一,非是各各独立也。"熊先生认同此派。另一派则是"诸识各各独立"派,以印土无著、世亲兄弟,中土玄奘、窥基师弟和内院欧阳竟无先生为代表,指责前派为异端。"中土唯识之论,自基承奘命而糅译《成论》,主张诸识各各独立,一切心、心所各从自种生,一切心、心所各缘自所变相,不得外取,此二义者,并是《成论》根本大义,诸识各各独立而相依以有,斯义决定,后学莫敢兴疑。故自唐以来,谈大有之学皆盛推奘师;吾独惜奘师偏扬无著、世亲而定一尊,遂令中土不窥大有(按大乘有宗)之全,至为可惜!"①

批评之二:唯识旧师将心、心所分说,每一心、心所又析为四分,剖成碎片。按,瑜伽行学派把相当于感觉的前五识(眼、耳、鼻、舌、身)和相当于知觉的第六识(意)作为"了别境识",把第七识(末那)作为"思量识",第八识(阿赖耶)作为"藏识"。前七识将所见闻觉知的印象留在第八识上,这叫熏习。熏习的产物就是种子。第八识含藏一切种子,是前七识的根本依据。

---

① 熊十力:《十力语要初续》,《熊十力全集》第五卷,第238页。

上述八种识各有主体,有自在的能力,每一识对境而了别之者,是为"心"或"心王";隶属于"心王",随"心王"而起的心理活动,或"心王"有对境领纳与取像等作用,是名"心所",有触、作意、受、想、思等51种。每一"心王"与它所属的若干心所又都析为四分——相分、见分、自证分和证自证分。"相分"是"所缘",即认识对象。"见分"是"能缘",即认识能力本身。它对于主观意识内的相状有明了照见的作用。"相分"是境,"见分"是识。相、见二分均从各自的潜在力(即"种子")中产生。"见分"能认识"相分"但不能认识自己。能证明并鉴定认识能力的意识自体叫"自证分"。因此也可以说,"见分"和"相分"都是"自证分"所变现。能认识、证知"自证分"的叫"证自证分"。大体说来,唯识学所揭示的认识过程是:由"识"(分别和认识事物的精神状态与功能)变现出"相分",然后再以"识"之"见分"去认识"相分",最后以"自证分"和"证自证分"对这种主观认识能力的可能性和可靠性加以确证。

熊十力先生对这一套关于人的认知功能的结构分析很不感兴趣,认为"此在心理方面说,似同时有此等层累曲折可言,但不宜剖为各个碎片而已。故四分义宜活讲,护法诸师不免析得太死"。他提出:"人心之功用,本有外缘、返缘两方面。"外缘之用,如见分缘相分是;亦有返缘作用,如自证分缘见分,及自证分与证自证分互缘。外缘属量智,内缘属性智。返缘之极诣,即全冥外缘,而入证量。他想以他的"量智—性智"理论来改造烦琐的"八识四分"之说。他认为:"哲学家讲知识论者,如经验派只从人心功用之外缘方面着眼,理性派似于返缘方面有窥,然大概犹是量智思辨之诣,其与儒佛诸哲境地恐相隔太远。……凡陷于知识窠臼不能超拔与惑障深重之人,其返缘作用均不显"。①

按熊十力所谓"心"不仅指知识之心,尤其指道德之心。整一的心体包含着道德主体与认知主体,因此他不允许对心性本体作肢解。肯定心体包含有认识主体的因素,对陆王心学来说,是一大进步,亦是对法相学的吸取。但从根本上看,这种认识心仍是指道德认识。"旧唯识论师,以为心是能分别境物的,就说心只是分别的罢了。实则所谓心者,确是依着向上的、开发的、不肯物化的、刚健的一种势用即所谓辟,而说名为心。若离开这种势用,

① 熊十力:《十力语要初续》,《熊十力全集》第五卷,第 242、243 页。

还有什么叫做心呢？旧师把心只看做是分别的，却是从对境所显了别之相上去看。易言之，是从迹象上去看，是把他当做静止的物事去看……"①所谓流行无碍、不可剖析、刚健向上的势用，即是道德本体与主体之心。在熊十力看来，知识论的问题其实也是从属于心性论的。"必修养极至，性智全露，而后能之"。即使我们仅仅就认知主体而言，思维实体是整全的。必须强调认识主体的整体作用、整合功能。总之，不能把认识主体与道德主体割裂开来，不能把认识主体及其功用割裂成碎片。

批评之三：唯识旧师否定了"众生同源"与"吾人与天地万物同体"。按：熊十力认为，唯识学把心体分为诸识。在每一识中，其心王是有自体而独立者，其诸心所亦各各有自体而独立者，更于每一心王、心所分作四分、三分或二分。以此去观宇宙，则"只是千条万绪之相分而已，舍此无量无边相见分，何所谓宇宙乎？""由唯识师赖耶义详玩之，则是众生各一宇宙，某甲与某乙实非同一天地（此中天地，即用为宇宙之别名），而只是彼此之天地同在一处，互相类似，宛然若一而已。唯识师虽将诸识剖得零零碎碎，而有赖耶为根本依，所以宇宙不同散沙之聚，人生不至如碎片堆集、全无主动力，此其观想精微，确有足称者也。但其钩心斗角之巧，益见其纯恃意想构画，决不与实理相应。彼虽诋外道以戏论，而彼乃如此刻画宇宙人生，如图绘一具机械然，毋亦未免戏论乎？《新论》出而救其失，诚非得已。"②否定了吾人与天地万物同体，隔阻了天道与性命的贯通，那么，无论是宇宙、人生，还是心体、性体，哪里有一点生机，哪里有一点创造性？

按宋明儒学和熊十力的理解，我们生活在鸢飞鱼跃、生机盎然的天地之间，不舍昼夜，日新其德，创生不息，灵活无碍，其所赋予心体与性体者，绝没有僵滞、机械、狭隘、零碎的特性。与此相应，活泼泼的宇宙摄持于心体，心体唯是一，岂得谓为"集聚"、"拼凑"？天地间活泼泼的无非此理，便是仁体良知的流行不息。割裂零碎的"心体"岂能谓之"心体"，岂能回应、收摄整全无碍的宇宙？马一浮《新唯识论序》特别表彰熊十力"破集聚名心之说，立翕辟成变之义"，在这一方面颇与熊先生同调。

批评之四：唯识旧师不悟"吾人本有内在主宰"。熊十力与义女仲光讲

---

①　熊十力：《新唯识论》语体文本，《熊十力全集》第三卷，第 110 页

②　熊十力：《十力语要初续》，《熊十力全集》第五卷，第 249、250 页。

佛学,偶举唐代澄观《华严经疏抄》七十六,引经偈云:

> 我今解了如来性,如来今在我身中;
>
> 我与如来无差别,如来即是我真如。

谓"此偈极亲切,初学宜深体之"①。按,此《华严经疏抄》乃台、贤、禅融会的产物,熊十力借此偈表达"我即本体即主体"的思想。他常常引称、吟哦的王阳明的禅诗有:

> 人人心中有仲尼,自将闻见苦遮迷;
>
> 而今指与真头面,只是良知更莫疑。
>
> 无声无臭独知时,此是乾坤万有基;
>
> 抛却自家无尽藏,沿门持钵效贫儿。

按,熊十力认为唯识学的"心的分析"不利于确立道德自我——"真我"、"主宰"。"吾人本有内在主宰,阳明所谓良知,是即吾身之乾元,《易》云大明者即此。……儒者工夫,只于流行中识主宰,不待空天地万物等法相,以趣寂而后证真宰,……二氏觅主宰于空寂虚静,其流弊甚多,……儒者超悟自我与天地万物同体,不可遏绝一体流通之机,……此为合内外、通物我、融动静,无往不是主宰周流遍运。非仅守其内在炯然明觉者,即可谓证得主宰也。"②每个人固有的"仁"体并不离开宇宙的流行。要成就圣贤人格,必须发现、扩充、实现"真正的自我"。挺立道德自我、仁体良知,并不是"自我中心",而恰恰是于天道与人道的流行中识得主宰。但是,如果抛弃了自家无尽藏,泯灭了良知,没有道德人格,人则不成其为人。主宰在内而不在外,唯识学的"心的分析",削弱了对于"真正的自我"的体认。

批评之五:唯识旧师思辨愈精巧、愈烦琐,则距离现实人生愈远,愈不能"见性成佛"。熊十力认为,中国文化多由实际体验而出,"各家思想,因皆出自生活中之体验,故多深入于人生之真实,使读者当下可以反躬自得,启其充实向上之机……唯识宗重解析辩论,先生尝为余言:其思考之训练,多得力于此。然识力不高、功力不至者,每易为其繁琐浮词所固蔽,无由得其

---

① 熊十力:《十力语要初续》,《熊十力全集》第五卷,第204页。

② 熊十力:《十力语要初续》,《熊十力全集》第五卷,第228—229页。

统宗。"①因此,在方法论上,熊十力毋宁认同禅宗"直指人心,见性成佛"的方式。铃木大拙曾经指出,禅宗与中国人的性格很相近,儒者所谓君子不谈鬼神,乃是中国人心理之真正表现。中国人完全讲求实际,当用于日常生活中时,中国人自有其解悟道说的方式,他们不得不产生禅以表示其最深的精神体验。而儒与禅,在人性本善、人人皆可为尧舜(一切有情皆有佛性)和任何人只要直诉本心,都可以了解圣道(佛法)诸方面,都可以达到一致。熊先生的确认同禅宗这种"明心见性"的方式,直指人心,不拘泥于文字,不诉诸理论,使人心更为活泼。

熊十力先生认同"简易之学",反对"支离之学",主张以直截明白的方式,通过人生存在的体验直指本源。这种工夫,乃是一种"觉"的工夫。有时候,他又指出:"觉即心之本体。"②他如此地重视"觉",当然与《大乘起信论》和宋明儒的影响有关。熊十力在谈到即工夫即本体时,只是强调"立志"。"夫能反己而毋自欺者,必先有立志以为之本……余以为志者,天人之枢纽,天而不致流于物化者,志为之也。志不立,则人之于天直是枢断纽绝,将成乎顽物,何以复其天乎? ……此则吾平生亲切体验之言,垂老而益识之明、持之坚也。此枢纽树不起,则毋自欺不能谈;毋自欺作不到而言涵养操存,其不陷于恶者鲜矣。"③总之,按熊先生的理解,自性的显发是更为重要、更为生动的。所谓心性之学亦就是内圣之学,是内而在于自己作圣贤工夫(即道德实践),以完成自己的德性人格。一个人自觉地过精神生活,作道德实践,不能不正视心性。这并不要你脱离现世人生,也不要通过烦琐的修养方式,只要有一种"觉"的工夫,能够"立志",便能于现实生活中挺立道德人格。

以上我们从五个方面进一步讨论了熊十力《新唯识论》与唯识旧师的分歧,更能体现熊十力佛学思想的真面目。

3. "本心"与"习心";"能"、"习"之别与"染"、"净"之转

熊十力心性论对于佛学和宋明理学的继承、扬弃、超越,主要表现在

---

① 徐复观:《重印名相通释序》,见熊十力著《佛家名相通释》,台北:广文书局1961年12月重印出版。
② 熊十力:《新唯识论》语体文本,《熊十力全集》第三卷,第544页。
③ 熊十力:《十力语要初续》,《熊十力全集》第五卷,第218—219页。

"本心"与"习心"、"功能"与"习气"、"染习"与"净习"的讨论上。这是《新唯识论》之《明宗》、《功能》、《明心》三大部分讨论的中心问题。

关于"本心",笔者在第二章已有了详细的分析、论证。概略言之,熊十力之"本心"是吾人与天地万物所同具的本体,本然的实相、实体、本性、真性。本心即性、即天、即仁、即理、即良知、即真宰。本心是绝待的全体,不与物相对,是宇宙的根源、人生的根据。本心是宇宙生命精神,是乾阳之性,因而不与物化,又能显现为无穷无尽的大用。"本心"范畴源于儒家心学一系。"习心"范畴源于佛教。而将"本心"与"习心"相对使用,则在阳明后学,如刘宗周亦已开始。在熊十力这里,"习心"是指凭借感官本能地追逐外在利益、事物、满足感性欲望的习惯,是习气之现起者。"习心者,原于形气之灵,由本心之发用,不能不凭官能以显,而官能即得假借之,以成为官能之灵明,故云形气之灵。……形气之灵发而成乎习。习成而复与形气之灵叶合为一,以追逐境物,是谓习心。故习心,物化者也,与凡物皆相待相需,非能超物而为御物之主也,此后起之妄也。本心无对,先形气而自存。先者,谓其超越乎形气也,非时间义。自存者,非依他而存故,本绝待故。是其至无而妙有也,则常遍现为一切物,而遂凭物以显。由本无形相,说为至无。其成用也,即遍现为一切物,而遂凭之以显,是谓至无而妙有。故本心乃夐然无待,体物而不物于物者也。体物者,谓其为一切物之实体,而无有一物得遗之以成其为物者也。不物于物者,此心能御物而不役于物也。真实理体,无方无相,虽成物而用之以自表现,然毕竟恒如其性,不可物化也。此心即吾人与万物之真极,其复何疑?"①

熊十力在这里对"本心"与"习心"作了原则分疏。② 概言之,在本体的层面上,本心是体,习心是用。本心是宇宙本源亦是吾人真性,是绝对的本体;习心是本心的发用,与物为对。在道德学的层面上,本心是人的道德理性,悬"理性自我";习心是与人的形气、官能相伴随的"感性自我"。本心能御物而不役于物;习心则追逐外在物质利欲。本心是大体、大我;习心是小体、小我。本心是心王;习心是心所。

①　熊十力:《新唯识论》语体文本,《熊十力全集》第三卷,第20—21页。
②　"本心"与"习心"也即是"道心"与"人心",其说参见《十力语要》,《熊十力全集》第四卷,第210—211页。

从道德论的角度来说,本习之别是一个原则分界。"心有本、习之殊。实则只有本心,可正名曰心,而习心直不应名为心也。然而一般人大抵都为无量无边的习气所缠缚固结,而习气直成为吾人的生命。易言之,即纯任习心趣境,而不自识何者为其自家宝藏或本来的心。佛说众生无始时来,常在颠倒中,犹如长夜。只是自己不认识自己耳。……吾人与天地万物同体的大宝藏,本崇高无上,孟子所尊为天爵者此也。然复须知,此崇高无上的,正是平平常常的。若悟得这个,才是我的真实生命。易言之,这个才是真的自己,岂不平平常常? 又复当知,若认识了真的自己,便无物我,无对待,乃至无取舍等等。于此何容起一毫执著想,何容作一毫追求想哉?"①这里以本心为真、习心为妄;本心为真实生命,习心为真的自己的异化;本心为天爵,习心为人爵。然而每一个具体的人首先是一物质生命,不能没有物质欲求,不能不面对衣食住行的问题。这难道不也是平常、真实的事吗? 自识自家宝藏,自识道德自我,与作为一个正常人之自然本性及其正当的物质利益的追求是相悖谬的吗? 熊十力这里并不曾否定正当的饮食男女等人之大欲的获得、满足,也没有去划分这种满足与过分的功名利禄无餍追求的界限,只是从道德学的进路去思考形而上的问题。但若是忽视、漠视、蔑视人的自然本性,则这个问题的形上思考也会是有缺憾的。

熊十力的本习之辨有什么样的正面意义和价值? 就道德世界观或道德形上学来说,熊十力的这一讨论,与中外道德哲学家们(包括佛学与西学)的讨论并没有实质性的区别,虽然在思想渊源的取舍和表达上有其特点。熊十力本习之辨,涵盖着绝对的义务与相对的自然、纯粹的价值王国与杂乱的现象世界、自律与他律、普遍的自我与个体的自我、理性法则与感性情欲的对立与矛盾。他似乎体悟到自我意识和生命的内在紧张与剧烈冲突。所谓"本心"是什么呢? 如果说"本心"是生命的话,那么,它是超越了、扬弃了个体性(肉体生命)的普遍性,是一种普遍的生命精神;但同时,又是每一个个体自我生命的本质。这个"本心",这个乾阳之性,这个升进、刚健、有为、纯净的生命精神是扬弃了自在存在的自为存在,是扬弃了自然本能的类的精神,因此具有超时空的无限本性。这个"本心"又是"良知"即道德的主体性,它是个体自我与普遍本质的直接统一,它扬弃了个人的任意性和个人的

---

① 熊十力:《新唯识论》语体文本,《熊十力全集》第三卷,第379—380页。

无意识的自然存在的偶然性,扬弃了个体自我的低层次欲望的满足,扬弃了现实功利幸福,从而真正具有了道德自由和道德自主,成为真正自在自为的"统一的自我"。所谓"良知"是什么呢? 不就是道德主体对其类的本质或超越本质的觉醒或发现吗?"本心"不就是一个更为根本的"自我"吗? 它超越扬弃了分裂的、异己化的自我("习心"),超越扬弃了理性律则与感性情欲等等的矛盾冲突,而以直接的绝对统一性本身为其本质。这就是我们从道德形上学的层面对本习之辨作出的阐释。

另一方面,从知识论的角度来说,本习之别是性智与量智、本体理性(道德理性)与知识理性的区别。"夫本心即性,(性者,即吾人与万物所同具之本体。)识则是习。性乃本有之真,习属后起之妄。从妄,即自为缚锢。证真,便立地超脱。难言哉超脱也! 必识自本心,即证得真性,便破缚锢,而获超脱,得大自在矣。学者或谓动物只靠本能生活,故受锢甚重,唯人则理智发达,足以解缚,而生命始获超脱。夫本能者,吾所谓染习也。动物以此自锢不待言,理智是否不杂染习,却是难说。吾人若自识本心,而涵养得力,使本心恒为主于中,则日用感通之际,一切明理辨物的作用,固名理智,而实即本心之发用也。是则即理智即本心。自然无缚,不待说解缚。本来超脱,何须更说超脱。若乃未识本心,则所谓理智者,虽非不依本心而起,但一向从日常实用中熏染太深,恒与习心相俱。即此理智亦成乎习心,而不得说为本心之发用矣。夫理智作用,既成为习心作用,纵有时超越乎维护小己的一切问题之范围以外,而有遐思或旷观之余裕,但以其本心未呈露故,即未能转习心,而终为习心转。所以理智总是向外索解,而无由返识自性也。如是,则何解缚之有,又何超脱之有。"①这里又把"返心之思"与"逐物之思"、"内思"与"外思"作了分疏。不仅如此,对于理智,熊十力亦分析为两种:一种为本心之发用,对自识本心,对人之解缚、超脱有所助益;另一种不为本心之发用,只是成为习心作用,不仅不能有助于解缚、超脱,自识本性,反而更杂染习,益为形役。熊十力对知识理性颇为警惕。他把知识理性分为两种,依据于心性论上的本习之别。这并不是说熊十力贬抑知识理性,而是说,在道德形上学领域,光靠理智是无法达致本体境界的,理智无法扬弃"习心",反而可能加强"习心",剥蚀"本心",造成"本心"的失落。当然,理智如果作为"本

---

① 熊十力:《新唯识论》语体文本,《熊十力全集》第三卷,第429页。

心"的发用,则可能促进体认"本心"。总之"本心"只是虚明澄净,人心只有断离杂染,超脱外物系缚,不致混浊浮散,处于虚纯清静之境,才能体认本体。

　　熊十力本习之辨亦源于佛教唯识学,并形成于与唯识学的论战。熊十力《新唯识论》"功能"章主要是批判护法"真如"和"种子"的所谓二重本体论的(熊十力转化为"真如"与"功能")。按熊十力之"同一"哲学,众生同源,宇宙一体,本体、功能、真如、实性只是一事。因此,熊十力批判护法的第一条是将本体与功能、功能与现象析成因果、隐现、能所、体相之两橛。熊十力认为功能既是本心,对于天、地、人、物而言乃是一种共在,没有差别,并成为每一具体的人、物之自体。按他的理解,似乎护法的功能说强调了每一有情之生体性的差异,种子、功能各各不一。他批判护法的第二条是将功能与习气混为一谈。他指责护法将功能分为"本有功能"和"始起功能",又将功能分为"有漏"与"无漏"。熊十力以为,功能既是本心,即是本有的,不可分的,无始无终,圆满具足的;说有"始起"、"有漏",都是指的习气,乃熏染所致。

　　今按,熊十力在《新唯识论·功能》对唯识旧义、对护法大师的批判,完全是一创造性误读。因为护法、唯识之种子论和习染论,的确非常复杂。按旧义,种子分"本有种子"和"新熏种子"。前者又叫"本性住种",无始以来就在第八阿赖耶识的自体中具足,具有开发万法的功能势力。"功能"乃种子之别名,且表明种子的特性、力量与作用。"新熏种子"即不是先天固有的,而是与本有种子相反,相互熏习而来的。通过第七转识的作用,在第八识的自体中,熏习现行的习气,而成"习所成种",即"新熏种子"。前七识各能熏发习气,第八识则能受持。习气藏在阿赖耶识中,即成一种新的势力,能生未来一切心物诸行。诸法的发生,大体上由本有、新熏二种子和合而生。(护法以前诸师,有主"本有"的,有主"新熏"的,相互排斥,护法取二者合生说。)种子由其性质,可分为有漏、无漏两类。各类分化又殊繁杂。习气则有"等流习气"、"异熟习气"等。如"异熟习气",指有漏善恶的前六识所熏习的种子,由善恶之因,引生的总别二报的无记果。习气是熏习的气分。习气帮助第八识和前六识一分的三界异熟种子,使其发生果报的善恶业种子。异熟习气的体是第六识相应的思心所的种子,思种子善令心、心所变为善恶法,使其发出善恶业,熏习自种子于第八识。思种子具有两重功能:一是(性质强烈的善恶种子)能引生自类果的功能;二是帮助羸弱的无记种子发生现行的功能。前者又叫做名言种子,后者又叫做业种子。(二者虽非异体,但为便于说明,在作用上立了两种名称。)①可见按唯识义,种子、功能、习气并非一层之体用关系,而是多重迭合的复杂的关系。

熊十力则不满意于将前一层次的习气,视为下一层次的种子(功能)。在他看来,功能是天事,习气是人能,二者是性习之别,亦即是天人之别。关于"功能"的本体—宇宙论意义及其与唯识学的分歧,我们在第二章已有详说。这里着重说说"功能"在心性修养论上的意义及熊十力与唯识学的分歧。熊十力指出,人们过去的意念、语言、行为,潜存在思想中,确如余势续起,形成某种习惯或定势,具有某种潜在的能力。此之谓习气或习海。其中有正面的,有负面的。前者为净习,后者为染习。前者是吾人生命精神得以正常显发的资具,如儒者所谓操存、涵养、居敬、思诚的工夫等等;后者亦能沦没吾人之真实自我,侵蚀生命。"不幸人生恒与坏习为缘,常陷入可悲之境。故哲学对于人生的贡献,要在诏人以慎其所习。(孔门的克己,印度佛家的断惑或破执,都是去坏习。东方哲学的精神,只在教人去坏习。坏习去,然后真性显。)要之,习气自为后起,本不可混同功能。尝以为能、习二者,表以此土名言,盖有天人之辨。"②这即是说,"能"是本有之天性,"习"是后起之习惯,一是天事,一是人能,如果混淆起来,可能导致人们将从人类远古一直遗传下来的拘执形气、沦溺现实生活之坏习、染习,误认为天性,因而无从自识人之为人的真性。这样,人就不可能"复性"即回归本然之性,而只可能处在"逐物"、"物化"即人性异化的境地。

关于能习之辨和下一层次的染净之转,熊十力论述了三大方面:第一,功能即活力,习气但为资具。意思是说,功能是宇宙的本体,吾人的本性,是超脱于形气,在本性上毫无障染、滞碍的。吾人具有内在固有的活力,即精刚勇悍、主宰形气的生命精神或道德主体能动性。习气无论净染好坏,都是后天人为的,是生命精神的载体。没有习气的凭借,亦不能显发功能。习气确实能左右吾人生活的某种倾向。在这里,熊十力特别强调染净之别。净习染习都是生命的资具,如果我们囿于染习这种不良的资具,生命不能解脱于缠缚之中,几于物化,则与本来的生命相违碍。生命依凭净习而后得脱然无累。但熊十力又指出,即便是净习,亦不能"乘权"、"取生命而代之",因

① 参见杨白衣:《唯识要义》,台北:文津出版社1984年10月版,第57—58页。
② 熊十力:《新唯识论》语体文本,《熊十力全集》第三卷,第259页。

为净习亦是人力，是后起而不是本性本然，亦可能妨碍天性发用并导致人性、真性的丧失。他强调儒佛修养的两面：对染习克治务尽；对净习终归浑化。意思是说，净习是达致本体呈露的，目的是使本体毫无蔽障，至本体澄明即可，此时净习已转化成为天性了。儒家工夫论认为，修养工夫不可着意把持，刻意拔高，以免犯"揠苗助长"的错误。孟子说"勿忘"、"忽助长"，程子说"明得尽时，渣滓便浑化"，即是随顺本心昭灵自在之用，保任无放失，但勿以有为遮蔽本心。所以，净习也要浑融无迹，归于无所得，达至"无"的境界，否则便是渣滓，未浑化。佛家修行的归宿亦此。

　　第二，功能唯无漏，习气亦有漏。纯净、升举，是无漏义；杂染、沉坠，是有漏义。功能是法尔神用不测之全体，吾人禀之以有生，故谓之性或性海，光明晃曜，无有障染。熊十力是绝对的"性善论"者，不允许说人之本根本性上有恶。因此，他批评大乘有宗的功能通有漏无漏说，是"鄙夷生类，执有恶根，可谓愚且悍矣"。按熊十力意思，功能纯是无漏的，习气才是有漏无漏均有的。无漏习气即净习，有漏习气即染习。有漏习气，起于染业，即徇形躯之私而起，辗转积淀，播于社会，形成社会风气，遗于种族，即名种族经验。他认为，染即是恶，"恶本无根。吾人本性无染，何故流于恶耶？只徇形骸之私，便成乎恶。王阳明先生所谓'随顺躯壳起念'是也。人之生也，形气限之，有了形骸，便一切为此身打算，即凡思虑行为，举不越此一身之计。千条万绪之染业皆由此起。须反身切究，始觉痛切"。① 他说，净业，自作意至动发诸业，壹是皆循理而动，未尝拘于形骸之私者。净即是善，顺从乎天性本然之善，即《中庸》所谓"率性"，《孟子》所谓"强恕为近仁"。染习有贪习、嗔习、痴习，均沦溺物质生活中，都不是本来清净性海中所固有的。净习亦有三，曰无贪、无嗔、无痴（文言本中将净习分为戒习、慈习、定习、勇习）。总之，习有净染。净习顺性，染习违性。染净消长，此起彼伏。吾人"自有权"，"乘权而天且隐"，即任凭所禀之形与所造之习泛滥，长此则不悟本性，不识自我。"有权"、"乘权"指个体的机动性，这里指违性之举，几乎是一种追求形骸之私的本能、潜势、习惯。

　　第三，功能不断，习气可断。功能体万物而非物，本无定在，故无所不在，无始无终，永无断绝。熊十力说，即使一个个具体的人死了，作为类的本

---

① 　熊十力：《新唯识论》语体文本，《熊十力全集》第三卷，第265、266页。

心本性、道德价值则不随形销而殆尽。"形者,凝为独而碍;性者,本至一而无方。人物之生也,语性则一原,成形则不能不各独。形者质碍物,固非复性之本然已。但此性毕竟不物化,其凝成万有之形,即与众形而为其体。自众形言,形固各别也;自性言,性则体众形而无乎不运,乃至一而不可剖、不可坏。不可剖与坏者,贞也,性之德也。若乃人自有生以后,其形之资始于性者,固息息而资之。非仅禀于初生之顷,后乃日用其故,更无所创新也。易言之,是性之凝为形,而即以宰乎形、运乎形者,实新新而生,无有歇息之一期。"①这里有两层意思:第一,形虽有成有毁,性却不随形坏而亡;形虽有个体性,性上则无区别;形虽有拘碍,性则无形无相。总之,作为类的性,是绝对的,一原的,永恒的。第二,形性结合为个体人之后,各人都具有性体之全,每一时每一刻都资之以生。性体是无尽的宝藏,不同的人、同一个人不同时期对它的开掘、发现、体悟是有差别的。熊十力吸取王船山的性论,批评佛学和宋明儒中有些人认为人性仅仅禀于"初生之顷"的论断,因而不同意"复初"之说,主张"创新",主张"性日生日成",使吾人的生活,新进不已。这后一点很有创见。

功能不曾间断,习气则"非定不断,亦非定断"。原因是:"染净相为消长,不容并茂。如两傀登场,此起彼仆。染习深重者,则障净习令不起,净习似断(非遂断绝也,故置似言)。又若净习创生,渐次强胜。虽复有生以来,染恒与俱,而今以净力胜故,能令染习渐伏乃至减断。断于此者,以有增于彼,故概称习,则仅曰可断,而不谓定断也。为己之学,无事于性,有事于习;增养净习,始显性能;极有为乃见无为,尽人事乃合天德;习之为功大矣哉!然人知慎其所习,而趣净舍染者,此上智事。凡夫则鲜能久矣,大抵一向染习随增,而净者则于积染之中偶一发现耳。若乃生品劣下者,则一任染习缚之长躯,更无由断。其犹豕乎!系以铁索,有幸断之日乎?故知染习流行,倪非积净之极,足以对治此染,则染习亦终不断。要之,净习若遇染为之障,便近于断。染习若遇净力强胜,以为对治,亦无弗断。故习气毕竟与功能不似也,功能则决不可计为断故。"②

至此,熊十力性(能)习之辨、净染之转的真意就非常明白了。他强调

---

① 熊十力:《新唯识论》语体文本,《熊十力全集》第三卷,第270—271页。
② 熊十力:《新唯识论》语体文本,《熊十力全集》第三卷,第272—273页。

创起净习、增养净习，由染转净，在创造活动中，防止本来的生命被有漏习气侵蚀。这就是：无以染习害性，创起净习显性。性是无为，修（习）是有为；性上不容着纤毫之力，而修习上则要创增；极习之净，徵性之显。通过反求诸己，实落落地见得自家生命与宇宙元来不二，而切实自为。总之，"不宠习以混性，亦不贵性而贱习。虽人生限于形气，故所习不能有净而无染，此为险陷可惧。然吾人果能反身而诚，则舍暗趣明，当下即是。本分原无亏损，染污终是客尘。坠退固不由人，战胜还凭自己。人生价值，如是如是，使其生而无险陷，则所谓大雄无畏者，又何以称焉？"①他发挥"继善成性"说，着力主张以创起净习的后天人事、修养工夫促进固有、本来天性的显发、拓展。"夫染虽障本，而亦是引发本来之因。由有染故，觉不自在。不自在故，希欲改造，遂有净习创生。由净力故，得以引发本来而克成性。（性虽固有，若障蔽不显即不成乎性矣。故人能自创净力以复性者，即此固有之性无异自人新成之也。）……故学者首贵立志，终能成能，（《易》曰'圣人成能'。人能自创净习以显发其性，即是成能也。）"②

　　由此不难看出，熊十力先生能（性）习之辨、净染之转的理论，渊源于唯识学、宋明理学而又有所创新。他的能（性）习之分，即已涵盖了宋明儒的"天地之性（义理之性）"与"气质之性"的分疏，而以创增净习以显性，修正了"过恃天性"的"贵性"、"主静"、"守固"、"复初"之说。尤其是批判了包括王阳明良知说在内的"减"、"灭"论，强调了"增创净习"、"成能才是成性"的"天性人创"论，突出了心性论上的"尊生"、"主动"精神。③就心王（性、本来）和心所（习、后起）的关系而论，熊十力基本上吸收了唯识义理；在关于"功能"与"习气"的问题上，虽然批判了护法，但仍然融合了护法学说的精义，只是更为简易直截地凸显了本心本性的唯一性、纯洁性，及其作为道德本体和主体的能动性、创生性。他并不同意《大乘起信论》将自性清净心分裂为净心和染心之说，而将净染统统降低到习心、习气的层面。在净染、习染问题上，熊十力融合了"心性本净，客尘所染"的印度佛教原说和中土《大乘起信论》之"心性本觉，妄念所蔽"之说，指出由染转净的路子不是

---

① 熊十力：《新唯识论》语体文本，《熊十力全集》第三卷，第273页。
② 熊十力：《新唯识论》文言文本，《熊十力全集》第二卷，第145页。
③ 详见本书第三章"性修不二"节。这两节请互参。

寂灭寂静,而是创生不息。只要发挥道德的能动性,创起净习,普通平凡的人也能成就圣贤人格。我们在上面论证他在生灭流转问题上,以积极人生态度批评佛教心性论的"寂灭寂静"说,与本节论述的他的本习之辨、能(性)习之别、创净舍染论,在逻辑上是一致的。熊十力心性论通过吸取、改造佛学,最终落脚在"天人合德,性修不二"上,在总体上认同儒家心性论,并对宋明心性论有所推进。

不难看出,熊十力先生心性论没有突破儒家心性论的限制,特别是没有分疏人的道德本性、自然本性与社会本性,也没有分疏人的自然欲求的合理性与不合理性。熊十力根本上不承认人性有负面,负面只是在习上,而习、业方面的杂染只是徇形骸之私,随顺躯壳起念。这种性习论、净染说本身不是没有毛病的。熊先生没有深究形骸之私对于个体人和类的人的本性的沉淀。实际上,不能否认它亦是人之性。如果我们要改造儒家心性论,我想至少我们不能只是在习上分净染,而且要从根本上肯定人的自然本性,继而分疏自然本性发用流行的两面。熊先生把恶、染只放在习的层面上,认为它们只是违性之举,这一思路说明不了个体人更说明不了整个社会的所有的道德伦理问题。即使充分考虑人的自然本性,光从性上说也还是不够的,甚至光从习上说也是不够的。熊先生的性论、习论,都没有涉及具体社会客观面各种条件,包括道德环境、氛围、教育、影响及他律制约的诸多问题。因此,要使这种心性论作一转型,至少要由内通到外,要充分研究社会的与个体的道德意识、心理、行为、品德、修养等等形成、发生、运作的各种内外在机制及相互间复杂的联系。例如,就是分疏"净习"与"染习"的发生、发展及相互作用,熊先生所论还是十分狭窄的、平面化的,维度不够的。①

三、熊十力佛学思想之检讨

1.诸种批评的失当

熊十力先生批评佛学完全是为了借题发挥自己的哲学体系。应当承

---

①　傅伟勋说:"以孟子性善论为正统的儒家心性论,由于采取了道德的理想主义立场看心性问题,因此也忽略了个体特性与社会共性及其相互关联的科学研究。"(《从西方哲学到禅佛教》,北京:三联书店1989年版,第449页。)此说有一定道理。

认，如果不从儒佛判别上，不从熊十力哲学体系的阐发上考虑问题，当然可以发现熊先生的一些失当之处。

例如，熊十力先生为了阐发体用不二之论，批评旧唯识师的种子与现行犯了"两重世界"的错误，种子与真如犯了"两重本体"的错误，这些批评不能说没有一点根据，但与唯识学原义仍有一些差距。按佛学原义，种子是一种潜能，种子与现行互为因果，种生现界，并非绝对隔碍。唯识学的"真如"范畴是一个认识论的范畴，而不是本体论的范畴。他们反对把"真如"说成是摄一切法、生一切法的，而把这一任务留给阿赖耶识。熊先生的批评，是据真如缘起论者、《大乘起信论》、台、贤、禅的思路，把真如看成一切法的本源、一切事物现象的生因、本体，故批评唯识学犯了二重本体之过。

熊十力先生的确把佛学的根本大义——缘起义放到一边，"废缘生而谈显现，废因缘而立本体，斥因果而谈体用，建立一定性真常独立之本体，以为生化万象之机"①。"不明立种深意，于是缘起义遂昧；缘起之理不彰，于是外道之说斯起。一误现象以种子为体，二误现象以真如为体，三误两体对待有若何关系。"②这些反批评抓住了熊十力的主要误解。从诠释学的观点看，误解、曲解、借题发挥、六经注我，是思想史发展的机巧。但从学问家的观点看，熊先生把佛法的中心问题因果相关的缘起说放在一边，离开因果缘起的相依相反去说本体、势用、转变、生灭，却是有毛病的。佛教的主题不是本体论，以如来藏、真如、圆成实性、菩提、涅槃等说为宇宙本体、实体，也需要具体分析。熊先生发挥"仁心本体"、"体用不二"之说，言主宰、言大用，确立德性本体的至上性、唯一性、真实性，实在就不便讲缘起、依他，而必须讲本有、依自。如果讲众缘互相借待而诈现为心，心无自体，那么离开诸缘便没有"本心"了。因而他不能不回避缘生说，而一切以体用义覆盖、取代。

熊十力先生曾经批评护法把佛学原来的缘起义变成了构造论，"把众多的缘，看作为一一的分子，于是把所谓心看做是众多的缘和合起来而始构成的。……好似物质是由众多的分子和合而构造成功的"③。这种批评也

① 王恩洋：《评〈新唯识论〉者的思想》，《文教丛刊》1945 年第 1 期；又见《熊十力全集》附卷（上）。
② 刘定权：《破新唯识论》，《内学》1932 年第 6 辑；又见《熊十力全集》附卷（上）。
③ 熊十力：《新唯识论》语体文本，《熊十力全集》第三卷，第 73 页。

是一种借题发挥。他明明是反对唯识学烦琐的心的分析,反对所谓"集聚名心"之说,反对对"仁心"或"良知"本体的肢解、剖割,于是说护法把缘生说变成了构造论,然后再批驳这一假设的谬误。按"缘起性空"的道理,我们可以否定现象世界的真实性;依据同一逻辑,我们也可以否定道德本体与主体的真实性、能动性、创造性,这就是熊十力讲体用玄学而不讲缘起佛理,讲"依自"而不讲"依他"(章太炎亦如是)的原因。

熊十力先生对空有二宗的平章,也是佛教界聚讼不已的大问题。吕澂说他对空有的评价,"全按不得实在"。印顺指出,熊十力指出空宗的要旨是"破相显性",然而,遮拨现象恰恰不是空宗的面目,其精义明明是"不坏假名——不破现象——而谈实相"。相反,"破相显性"恰是空宗的敌者——有宗的理论,如唯识学主张空去遍计所执而显真实性,即圆成实性。①

即使是在儒佛心性论异同方面,也有论者批评熊先生的粗疏。孔孟说性情,只揭出哲人清净心地原与天道不隔,继善成性,率之以行,即能履中蹈和,崇本达道,故有"先天而天弗违,后天而奉天时"及"尽心知性知天"之妙境。"释迦则身兼二职:一面证立圣智境界,揭出真如清净本原,以成佛性;一面发现世俗昏妄念动,指出惑障迷途,悬为戒禁。一以意成自己法身;一以教戒众人去惑。慈悲佛慧盖寄于此。""孔孟所体认之性情,两善俱举,原属一贯,不可分截。舍性以言情,情无所本;舍情以说性,性无可验,其失均也。佛家之言性与情,则善恶分辨彰明较著,故就心识行相上力求转舍依末那而起之妄情,转依纯净赖耶之善性,准是以言,儒佛两家见性则同,衡情特异。准儒家言,率性笃行,可验情善;据佛家说,任情妄动,便违性本。两者异趣,不可穿凿附会,误为齐一也。"②方东美认为,熊先生讲性是本有的,情识或习气是后起的,有违孔孟儒学性情一贯是善的道理,而于佛学性善情恶的道理未能通达,于诸识流转义与"舍"、"依"义均未重视。佛说性善情恶,持之有故。熊十力所谓性为本有,情或习气为后起,却损佛意。

刘定权曾批评熊十力于唯识师义"顺者取之,违者弃之,匪唯弃之,又

---

① 印顺:《评熊十力的新唯识论》,《熊十力全集》附卷(上)。
② 方东美:《与熊子贞先生论佛学书》,《中国大乘佛学》,台北:黎明文化事业公司1986年再版,第666、667页;又见《熊十力全集》附卷(上),第128、129页。

复诋之"。相信这话也是事实。熊先生创造《新唯识论》，随在取、破一切思想资料，或融会，或改造，真正的"依自不依他"，若以严格的学问家格之，或恐漏洞百出。但他是哲学思想家，意在创造自己的体系。许多论者确能从细节上正熊先生之失，但在大关节上，终驳不倒他。

2.借题发挥的意义

唯识学有唯识学的范式，熊先生有熊先生的范式。语码不同、释义不同，争辩起来难免郢书燕说，隔靴搔痒，或者是"关公战秦琼"，各说一套，格格不入。

但新旧唯识学的区别和儒佛心性论之辨析毕竟有其意义。熊十力先生借助于唯识学的思辨，但根本反对佛学的世界观、人生观和方法学。他以人文主义的立场、积极有为的人生态度批评佛学的出世思想，尽量冲淡佛学的宗教气氛，加深人生的意味。他又借助于佛学净化道德的思想内容，同时加以超拔，试图以心性本体为核心，以"体用不二"为框架，建构道德形上学的思想体系。欲挺立道德本体，就不能不批评佛教的"寂灭寂静"观和"八识种现"、"见相二分"等一系列思想方式。

熊十力先生的《新唯识论》走的仍然是佛教中国化的路子，是沿着《大乘起信论》——台、贤、禅——宋明儒的路子走的。例如冲淡佛学宗教氛围，强调自性自发，人人成佛，直取自心，不向外求，简明修道方法，加深人生意味，并与修、齐、治、平等大群人生社会联系起来。他试图对于道德实践所以可能的根据作形上学的论证。

问题在于，熊十力先生是面临西学的冲击来讨论这些问题的，而且很多问题他是借回答佛学、批评佛学来回答西学、批评西学的。那么，这个思路还适不适用呢？在熊十力、贺麟等以历史上没有出现"佛化"的中国文化而出现的是"化佛"的中国文化，来提倡"华化"、"儒化"西方文化的时候，我们不妨冷静下来想想，佛教中国化的路子适应不适应西学中国化？"化西"如何化？

当宋明儒家发现佛教有高深系统的理论时，他们以中国人对世界、对人生的基本看法建立了形上学、心性论、宇宙论、伦理学等等，在融会佛道的条件下，成就了宋明儒学。

现代新儒学似乎想再圆一梦，但路子却是陈旧了一些。按熊十力先生的观法,仍然是"先立乎其大者"。这个"大"是不容怀疑、不证自明的,以此可以省略一切,特别是省略逻辑的严密性和具体、科学的分析。在这种实用理性的思考方式下,仍然是先内圣、后外王,重性智、轻量智,如此等等。

熊十力先生对有清一代的学术,对戴东原、对考据学,基本上放在"等而下之"的地位,甚至颇有贬抑。这与他对唯识方法、对西方科学所持态度一致。其实熊先生应当回应的是科学理性与道德理性的融贯,如何地"各致"、"互济",创建一新的中国文化系统。以现代的科学理性为现代人的新的道德实践和文化价值的创造立根,应当是明末以降中国文化与西方文化融合的大的方向。

熊十力以回应佛学的迂曲方式来回应西学,所得出的结论仍然是道德自我或心性高于一切,虽然批评了佛学空寂的心性不利于创造客观面的文化,但讲来讲去仍然是内圣、返本、反观心性。相对于佛学来说,儒学容或有实际客观的"外王学",然相对于西学来说,儒学的这点本来就弱的、又建筑在道德理想主义之上的"外王学"实在是太脆弱了。

一切都讲体会、体验,一切都讲"简易",忽视科学的严密的分析和理论的建树,这种实用理性的方式,禅宗、心学的方式,和那种教条主义、本本主义的方式,欧阳竟无内学院的方式,其实都不能有助于西学的中国化。

熊十力先生佛学思想的讨论引起我们提出这样一个问题。"化佛"的中国文化的路子,不一定适用于"化西"的中国文化的路子。而就心性学而言,道德主体的高拔、道德自律的强化,而没有科技与认知主体的地位,没有与之配合的、给个体以一定自由度的道德他律,一样地会沦落到"寂灭寂静"的田地,或许会更惨。缺乏理论的中间架构,屈从于后期封建社会的伦理秩序和道德他律,缺乏客观面、多样式的文化创造的激活,心性之学在后期封建社会已经发生了异化。熊先生批评了这种异化,但没有从心性学自身去寻找内部原因。

绝不是说熊十力先生的理论体系不具有现代形态,也不是说他主张非理性主义、神秘主义的方式。值得提出思考的是,人文哲学的体系,较多地看到唯科学主义、工具理性局限的思想体系,最后总是偏重于人生的体验、反躬自省、抉发并体认"真正的自我",向往最高的道德理想主义的境界。这不仅以中国的哲学为然,现代西方哲学也莫能外之。这是它们的特点或优点,也许它们的缺点也包含在这里。

第 五 章

熊十力的经学思想

——"政治—历史哲学"阐秘

熊十力的政治—历史哲学,着力表现了他以现代批判传统、防止传统僵化的一面。这与他参加辛亥革命有密切的联系。

熊十力与他的思想前驱——康有为、梁启超、谭嗣同、章太炎,有许多相似之处,除了运用佛学的思辨武器之外,还有一大共同点便是借助经学的形式外壳,发挥微言大义。当然,佛学也好,经学也好,在他这里和在康、梁、谭、章那里,取舍、发挥的内容、形式,各各不一。正如他不是佛学专门家一样,他也不是经学专门家,佛学、经学都为他所用,以营建他的哲学体系,阐发他的独特的思想。他的经学著作大体上有《读经示要》(1945)、《论六经》(1951)、《原儒》(1956)、《乾坤衍》(1961)等,此外,《十力语要》和《十力语要初续》中的许多短札均有所涉及。熊十力习惯于《庄子·天下》所说的"内圣""外王"学的结构,他的经学著作(实在与我们心目中经师的著作大异其趣)亦分成这样两块。"内圣学"就是本体论、心性论,也就是他所谓"成己之学",笔者在前数章多有评述;"外王学"即是科学和社会政治—历史哲学,也就是他所谓"成物之学"。本章拟着重讨论他的政治—历史哲学。

有清一代,乃古文经学的全盛期,所谓乾嘉朴学大师惠栋、戴震、王念孙、王引之、段玉裁、俞樾、孙诒让等,在文字训诂、汉学考据、经学发掘整理方面,取得了辉煌的学术成就。章太炎乃古文经学的殿军。尽管这一派的某些经师有烦琐考据、"治经不敢驳经"的弊病,然而为后来的清末今文经学派恣意发挥的《周礼》和为后代思想家重视的《墨子》等等,完全有赖于此派学者的整理和注疏。而且,至孙诒让,批判精神就相当强烈了,至章太炎,则不仅能批判经书,批判今文家,也能批判古文家了。

清朝道咸以降,今文经学异军突起,大大适应了具有启蒙意识的知识分子冲出中世纪的需要。此派以阐发《春秋公羊传》为形式,实则以"三世"、"三统"之说,托古改制,昌言救世。其代表人物有庄存与、刘逢禄、魏源、龚自珍、王闿运、廖平、康有为、陈千秋、梁启超、谭嗣同、夏曾佑、皮锡瑞等。晚清今文经学,成了睁开眼睛看世界的维新派及其前驱的主要思想武器,具有极大的时代意义。

熊十力在青年时代主要受到今文经学的影响,进入学界之后,仍然以今文经学家的态度和风格,发挥己意。但他绝不囿于成说,什么家法、师法、学统、门户,他都不讲。他于古、今、汉、宋之学,均有所取,更有所破,纵横驰骋,活脱脱又一种"依自不依他"。因此,熊先生的经学有其出入于其中的思想个性。总之,他以"六经注我"的态度,超越了古、今、汉、宋的藩篱,而且发出了许多"非常异议可怪之论"。他在《论六经》开篇便说今古文家并是考据之技,要皆不通"六经",甚至连廖平、康有为一派,与孙诒让、章太炎一派,乃至章学诚,都被他批评为不懂"六经"意蕴。不过熊十力所阐发的《周礼》《春秋》之意蕴——"社会主义与民主思想",实在令一般人难以悟解。那么,他怎么样,以及为什么要对孔子思想和六经意蕴,作出新的诠解呢?

我想拂去熊十力经学著作中的许多枝蔓之辞,直接评述其中有价值的内容。

一、经学外壳下的政治哲学

熊十力政治哲学研究的背景和迂曲的途径,可由以下一段文字表达出来:"余伤清季革命失败,又自度非事功才,誓研究中国哲学思想。欲明了过去群俗,认清中国何由停滞不进。故余研古学用心深细,不敢苟且。少年时读五经,嗤孔子为宗法思想,封建思想。便舍之弗顾。后来专心佛学多年,又不敢苟同,而自有所悟。回忆《大易》一经,早已开我先路。于是又回到孔子六经。"①这段自白至少有如下两层意思:第一,作为辛亥革命的参加

---

① 熊十力:《乾坤衍》,《熊十力全集》第七卷,第344页。

者和从失败的痛苦中觉醒的一员,他对"过去群俗"与传统哲学思想的研究和批判,具有一个非常现实的目的——"认清中国何由停滞不进"。或者说,他是从现实出发,回过头去总结、清理历史的。第二,他由背离孔子"六经",通过出入于佛学,又回归到孔子"六经"。他通过所谓的"辨伪",区别真经与伪经、真儒与伪儒、真孔子与假孔子,改写经学史与儒学史,重新阐释《大易》《春秋》《周官》《礼运》①,并把它们提扬到这样的高度,即以上"四经"在内圣学上透悟了宇宙本体、人生真实,在外王学上确立了人极、人道、大公、均平等社会生活原则。他把自己的心志和改革社会的计划,统统寄托在改铸《易经》等经典之上。因此,紧接着上段引文,他说:"《大易》一经是五经根本。汉宋群儒,以《易》学名家者,无一不是伪学。其遗毒甚深,直令夏族委靡莫振。余实痛心。久欲讲明《易》学,复兴孔子之道。"②这就是说,他由现实批判回复到历史批判之后,仍然停留在重新解释历史上,没有再走出来。尽管他可以把近代政治原则和社会思想的某些内容赋予"六经"以新意,但这对于现实批判,毕竟相距太远了。他所处的时代,毕竟不是康有为、章太炎的时代,以经学作为套子或形式,实在没有必要了。

　　熊十力政治哲学的内在矛盾与张力就在这里。不仅内容与形式发生了矛盾,而且主观与客观也发生了悖谬。从主观面说,他企图总结辛亥革命失败的教训,甚至试图作出理论补课,表现了革命理论家的自觉;从客观面说,尽管他赋予"六经"以"民主政治"的意蕴,重新改铸孔子的形象,但不管在

---

① 按:熊十力一般只提这"四经"。他认为:《易》为孔子晚年所作,爻辞亦孔子作,非周公作。"五经"皆成于《易》之后,原本于《易》。《春秋》三世义乃孔子为万世开太平之理想,与公羊寿师弟之意,有天渊之别。"三礼"(《仪礼》、《周礼》、《礼记》)之中,《仪礼》创自周公,为熊氏所否定,《礼运》本《礼记》中的一篇,熊氏认为此篇为独立之一经。《周官》(即《周礼》)、《礼运》二经系孔子根据《春秋》创作。熊氏以此二经为"新礼学",与《春秋》相辅而行。《礼记》集成于汉人之手,其中《乐记》、《礼运》、《大学》、《中庸》等篇为孔子所作,但被汉人改窜,改窜者大抵采集六国孝治论派儒生之著述,因此需要甄别。《诗》为孔子删定,重点在"兴观群怨"。《书》则以孔壁出之古文尚书为孔子修定之真本,由汉代君臣不肯以此书行世,推想孔子之书,决不利于皇帝。《乐》经不传,孔子精义见《乐记》一篇。这就是熊氏关于"六经"的所谓"考订"、"辨伪"之结论。有趣的是,熊氏判断的原则是,凡"六经"中有崇拜天子、拥护帝制的,绝不是孔子原文,而是秦汉诸儒生塞进的私货。熊氏重点在发挥《易》、《春秋》、《周官》、《礼运》的微言大义。

② 熊十力:《乾坤衍》,《熊十力全集》第七卷,第344页。

理论上或实践上,都不可能有多大意义。人们读起来,总有恍若隔世之感。不是说不能从"六经"里面发掘出走向现代的根芽或要素,也不是说,这些根芽或要素对于现代化完全没有意义或作用,但完全以"六经"(哪怕是作了重新解释)来立体、开用、成己、成物,则只能是一厢情愿的,与现实隔膜的,因为现代社会组织结构、运作机制与古代完全不同了。

那么,熊十力以经学形式来谈政治哲学,就没有一点意义吗?据我看来,意义在于对中国的过去,从"群俗"层面到哲学层面进行理性的批判,以及找到一些传统与现代接榫的根据、根芽。

1. 对专制主义的抨击

中国何由停滞不进呢?作为一位辛亥志士,这个原因是比较容易找到的。当然,熊十力没有从经济上找原因,主要从政治制度和思想文化上找原因。他说:"中国之衰在一统,中国人非弱于科学思想者,亦非无民主思想者,惜乎秦以后之环境囿之耳。"①"吾国人今日所急需要者,思想独立、学术独立、精神独立,一切依自不依他,高视阔步而游乎广天博地之间"②。

"五四"以降,人们往往把中国文化和封建主义、儒家传统和封建意识看成是一而二、二而一的事情。熊十力却主张把这二者剥离开来。他认为,恰恰是二千年一统天下的专制主义,窒息了中国文化特别是儒学传统中的活的精神。"二千余年学术,名为宗孔,而实沿秦、汉术数之陋,中帝者专制之毒。"③"自汉代以迄于清世,天下学术,号为一出于儒,而实则上下相习,皆以尊孔之名,而行诬孔之实。"④熊十力要改铸孔子的形象,则不能不摧毁汉初群儒树立的偶像,但又不同意"五四"思想家的摧毁方式,因此提出复兴晚周儒学的"活的精神"和孔子"六经"的"本来面目"(尽管在一定意义上是熊氏自己的面目)。这样,他就比较准确地抓住了"中国何由停滞不进"的思想方面的原因,而又不至于全面抛弃传统文化。我认为这是他高于"五四"思想家的地方。

---

① 熊十力:《十力语要初续》,《熊十力全集》第五卷,第55页。
② 熊十力:《十力语要初续》,《熊十力全集》第五卷,第25页。
③ 熊十力:《读经示要》,《熊十力全集》第三卷,第996页。
④ 熊十力:《读经示要》,《熊十力全集》第三卷,第761页。

他说:"汉初,群儒拥护帝制,自不得不窜乱孔子六经以为忠君思想树立强大根据。……汉人拥护帝制之教义,约分三论:一曰三纲五常论。二曰天人感应论。三曰阴阳五行论。"①"汉初,帝制既稳固,诸儒以秦时焚坑之祸为戒,大都变易前儒之操,一致拥护帝制,于是改窜孔子之六经以迎合时主。……(三纲者),其本意在尊君,……但以父道配君道,无端加上政治意义定为名教。由此有王者以孝治天下,与移孝作忠等教条,使孝道成为大盗盗国之工具,则为害不浅矣!"②"儒家重孝弟,此理不可易。但以孝亲与忠君,结合为一,甚至忠孝不两全时,可以移孝作忠,如亲老而可为君死难之类,因此,便视忠君为人道之极,更不敢于政治上考虑君权之问题。此等谬误观念,实自汉人启之。《论语》记孔子言孝,皆恰到好处。皆令人于自家性情上加意培养。至《孝经》便不能无失。于是帝者利用之,居然以孝弟之教,为奴化斯民之良好政策矣。章太炎曾以《孝经》与《大学》并称,却甚错误。"③"尊父与尊君相结合,遂使独夫统治天下之局特别延长,社会各方面并呈衰退之象,此研究中国古代学术者,所不可不知也。"④这里,熊十力先生对三纲五常、愚忠愚孝,特别对专制制度,进行了猛烈的批判。虽然这些批判都没有超过"五四"时代的思想家,但毕竟揭示了专制主义的君权政治与礼教(孝治)的关系,批判了儒教的奴化作用,并作为负面加以鞭笞。这表明熊先生对儒教异化的批判是不留情面的。这种批判,是熊先生对儒学加以洗汰、重建工作的重要部分。当然,熊先生对"考"的批评也有过头的地方,把孟子与"考治"扯到一起,予以批判,也是不妥当的。

熊十力先生把这些批判与古代知识分子的气节操守、思想意识和学术传统联系起来,虽未能从根本上抓住问题的实质,倒也有一些发人深省的地方。他在《乾坤衍》中慨叹"每念皇帝专制之毒,何故容忍如是长久",寻找的原因则是学术思想界本身不健康,如"小康学派"以其在学术思想界窃取的地位与影响,"实导后人趋于迷乱之途,莫求正解。不仅流毒汉世,而其毒之伏于二千余年经学界者,直与皇帝专制之局相终始。甚至帝制告终,而

---

① 熊十力:《原儒》,《熊十力全集》第六卷,第 389 页。
② 熊十力:《原儒》,《熊十力全集》第六卷,第 385—386 页。
③ 熊十力:《读经示要》,《熊十力全集》第三卷,第 766 页。
④ 熊十力:《原儒》,《熊十力全集》第六卷,第 766 页。

小康派所遗传之自私自利、缺乏正义感、缺乏独辟独创的识力、固陋、卑狭、偷情、委靡，乃至一切恶习，延及于今，恐犹未易除其根也。"①他把帝王专制制度存在的原因归结为知识分子的道德不佳，是有毛病的；其正确之处在把知识分子的劣根性与专制主义和蒙昧主义，看做是相表里、相终始的事情，指出没有知识分子的独立地位、独立人格，没有学术思想的真正自由，就只可能依附于皇权，委身于专制主义。在熊十力先生看来，真正的儒者精神，真正的孔子精神，就是"贬天子、退诸侯、讨大夫"的传统，就是"民为贵、社稷次之、君为轻"的原则，就是"三军可夺帅，匹夫不可夺其志"的情怀。

熊十力根据《礼运》"大道之行也，天下为公"一段与"小康"一段，把古代知识分子的传统分疏为"大道之儒"或"大道学派"的传统与"小康之儒"或"小康学派"的传统。追溯源头，熊十力的解释是：孔子早年被束缚于尧舜禹汤文武之小康礼教中，尚无革命与民主思想，五十学《易》之后，孔子在内圣学和外王学两方面，发生了质的飞跃。就外王学而论，根本改变了从前欲依靠统治阶层以求行道的想法，于是始作"六经"，创立大道学派。② 孔子"天下为公"的理想和制度，主要体现在其所著《大易》、《春秋》、《礼运》、《周官》"四经"之中。《大易》"一曰倡导格物学（古代格物学，今犹云科学）。二曰明社会发展，以需养为主，资具为先（资具，犹云生产工具）。"③"不明孔子注重格物之精神即无从研究其外王学。"④他在这里认为中国科学精神实萌生于《易经》、孔学。他又说，《春秋》"贬天子，退诸侯，讨大夫"，旨在废除统治阶级与私有制，而实行"天下为公"之大道。"《春秋》拨乱世而反之正，贬天子、退诸侯、讨大夫。曰贬、曰退、曰讨，则革命之事，所以离据乱而进升平，以几于太平者，非革命，其可坐而致乎？"⑤《礼运》之"大同"学说，犹是升平世图治之规模，为趋于太平世作准备。而《周官》之根本旨趣，是"均"与"联"。"均"即均贫富、智愚、强弱；"联"即以均平之原理，从解决经济问题入手，联合人民。他甚至说："《周官经》为拨乱开基之

① 熊十力：《乾坤衍》，《熊十力全集》第七卷，第415页。
② 参见《原儒》附录《六经是孔子晚年定论》，《熊十力全集》第六卷，第746—785页。这个命题本始自廖平，但熊氏解说更为新奇。
③ 熊十力：《原儒》，《熊十力全集》第六卷，第458页。
④ 熊十力：《原儒》，《熊十力全集》第六卷，第547页。
⑤ 熊十力：《论六经》，《熊十力全集》第五卷，第667页。

制,其作动民众自主力量,与严密地方制度,及注重各种生产事业之联系,一切都是化私为公,易散为群,如何不是社会主义的造端。"①熊十力认为,孔子外王学的真相是"同情天下劳苦人民,独持天下为公之大道,荡平阶级,实行民主,以臻天下一家、中国一人之盛","即是不容许统治阶级与私有制存在"。②熊十力说,孔子原说为"无君之论","孟、荀虽并言革命,而只谓暴君可革,却不言君主制度可废,非真革命论也。"③请看熊十力之"孔子",废除君主制度,荡平阶级,实行民主,不容许统治阶层与私有制存在,化私为公,易散为群,等等,这就不仅仅是革命民主派思想领袖,而且是具有社会主义乌托邦理想的思想先驱了。这当然是熊十力的美化,但至少可以看出,他本人多少有一点乌托邦思想,并把 20 世纪 50 年代初期的合作化、公私合营等等"均"与"联",和古代社会理想联系了起来。

以上是"大道学派"的政治社会理想与主张。熊十力先生说,坚持孔子"五十学易"之前的保守思想的孔门弟子,与传播孔子"五十学易"之后的革命思想的孔门弟子,形成了"小康"、"大道",保守、革新二派。他认为,战国时期,孟子、荀子变乱改易大道之学,韩非思想直接为专制主义张目。④秦汉时期,焚书坑儒,罢黜百家,定伪孔、伪经于一尊,大道之学绝嗣。汉代经师,无论是今文家公羊寿、胡毋生、董仲舒,还是古文家刘向、刘歆父子,都是曲学阿世、"献媚皇帝、拥护统治"的小人儒,与大道之学相距不可以道里计。按熊十力的看法,《易经》政治哲学的灵魂是"群龙无首"的思想。自青年时代参加辛亥革命时始,他就将"群龙无首"解释为自由、平等,人各自尊、自立、自主,而反对在庶民之上君临一位封建帝王。直到《原儒》,他解释《乾卦·文言》"亢龙有悔,穷之灾也"和《易大传》"穷则变,变则通,通则久"为:"独夫统治天下,其势已穷,灾害将至也。……可见帝制非革除不可。"⑤他又说,《易经》中的《鼎》、《革》二卦和《春秋》三世说相互发明,去

---

① 熊十力:《原儒》,《熊十力全集》第六卷,第 775 页。
② 熊十力:《原儒》,《熊十力全集》第六卷,第 450、451 页。
③ 熊十力:《原儒》,《熊十力全集》第六卷,第 449 页。
④ 今按:熊氏对商韩法家之学常持尖锐的批判态度,讲过法家思想,后由胡哲敷发挥,专门著成《韩非子评论》,对皇权专制主义与法、术、势的关系,颇有精到的研究。在《六经是孔子晚年定论》中,认为"庶人不议"非孔子原旨,乃奴儒、贱儒吸取商韩维护君主极权制度思想,妄行增窜。
⑤ 熊十力:《原儒》,《熊十力全集》第六卷,第 443 页。

故取新,革故鼎新,是"大道学派"的活的精神。而孔子"六经"的这样一些革命民主思想,被汉儒篡改为"天尊地卑,乾坤定矣"的不变论和定位说,董仲舒等甚至以"天不变,道亦不变"等"种种顽陋不堪之论迎合皇帝,明明背叛《大易》、《春秋》"①。汉代"奖孝弟,使文化归本忠孝,不尚学术。奖力田,使生产专农业,排斥工商。其愚民政策,曲顺人情。二千余年帝者行之无改,虽收统治之效,而中国自是无进步。"②"二千余年来,国人失其刚健创进之活气。"③

熊十力先生在内圣学上对宋儒多有所取,在外王学上对宋儒多有批评,认为"宋儒倡鞭辟近里切己之学,可谓知本,惜其短于致用"④;"宋儒之最可责者有二。一、无民族思想。二、无民治思想"⑤;其"绝欲"主张"弄得人生无活气";其"主静"思想,脱离实际,"把日常接触事物的活动力减却许多";"这两个主张殊未能挽救典午以来积衰的社会"⑥。

相比较而言,熊十力认为明清之际诸儒真正继承了"大道之学"的传统,一再肯定王船山、顾炎武、黄宗羲、方以智、傅山、颜元、李二曲、唐甄、吕晚村等,对皇权专制主义的激烈批判,重申"天下者非一人之天下,天下人之天下也"。他又说:"经济(按指经国济民)之科,自宋陆子静兄弟及邓牧,并有民治思想。迄晚明王船山、顾亭林、黄梨洲、颜习斋诸儒,则其持论益恢宏。足以上追孔、孟,而下与西洋相接纳矣。"⑦"民主思想、民族思想、格物或实用之学,皆萌生于明季。清人虽斩其绪,而近世吸收外化,明儒实导先路,不可忽也。"⑧"宋学经一再变,始有上复晚周之几。由今而论,中西文化融通,亦于晚明之新宋学可见其端。余每以晚明为汉以后学术史上最光辉时代。"⑨总之,熊十力认为晚明思想家复兴了儒学典籍和晚周诸子的活的

---

① 熊十力:《原儒》,《熊十力全集》第六卷,第455页。
② 熊十力:《原儒》,《熊十力全集》第六卷,第389—390页。
③ 熊十力:《十力语要初续》,《熊十力全集》第五卷,第56页。按:熊十力又把"国人失其刚健创进之活气"的原因归咎于老庄与佛学之误。
④ 熊十力:《原儒》,《熊十力全集》第六卷,第748页。
⑤ 熊十力:《读经示要》,《熊十力全集》第三卷,第824页。
⑥ 熊十力:《十力语要》,《熊十力全集》第四卷,第512、513页。
⑦ 熊十力:《读经示要》,《熊十力全集》第三卷,第563页。
⑧ 熊十力:《原儒》,《熊十力全集》第六卷,第749页。
⑨ 熊十力:《读经示要》,《熊十力全集》第三卷,第845页。

精神,以民主和科学思想,开启了晚清中国社会走向世界、走向现代化的先河。其出发点是对皇权专制主义的批判。没有这样一个批判意识,既谈不上复兴或继承我国传统文化中的精华,更谈不上走向世界和走向现代。熊先生的意思很清楚,他认为"六经"是中国文化与学术思想的根源,而秦汉以降的"小康之儒",为了维护专制统治,为了自身的功名利禄,阉割了原始儒学的活的精神和活的灵魂,发展的只是儒学的躯壳或形式末节,这些东西被用来强化了专制主义,因此,必须予以洗刷和清理。清理的分界线或标准,当然是对待皇权专制主义的态度。

　　熊十力先生非常强调知识分子的担当意识、责任意识和道德人格修养。他对真儒、大人儒的颂扬和对伪儒、小人儒的鞭笞,是与他的政治哲学密切相关的。这是理解他的内圣心性之学与外王事功之学的枢纽。在总结"中国何由停滞不进"的问题上,他一再提出了知识分子的独立的批判意识的问题。他指出:"惜乎《春秋》亡,《礼运》、《周官》二经都被奴儒窜乱。历代知识分子,无有以民主思想领导群众。故皇帝屡更代易姓,而统治阶层卒不荡灭,此中国社会之惨史也。后嗣自不肖,于先圣何尤?"①他把原始儒家典籍阐发为具有民主、科学和社会主义的思想源泉,认为两千年来专制主义背离了"六经",这种背离与"小康之儒"的道德意识有关,而明末清初的思想家真正发皇了中国文化的真精神,顺着他们开辟的启蒙道路,才能走上民族复兴的坦途。一些具体结论,容或可以商榷,但熊先生这里透露出来的政治思想取向,是与中国走向现代的历史进程相一致的。而且,他特别注意,批判传统文化的负面,不应全盘否定传统文化或儒家文化的精华,必须予以分疏。这一分疏、剥离亦是很有意义的。

2. 寻找传统文化中的现代根芽

　　熊十力解经的另一个特点,是力图寻找传统文化中的可现代化因素。他说:

　　　　孔子确有民主思想,却被汉、宋群儒埋没太久。清季革命思潮从外方输入,自己没有根芽,当时革命党人其潜意识还是从君主制度下所养

①　熊十力:《原儒》,《熊十力全集》第六卷,第749页。

成之一套思想,与其外面所吸收之新理论犹不相应。不独太炎如此,诸名流皆然。①

包括清季革命巨子章太炎在内的革命党人,都未能免俗,潜意识中仍然是专制社会长期积淀的文化规范和思维定势。熊十力躬逢辛亥革命、护法运动,使他痛切地感到革命党人素质的低下是革命失败的一个重要原因。同时,他清醒地看到了一个非常严峻的问题:仅仅靠外方输入的民主思想、科学思想,在中国是多么不易生根。这本来是一个生产方式的变革及适应这场变革的价值取向、行为方式、思维方式的变革的问题。关键当然是生产方式的革命。但是,思想文化有其相对的独立性。从不同民族走向现代化的经验来看,用现代意识重新省视、解释并肯定自己的文化传统,从传统文化中寻找可现代化的因素,促使其发生创造性的转化,并逐步与外方输入的现代意识融会起来,也是十分重要的一环。在这一方面,熊十力比起"五四"时代的反传统思想家,有了一些进步。

熊十力承认,"西洋社会与政治等等方面,许多重大改革,而中国几皆无之,因中国人每顺事势之自然演进,而不以人力改造故也。此等任运自然的观念,未尝绝无好处,但弊多于利"②。他认为,西洋社会与政治重大改革的一些原则,在孔子六经中并非完全没有根芽。

关于"天赋人权"的观念。熊十力说,孔子之道一条重要的原则是"万物各得其所","人在群中,有其所应尽,有其所应得"。所应得者为受教育的权利、劳动生产的权利;"所应尽者:天下之人人,应该同有共决天下事之权,及以力之所能图报于社会,是其义不容辞。"孔子之《易》与《春秋》中,主张"万物各各自主,亦复彼此平等互助,犹如一体。此人道之极则,治化之隆轨也"③。"各得其所者,人人各尽所能、各取所需,有一夫不尽所能,是失其所也;有一夫不获所需,亦失其所也。"④"《易》之为书,首明民主自由。乾曰群龙无首,即其义也。"⑤"当民权蹂躏而量知改革,当强敌侵陵而量知

---

① 熊十力:《原儒》,《熊十力全集》第六卷,第443—444页。
② 熊十力:《十力语要》,《熊十力全集》第四卷,第253页。
③ 熊十力:《乾坤衍》,《熊十力全集》第七卷,第629页。
④ 熊十力:《论六经》,《熊十力全集》第五卷,第669页。
⑤ 熊十力:《十力语要》,《熊十力全集》第四卷,第232页。

抵抗,亦都是格物。"①熊十力认为,人生本有天赋的受教育权、劳动权、生存权、休息权、参政权、议政权,然在传统专制社会"最大多数人常不可得",这完全有违孔子"人道"的原则,而伸张民权,也是"格物"。

熊十力以资产阶级政治自由观和空想社会主义的理论解释孔子"天下为公"的思想。他说:"夫天下者,天下人共有之天下,非一人或少数人可得而私有也。天下人一律平等,各得自由,互相和爱,互相扶助,是为公。(各得自由者,如甲得自由,必不侵犯乙和丙等之自由。乙和丙等各得自由,必不侵犯甲之自由,是为各得。)天下之利,天下人共开之、共享之,是为公。天下事,天下人共治之、共主之,是为公。"②他对"天下为公"三原则的阐述,大体上还是依据孙中山先生所阐述的"民有、民享、民治"而来的。据此原则和中国社会的特殊性,熊先生特别强调人民的思想言论自由:"然则平等之义安在耶?曰:以法治言之,在法律上一切平等,国家不得以非法侵犯其人民之思想、言论等自由,而况其他乎?以性分言之,人类天性本无差别。故佛说一切众生皆得成佛,孔子曰'当仁不让于师',孟子曰'人皆可以为尧舜',此皆平等义也。而今人迷妄,不解平等真义,顾乃以灭理犯分为平等,人道于是乎大苦矣。"③因此,他反复讲"周厉王弭谤"的历史教训和"载舟覆舟"的历史真理。

他认为,儒家经典中具有人道、民主、民治原则的萌芽。"如《周礼》言经国理民之规,一以均平为原则;《大学》言理财,归之平天下,本之絜矩;(絜矩者,恕道也。今列强不知有恕,故互相残。)《论语》言'不患寡而患不均',《孟子》言民治端在制产,曰'民有恒产,斯有恒心';《书》曰正德、利用、厚生。尽大地古今万国谈群化究治道之学者,著书千万,要不过发挥上述诸义而已。治今日之中国,道必由是;为人类开万世太平之基,道必由是。"④"夫子于《春秋》,著三世义,将使民众各得自主自治,自由自立,任大公而废统治,故于公山、佛肸之召,欲往,冀其能代表民众而行改革之事

① 熊十力:《十力语要》,《熊十力全集》第四卷,第121页。
② 熊十力:《乾坤衍》,《熊十力全集》第七卷,第417页。
③ 熊十力:《十力语要》,《熊十力全集》第四卷,第367页。
④ 熊十力:《十力语要》,《熊十力全集》第四卷,第261—262页。

也。"①"《周官》之政,为多元主义,不取独裁。"②

　　他对《周礼》的解释,充满着理想主义的色彩。"《周礼》首言建国。其国家之组织,只欲其成为一文化团体。对内无阶级,对外泯除国界。非如今世列强,直是以国家为斗争之工具。……不容一国家对他国家有侵略之行为。""《周礼》政治,是多元主义。各种职掌或业务,无小无大,一一平列之。欲令平均发达,决不以一种最高权力断制一切。此种政治理想,极高深广远。""《周礼》主张世界经济问题,宜一依均平之原则而解决之。与《论语》言'患不均'及《大学》以理财归之平天下,同一意思。其于生产事业,尤所注重。""《周礼》主张德治与礼治。其社会教育,力求普遍周挚。必使天下无一人不受德与礼之训育者。"③

　　从以上材料,我们至少可以得出如下结论:第一,作为辛亥与"五四"之后的哲学家,熊十力对近代、现代世界有别于中世纪的普遍价值,例如自由、民主、人权等等,是欣然认同,坚决接受的。不惟如此,熊十力刻意发掘传统文化特别是儒家原始经典中的人道原则,以与上述人类普遍价值相沟通。这是值得称许的。第二,熊十力之解经特点,是以空想社会主义和部分的资产阶级的政治观点去发挥、阐释"六经",着力发掘其"革命、民主和社会主义"之意。其中当然不免有牵强附会的地方。但是,熊先生是在国民党政权讳言民主的高压之下,以辛亥革命志士和元老的特殊身份来反对独裁、反对专制主义、反对对人民思想与言论自由的禁锢,倡言民主政治是挽救危亡,实现民主政治的前提的,这表明他在政治方向上与人民、与历史进步的趋势是一致的。他对"六经"中"均平""大同"原则的发挥,虽然与科学社会主义有相当大的距离,但表明了他的理想,也表明了他对人民当家作主的新社会的向往与支持。

　　台湾、香港和海外有些人,包括熊十力的弟子,对熊先生《原儒》颇有微词和诘难,竭力贬低其价值,似乎熊先生融会《大易》、《春秋》、《礼运》、《周官》"四经",阐发"革命、民主、社会主义"的原则,是曲意为解放后共产党政权作论证。这是对熊先生的莫大歪曲。真正了解熊先生其人其书的人,都

　　① 熊十力:《十力语要》,《熊十力全集》第四卷,第293页。
　　② 熊十力:《读经示要》,《熊十力全集》第三卷,第600页。
　　③ 熊十力:《读经示要》,《熊十力全集》第三卷,第1108、1109页。

不难发现,熊先生的政治理想和政治实践,始终是与人民、与历史进步的趋势相一致的。以他的人格,他绝不与流俗,绝不与违背人民意志和利益的统治者及其帮闲和所谓"名士"同流合污。从他早期著作《熊子真心书》,到抗战时的著作《中国历史讲话》、《读经示要》,到解放后的著作《论六经》与《原儒》,他的"革命、民主"的政治思想是一以贯之的。至于"社会主义"的提法,《读经示要》中就有了。《原儒》的很多思想,在很大程度上是《读经示要》的延续。人民民主的新政权、新社会,与他的理想是一致的,因此博得他的拥戴,这是无可讳言的,丝毫没有什么奇怪! 在熊十力看来,这是"六经"理想的实现。而且,他在晚年经学著作中,对新政权能否保持它的为人民服务的宗旨,颇有提醒,从中尤可窥测他的苦心。在《论六经》前,熊十力于1950年著《与友人论张江陵》,批评江陵禁讲学、毁书院,特别指出"学术思想,政府可以提倡一种主流,而不可阻遏学术界自由研究、独立创造之风气,否则学术思想锢蔽,而政治社会制度何由发展日新? 江陵身没法毁,可见政改而不兴学校之教,新政终无基也。"[1]又批评蒙昧主义,指斥"汉以来二三千年,皇帝以孝治天下,鼓励人民移孝作忠,……此为奴化人民之善策。吾在清季,犹见此习。吾国帝制久,奴性深,不可不知。"[2]如此等等,都可以表明他的心迹。事实证明,他在20世纪50年代初期的这些批评、提醒,表明他是有独立性的,是清醒的。

如前所述,熊十力先生政治哲学中最可注意者,乃关于传统文化中所包含的现代性的因素和根基的阐发。他认为宋儒没有发挥孔子"六经"、"大道之学"的传统,批评他们偏枯拘碍,不敢翻天动地、创制易俗。反之,"西洋改造之雄与夫著书立说、谈群理究治术之士,皆以其活泼泼的全副精神,上下古今与历观万事万物,而推其得失之由,究夫万变之则,其发明真理,持以喻人,初若奇说怪论,久而知其无以易也。如君民问题、贫富问题、男女问题乃至种种皆是也"[3]。按照熊十力的生生不已的哲学观,他反对"把个人屈伏于社会,使得大家凑成一副死机器,便与宇宙变动不居的生机大相违

---

① 熊十力:《与友人论张江陵》,《熊十力全集》第五卷,第553—554页。
② 刘述先编:《熊十力与刘静窗论学书简》,台北:时报文化出版公司1984年版,第80页;此函为1951年12月2日所写;又见《熊十力全集》第八卷,第672页。
③ 熊十力:《十力语要》,《熊十力全集》第四卷,第268页。

庆,是大不幸的事"。他承认个体的人生"都是社会造就的","受社会上学艺、政教、风俗、习惯与其他各种固有的势力底陶铸",然而,"社会底种种模型,固然限制了我人底生命,但是我人如果不受他底固定的不合理的限制,尽可自强起来,自动起来,自创起来,破坏他底模型,变更他底限制,即是另造一个新社会,使我和我底同类都得展扩新生命。如此岂不是人生有大自由么?"①

从这一革命、能动的人生观来说,熊十力认为唯有明末清初的思想家才真正是清醒的,才真正是传统"六经"中的革命民主精神与现代社会的平等自由观念的接合点。他特别指出,王船山、黄宗羲、顾炎武等,"皆有改造社会废除专制思想",与原始儒家的人道原则"可相遥契"②。"明代人才甚盛,晚明学术思想发达,则王学解放理性之所启。……其时民主思想未开,不知改革帝制……明季诸大哲,如船山、亭林、梨洲等,皆以理学家盛倡民治,而欲革帝制。"③他特别推崇"明季大儒船山、亭林、青主、习斋、梨洲、晚村诸老之劲节宏愿与其民主思想、民族思想及不专靠读书而注重明物析理之精神"④。

如前所引,熊十力认为,明末清初的早期启蒙学者真正继承了孔子"大道之学"的真精神,复兴了中华文化的活的灵魂,而且也是中国走向现代的新的起点。在他看来,这是传统文化中的真正的现代根芽。他认为,明末清初思想家的民主、民族思想、格物或实用之学,"足以上追孔、孟,而下与西洋相接纳"⑤。"民主思想、民族思想、格物或实用之学,皆萌生于明季。清人虽斩其绪,而近世吸收外化,明儒实导先路,不可忽也。"⑥"中西文化融通,亦于晚明之新宋学可见其端。"⑦他本人在辛亥革命中即受到王船山、顾亭林、黄梨洲的民族民主思想的熏陶。晚明思想家对皇权专制主义的揭露,对经世致用、格物究理的科学态度的提倡,以及自强不息、精进不止、积极入

---

① 熊十力:《十力语要》,《熊十力全集》第四卷,第 477、478 页。
② 熊十力:《读经示要》,《熊十力全集》第三卷,第 857 页。
③ 熊十力:《摧惑显宗记》,《熊十力全集》第五卷,第 470 页。
④ 熊十力:《论六经》,《熊十力全集》第五卷,第 765 页。
⑤ 熊十力:《读经示要》,《熊十力全集》第三卷,第 563 页。
⑥ 熊十力:《原儒》,《熊十力全集》第六卷,第 749 页。
⑦ 熊十力:《读经示要》,《熊十力全集》第三卷,第 845 页。

世的人生哲学给予熊氏以极大的影响。熊十力肯定船山哲学的"尊生,以箴寂灭。明有,以反空无。主动,以起颓废。率性,以一情欲"①的特征,许其"足为近代思想开一路向"②。他又肯定明清之际的实测之学,亦于清末"始渐发露。而西洋科学方法输入,赖此为之援手"③。

特别值得注意的是,熊十力先生谈论经学史、文化史时,特别推崇明清之际思想家上不失传统,下开启新生面,成为中西新旧文化递嬗的枢纽。"晚明诸子如船山、亭林、习斋、二曲、梨洲诸老,庶几上追晚周诸子之规,下足以吸纳西洋科学与民主思想而矫其功利与攘夺之弊。"④我们认为,这才是熊先生重新梳理经学史、儒学史的伟大贡献之所在。

熊十力先生对先秦诸儒的分疏及对儒经的抉择,对秦汉儒生的呵斥,对宋明诸儒的所取所破,对晚明之儒的赞颂,的确有他的个性特点。本文来不及详细论证,但大体上亦较清楚地表述了熊十力对传统儒学精神的新见,以及他对儒学可与现代化相接殖的诸理论(所谓四经中的"大道之学")、诸学脉(晚明巨子)的阐释。

3. 对熊十力政治哲学的批评

熊十力先生的政治哲学观点没有系统化,比较杂乱。特别由于他是在解经的套子中去讲政治、历史哲学,这种形式也限制了内容的发挥。当然,他透过解经批判了皇权专制主义,探讨了传统文化与现代化的结合问题,是有意义的。特别他没有采取"五四"反传统的思想家那样一种传统与现代二分、对立的思想模式,企图分疏传统文化中的真精神与躯壳、活的灵魂与形式末节,发掘原始儒家经典及其真正继承者明末清初思想家的现代意义,重新阐释经学及其历史,表达了他的进步的政治理想和要求,具有积极的意义。

熊十力在解经过程中也暴露了许多弱点和毛病。首先,他用了许多新名词来解说历史上的制度与思想,而对这些新名词的内涵并没有准确地把

---

① 熊十力:《读经示要》,《熊十力全集》第三卷,第838页。
② 熊十力:《读经示要》,《熊十力全集》第三卷,第963页。
③ 熊十力:《读经示要》,《熊十力全集》第三卷,第834页。
④ 熊十力:《十力语要初续》,《熊十力全集》第五卷,第266页。

握,这就闹了不少笑话。如说"民主、民治二词,其义一也",说"孟子所谓治于人者食人,是乃无产阶级也",说农家许行是"无政府主义",继又说是"共产主义",说张江陵宰相独裁为"责任内阁",其他如"阶级"、"消灭私有制"、"虚君共和"、"议院制"、"民主政治"、"社会主义"等等,确有滥用名词的倾向。梁漱溟在《读熊著各书后》曾予以尖锐批评,这些批评大体上是正确的。

其次,熊十力把"天赋人权"、"民主政治"、"进化论"、"人道主义"、"自由、平等、博爱"等等,嫁接在《易》、《春秋》、《周礼》、《礼运》上,溯源于孔孟儒学。如在《原儒》中说《周官经》主张实行"民主政治"、"发展工业"、"消灭私有制"、"一切事业归国营"等。这可以说是重复了百多年来,从廖平《今古学考》、《知圣篇》、刘师培《中国民约精义》、康有为《大同书》、《孔子改制考》、梁启超《古议院考》到曾纪泽、蒙文通等人的著作中的一些说法,是缺乏严格的科学分析的,而且往往容易陷入"西学中源"、"古已有之"之论。此外,有时他讨论"寻自己根芽"(指文化寻根),往往指"根芽"为"反求诸己"的内圣之学。① 这就仍未摆脱以内圣开外王,以道德决定经济、政治、社会生活及其发展的模式。

再次,熊十力没有从客观的社会生产方式发展的历史进程来考察中国的政治变迁和文化变迁的真正原因,而往往把这些变迁归咎于思想、学术、知识分子的心态和节操等等主观方面的原因。他把二千多年专制制度的延续,归咎于秦汉以降的知识分子们阉割了孔子的"大道之学",甚至说是"名分"束缚使然②,又归咎于历代知识分子无有民主思想。这样去总结"中国何由停滞不进",是不可能得出科学的结论的。民主制度、民主思想的生根,是一个极其复杂的问题,不仅与经济基础、生产方式有关,而且与传统价值方式、社会心理有关。把我国历史上科学思想与民主思想不够发达的原因,仅仅归结为秦汉制度确立后,学术思想锢蔽导致的,显然不够妥当。这毕竟不是终极的原因,也不是唯一的原因。而且武断秦汉以降,中国的科学、文化、社会政治就没有发展,也有悖于史实。至若把所谓社会停滞不进

---

① 熊十力:《原儒》,《熊十力全集》第六卷,第 472 页。

② 《论六经》云:"汉以来二千数百年,社会之停滞不进,帝制之强固不摇,虽原因不一,而名分之束缚吾人,未始非主因也。"(《熊十力全集》第五卷,第 668 页。)

归咎于佛老思想①，也同样是不确当的，同样是在主观思想的范围内，而不是在多系统、多因素相互作用的大背景下，寻找客观社会运动的原因和根据。我们并不苛求熊十力先生运用唯物史观来分析问题，但唯物史观本身是十分丰富的，是发展着的，用以分析中国历史文化的变迁原因，较之熊先生的以上看法，恐怕要周详可靠得多。熊先生说："今之治史者，或为无聊考据，或喜作肤浅理论，或袭取外人社会学说，如奴隶社会，封建社会之类，以叙述吾之历史，乃至援据所谓唯物史观，如此等等，皆不曾用心了解自家得失。根本缺乏独立研究，与实事求是之精神。"②这一方面说明熊先生对于唯物史观确实有相当大的误解；另一方面，确也恰到好处地批评了把唯物史观简单化、教条化为五种生产方式的公式、套子，用以分析各国的历史，是有毛病的。至于说到考据、辨伪云云，熊先生关于孔子与"六经"的关系、"六经"真伪等等的所谓"考证"，包括对廖平《今古学统宗表》的批评，大都没有科学依据，全凭臆断。当然，我们提出这些批评，绝不意味着否定熊先生以"六经注我"的态度，透过发挥微言大义所表达的那些有价值的内容。

二、经学外壳下的历史哲学

熊十力的历史哲学思想也是比较零散、不成体系的，也是利用解经的形式表达的。经初步研究，笔者认为熊十力历史观是一种道德史观。这种道德史观，在历史发展过程问题上，持一种乐观主义的进化论，在历史主体的问题上重视"庶民"和"士"，然在社会运动、历史发展的终极根源和根本动力的问题上，持道德决定论和道德理想主义的立场。

1. 德性史观的社会进化论

近世思想家历史哲学的一个重要的模式是重释公羊《春秋》之"三世

---

① 《原儒》云："自汉以来，《老》之说行，而《易》道晦，中国群俗政制乃至一切，均凝滞不变，《易》学被夺于《老》，乃中国之大不幸也。""汉人多采道家言，以变乱孔子之旨，非郑玄一人之误。宋儒复杂《老》与禅，故有绝物或遗物之意。二千余年，科学不发展，非无故也。"（《熊十力全集》第六卷，第474、673页。）

② 熊十力：《读经示要》，《熊十力全集》第三卷，第766—767页。

说"，熊十力也不例外。请看他的"考证"：公羊寿师弟为汉制法之"三世义"为"伪"学，虽一时盛行朝野，却与孔子《春秋》"三世义"完全背道而驰。公羊寿之先人公羊高，从子夏处得到孔子《春秋》经传真义，口耳相传于民间。何休作《春秋公羊解诂》，将真伪两种"三世义"混合在一起。何休伪造孔子"行在《孝经》"之语，《孝经》其实乃六国时小康之儒伪造。但何休无意中保留了孔子《春秋》真意，只是与伪说混杂，需重新甄别。熊十力反对康有为的"三世说"，另创新说。在《读经示要》，他将"升平世"说成是"虚君共和"，如英国之制；将"太平世"说成是"废除虚君"的时代。在《乾坤衍》，则将"三世说"说成是民主革命的相互递进的三阶段："据乱世"为革命初成期，消灭旧的统治，拨乱反正；"升平世"为建设时期，对内选贤与能，建树民主政制，大力发展生产，改造旧的社会思想，对外讲信修睦，建立国际交谊；"太平世"废除国家和政府，天下一家，建立全人类共同生活制度。熊先生的"三世说"反对循环论，主张一种"进化无终极"的辩证进化观。他说："世之言循环者，以为今之所见，于古为重规。后之所呈，于今为叠矩。以此言循环，则宇宙唯守其故，（往复不已，仍是故物。）而无创新可言矣。《大易》之义，岂其如是？夫以事物之自相言，则刹那生灭，元无实质，不容暂住。是其创新无已，谓之进化可也。"①熊十力以"创新"来界定"进化"，并以他的不守故常、革故鼎新、大化流行、生生不已的哲学，来解释社会的进化。当然，这里也带有他的哲学的局限。他解释说，"自相"即"自体"，事物"元无实质"指"无有自体"。他只承认运动，而不承认运动是物质的运动。在社会历史运动方面，也是如此。如说："所谓人群，所谓社会，无实物也，只是无量势力摩荡运行而已矣，质言之，只是变而已矣。"②这里又否定了社会物质力量的客观性。他承认社会的运动变化发展，但不承认社会演化的物质力量依托及规律的客观性。

但是，就社会运动的进程来说，熊十力并未停留在直线进化的水平上。他看到了进化所包含的曲折、反复、暂时的停止、后退和无有止境，的确有一些辩证法的思想。他说："夫万物固常在进化之中，而进化云者，要非一直向上。……人群进化，决不如是。余尝游履危峰，径途险阻，无可直行而前，

---

① 熊十力：《读经示要》，《熊十力全集》第三卷，第992页。
② 熊十力：《十力语要》，《熊十力全集》第四卷，第525页。

时须退而旁绕,再图上登。虽在前进长途之各阶段中,尝不免忽前忽却,然通而计之,则只有进前,而未曾后却也。人群进化之程,略近于是。否泰迭乘,为进化中所不能免。亦犹山行之前却不定,(前,喻泰。却,喻否。)终必达于高峰耳。若误计否泰迭乘,为反进化之循环论,则其不究理道,而暗于《易》义已甚矣。且进化无终极也,造化固时时毁其成功,而创新不已。人群进化亦无终点,即无圆满之止境。然此非人道之忧,唯常在不圆满中,而后人生有自奋于行健与日新之乐。否则一登止境,更无所事。而人生意义,亦暗淡无足言矣。泰否二卦,义趣深广,学者所宜尽心也。"①

熊十力擅长以《易》学经传的辩证法来解释社会历史与人生的发展道路。就思维水平来说,以上所引他关于前进与后退、进化与循环之论,不仅高于康有为的进化论,而且高于孙中山的进化论。他强调运动变化的内在矛盾性,强调循环与进化的交参互涵,反而相成。他解释泰与否、既济与未济,乃至善与恶、治与乱之间,并非只有循环而无进化。如说"循环法则实与进化法则交相参,互相涵。道以相反而相成也"。以下,他举的具体例子却未必确当:"如今之党治独裁,或中央集权,亦可谓为革命自由以后,仍复于专制之形式。又如苏俄共产,亦得说为原始社会共产制之复兴,此皆受循环法则之支配,莫之预期而自尔者。然经过资本主义之技术及工场组织等等积累而复兴之共产,其与原始社会共产制质量迥别,此稍有识者所共知也。革命自由以后之中央集权或党治独裁,与往昔君主专制异其质量,又不待烦言而喻也。则安得偏执循环之论,而不究其进化之实耶?此就人事推徵,亦足证成循环与进化本交参互涵而成其至妙。循环之理,其于万象本相待而不能无往复;进化之理,其于万象同出于生源动力而创新自不容已。进化之中有循环,故万象虽瞬息顿变而非无常轨;循环之中有进化,故万象虽有往复而仍自不守故常,此大化所以不测也。"②

以上除举例未妥外,道理还是谈得比较深刻的。从中不难看出,熊十力社会辩证法思想已超出了朴素辩证法的水平,实际上自觉不自觉地容纳了

---

① 熊十力:《读经示要》,《熊十力全集》第三卷,第994—995页。
② 熊十力:《十力语要》,《熊十力全集》第四卷,第41—43页。这段文字是熊先生于1933年针对某教授谈中国历史的循环之理,有感而发的,曾以《循环与进化》为题,发表于是年8月17日《大公报》。

黑格尔、马克思辩证法的对立统一、质量互变和否定之否定的内容。他的特点是不简单地把常与变、循环论与进化论对立起来，同时又强调了进化的实质是创新。这种创新式的进化辩证法的内涵，包括了一定程度的循环，而这种循环不是复旧，而是否定之否定，其实质也是创新。他所理解的进化是多线、多样的进化，是涵盖退却、反复乃至跳跃的进化，是无止境的进化，是既有常轨可循而又不守故常的，既有必然又有自由的进化。"吾侪一方在万变中旋转，而行乎其不自知，推于其不容已，固若机械矣。一方又为变化之原动力，而于万变之大流中，恒得以吾之力左右其间，故吾人又有自由而非纯然机械也者。"①这都涉及社会运动中规律与自由的关系。

熊十力把这样一些复杂的历史辩证法的内容，包容在"进化与循环"的关系中了，在近现代讲进化论的哲学中，尚属罕见。

但是，他由于自己哲学体系的束缚，往往抽掉了历史辩证法的客观物质基础，有时又把这种历史变化的动力归结为"生源"，即创造不息的"心体"（创生实体）。当然，就历史运动的过程而言，他也看到了其中的规律即"常轨"，但他没有肯定，包括循环与进化的交渗互涵、反而相成，实际上也是一条历史辩证法的客观规律。熊先生的"进化与循环不二"论，服从于他的"体用不二"论，而体是德性主体，用是社会进化（涵盖循环的进化），"生源动力"乃"心体"与"性体"。因此，在社会存在与社会意识、经济基础与上层建筑的关系问题上，其"不二"范型仍建筑在主体的道德本性与道德意识上。不唯进化的动源，而且判断进化之标准，不是客观面的，均是道德的、心性本体的。以此是不可能科学地解释历史的。

此外，熊十力的进化论虽然在理论形态上高于康有为、孙中山，但在实际效果上却绝没有如康、孙那样起到振聋发聩的社会作用。因为，在他研究这些理论时，人们已逐渐掌握了比进化论更先进的历史观。因此，在一定意义上，熊十力历史辩证法只具有欣赏的价值，而没有实用价值。

2. 德性史观的庶民为本论

熊十力对诸经解说的另一个突出特点是颂扬、肯定庶民的历史主体地位，这是他高于康有为、章太炎、孙中山，而接近于唯物史观的地方。

---

① 熊十力：《十力语要》，《熊十力全集》第四卷，第525页。

他对《大易》"首出庶物"、"群龙无首"、万物各得其所的哲学含义和政治含义的不厌其烦的解说，及对"人人自由自主"的"天下为公"理想境界的憧憬，对在宇宙人生之上"头上安头"（熊十力用禅宗语），另立"生元"即"上帝"、"造物主"以为主宰的神权哲学的唾弃、鞭笞，充分地表现了来自民间下层，参加过推翻清王朝的人民革命的平民哲学家的本色。

《论语·季氏篇》有"陪臣执国命"一语，熊十力发挥说，孔子说到此处当言"国之大命，将执于谁"，或许其弟子没有记录下来。"独明儒陈子龙曰：'陪臣之失，执国命者，庶民也'。一言而揭圣人之意，大慧哉！"①国家的命运，掌握在庶民手中，这是熊十力的新发挥。

熊十力指出，"天下最大多数庶民处于最下层，号为下民或小民"，在封建宗法社会，其地位"卑极矣"、"贱极矣"。小康礼教，只是要"下民安生，亦不犯上作乱"②，"以少数人控制天下最大多数庶民"。"毒流四海，民生困弊。历史事实，犹可考见。若乃一人恃其独制之威，礼由己制。括天下之财货，劫天下人之智力、体力，悉以为其自己。人间黑暗，固如是哉。"③小康礼教，迷惑庶民。大道之学则不然："对内，树立民主政制。根据天下为公之原理原则，国家主权在全国人民。""《周官》之王为虚位，且出自民选。""选贤与能者，此言国内政制，已破除天子以天下为家之乱制。天下之人人同为天下之主人。""有国家、有政府，则民主之制在所必行。全民直接参政，尚难急遽办到。则由全国人民公意，选贤举能，以代表全民公共意力而组政府。政府一切措施，自不得不依靠全民公共意力。政府本产生于人民，非若过去王朝是雄踞乎人民以上之最高阶层，人民仰之若天神，受其压迫而莫敢谁何也。"④

熊十力认为，"孔子倡导社会革命思想，绝不逞空想，绝不作空理论。……《春秋》三世义，即革命成功之步骤也。"废除专制制度，为"群龙无首"之初步，继之建设新国家。《周官》经论"新制度之建立，以均与联两大原则为依据。政治，以全国庶民之众智、众力、众欲，共同合作为基本，主权

①　熊十力：《原儒》，《熊十力全集》第六卷，第 748 页。
②　熊十力：《乾坤衍》，《熊十力全集》第七卷，第 418 页。
③　熊十力：《乾坤衍》，《熊十力全集》第七卷，第 419、410 页。
④　熊十力：《乾坤衍》，《熊十力全集》第七卷，第 421—423 页。

在民。王朝六卿互相联合领导,三公之位与王同尊,而王无实权。三公兼三老之职,一方代表地方民众,得以其利害与众志,上达于朝。一方与六卿参国政,隐有监督之权。余谓此制甚好。"①

关于是英雄推动历史进步还是庶民推动历史进步,熊十力先生在解释《乾》卦九五"飞龙在天,利见大人"时,颇有新见:"大人,实指能成革命大业之群众而言。《易》与《春秋》相表里。《春秋》离据乱,进升平,又由升平而进太平。非群众皆成大人,何得革据乱之污习,致太平之盛治乎? 利见大人者,人皆大人,互相利见也。若群众共戴一人为大人,则群品污下可知。斯乃最不利见者,而九五之盛,固如此乎?"②

从以上所引可知,熊十力阐发"六经"、规划理想的政治制度,确有相当大的空想成分。但从中也不难看出,他的确承认,最下层、最普通、最平凡的人民是社会历史文化的主人、主体,从根本上决定了国家的历史命运,拥有主权,是天下的主人。历史进步是由人民推动的。熊十力发现了"历史规律的真正枢纽"、"文化传统的真正意义",不在帝王将相、英雄豪杰,而在平民、庶民的人格和创造活动。他与那些所谓"名士"或书斋里的哲人不同,一生始终与庶民同其忧患。他反对把传统精英文化,包括儒家经典,讲成是贵族的、上层的、与庶民毫不相干的教条、训诫,反对站在人民的对面和头上教训人民,或者给人民以恩赐。他的重新阐释"六经",与二千多年以来各家各派的经师最不相同的地方就在这里。古、今、汉、宋,历代解经、注经的人,无不把孔子捧为高踞于人民之上的教主。熊十力却不然,他把孔子还原到民间,把孔子思想的人民性充分加以发挥,使孔子成为人民的代言人和思想家。他正是以这种反对英雄史观的庶民史观来改铸孔子的形象的。那些视庶民为群氓而又在官僚大人物、洋绅士面前卑躬屈膝的人,都为熊十力所不齿。

他所谓"六经"的真伪,孔子的真伪,儒家传统的真伪,判别的根据不是地下发掘的史料或古籍考据,而是不同时代人民与贵族、下层民间与上层社会的矛盾。他虽然不懂列宁说过的"两种文化"的理论,但他在阐释传统文化时,却与列宁的思想暗合,于剥削阶级文化与人民的文化,于专制王权统

---

① 熊十力:《乾坤衍》,《熊十力全集》第七卷,第630、631页。
② 熊十力:《读经示要》,《熊十力全集》第三卷,第941页。

治者需要的儒家孔子与人民的儒家孔子,分析得十分清楚。这就是他为什么要骂六国小儒、汉代陋儒、宋代迂儒而颂扬明末清初真儒的原因。那些官派儒学,以儒学欺骗庶民,变儒学为御用工具的人,毁灭了真正的儒家孔子。熊十力一生反对官方哲学、官方儒学。熊十力解经,肯定了我国文化中有真正的人民生活思想传统的存在,把儒家典籍中真正反映了人民生活和思想的内容,与时代进步相衔接的内容,重新发掘出来,继承了真正的中华人民的民族传统。这是熊十力先生对民族文化的伟大贡献。不懂这一点,就不懂熊十力。

熊十力正是在这样的意义上来肯定孔学的"仁义"原则,孟学的"民本"原则,"六经"中的平等、至公、互助、大同原则的,在他看来,重人民精神,是真正的大本!"本"就是人民,"道"就是传统。"本立而道生",讲革新、讲传统,主要是先求其本,先立其本。① 尊重人民的劳动,尊重他们的人格、权力、利益、价值、意志、尊严、创造力和人民的历史主体的地位,是熊十力历史哲学的一个基本思想。他提倡尊重民意,爱护民气,珍惜民力,开发民智,培养民德,调顺民理,具有很高的价值。他解放后致函刘静窗,认为要尊重"士农工商"四民。其中之"士",只要不为大官者,尚是小民、庶人。又说:"秦以来二三千年,可谓绝学而无忧矣。民德敝、民智塞、民力疲,无可自振久矣。……吕政、刘季以后之中国人,安于奴性,不曾运用理智,发展思辨。"②这是熊十力"新民说"的根据。他在20世纪五十年代再谈"新民"问题,反对奴性,反对民智、民德、民力、民气的凋敝,绝不是无的放矢。他的"庶民为本"论却是建立在德性史观的基础上的,因为肯定庶民,开发民智、民德、爱护民力、民气,尊重民意,调顺民理,在他看来是符合道德的,而庶民的地位也是由庶民的德性奠立的。

熊十力历史哲学的理想主义,表现在他不忍心看到恶势力对历史的推动,甚至连王船山肯定的天假曹操、秦始皇之私以行其大公这样的历史理性的机巧,他也不肯承认。上升时期,集权专制主义对社会经济文化繁荣的巨

---

① 参见周辅成:《论人民传统与文化》,《论人和人的解放》,上海:华东师范大学出版社1997年版,第73页。

② 刘述先编:《熊十力与刘静窗论学书简》,台北:时报文化出版公司1984年版,第42、36—37页;又见《熊十力全集》第八卷,第667、662—663页。

大历史功绩,他也不予肯定。这是熊十力历史观之一厢情愿而不够明达之处。与唯物史观不同,他肯定张扬庶民,不是把庶民作为推动历史的物质力量,而是把庶民作为"理当如此"的社会目的来看待的。这样,他就不可能透视社会历史各种活力具体运作及不断整合的历史过程的复杂性,不能容忍人欲、恶、私、贪、利等等作为历史的杠杆的作用。他不懂得,庶民地位的确立,靠德性、理想是不可能成功的。在庶民地位不断确立的复杂历史过程中,往往包含着庶民一次次付出的血汗的历史代价。

3. 道德理想主义的历史观评析

的确,熊十力先生很少讨论"理"与"势"的背反,如果从历史辩证法的深刻性来说,在这一方面,他不及黑格尔、王船山。他是一位道德的理想主义者。就历史发展的根源性来说,他反对唯物史观的解释。

熊十力通过对经书微言大义的发挥,描绘了人类社会历史发展的理想境界,而把这种理想境界的实现,与每个人的道德境界的提升联系起来,把历史的进步转化为道德的净化。

他说:"大同之盛,至治之休,虽中土圣哲之理想,然为人类前途计,要当向此正鹄而努力。但至治,非全人类同履道德之途,则不可几及。而道德又决非仅在知能上致力可以养成之。必也本斯人天性固有之善,而称其情,以为之礼。使共循天秩,而不可乱也。又为之乐,使同得天和,而并育无害也。夫礼乐者,所为奉性而治情者也。人之习为不道德者,情欲过淫而失其正也。故蓄德唯在陶情。""至治之隆,无种界,无国界,人各自由,人皆平等,无有操政柄以临于众庶之上者,……夫人类之所蕲向,则在至真至善至美之境。此盖本于其性分,而有所不容已之最高愿欲。然而人生限于形气,毕竟处于相对之域。绝对之真善美,常为其愿欲所寄耳。而人生之精进不已,改造无息者,正赖有此难偿之愿欲。"①

《礼运》大同境界的实现之道,转化为心性修养的问题了;外王学又回到了内圣学。"孔门求仁,孟子求放心,求此而已。程子存天理,阳明致良知,致此存此而已。夫六经之言治,德治也。《论语》云'为政以德',云'道之以德,齐之以礼'是也。其异于西人言法治者,则不从欲上立基,而直从

---

① 熊十力:《读经示要》,《熊十力全集》第三卷,第617—619页。

性上立基。此其判以天壤也。"①这当然不只是讨论"德治"与"法治"的问题。事实上,熊先生从天道—人性出发来考察历史发展的终极根据。他认为,每个人扩充其在己之所固有的道德本性,与社会发展是一致的。"有《礼运》经,归本天下一家。规模广大,无所不包含。人道之大,极乎位天地,育万物。人之德量,应该与太空同其广大,不宜狭隘自私。孔子言人道,是就人性上立基,勖勉人以忘小我,而合于大体。(即以小我而去其私,以通天地万物为一体,是谓大体。)乃道德智慧合一的境界,非有功利之私也。问:'功利一本于公,不杂乎小己之私,此可反对否?'答:功利一本于公,则功利即是道德智慧的发用,何可反对。孔子不是要把功利别出于道义之外,只要辨公私耳。"②

以德治反法治,在功利的问题上严辨公私,这就回到了传统的历史哲学——在义利、公私的讨论中,张大道德、精神对历史的推动作用之"理",忽视经济、物质利益和物化活动对历史的推动作用之"势",在以理统势、理势合一的历史走向中,建树起道德理想主义的历史观。尽管熊先生不是董仲舒"正其谊不谋其利,明其道不计其功"的拥护者,尽管他与陈亮、叶适一样,认定仁、义要表现在功利上,体要表现在用上,但他毕竟是在20世纪讨论历史哲学问题。以上论述,距离我们的时代实在是太远了。对唯物史观的误会和排拒,使他不可能正确、深刻地认识社会历史运动的根源在于社会经济生产方式的内在矛盾性。

熊十力先生内圣学和外王学的一个重心是道德决定论和道德至上论。在"本体—宇宙论"上,他把"良知"、"本心"、"仁体"作为唯一真实的存在,而把自然和社会现象,把物质世界,均看做"本心仁体"的衍化和变现。在"政治—历史哲学"中,他把社会政治历史运动的客观性淹没在道德精神的主观世界中。这就从根本上颠倒了社会存在与社会意识的关系,不可能科学地总结客观历史发展的进程。熊十力先生是在20世纪物质生产、科学技术得到飞速发展,文化价值、道德理性相对失落的背景下讨论哲学问题的。尤其是他亲眼目睹辛亥革命失败之后,军阀混战,道德沦丧,革命者不肯在身心上用工夫;加之"五四"以后,菲薄固有的西化思潮席卷全国;在这样的

---

① 熊十力:《读经示要》,《熊十力全集》第三卷,第587页。
② 熊十力:《乾坤衍》,《熊十力全集》第七卷,第628页。

时代,熊先生以人文主义的自觉挽救文化危机、道德危机,提倡"人道之尊",肯定和阐扬中国文化的价值和民族文化之中人民传统的自尊。

但是,用道德决定论和道德至上论并不能正确地解释社会历史现象,即便是熊十力先生发现的儒家道德精神与伦理的蜕变与异化的问题,他也未能作出深刻的说明。实际上,儒学先驱提出的"慎独的自律伦理",不仅由于自身缺乏理性架构环节上的保障,没有道德他律,全凭个人的道德直觉与修养,容易异化为只说不做、对人不对己的"口头禅",并腐化社会各阶层。特别由于"政统"与"道统"、"学统"(按:这里指古代知识分子对统治者的批判)之间张力的瓦解,使皇权成为道德的代表,德目转化为宰制性的僵化的伦理教条,异化为劳动人民脖子上的绳索。①更深层的原因是,小农经济生产方式,是三纲、愚忠愚孝的真正的温床。小农经济生产方式,与之相适应的极权专制制度,在伦理道德上只能要求三纲五常、忠孝节义。熊先生批评儒学仁爱精神、人道原则,异化为躯壳、为形式末节,熊先生痛骂小人儒、陋儒、无耻之徒,但熊先生不知道,光讲挺立道德自我,是无法挽救这种伦理异化和道德失落的,这些问题是道德无法决定的。只有了解了深层的政治、经济根源,才能解决道德、至善问题。林安梧在上文中认为,在专制社会,"慎独的自律伦理"异化为"宰制型的他律伦理"(其逻辑的对应面为"归顺型的他律伦理"),几乎是势所必至的。势所必至的,并非理所当然。

"理所当然"并不能逻辑地推导出"势所必至"。但熊十力先生却对"理所当然"者十分执著,但对"势所必至"者十分轻视。他试图把儒家道德的理想主义、民族的自尊与西方科学民主结合起来,但他缺乏对这种结合的理论、逻辑的分疏和论证。科学与民主是新生产力、新生产方式运作的客观要求;道德是一个历史的范畴,道德虽然有它的继承性、共时性,但从归根结底的意义上来说,它毕竟要适应生产方式的发展。当然,思想、道德在归根到底的意义上要适应生产方式的发展,绝不是单向、简单,不顾内因、外因、必要原因、充足原因的那种教条主义的片面决定论。熊先生历史哲学的矛盾,涉及经济、科技、知识发展与道德发展之关系的问题,这个问题非常复杂,不仅涉及社会存在与社会意识、经济基础与上层建筑的关系,不仅涉及整体与个体、义与利、理与势(欲)、性与情的关系,尤其关涉传统价值系统与现代

① 参见林安梧:《当代新儒家的实践问题》,台北:《鹅湖》月刊1990年第5期。

价值系统的冲突、矛盾和张力。儒家道德精神和伦理学说中的某些因素,只有在经过转化之后,才能与科学民主相结合,以适应并调节现代化的生产方式和生活秩序。

熊十力先生没有从"道德至上"中摆脱出来。他的一些创发性的睿识,被束缚在解经的旧方法和经学的旧形式之中了。尽管他的历史哲学有一些思想火花和辩证因素,但未能达到 20 世纪历史哲学应有的思维水平。

第 六 章

熊十力的易学观

熊十力的本体论和方法论,来源于《周易》经传,来源于易学,尤其是宋明易学。熊先生之学,号称"新易学",他本人常以"归宗《大易》"自豪。本章我们将专门讨论熊十力易学的特点及其与宋明易学的关系。由此方知熊先生易学"新"在哪里,熊十力思想归宗何"易"?

一、熊十力的易学本体论

易道、易体,作为超越性和根源性的实体,被熊十力易学界定为"乾元性海"。而"乾元性海"的易学观的具体意蕴和特点何在呢?我们今天如何体证、分疏呢?

1. 易体·易道

熊十力易学的核心,是对"易之体"与"易之蕴"的创造性阐发,实际上也是借助易学发挥他自己的心学本体论与心学方法论。一谈起熊十力易学,人们很容易想起《乾坤衍》。实际上,《乾坤衍》所谈易道,不过是《新唯识论》、《十力语要》、《读经示要》、《原儒》的重申而已。

熊十力推崇义理,不喜象数,对王辅嗣、周敦颐、程明道、程伊川、张横渠、朱熹、陆九渊、杨简、王阳明及其后学,乃至清人胡煦,均有慧解;而每每批评汉易,从京房、虞翻到邵雍、焦循,均被他贬为术数小技,束缚思想,不识本体,"曲意穿凿,劳苦而无功,繁琐而无理",甚至斥为维护帝制的小康礼教云云。虽然熊十力在《读经示要》卷三概论了汉易发展史,在《十力语要初续·与人谈易》中表示对易数、数理有了兴趣,但综观其整体趋向,确如他自谓"一向不肯究心象数"。即使对于宋易,熊氏也有自己的简择。

熊十力以《易》为中心的"三玄"观,从本源上探讨存在根据问题,也即是易体、易道的问题。三玄之学,对中国哲人来说,不仅是名士清谈的中心内容,尤其是对宇宙、人生、生命、命运、生活的感悟和总体的把握,因此没有任何一位哲人能自外于"三玄"。"三玄"是中国的智慧,是中国的形上学。如果说,魏晋名士是以道家思想解《易》的话,那么,宋明诸儒则是以儒《易》思想解"道"。"玄"者,总是具有超越意义的。但中国儒者的超越意义与西方不同,即玄学在存在论或本体论之前,是伦理性的,不是物理性的。儒家的玄观与道家的玄观又有不同。尤其是宋明新儒家,是以"谈心说性兼能济世安民"为基础的,人的生存与否并不是高远玄谈的内容,而是拯世实需。终极意义的根基、安身立命的依托,或所谓"易体"、"易道"、"易蕴"、"易理",说到底是人在宇宙间的生存方式、地位、价值、意义的问题。这就是圣学血脉。所谓宋明义理所关涉的正是如此,排斥汉易象数学、符号学的意义也在这里。"易体""易道"所要解决的是超越性的精神世界与现实人生世界的关系问题,宋明义理是以内在"心"、"性"作为以上两个世界的中介桥梁的。明确这一点,才是我们懂得熊十力易学的关键。熊十力是如何说明易体、易道的呢?

关于易之根本原理,熊十力指出:"今之言《易》者,但据《周易》,即辞以究义,毋取拘牵象数。六十四卦,以类万物之情,以尽万化之故。其根本原理,则以太极之一元,显为阴阳对待,相反相成,而变动不居也。老子'一生二、二生三'之说,盖本于卦。每卦皆以三爻明变,老氏申述此旨也。庄子尊孔而述老,其学渊源于《易》,又不待言。魏晋人推本《周易》、《老》、《庄》,谓之三玄,不为无见。"①按熊十力理路,不论"三玄"也好,"六经"也好,根本上就是一玄,一经,即《大易》。《易》为"六经"之源,"三玄"之本,而《易》之原理,根本上又是本心一元,生化不已,表现为阴阳(屈伸、翕辟、乾坤)的对待流行,变动不居。

熊十力在很多著作、笔札中都强调《易》为一元而非二元。20 世纪 30 年代初,在与张岱年(季同)论学书中指出:"《易》之乾元坤元,实是一元,非有二元。坤之元即乾之元也。自来《易》家言象者,以乾为天,以坤为地,然

---

① 熊十力:《十力语要》,《熊十力全集》第四卷,第32—33 页。

皆曰天包地外，地在天中，则坤非离乾而别有其元。此义甚明，如何不察？《系传》言：'立天之道，曰阴与阳；立地之道，曰柔与刚；立人之道，曰仁与义。'夫道，一而已。立天者此道，立地者此道，立人者此道。然道本不贰而至一，但其发现则不能不化而为两。阴阳柔刚仁义者，言乎道之发现耳，本非谓阴阳柔刚仁义之即道，然亦不妨说阴阳柔刚仁义为道者，以其为道之发现故也，不能外阴阳柔刚仁义而求道故也。若不明乎此，而遂谓阴阳为二元，则道将成两片死物，又安有圆神不滞、变动不居之大用耶？"①熊十力又说："'易有太极'，太极即乾元也，非更有为乾元之所从出者名太极也。乾道进进也，变动不居也，生生不息也，故谓之元。坤实非元，其体即乾也。乾为神，坤为器。神者固器之体，器成则神即器而存，故不可离器而求神。"②

由此我们可知，熊十力在本体的层次上只允许有一元，而在功能的层次上才肯定一元衍化的两行。即是说，《易》之本体只是一元乾体，此即道体，即太极，它具有神妙不测、变动不居、生生不已的性质和能力，而阴阳、刚柔、仁义诸两行，只是此一元道体的大用，是乾体刚健的表现与展示。乾元之上本无太极，乾元之体也不能自外于两行（阴阳、乾坤、翕辟、往来、屈伸、柔刚、仁义）之用。不用说，熊十力易学从根本上反对在乾元之上"头上安头"，也反对离开两行之用别立乾体。"乾坤同一乾元实体，譬如众沤同一大海水，不得言二元。乾坤两方面，虽有相反之性，而乾实统御坤，（即心统御物。）相反所以相成，正是全体流行之妙，而可言二元乎？"③他在肯定乾元本体的唯一性的基础上，说明体用不二，即神即器，即全体即流行。

一元乾体不是别的，它即心体即性体。"心者本体，在《易》则谓之乾。"④依据熊十力即心即性即天即命即理即生命力的理路，乾元本体因流行不息可谓之命，在流行中有主宰可谓之天，在人则为其所以生之理可谓之性，亦即是生命力，又以其主宰乎一身而言则谓之心，其应物发现而条理万端莫非固具故谓之理。总之，易体即心体，易道即心体的发用流行。

---

①　熊十力：《十力语要》，《熊十力全集》第四卷，第 38 页。
②　熊十力：《十力语要》，《熊十力全集》第四卷，第 461 页。
③　熊十力：《明心篇》，《熊十力全集》第七卷，第 271 页。
④　熊十力：《新唯识论》（文言文本），《熊十力全集》第二卷，第 86 页。

2. 乾元性海

熊十力把《易》、《庸》与华严宗、禅宗结合起来，创造了"乾元性体"、"乾元性海"等概念。华严宗以"真如"、"法性"为"一心"之本质，以此派生一切现象并成为一切现象的普遍共性。这里含有共相、绝对精神的趋向，但主要还是一种泛性论，诸如"月印万川"、"理一分殊"的理路。性海乃譬喻真如之理性，深广如海。禅宗亦用此譬，《五灯会元》载马鸣菩萨与迦毗摩罗菩萨的对话："祖曰：'汝化性海得否？'曰：'何谓性海，我未尝知。'祖即为说性海。曰：'山河大地，皆依建立；三昧六通，由兹发现。'"①这里，又有一种泛心论的倾向。熊十力循此以本心本性至大无外、含藏万德，譬喻如海，认为"性海元是光明晃曜，无有障染"，人性善德乃"本来清净性海中所固有"。本心即"功能是法尔神用不测之全体，吾人禀之以有生，故谓之性，亦云性海"②。这里有两方面含义：第一，性海不是共相，而是每人每物每事者潜在地具有的特性。第二，就人而言，人之为人的内在本质规定是"性"而不是"习"，是"性海"而不是"习海"。这个类特性即是刚健有为的创造精神。

熊十力释"乾卦"指出："夫万物所以终始者，皆由乾元刚健之德，随时成化，而无穷竭故也。六龙、六爻皆阳，故以龙象之。乘者、载而有之之谓。天，亦谓乾元也。乘龙御天者，言万物资乾元以始。既始，即物有自相，则乾元遂为物所载有而内足于己者。譬如众沤，资于大海水以始，既始，即沤有自相，则大海水遂为沤所载有而内足于己者。内足者，无待于外。而其充实不可已，故日益上达，极乎实现乾元性体而无所亏。于是德用无穷，若龙之乘云气以御天，而神变不测也，故曰以御天。乾之六爻，皆取象于龙。由潜而见，而跃，而飞在天，是谓御天。此以象物之实现其乾元性体也。"③他又以"乾元性海"喻乾体至大无外，含藏万理、万德、万化，无可穷尽。熊十力说：

> 《系辞传》曰："圣人成能。"此《易》之大义也。人能未进，无以显天德也。侈言天德之虚寂，而使人法之，以起修，求证。（求证者，谓求

---

① ［宋］普济著：《五灯会元》，北京：中华书局 1984 年版，第 21 页。
② 熊十力：《新唯识论》语体文本，《熊十力全集》第三卷，第 264 页。
③ 熊十力：《读经示要》，《熊十力全集》第三卷，第 948—949 页。

证得虚寂的本体,释道之学是也。)人将耽虚溺寂,以为享受自足,而忽视现实生活,不能强进智力以裁成天地,辅相万物,备物致用,以与民群共趋于富有日新之盛德大业。是健德遏绝,而乾元性海,有枯竭之患也。①

《易》赞乾元曰"元者,善之长也",此善字义广,乃包含万德万理而为言。长字读掌。长者,统摄义。万德万理之端皆乾元性海之所统摄。(……乾者,动而健之势用,元,犹原也;乾元者,乾之原。非乾即是元,勿误会。乾元即是本体之名。以乾元之在人而言,则名之曰性;以乾元统含万德万理之端则譬之曰海。海至深广,宝藏富故。)故曰元者,善之长也。(元之为言,明其为万德万理、一切善端之统摄者也。本体如不具善端,即是空空洞洞,本无所有,何得为宇宙之原乎? 西学谈本体者,不能实证乾元,其所谓本体乃其情见所构之幻境耳。)所以知乾元为善之长者,人道范围天地,曲成万物,无有不循乎理而可行,无有不据于德而可久。德,理者,人道之大纲也。失其纲,则人道无与立。人道之有是理与是德也,非由意想妄立,非从无中生有。乾元性海实乃固有此万德万理之端,其肇万化而成万物万事者,何处不是其理之散著,德之攸凝。②

惟孔子作《周易》创明乾元性海,而以乾元流行之主力方面,所谓乾者是具有阳刚之德性。其言阳曰大明,曰知,皆表其无迷闇也。(此知字,不是通常所云知识之知,说见前。)刚者,言其坚劲而上升,不至化成物。(坤化成物便有下坠之趋势。乾却是上升,而不肯化为物的。)古《易》家说乾是精刚自胜,宜深玩。宇宙一方面是坤质,一方面是乾神。坤质成物而趋闭锢,颇有如数论之所谓暗德;乾神卒能开坤而归统一,成其大明,故人道当体乾之德以自强。③

"乾元性海"不仅是一般的宇宙—本体论的概念,弥纶天地之道,涵括万物、万事、万德(得)、万理、万化;而且是人道之根据,道德之根源,因而又是人的本体论或道德形上学的概念。就前者而言,一体两行,往来屈伸,范

---

① 熊十力:《读经示要》,《熊十力全集》第三卷,第955—956页。
② 熊十力:《原儒》,《熊十力全集》第六卷,第567—568页。
③ 熊十力:《原儒》,《熊十力全集》第六卷,第716—717页。

围天地之化而不过,曲成万物而不遗;就后者而言,前者只是变现而不是本然,只是表象而不是本质、本根。熊十力先生认为,本体必须具无量盛德,才能成为万物的本体,例如刚健、生生、诚、常恒等,都是本体固有的、潜在的特质,即《易》、《庸》之学所谓"天德";然而只有人,才能即物以穷理,反己以据德,以心会通、主领庶物,格物并施之于物,德理双持,"以实现天道于己身,而成人道,立人极。此其所以'范围天地之化而不过',惟有理以利于行;'曲成万物而不遗',惟有德以善其守。是故征验之人道,而知万德万理之端,一皆乾元性海所固有,易言之,即天道所本具。《易》赞乾元曰'善之长也',非洞彻天人之故者,能言及此哉?"①

在熊十力看来,易学本体论旨在排斥那种外在超绝的"天"、"帝",而把存在的根源还原到天人之际、性习之间。那么所谓"乾元性体"、"乾元性海",作为存在的根源,是既内在又超越的。熊十力特别指出:"《易》道广大悉备,其纲要在天人。不明天人之故,未可读《易》也。天道成万物,而万物以外无有天,此理根也。(万物之原曰理根,见郭象《庄注》。)于此不悟,将于现实世界以外,信有上帝,于变异的现象之外,求有静止或不变的实体,其谬误不待言。若乃反对宗教与形而上学者,则又厌弃本体论,遂妄计宇宙无根源。人智习于浅薄,真理蔽于戏论,余未知其可也。宇宙万有,不是如幻如化,不是从空无中忽然生有,是故言天道。天道成万物,万物以外无有天"。② 这就是即天即人、即道即物、即心即理的本体论。

熊十力在天人之间与性习之辨的场合所发挥的易学,通过"乾元性体"、"乾元性海"范畴的创设,特重天道而人道的翻转和染习通过净习向天性的复归。要之,乾元性海乃人性具足,不待外求者,其刚健、生生之德是天人之际的枢纽。乾元性海既是天道,又是人极,即人道的基础、人的实践活动和一切文化活动的源头活水。由此,熊十力提出"反己是易之骨髓"。他在解释《观》卦时,认为此卦乃返观自我之内部生活,以考验为进为退,而自警也。"生活力充实、纯洁、向上,不至陷于小己之私欲以下坠,是为进。反乎是者,则为退。常能以此自警,则不失人生之正道,……生命只是奋进,一息弛缓,生命将绝。观生入微,莫详于《易》,观卦三爻,示其大要。《易经》

---

① 熊十力:《原儒》,《熊十力全集》第六卷,第568页。
② 熊十力:《明心篇》,《熊十力全集》第七卷,第284—285页。

包含万有,而反己是其骨髓。观之三爻皆反己也。"①但反己绝不是消极的,而是以自强不息、创进无穷、日新不竭,来回应健行不已的宇宙大生命;是自觉体证天德在人,人以自力显发天德,以成人能。因此,熊十力易学的结论是"《大易》明天化,而必重人能"②。熊十力认为,他的易学所以区别于汉易和佛、道诸家者,即融空寂于生化之中,以救耽空溺寂之病。他批评佛氏毁生人之性,趣寂灭之乡,不识乾元性海。

熊十力又强调"反己"、"反而成化"与黑格尔的"反"、"反思"不同,认为黑格尔有见于"反"而不识"仁",正是未见乾元性海;同时又指出达尔文的进化论、柏格森、杜里舒的生命论仍只是本能的冲动,非天德之健也,是习而非性也,亦未识乾元性海。或者可以说,熊十力易赋予整个宇宙以善性,希望人们能体证到这一点,并加以扩充和发挥。

3. 存在根源

熊十力进而提出了"乾元统天"的命题。这里所谓"乾"仍指阳、辟、心。这里所谓"天",与前所说性命之源的"天"不同,而是指的自然物质的宇宙世界。这一命题即是以乾元性海统御天地万物。这是熊十力人本论与心本论的必然结果。熊十力易学观以人为宇宙中心的观念和刚健精神主导的观念为核心,因而在人天、心物、辟翕、乾坤诸关系上反复批判二元论,实际上是以心体与性体的一元,以精神生命之一元来作为宇宙万象的根源与人生的根据。乾元是宇宙和人生的本性、本质,是世界(物质宇宙、社会人生)运动、向上发展的源泉、动力和导航系统。熊十力易学观从根本上把坤或物的发展从属于乾或心的发展。强调精神生命、道德价值对于自然社会进化发展的主导作用,认为只有这样,整个宇宙、整个世界才有意义,否则,物质宇宙、社会文化的发展,以及由此刺激的工具理性和物欲的膨胀最终只是迷暗、无意义和无归宿的。因此,乾阳统御坤阴绝不仅仅是一个宇宙论的命题,而且是一个人生论的命题。就整个宇宙实体来说,它的潜在的宇宙生命、宇宙精神具有刚健、炤明、升进、亨畅、生生诸德性,这种特性和力量导引、推动自然物质宇宙的进化发展;禀受宇宙精神乾辟之性的人类精神——

---

① 熊十力:《明心篇》,《熊十力全集》第七卷,第230—231页。
② 熊十力:《读经示要》,《熊十力全集》第三卷,第956页。

本心、仁心,同样具有刚健、焰明、升进、亨畅、生生诸德性,有力量导引、推动社会人生的健康向上发展,克服与防止发展的片面性与负面走向。同时反过来作用于整个宇宙的发展,进一步活化宇宙生命和宇宙精神。这样,不仅克服了坤物的被动性、锢闭性,而且克服了坤物的阴暗面、盲目性。

总之,熊十力易学本体论抉发"生生乾元性海"与"乾元统天"的意义是十分深刻的。

首先,"乾元性海"作为存在的根源、宇宙与人生的根据,是一元的本体。这个一元性,从根本上来说,是反对将世界二重化的。天道与人道、本体与现象、精神与物质、实体与主体、客观与主观、理想与现实、世界与人的关系,天人、物我、神形、体用、道器、心物、有无、理气、性相之关系,熊十力作一融贯的理解,反对剖作两片。乾辟、刚健之性是宇宙精神的积淀及其向人文精神的转化,也是人文精神向宇宙精神的回应,它们本一非二。这是统贯天人的一本之道、一体之性。其根本义蕴,是一种既超越又内在的本体理性,是一种创生性、创发性、创造性,离开了这一活泼泼的生生不已、健行不息的生命精神,世界不成其为世界,人类不成其为人类。这是熊十力对《周易》的主要体验、理解和诠释。无疑,他旨在松动、复甦、活化易学的活的生命精神。

其次,熊十力"乾元性海"的易学本体论不唯重视一元之体,也重视两行之理,离开了两行(用)也就丧失了一元(体)。本著第三章曾分析过他的一心二门、一体两面的架构。乾元统坤并非乾元可以代替坤。易道、易体是乾元(即心体即性体),它同时有着两行之功能,有开发创新与收摄凝聚两种能力。乾坤、翕辟、阴阳,广而言之,本心与习心、性智与量智、哲学与科学、道德与知识、性与习、天事与人能、明心与成物、心理世界与物理世界、价值理性与工具理性、肯定力量与否定力量、光明与黑暗、前进与后退、内在与超越,这一切,都适用于"一元本体,两行对待、展开"的模式。因此,熊十力虽然批评王船山易学的"乾坤并建"之说,指责为二元本体论,但实际上是吸收了船山体用观和道器观之辩证两行之理的。从主观上来讲,熊十力易学是不排斥科学、知识、物质世界的发展的。乾元性海的创造精神,入世精神,对人能的重视,恰恰潜寓着一种改造、创造世界的实践精神、实践理性。

最后,"乾元性海"的易学本体论肯定宇宙、社会、人生发展的正面价值,确立它健康发展的价值导向,启发人们不断地体证、发现、发挥宇宙精神与人类精神的阳刚本质,防止在工业、科技、知识、权力、物欲片面发展的当今社会,丧失了人生的根本意义与价值。这种以道德价值、本性良知来指导、控制、维系经济活动和知识与物质追求的用心,当然是善良的,然而却是理想化的。熊十力对于宇宙、人类社会、个体人生的发展抱着一种乐观的、甚至一厢情愿的、进化的态度,似乎对于发展的多重矛盾及发展中的理性的狡狯、理性的背反,缺乏深刻的历史感和现实感。恶、贪欲、情欲、物质追求难道不是历史发展的杠杆吗?乾阳之性难道不正是借助于迷暗的坤翕之性的发展为自己开辟道路的么?

二、熊十力的易学方法论

易学的辩证法是生命、生活的辩证法而不是概念、知识的辩证法。熊十力先生的易学方法论是与他的易学本体论联系在一起的。这种辩证法思辨性不足而体验性有余。

《易纬·乾凿度》说"易一名而含三义":变易、不易、易简。熊十力先生批评郑玄对此的解释为"定位不易"论,接过"三义"话头,另发挥一套玄学方法。

1. 即不易即变易

首先,熊十力以"即体即用"诠释"即不易即变易"。他说:"不易而变易,是举体成用;于变易见不易,是即用识体。此义深谈,在《新唯识论》。"①"详《纬》之三义,实以不易与变易二义,最为重要。由体成用,是不易而变易。即用识体,是于变易而见不易。至哉斯义,哲学之洪宗也。古今谈本体者,或析变易与不易而二之,如佛家即有此失。或以为不易之体,超越于变易世界之上,如有神论者,即堕此过。或以为潜隐于变易世界之后,哲学家误作此计者亦不少。或即承认变易世界为实在,而否认本体。……余穷玄累年,深觉东西哲学家言,于此一大根本问题,都无正解。常旷怀孤往,豁然有悟。以为体用不二,确尔无疑。遂求徵于《大易》,而得纬文。乃知即不易即变易,即变易即不易。古圣已先获我心,非余小子独得之秘也。

---

① 熊十力:《十力语要》,《熊十力全集》第四卷,第138页。

《新论》由是作焉。"①

在这里，"体用不二"即是"不易与变易不二"，"即体即用"就是"即不易即变易"，"举体成用"是"不易而变易"，"即用识体"是"于变易而见不易"。"不易之义，盖谓本体之流行，虽现作万物，变化不居，而其虚无感动清净焖晢、与不烦不挠、淡泊不失诸德、实恒自尔，无有变异。"②这里，"不易"指本心、本体的真常义和主宰义是不变的。主宰义表明本体在大化流行中的主导地位与能动作用。真常义表明本心、本体实实在在地存在着，本心仁体作为宇宙本根本源的真实性、恒常性是否定不了、消解不了的。或者人们可以用"无声无臭"、"冲寞无朕"来形容它，但它的"虚""无"，是指的神妙不测、无形无象、无染污、无作意，绝不是"空无"。它是真实无妄的，是"诚"，具有刚健、生化诸德，所以能够肇万化而成万物。熊十力说："《易》曰：'一阴一阳之谓道。'阴阳者，道体之发用，而道体不即是阴阳。从来误解者，直谓阴阳即道，而忽视两一字。程子曰：'阴阳非道也，其所以一阴一阳者，道也。'此为得之。细玩两一字，则明道体之成变化，而显为一阴一阳，故于此而谓之道。盖道体浑然绝待，岂是阴阳二物之合。但其成变化，则显为一阴一阳。……大用流行，即是真体呈现。是故变易即不易，而体用不二。《新论》全部，不外发挥此旨。由体成用，说不易即是变易。从用见体，说变易即是不易。又变易以流行言，不易谓流行中有主宰。哲学家或计本体是变易的，而不知变易即不易。或计本体是恒常不易的，而不知不易即变易。此皆以臆想测至道，故堕偏执也。"③这里既批评了陆九渊的阴阳即道说，又不同于程朱的阴阳非道论。

道体、本体绝不是阴阳两片的机械相加，阴阳也不是死物。道体呈现的过程是"一阴一阳"。道体及其呈现是变易与不易的辩证统一。在一定意义上，"不易"恰恰是指的"变易"的绝对性。"《易经》曰：生生之谓易。此云易者，变易义。而变易之实体即道，故曰道生生也。"④熊十力把《论语》、《大易》、《大戴礼》、《中庸》所言"道"，《春秋》所言"元"相互会通，认为都是变易之本体，生天生地生人，只此一道。孟子所说的"夫道，一而已矣"，

---

① 熊十力：《读经示要》，《熊十力全集》第三卷，第922—923页。
② 熊十力：《读经示要》，《熊十力全集》第三卷，第921页。
③ 熊十力：《读经示要》，《熊十力全集》第三卷，第570—571页。
④ 熊十力：《读经示要》，《熊十力全集》第三卷，第576页。

老子所说的"自然',都是这个意思。就其"绝待"、"无所待而然"、"其德恒常,不可改易"而言,即是"自然"。"恒常"是指它的德性常在,而不是指道体兀然坚住,无有变化。这里,熊十力融会儒道诸家,肯定万物同体(吾人禀之以有生,万物禀之而成形)的道本体(天之道,也是人之道)的本性、本质是"生生不息"。这样一个道体,有大生广生之实德,官天地府万物之富有。儒家从人生日用中敦笃践履,而后旷然默喻、反己自识,即能体悟道体生生,万物同体,万化在我。

2. 变易的法则

总起来说,"变易"法则是阴阳对待、相反相成的矛盾法则和蜕故创新、日新自新的发展法则。

第一,阴阳对待、相反相成。尚秉和《焦氏易诂》释象,树四义:对象、覆象、半象、中爻,独以中爻为易之根本。熊十力大不以为然。他说:"吾尝以为六十四卦,壹是皆本于阴阳相反相成与变动不居之义,而特从多方面以形容之。只一气看去,不当视六十四卦为互相离隔,而妄臆有其孤阳独阴之穷于生化也。……然则阴阳二气实不能分、不能离。见阴即知阳,见阳即知阴,《易·象》已如此。……吾则取对象为根本义。何则?对象者,明阴阳之相反相成,尚君所谓阴阳常往来流通者是也。此义立,而后有覆象,有半象,有互体,故谓对象为根本义也。"①熊十力早年读王船山易传(《周易内传》、《周易外传》),对孤阳不生、独阴不化、阳中有阴、阴中有阳等阴阳相对互涵、往来流通的道理十分欣赏,中年创《新唯识论》更加重视这一矛盾统一观。他说:"《大易》谈变化的法则,实不外相反相成。"②"我们须于万变不穷之中,寻出他最根本的最普遍的法则。这种法则是什么呢? 我们以为就是相反相成的一大法则。因为说到变化,就是有对的、是很生动的、有内在的矛盾的,以及于矛盾中成其发展的缘故。"③他认为,万物有成必有毁、有生必有死、有盈必有虚、有聚必有散。这个诸行无常的公理是分明昭著不可否认的。及至晚年,他仍然肯定:宇宙的生成大化"必率由乎相反相成之

---

① 熊十力:《十力语要》,《熊十力全集》第四卷,第123页。
② 熊十力:《新唯识论》语体文本,《熊十力全集》第三卷,第97页。
③ 熊十力:《新唯识论》语体文本,《熊十力全集》第三卷,第96页。

根本法则"，"独阳不变，孤阴不化。变必有对，是常理也"①。

熊十力先生的矛盾观，显然是肯定宇宙、人生、万事万物内在的矛盾是推动自身发展的根本动力的，同时肯定矛盾双方彼此相即不离、反而相成的关系。阴阳、翕辟、乾坤不是相互对待的死物，乾道之中即伏有坤道，反之亦然。矛盾双方的关系也不是平列的。熊十力之两点论或两面观显然又是有重点论的两点两面论。他说："孔子《周易》本以乾阳坤阴，相反相成，为其根本原则。但与此原则密切相关者，更有乾阳统坤阴，坤阴承乾阳之最大原则。我认为此是《周易》辩证法之最特殊而又最精密处。如果只将乾坤或阴阳看作对立，而无一方得为主者，则对立如何可归于合一，岂容更立第三方乎？"②至于矛盾及其斗争之结局，如冯友兰晚年所说，不是"仇必仇到底"，而是"仇必和而解"，是保合太和。因此，冲突和对立都不是绝对的。"乾坤之实体是一，而其性互异，遂判为两方面。乾坤两性之异，乃其实体内部之矛盾也。乾主动开坤，坤承乾起化，卒乃化除矛盾，而归合一。宇宙大变化，固原于实体之内部有矛盾，要归于保合太和，乃利贞。此人道所取则也。"③

第二，蜕故创新、日新自新。熊十力在《读经示要》中自谓学易所悟得者有三：一曰旁通；二曰相错；三曰时行。这不仅是矛盾法则，而且也是发展法则。熊十力承认他的"翕辟成变"观本诸《大易》，又是自家深切体认，见得如此的。他赞扬我国的易学家都把宇宙看做是一个动荡不已的进程，肯定这种看法是很精审的。他说，必须发现阴阳、翕辟在事物生灭方面的奥妙，才算深于知变。他反对循环论，认为"大化流行，实无所谓循环。刹那刹那，生灭灭生，即刹那刹那，都是创新而不用其故，根本没有重规叠矩的事情。一二三的式子（郭按：指《易》、《老》模型），正以表示造化之不守故常，如何妄计为循环耶？"④熊十力主张一切物都在蜕故创新的历程中，化机不息，不守故常。熊十力的生灭变化观深受佛教和庄子的影响，并以此解《易》。例如他以每一刹那顷都不停滞的变异来解释"不疾而速"，以一切物才生即来、中间没有一忽儿暂住来解释"不行而至"。他的方生方灭、灭不

---

①　熊十力：《乾坤衍》，《熊十力全集》第七卷，第609、610页。

②　熊十力：《乾坤衍》，《熊十力全集》第七卷，第612—613页。

③　熊十力：《乾坤衍》，《熊十力全集》第七卷，第593页。

④　熊十力：《新唯识论》语体文本，《熊十力全集》第三卷，第124页。

待因、才生即灭、生灭相涵、无物暂住、无刹那顿变即无渐变、化机无一息停滞的观点,可谓绝对的变易观。他认为,儒家特别是《周易》的变易观与佛教变易观的根本区别在于:一为积极;一为消极。佛家把生灭的世界说为无常而隐存呵毁,因有厌离或超脱的意思。佛家以为生灭的万法是依着不生不灭的实体而有的,顺流则惑苦纷纭,证本则一极寂静,所以有超越生灭而安住不生灭之实体的蕲向。儒学则以为,绝待的太易(本体)举其全体而显现为分殊的大用或生灭的万象,即于生生不息而见为至诚,于流行而识得主宰,因此,不言超脱而自无不超脱,不起厌离则以本无可厌离故,观法无常而日新盛德于是可见。① 他发挥《易传》"日新之谓盛德"的思想,以大化流行、时时更新、灭故所以生新、大化无有穷尽来解释"日新",并进而把"日日新,苟日新"解释为"自新"。"天地之化,新新而不守其故,皆我之自新也。天地之德新新,而动以不得已,皆我之自新也。天地之撰,新新而悠久无疆,皆我之自新也。经以自新申自明之义,可谓甚深微妙哉。"②

第三,变之三义,新颖独到。尤须注意者,熊十力为阐发本心本体的创生特性,综合《易》、佛、老庄诸家的变易观,在《新唯识论·转变章》集中论述了"变之三义"。略见下表:

```
              ┌一、变者,非动义。
              │
              │              ┌1.无作者义,是活义。
              │              │
              │              │2.幻有义,是活义。
              │              │
              │              │3.真实义,是活义。
本体之变┤二、变者,活义┤
              │              │4.圆满义,是活义。
              │              │
              │              │5.交遍义,是活义。
              │              │
              │              └6.无尽义,是活义。
              │
              └三、变者,不可思议义。
```

"变者,非动义",指本体变化不是物质在时空中的转移,不具有机械性,而是超时空、超质量的。这里是指精神生命、道德本心的创生性活动,非宏观物理世界的运动可以比拟。作为存在本原的心体生生不息,无拘碍、无执著,不似具体物质的变化转移。此即活义。活义有六种:无作者义,即没有

---

① 参见熊十力:《新唯识论》语体文本,《熊十力全集》第三卷,第133—135页。
② 熊十力:《读经示要》,《熊十力全集》第三卷,第640—641页。

造物主,没有一个变易者高踞于变易之上。幻有义,即不应把本体执定为具象的"有",毋宁说它即是"无",其变易只是一种动势,动势之本体是恒转,离开恒转,动势本身是没有自体的,如云气、风轮般神妙不测。真实义,指本心即恒转即功能,遍为万物实体,它作为变易的实体、根源、动力及其变现显发的过程,绝不是虚幻的而是至真至实的。圆满义,指本体开显变现为具体的物事或转化为具体的行为,这些分殊的个体(众沤)即以整体(大海水)全量为体,充实圆满,一即一切。交遍义,指无量的众生或无量的宇宙各个遍满于一法界,互相不碍,即本心本体展现成为的各种殊相、境界,实则是彼此贯通的。无尽义,指变易即是本体自己实现自己、自己发展自己,没有止境,不可穷竭。以上是"变者,活义"。"变者,不可思议义",是指万物的本质、造化的奥秘,不是量智(思议)所可相应的,即是说,心体与性体的变易不是机械的,不是预存目的的,也不是名言概念、逻辑理性可以表达的,它具有随机性、偶然性,与不同个体身心的切实体验相联系。

3. 易简——本体方法

熊十力先生的"不易"指本体德性恒常不可改易,"变易"指本体备万德涵众理,故显为大用流行,现似万物变动不居。那么"易简"呢? 实际上,以上所论"变之三义"即涵括了"易简"的本体方法学。"易简"是指的透过现象对存在根源的体证、体悟的方法。"易简"不是知识论的而是存在论的。熊十力认为,儒家哲学称一切物的本体为"太易",它是无形兆可见的。这个本根本体"本不易也,而涵变易,亦即于变易而见不易"。他指出,《易》、《老》辩证法与黑格尔的辩证法有天壤悬隔处。中国辩证法是启发人们"于变易而见真常,于反动而识冲和,(《老》曰:'反者道之动'。冲和即仁也。)于流行而识主宰。"[①]在纷纭复杂的现象世界中,直透底蕴,把握宇宙人生的根蒂。这种把握、认识,不需要外在的、语言的、逻辑的分析推导或其他支离的工夫,相反,是一种简易的脱然超悟。在本体方法学上,熊十力融佛道二氏于《大易》,一方面于空寂而识生化之神,于虚静而见刚健之德,另一方面又必须善于体悟本体是生生而寂、健动而静的。这种体悟,只能归本"性智"。这种发明本心的工夫,即自我反省、自我认识、自我实现,简易可行,

---

① 　熊十力:《新唯识论》语体文本,《熊十力全集》第三卷,第10页。

因为它不是理智思辨或知识理性所能及者。本体不是离自心外在的境界，本体的呈现是真实地呈现，本体的证知是本体自己的炯然自识。这其实是说，每一个人都可以通过内在反求、反躬自识而自明了：人与世界关系的真谛，人之所以为人的真谛。关于天人之际、性命之原的体证，是易学方法论的核心。"德哲康德以为本体，非理智所可及。唯由道德实践，乃可契应。其大旨，与吾经学精神有可通者。"①对于本体的体证，达至本体境界的道德实践，相应于理智知识的曲折周章，显然要易简得多。这种体证，即使要用语言表达，也必须是简约的。道德实践工夫本身，也是简约的。所谓简约，乃在于它只是通过反躬自省达至的。

熊十力认为，《易》为中国哲学的根本大典。"中国哲学思想，归于《易》所云穷理尽性至命。理者，至极本原之理。即此理之在人而言，则曰性；即此理之为万化之大原，是为流行不息，则曰命。穷者，反躬而自识之谓；尽者，实现之而无所亏欠之谓；至者，与之为一之谓。《新论》所谈本体，即此理也，性也，命也，名三而实一也。穷也，尽也，至也，则《新论》所云见体或证体之谓也。《新论》确是儒家骨髓。孔孟所言天，既不是宗教家之天，更不是理想中构画一崇高无上之一种理念，或一种超越感。彼乃反诸自身，识得有个与天地万物同体的真宰炯然在中，《新论》所云性智是也。"②

"乾以易知，坤以简能。易则易知，简则易从。易知则有亲，易从则有功。有亲则可久，有功则可大。可久则贤人之德，可大则贤人之业。易简而天下之理得矣。天下之理得，而成位乎其中矣。"③这是《易传》对世界的一个深邃的洞悉，即认为最根本的也就是最简易的。"易简"是中国哲学的一个重要传统。简则简矣，实则深刻；易则易矣，实关根本。这是中国人生哲学、语言哲学、行为方式、思维方式的一个重要特色。熊十力说："易简，德也。言知能之所以得成其为知能者也。夫无知而无不知，无能而不无不能者，其德易简，寂然不乱故也。""天地之心，即是吾人之心，非可判而二之也。此心元是易简，无有杂染，反求即得，故云易知。敬而勿失，故云易从。（吾人易简之心，即是天地之心。吾人日用之间，能不失之放肆，即易简之

---

① 熊十力：《读经示要》，《熊十力全集》第三卷，第 628 页。

② 熊十力：《十力语要》，《熊十力全集》第四卷，第 353 页。

③ 《易传·系辞上传》，唐明邦主编：《周易评注》，北京：中华书局 1995 年版，第 195 页。

心恒存,其与万事万物相流通者,自毫无阂碍。如此,则即知即行,何难从之有。)易知则能恕,(反求易简之心,即知万物本吾一体。故能推己及物。)故有亲。(《论语》:'一日克己复礼,天下归仁。')易从则无妄,(从其易简之心,而发为万行,则万行真实,无有虚妄。)故有功。(不求功,而功归之。)"①这里,就有明显的心学易简工夫的印痕了。

总之,熊十力发挥易理贯穿了易简原则,以创造的生命精神——乾元作为价值之源,肯定乾元为万物所自出,肯定一切变化过程、一切生命发展、一切价值理想的完成和实现都没有止境,把人生的意义、价值的理想都落实在人的尊严上,反诸自身,体验、推扩宇宙创造生命精神,进而完成自己和一切存在的生命。熊十力所谓"见体"的"性智",通过反己,发明本心,体证人与天地万物同体的真宰,由此"穷理、尽性、至命",确乎把"变易""不易""易简"贯通了起来,从而真正了解和发扬了《周易》的精义。

三、熊十力易学思想与宋明易学之关系

熊十力易的思想渊源,当然可以追溯到孔子和思孟学派对于易学精义的把握,亦可以追溯到王弼的玄学体系。(熊十力多次肯定王弼"知象而扫象,遥会圣心,真能发明大易之奥"。)我这里着重讨论熊十力易学观与宋明易学的关系。

熊十力指出:"周子之学,要不当与康节并论。《太极图说》虽未尽精微,自朱子为之注,乃多所发挥,根极理要。王船山于动极而静,静极复动之说,亦不谓然,且攻五行说之谬。然于《图说》大旨,仍推尊甚至。横渠《正蒙》为船山《易传》之所本。而船山宏阔,非《正蒙》比。宋学自此一变矣。《伊川易传》,两宋以来学者宗之。清儒攻宋,无所不至,独于伊川《易》,犹多遵守。戴东原治三礼,宗康成。而《易》独尊《程传》②。段玉裁《戴东原年谱》有云:先生言《周易》,当读《程子易传》。唯船山议伊川详于人事,而犹未足语于穷神知化。斯可谓知言已。朱震《汉上易》,颇有规模。余亦各

① 熊十力:《读经示要》,《熊十力全集》第三卷,第977—978页。
② 按:指北宋程颐《周易程氏传》,下又称《伊川易传》《程子易传》,简称《程传》。

有所见,此姑不及。大抵宋儒为学,贵创获,而不以墨守传注为贤,务实践,而亟以驰逞虚玄为戒。故其治《易》也,一方面超脱汉师,一方面排斥辅嗣,其精神气魄,不可不谓之伟大。然体认之功虽切,而思辨之用未宏。此亦宋儒所以自画也。唯其言皆根于践履,虽复不无拘碍,要其大较,归本穷理尽性至命之旨,而体天地神化之妙于人生日用之中。则孔门嫡嗣无疑也。"①

　　这是熊十力先生对宋易的基本看法。可见,熊先生对周(颢、颐)、张载、程敦颐、朱熹、船山易学持基本肯定的态度。对朱震《汉上易传》也相当宽容。为讨论问题的方便起见,以下我着重谈谈熊十力易与理学一系的易学观、心学一系的易学观、气学一系的易学观(特别是船山易学)的关系。

1. 与理学易学观之关系

　　熊十力曾获益于《伊川易传》之"体用不二,显微无间"之论。尚秉和《焦氏易诂》批评伊川,熊十力辩解曰:"伊川不知象而说《易》,固下于辅嗣,然不能谓其于孔门之大义无实得处,如其说'体用不二,显微无间'。尚君诂象,何曾外得此理? 昔儒有言,伊川一部《易传》是他平生践履。此语万不可忽。诂象虽不必符,岂尽损其价值? 亭林所以推崇,不为无见。"②

　　"体用一源,显微无间"是《程传》对于理事、理象、理气之体用、本末关系的总结。具有普遍的方法论意义。不管宋明易学各家对"体"的内涵的规定如何不同,然关于体用关系的理解却是一致的:体用不能分割;体决定用;由体可以致用;由用可以得体;体用之间是一种内在的辩证统一的关系。《伊川易传》把这一理论思维框架从本体论和方法论的角度确立了下来。尽管伊川、朱熹强调以理为体,严格区分本体与现象的界限,但关于本体离不开现象、表现为发育流行之过程、体在用中、理在象中的思路,不仅为理本体论,而且为心本体论和气本体论提供了普遍的方法学武器。无象则理无所显,本体存在最终不能离开现象界,几乎成为上述各派的基本共识。朱子说:"故语道体之至极,则谓之太极;语太极之流行,则谓之道。虽有二名,初无两体。周子所以谓之无极,正以其无方所,无形状,以为在无物之前而未尝不立于有物之后;以为在阴阳之外,而未尝不行乎阴阳之中;以为通贯

① 熊十力:《读经示要》,《熊十力全集》第三卷,第914—915页。

② 熊十力:《十力语要》,《熊十力全集》第四卷,第125页。

全体,无乎不在,则又初无声臭影响之可言也。"①道与太极并不是两体;寂然不动为其体,发育流行为其用。体用合一,由用知体(达体)的思想在程朱易学中已基本奠定了。熊十力的体用不二、本隐之显论正是来源于此。

程朱易学的辩证法思想也给熊十力以深刻影响。《程传》"尚刚"、"主动"思想较之王弼、周敦颐的"尚柔"、"主静"思想更合熊十力的口味。《程传》以刚健为天地根本之道,以阳刚为主于内者。他主张"刚正而和顺,天之道也。化育之功所以不息者,刚正和顺而已"。又注《乾卦》曰:"乾,健也,健而无息之谓乾。""至健固足以见天道也,君子以自强不息,法天之行健也。"又注《坤卦》曰:"行地无疆,谓健也。乾健坤顺,坤亦健乎? 曰:非健何以配乾? 未有乾行而坤止也。"②熊十力特别欣赏《程传》释坤卦"行地无疆谓健"的思想,并由此感悟、发挥为坤以乾为体,坤不是别一个源头,坤之元即是乾之元。《程传》以运动和变易为恒常,指出易道变动无常,"动静无端,阴阳无始","易道广大,推远则无穷,近言则安静而正。天地之间,万物之理,无有不同。乾,'专也静','动也直'。……坤,静翕动辟。坤体动而开,应乾开阖而广生万物。"③程氏认为,天地虽大,富有万物,雷动风行,运化万变,寂然至无,是其本也。"天下之理,未有不动而能恒者也。动则终而复始,所以恒而不穷……故恒非一定之谓也,一定则不能恒矣。惟随时变易,乃常道也。""先儒皆以静为见天地之心,盖不知动之端乃天地之心也。非知道者,孰能识之?"④《程传》中的这些变易发展观、动静观和乾坤交易衍成世界的看法,我们在熊氏易学中都能感受到。

朱熹不仅一般地讲变易,尤其讲交易。他批评程颐"只说得相对底阴阳流转而已,不说错综底阴阳交互之理"⑤,指出易兼有变易、交易两义,强调阴阳相待、交错、变易、流行的作用。朱熹的化育流行观亦具特色。"天地之化,往者过,来者续,无一息之停,乃道体之本然也。然其可指而易见

---

①　朱熹:《答陆子静五》,《朱子文集》卷第三十六,陈俊民校编,台北:德富文教基金会2000 年,第四册,第 1441 页。

②　(宋)程颐:《程氏易传》,《二程集》,北京:中华书局 2004 年版,下册,第 794、695、698、707 页。

③　(宋)程颐:《易说》,《二程集》,北京:中华书局 2004 年版,下册,第 1209 页。

④　(宋)程颐:《程氏易传》,《二程集》,北京:中华书局 2004 年版,下册,第 862、819 页。

⑤　(宋)黎靖德编:《朱子语类》卷六十五,北京:中华书局 1994 年版,第四册,第 1603 页。

者,莫如川流。故于此发以示人,欲学者时时省察,而无毫发之间断也。"①
"以明道之体用,流行发现,充塞天地,亘古亘今,虽未尝有一毫之空阙,一
息之间断,然其在人而见诸日用之间者,则初不外乎此心,故必此心之存,而
后有以自觉也。"②总之,朱子强调阴阳交错对待的矛盾观,又把天道的化育
流行与人道的自强不息及在人伦日用之间省察内心结合起来。就这一点来
说,熊十力思想并不外于此。

以上所说,是程朱易学观与熊十力易学观的联系。二者的区别何在呢?
我以为分歧首先在以何者为易之体的问题上,其次在以"理"为易体能否彻
底贯彻"体用不二"的问题上。

程朱的路数,"体用一源,显微无间。盖自理而言,则即体而用在其中,
所谓'一原'也。自象而言,则即显而微不能外,所谓'无间'也"③。在朱子
看来,源(原)与微是作为本体的"理"。因此,理体与用象的关系,细究起
来,仍然有一个逻辑的先后次序的问题。故程颐说的是"有理而后有象,有
象而后有数",朱熹说的是"先有体而后有用"、"见在底便是体,后来生底便
是用",均偏重于把统体视为大本原,由体而达用,由微而至著。理体是潜
在的精神本体(整体),又具有化生万物的无限能力(动力、功能),表现为宇
宙的发育流行(过程)。但寂静的理体本无动静,有动静的是气,理必须挂
搭在气上才能发用流行。也就是说,理在气先,理是本,气是伴随着理的,气
是理的载体,气化流行即天理流行。因此,这种"无间"实际上是"有间",即
必须通过"气"作为中间环节。熊十力反对这种诠释。他认为理气的不离
不杂仍然是把理气视做两物。太极与阴阳、道与气之间有着严格的形上形
下的界限,它所导致的仍然是在"用相"之外设定"理体",结果"用相"与
"理体"被剖做了两片。在他看来,这种"体用一源"论是不彻底的"体用不
二"论,使得形式、规律、轨范、法则、条理成为空洞的东西,成为抽象的教
条。按熊十力的理路,理体作为潜在的无量的可能的世界,其转化为现实,
毋需以气作为援手或中间环节,而是直接地统一、直接地实现。如此才能防

① (宋)朱熹:《论语集注》,《四书章句集注》,北京:中华书局1983年版,第113页。

② (宋)朱熹:《四书或问·中庸或问上》,《朱子全书》第六册,上海、合肥:上海古籍出
版社、安徽教育出版社2002年版,第571页。

③ (宋)朱熹:《答汪尚书七》,《朱子文集》卷第三十,陈俊民校编,台北:德富文教基金
会2000年版,第三册,第1148页。

止天理成为超绝的存在而游离于人心之外。程朱的易学本体论不仅可能导致易道、易体成为一种无生命意识、无主体的客观精神，而且可能导致形而下者为体，将"体"物质实体化、形体化、物化。因此，熊十力确立的易之体、易之蕴，首先强调它即存有即活动，即不易即变易，即寂静即运动，即主宰即流行。他认为，只有把易体确立为心体，才能使程朱易学的"体用一源，显微无间"、"动静无端，阴阳无始"之论贯彻到底，从根本上防止体用二之，防止世界的二重化。

2. 与心学易学观之关系

如果说，熊十力从理学一系的易学观中批判地吸取了其易学方法论的话；那么，熊十力易学本体论则直接渊源于心学一系的易学观。①

熊氏关于易体的看法与程颢颇为接近。例如程颢认为离了乾坤更无易体，易体即本体。"'一阴一阳之谓道'，自然之道也。……有道则有用……如此，则亦无始，亦无终，亦无因甚有，亦无因甚无，亦无有处有，亦无无处无"②。熊十力关于本体无始无终、无处不在、自本自根、即有限即无限、即绝对即相对等等的规定，几与此同。

心学一系的易学观，从根本上是把宇宙天地的变化视做与宇宙天地一体的我的变化，把生生不息的易体，确定为"仁体""心体"。陆九渊的易学思想反对将形上与形下、道与器、阴阳与道割裂开来，强调太极即阴阳，一阴一阳之变动与生生不息的神妙太极间的圆融。"《易》之为道，一阴一阳而已……今顾以阴阳为非道而直谓之形器，而孰为昧于道器之分哉？""一阴一阳已是形而上者，况太极乎？"陆九渊认为，充塞宇宙的"道"、"理"可以表现为存在秩序——"在天曰阴阳，在地曰柔刚，在人曰仁义"，然作为存在的根源，充塞宇宙的万物之"道"之"理"即在"心"中。"道未有外乎其心者。""万物森然于方寸之间，满心而发，充塞宇宙，无非此理。""心，一心也；理，一理也；至当归一，精义无二，此心此理，实不容有二。""四端者，即此心也；

---

① 关于这一点，我特别要感谢朱伯崑教授的指点。心学一系的易学观集大成于明道及陆王学派。熊十力《读经示要》认为，《孟子》虽不明言《易》而实深于《易》，故能上承孔氏，下启宋儒以逮阳明。这一系统之易学观，根本上是把《易》、《庸》形上学《论》、《孟》化，识得仁体即是宇宙本体即是万化真源。

② （宋）程颢：《明道先生语二》，《二程集》，北京：中华书局 2004 年版，上册，第 135 页。

天之所以与我者,即此心也。"①陆九渊"本心"论及其"即心即理"的思想框架、简易直截的思想方法,不用说都是熊十力的重要思想渊源。

然而心学一系易学观之典型,不仅在陆象山,而且在更彻底心学化的陆门弟子杨简(慈湖)及其代表作《己易》。杨简对于《周易》的新诠解是:"天地人物尽在我性命之中,而天地人物之变化,皆吾性之变化。"②"《易》者己也,非有他也。以《易》为书,不以《易》为己,不可也;以《易》为天地之变化,不以《易》为己之变化,不可也。天地我之天地,变化我之变化,非他物也。私者裂之,私者自小也。""夫所以为我者,毋曰血气形貌而已也;吾性澄然清明而非物,吾性洞然无际而非量。天者吾性中之象,地者吾性中之形,故曰'在天成象,在地成形',皆我之所为也。混融无内外,贯通无异殊,观一画,其旨昭昭矣。厥后又系之辞曰乾。乾,健也,言乎千变万化不可纪极,往古来今无所终穷,而吾体之刚健未始有改也;言乎可指之象,则所语天者是也。天即乾健者也,天即一画之所似者也,天即己也,天即《易》也。……举天地万物万化万理,皆一而已矣;举天地万物万化万理,皆乾而已矣。坤者乾之两,非乾之外复有坤也。"③杨简《易传》强调万物一体,以"心"为最高范畴,以易体为心体、乾体,以"易之道"为元,为人心,而"得易之道"就是"不失其心"。这可以说是熊十力易学本体论的直接前提,难怪熊十力禁不住多次称赞杨简及其《己易》。④

王阳明及其后学的易学本体论和方法论,如天地万物同体之说,良知本体论,即体即用的思想架构,都给熊十力以深刻影响。按:阳明学派以孟子与《周易》思想相结合,重心在抉发仁体。循着孟子的思路,程明道、陆象山、陈白沙及王阳明学派所做的工作,即不仅从宇宙发生论与发展观上,而且从伦理学和本体论(形上学)上,对易学经传予以重建。在他们看来,宇宙万物生成变化的"道"不是客观、超绝的所以然者。如果将动力或能源,将神妙不

---

① (宋)陆九渊:《陆九渊集》,北京:中华书局1980年版,第29、22、9、228、423、4—5、149页。

② (宋)杨简:《周易解序》,《中国哲学史资料选辑》(宋元明之部),北京:中华书局1982年版,第321页。

③ (宋)杨简:《己易》,《中国哲学史资料选辑》(宋元明之部),北京:中华书局1982年版,第324—325页。

④ 熊十力称赞《己易》很能发明师说,虽文字极少而理境甚高。见《新唯识论》语体文本,《熊十力全集》第三卷,第46—398页。

测的功能依托于形而下之气,那么太极、道、理就不是生化或创生之实体,"所以一阴一阳者"竟然被束之高阁,不具有主体性、主动性。心学易学观之根本是赋予形而上者之体为动态、能动的主体,即一阴一阳变化的真源。既然天道生生不息的创生精神已投射、积淀到人性、人心之中,因此不妨说,事物生成变化的原理、源泉就在人心之中。其前提是把天地万物与我的关联看成是生命有机体内在的关联。因此,观察我所处的世界与我之关系,认识宇宙秩序和人生价值,从根本上来说,是离不开"吾心"的,或者说,离开了"吾心"的世界是没有意义的。这样,易道、易体的问题即转化为性体、心体的问题。按照心学内外相合的原则,宇宙的秩序、宇宙间普遍的德性与法则,与个体的主体性、个体的道德情绪情感是相互感应、密不可分的。因此,在阳明那里,宇宙本体即心体,心之体即良知,心之用即是良知的发用流行,也即是物。这样的体用一源、即体即用论,试图从本体论上确立主体性原则和个体性原则,肯定道德法则与道德主体的内在一致性。心学一系的易学观,不仅在阳明的天泉证道得到有力的证明,而且通过他的弟子们的不同诠释而得到发展。

熊十力说:"儒家则远自孔子已揭求仁之旨。仁者本心也,即吾人与天地万物所同具之本体也。至孟子提出四端,只就本心发用处而分说之耳。实则四端统是一个仁体。后来程伯子《识仁篇》云:'仁者浑然与物同体。义礼智信,皆仁也。'此则直演孔子《大易》'元者善之长也'意思。《易》以乾元为万物之本体,坤元仍是乾元,非坤别有元也。杨慈湖深得此旨。元在人而名为仁,即是本心。万善自此发现,故曰:善之长。逮王阳明作《大学问》,直令人反诸其内在的渊然而寂、恻然而感之仁,而天地万物一体之实,灼然可见。罗念庵又申师门之旨。盖自孔孟以迄宋明诸师,无不直指本心之仁,以为万化之原,万有之基。即此仁体,无可以知解向外求索也。明儒徐鲁源曰:'惟仁者,性之灵而心之真。凝于冲漠无朕,而生意盎然,洋溢宇宙。以此言性,非枯寂断灭之性也,达于人伦庶物,而真体湛然,迥出尘累。以此言心,非知觉运动之心也。故孔子专言仁,传之无弊。'鲁源此说,可谓得儒家之旨。"[①]

---

① 熊十力:《新唯识论》语体文本,《熊十力全集》第三卷,第397—399页。今按:徐鲁源语在"性之灵而心之真"后有:"先天后天,合为一致;形上形下,会为一原"。熊先生所引缺了这十六字。详见(明)黄宗羲《明儒学案》卷十四,北京:中华书局1985年版,上册,第309页。

熊十力在《新唯识论》文言本、《十力语要》直至晚年著作《存斋随笔》中,一再肯定王阳明及其后学聂豹(双江)、罗洪先(念庵)、徐鲁源(钱德洪弟子)、王塘南、唐荆川及唐凝庵父子等等发挥《周易》创明的天地万物一体之学。熊十力似乎对阳明后学的分化、派别并不感兴趣。他对阳明后学的理解,主要来自《明儒学案》。熊十力对聂双江、罗念庵特别有兴趣的,并不是他们的工夫论、主静说,仍然是天地万物同体之说。熊十力认为罗氏对天地万物非吾心外物的肯定及心体无有古今分段、方所间隔、彼我分别之论,是对孔孟易学观的最好发挥。仁者浑然与物同体,"谓在我者亦即在物,合吾与物而同为一体,则前所谓虚寂而能贯通,浑上下四方、往古来今、内外动静而一之者也"①。熊十力认为念庵此论乃易学根本。在他看来,易学即内圣之学、为己之学。"其所谓己,乃指大生命,所谓大我是也。如一般人都能认清大我,于此立定,则其生心、动念,以至发为语言,见诸行事者,一切皆从天地万物一体处反省一番。倘有小己之恶根潜伏,而良知之照察甚明,犹可望其提醒戒惧,以图自新。"②此即依据良知本体论,将易学转化为道德形上学。熊十力《易》、乾、仁、健、生、德、心、性之合一说与根源说,即来自明儒。因为只有识得天地万物一体,具备宇宙家族亲和意识,才能从根本上即存在根源上,将易道、易体(即宇宙本体、万化真源)转化为内在的仁体;而对每一个体来说,复其仁体,复其良知本性,复其天地万物一体之本然,摒弃私欲,才是建设和谐的宇宙伦理秩序的根本。

聂双江《辨易》、《辨神》诸论,强调"《易》以道义配阴阳","心之生生不已者易也,即神也"③。罗念庵亦有"心之本体至善","体能发用,用不离体"④之说。王塘南说:"《易》曰:'乾知大始',此知即天之明命,是谓性体,非以此知彼之谓也。《易》曰:'坤作成物',此作即明命之流行,是谓性之用,非造作强为之谓也。故知者体,行者用,善学者常完此大始之知,即所谓明得尽便与天地同体。故即知便是行,即体便是用,是之谓知行一、体用一也。""宇宙万古不息,只此生生之理,无体用可分,无声臭可即,亦非可以强

---

① 此处可对勘《明儒学案》卷十八"江右工门学案三"与《新唯识论》文言文本"明心"上章。
② 熊十力:《存斋随笔》,《熊十力全集》第七卷,第841页。
③ (明)黄宗羲:《明儒学案》卷十七,北京:中华书局1985年版,上册,第383—384页。
④ (明)黄宗羲:《明儒学案》卷十八,北京:中华书局1985年版,上册,第391、400页。

探力索而得之。故后学往往到此无可捉摸处，便谓此理只是空寂，原无生几，而以念头动转为生几，甘落第二义，遂使体用为二，空有顿分，本末不贯，而孔门求仁真脉，遂不明于天下矣。"①唐凝庵说："惟《易》标出一个乾元来统天，见天之生生有个本来。其余经书，只说到天地之化育而已，盖自有天地而乾元不可见矣。然学者不见乾元，总是无头学问。""世人皆谓天能生人，不知生人者却是统天之乾元耳。人生于乾元，天地亦生于乾元，故并称之谓三才。……人与天并生于乾元。乾元每生一物，必以全体付之。天得一个乾元，人也得一个乾元，其所得于乾元，绝无大小厚薄之差殊。"②尽管唐凝庵以气言乾元，肯定"盈天地间一气而已""知乾元之生生皆此气"，由心本体向气本体转型，但对于熊氏的方法论启迪，仍是阳明式的。③

　　总之，熊十力承续了心学之易学观。本来，在《易》经《易》传的形上学中，存有论与价值论、宇宙秩序与道德秩序是相互贯通的，存在根源、宇宙本体既超越又内在。宋明儒重建了本体论、宇宙论、人生论、价值论。与理学一系的思想家不同，心学家在思想资源上从《易》、《庸》转入《论》、《孟》；或者说，以《论》、《孟》解释、扩充《易》、《庸》的德性价值论；将诚体让位于仁体；不再重视太极与阴阳、形上与形下的分疏，而重视对生生不息、神化不测、於穆不已的天道之当下体证和天道与人道的贯通；将《易传》之宇宙论与形上学转化为心性论与道德形上学。熊氏对易学本体论与易学方法论的发挥，大体上是在这样一条思路上进行的。

3. 与气学易学观之关系

　　熊十力对张横渠、王船山易学的吸取和继承表现在哪些方面呢？

　　首先是刚健精神。熊十力说："吾儒以《大易》为宗。易道刚健。刚健非不虚寂也。无形，无象，无染污，无作意，曰虚。寂义亦然。虚寂故刚健；不虚寂则有滞碍，何刚健之有？但以刚健为主而不耽溺于虚寂，故能创进日新，而无颓废与虚伪之失。横渠'易道进进也'一语，极堪玩味，非刚健，则

① （明）黄宗羲：《明儒学案》卷二十，北京：中华书局1985年版，上册，第477、473页。
② （明）黄宗羲：《明儒学案》卷二十六，北京：中华书局1985年版，上册，第608、605页。
③ 又按：熊十力认为："船山之论，实由阳明派下导其先。从来谈王学者，未发现及此"。其具体所指，即唐荆川父子之论。见《熊十力全集》第八卷，第692页。

无以言进进也。孔孟之学皆以刚为主。《论语》'刚毅、木讷近仁',唯刚乃得为仁也。仁体呈现时,私欲不得干之,此可见乾德刚健,故易家言乾为仁,……《论语》、《大易》同以刚健言仁。《朱子语类》以柔训仁,便杂于佛老,失《易》旨矣。"①这可以视为熊十力的体用有无统一观。所谓本体既虚寂又刚健,即无又有,即体即用。无则没有滞碍,因此刚健;有则不致沦虚,生生活泼。熊十力有取于心学一系的易学家,多半在"无"之方面;有取于气学一系的易学家(横渠、船山),则多半在"有"之方面。按熊十力的诠释,易学本体论、宇宙论和人生论的特点是:"儒者于本体,深证见为刚健或生化,故其宇宙观,只觉万有皆本体刚健之发,即万有皆变动不居、生生不已、活泼泼地,无非刚德之流行也。虽云于万有而识其刚健之本体,亦可说万有之相已空。但此与佛家意思天壤悬隔。佛氏空万有之相以归寂灭之体,吾儒则知万有都无自体,而只是刚健本体之流行也。故儒者之人生观,要在自强不息,实现天德。如是乃即人而天矣。"②

按照这样一条理路的发展,熊十力哲学反对形而上学的绝对"无"即虚寂的哲学,而以"有"(包括生生、健动、变易、性命、流行等)补充之。这样,熊十力就充分地借助于气本体论(或气一元论)的张、王。尽管他从根本上反对以气为本体,但这并不妨碍他对气本论者的借鉴。这种借鉴,是以佛道二氏作为参照系的。这里我们着重谈谈熊十力对船山易学的吸取和发挥。

> 吾平生之学,穷探大乘,而通之于《易》。尊生而不可溺寂,彰有而不可耽空,健动而不可颓废,率性而无事绝欲,此《新唯识论》所以有作,而实根柢《大易》以出也。(上来所述,尊生、彰有、健动、率性,此四义者,于中西哲学思想,无不包通,非独矫佛氏之偏失而已。王船山《易外传》颇得此旨。然其言散见,学者或不知综其纲要。)魏、晋人祖尚虚无,承柱下之流风,变而益厉。(老庄不言刚健,而言虚静。魏晋人不善学之,竟成颓废。故是变本加厉。)遂以导入佛法。宋儒受佛氏禅宗影响,守静之意深,而健动之力,似疏于培养;寡欲之功密,而致用之道,终有所未宏。(《易》戒非几之萌,即不主纵欲。然言智周万物,

---

① 熊十力:《十力语要》,《熊十力全集》第四卷,第433—434页。
② 熊十力:《十力语要》,《熊十力全集》第四卷,第433页。

言备物致用,言开物成务,则后儒所不省。)二千年来,《易》之大义,湮绝已久,晚明王船山作《易外传》,欲振其绪,然于体用之义未融,(此中却有千言万语道不得,学者若于《新论》肯下一番功,方识吾意。)情性之分莫究,天人之故,犹未昭晰。羽翼《大易》,疑于弗备。《新论》之作,庶几船山之志耳。①

船山《易内传》较伊川为佳,然不及《外传》。《外传》好处,即其明有、尊生,主动等大义,足为近代思想开一路向。但未免于粗,船山于哲学上之问题,犹乏精究。然其思想宏阔,于治理,群化,尤多卓见,汉以来未有其人也。②

熊十力认为,王船山的《周易内传》和《周易外传》宗主横渠而和会于濂溪、伊川、朱子之间,独不满于邵雍。熊氏以特有的慧识,概括并发挥了船山易学的四大基本观念:

一曰;"尊生以箴寂灭"("尊生而不可溺寂")。熊十力指出,易学不妨名之为生命哲学,《大易》以"生生"二字为主。其义旨广远深微,包罗万有,非西方生命哲学所可比拟。"尊生"就是要明了易道的生生创化本质。宇宙与人生的本然状态、本质属性是生生不已、变动不居、不守故常、日新其德。熊十力主张以一种积极的人生态度,特别是道德实践精神来回应天地(乾坤父母)的生生之德,就个体人生来说,生与寂、动与静必须统一起来。我们顺着自己"生生"之本然天性,不受私欲的侵扰,则虽动应万变而未尝不寂也。以此解周子的《太极图说》,"静"是指的"邪欲不作"、"勿使私欲乘之",但这并不意味着要"屏动以求静"。只有深刻地理解了宇宙生命的"生生"(创造)精神,才能在生活中,在变动中保持寂静而又不至沉溺物欲,心有挂碍。仁体、性体既是寂静又是创化的。它含蕴着大生之力,然而并不是宗教家所谓的神。儒家以存仁立乎其大,即是于天地万物一体处,认识大生命,认识自性,认识大我,认识天赋予我们的创造精神。

二曰:"明有以反空无"("彰有而不可耽空")。这里涉及有与无的关系。横渠讲,"《大易》言幽明而不言有无";船山讲,宇宙皆"实也,实有也"。熊十力指出,尽管横渠、船山对释道二氏的"空""无"本义有所误会,

———————

① 熊十力:《读经示要》,《熊十力全集》第三卷,第916页。
② 熊十力:《读经示要》,《熊十力全集》第三卷,第963页。

但救末流耽空之弊,则为功不浅。宇宙全是真真实实的、活泼泼的、万变不穷、万化不测的,因而是富有的。佛教遮拨实有以明空无,这对一般执著迷恋于物欲者是有意义的,但佛氏的末流则不免耽空,终究有反人生倾向。《周易》精神则是有无的统一。船山易学强调了实有的层面,具有近代意义,成为引进西学的基础和中介。"有"的侧面,广义地说,是外王学,成物之学,包括知识、科技、业务、物质利益的追求、实事实功的建树。但宋明儒的理解,仍是达用,是良知本体的向外推扩。在熊氏看来,"明有"首先是承认良知本体、乾元性海的无所不在、实有而非空无;其次是承认仁心本体功能的实有,就其生化流衍、开物成务、备物致用、智周万物而言,实为大有;然就其不被物化、无形迹、无方所、不执著、不迷恋而言,则可以谓之大无。

三曰:"主动以起颓废"("健动而不可颓废")。熊十力认为,船山的这一观念是为了救宋明儒末流之弊,与颜习斋同一用意,但习斋理解远不逮船山。他又认为,动而健是全《易》主旨,天道人事于此得以贯通。动而健是天之化道,人体之以自强,所谓尽人合天是也。佛氏出世之道,以寂静为主,宋以后儒者受其影响而误解周子主静之说,厌动喜静,胸怀拘隘,不足备物致用,不能勇往以当改造宇宙之任。

四曰:"率性以一情欲"("率性而无事绝欲")。熊十力认为,船山不主张绝欲或遏欲,而主张以性率情,使情从性,则欲无邪妄,而情欲与性为一。熊十力指出,船山这一思想与程朱本旨并不相背,可惜戴震不识性而妄奖欲。(熊十力对戴震多所批评,认为戴不懂阳明,妄诋孟子。)他说:"生生之本然,健动,而涵万理,备万善,是《易》所谓太极,宇宙之本体也。其在人则曰性。吾人率性而行,则饮食男女,皆有则而不乱。推之一切所欲,莫不当理。如此,则欲即性也,何待绝欲而后复其性乎?夫性者,生生之本然。其存乎吾人者,即《大易》所谓'乾以易知之知'也。阳明子所谓'良知',吾《新论》所云'性智'也。吾人反己而识自性,凡生心动念处,必皆有所不忍纵,不可乱者,必有不为物役,而恒超然不容瞒昧者,此吾人天然自有之则也。诚能顺此天则,而无违失,则从心所欲,而皆天理流行。故曰欲即性也。凡以绝欲为道者固甚谬。若反对绝欲,而不知性,不务率性之功,则未有不殉欲而丧其生生之本然也。《易》之道,以率性为主,故无事于绝欲。备物致用,大通而无不正,一皆畅其真性,《易》道所以为至也。若夫以人生为迷乱之丛,众苦之聚者,其果有见于生生之本然乎?""情与性,不可作二元看去,则以情非别有本故也。然情,性毕竟有分。性是本有,情则后起之妄也。此意须详《新论》〈功能〉〈明心〉诸章。"①

熊十力这里对性与情(即王船山之理与欲)关系的论证,根本上是综合了阳明、船山的看法的。从阳明及其后学到李贽、船山,有明一代的异端思想家的确是从性与情、理与欲的关系上撕开裂口的。由此似乎可以生发出对个体愿望、情感、欲求的一定程度的肯定,包括求利、致富的合理性的肯定。这在追求人的真实价值、突破传统限制、企冀思想自由方面,具有某种启蒙的价值和意义。当然,在王阳明、王船山那里,这种思想还是十分稀薄的,远不逮他们之间的左派王学、李贽等等。但王船山的"天下唯器"论的本体观,对个体性原则的哲学抽象所具有的近代意义及其在哲学史上的地位,又远非他人可以代替。以"器"胜"道"的器道统一观,以"势"成"理"的势理统一观,以及熊十力在此总结的"尊生"、"明有"、"主动"、"情一于性"四大观念,构成了中国近代化哲学的基本格局。正是基于此,熊氏认为王船山"论益恢宏,浸与西洋思想接近矣"。熊十力认为王船山的根本精神、思想体系即是上述四大观念。这是船山哲学的纲要。熊十力指出,明末三百年来,中国人性灵丧失、生命力空虚,依赖外人之劣性与贪淫、冷酷、骗诈、委靡等恶习及思想界之浮浅混乱现象,都是由于生活力太贫乏而引起的。船山哲学"实为振起沉疴之良药","足为现代人生指一正当路向";"体大思深,精义络绎,其于程、朱后学种种迂拘之见,多所弹正。每令读者腐气一涤,新意顿生"。②

熊十力对船山易学的批评,概括起来有如下一些:第一,批评船山易学之"乾坤并建"说为二元论,认为乾坤、体用、心物之并建、并立关系,削弱并否定了乾辟仁体本心的生命创化,从而认为船山"未见本体",于根原处未透悟,未达"体用不二"之旨。第二,批评船山将心与性、理、天、命、道之关系作了分疏,否定心性同一、心理同一,不悟心即是性,则工夫似无入处。第三,批评船山"天下唯器"和道器、理气(相)关系之论,指责船山否定固有、

① 熊十力:《读经示要》,《熊十力全集》第三卷,第917、918页,又参见第840页。
② 熊十力:《读经示要》,《熊十力全集》第三卷,第838—841页。

大备、圆满无亏之理体。① 第四,批评船山反对阳明与佛老的成见太深,对批判对象未得全解,导致自误。如说:"船山挟一反对阳明之成见,故终不悟性。时而说得近是,时而又成差谬。既不成性矣,而心之发用,何以不即是性,而成乎妄情或私欲,则亦不能知其所以也。余常欲订其得失,而终未有暇。"②

熊十力对船山哲学的诸评价反映了王船山和他自己思想的内在矛盾。因为他所推崇的王船山之"尊生"、"彰有"、"健动"、"率性"的四大基本观念和活力,实在是根基于"乾坤并建"、"天下唯器"、"以势成理"诸论的。重气、器、势、物、力、智、利、欲,在一定意义上是充分肯定偶然性、个别性、特殊性,是充分肯定殊相的价值的。然而熊十力对仁心本体的唯此唯大、压倒一切地位的肯定,在一定意义上又是把仁心本体作为生命共在来看的,在实质上又是对个别性、殊异性的漠视。而王船山哲学在理气、道器、理势、理欲问题上,在整体与个体关系上又充满着矛盾。

熊十力批评船山误解阳明的"良知"只是孤明,不足靠。"船山意谓良知只是一个空调的知,没有情、意的力用,所以说为孤明。实则船山此意,若以之言知识,当无不可;而以之言良知,便大谬。船山于孔子之道尚有未曾融化会通,其说不能无病。须知,孔学以求仁为主,则言仁而智与勇在其中矣。……阳明绍述孔子,推演《大学》致知义,而倡良知。其所谓良知,正是仁之流行,非智无以成仁。"③如果说船山相对主张仁智并举的话,阳明和十力则是主张以仁统智。这里透露的信息是,熊十力虽然借助于气本论、明有论的活力、实事实功、大用之道等来弥补陆王后学之不足,来批评释道和宋明理学末流的寂静空疏,但在本质上却未离阳明学的立场。这表明熊十力本人常常动摇于有与无、体与用、心与物、道德与知识之间,但最终还是以大本大源的确立为己任。不过,在这一点上,王船山亦是如此。尽管王船山

---

① 按:熊十力这里所说的"理体"仍指"心体"。熊十力批评船山时指出:"夫用则屡迁,而理唯法尔完具。人类未生时,而为父为兄之理,固已先在。牢醴璧币,钟磬管弦,此等事物未出现时,而为礼为乐之理,要皆先在。推之未有弓矢车马,而射御之理先在。及凡古今异宜之事,当其未现,而理自不无。"(《新唯识论》语体文本,《熊十力全集》第三卷,第363页。)这看起来是趋向了朱子和冯友兰,其实,他这里所说的理的先在,是指的仁心本体的先在和自足圆满。

② 熊十力:《读经示要》,《熊十力全集》第三卷,第918页。

③ 熊十力:《明心篇》,《熊十力全集》第七卷,第258页。

不同意心学的路数,但就终极层面来说,船山学与宋明理学有着内在的一致性。因此,熊十力指出,船山《读四书大全说》对"克己复礼为仁"的阐释,于仁与礼之关系的理解,与阳明并无二致。"大本不立,而能克去己私巨敌,无是事也。船山平生极诋阳明,于此却归阳明而不自觉。阳明良知,即天理之心也,即先立大本也。"①这显然有弥合倾向。熊十力对阳明、船山二王学的摄取、互补、融合,当然是现代思想史上最有趣味的事件。从熊先生在家中所挂的君师帖来看,他认为自己是继承了阳明、船山"二王"之学,且通过"二王"直追孔子的。

---

① 熊十力:《新唯识论》语体文本,《熊十力全集》第三卷,第416页。

第 七 章

熊十力的道家观

熊十力先生自谓"生性疏脱,少时喜老庄",中年游心于佛,久之皈向孔学《大易》。尽管他对道家多所批评,然笔者以为,无道家资源陶养,则不可能有《新唯识论》也。这里我们着重研究熊十力哲学与道家思想渊源的关系,谈谈儒道在"超越"意义上的差别,以及儒道哲学在何种意义上为我们在当代重建"个体性"原则提供了正负面的参照。

一、老庄之"道体"与熊十力之"本体"

熊十力对"三玄"之学,情有独钟。虽一再声言《老》、《庄》源于《易》,一再批评道家的差谬,然在总体上对道家价值从未轻视,而诠解又颇具新意。熊十力本体论与道家思想的联系与区别,主要表现在"体"之内涵的规定上。我这里着重谈谈"道——无、有"与熊十力体用观的关系。

熊十力以己意诠释道家哲学及其范畴。关于老子之"道""无""一",熊十力指出,此即真理、宇宙实体,一切万有皆以道为其体。"一切万象,以道为体,则道固非离一切万有而别有物。若谓道果超越于一切万有之外者,则道亦顽空,而何得名为宇宙实体耶? 老子之后学庄周曾有妙语云'道在屎尿',可见道不离一切万有而独在也。"[①]"夫老子言天地万物皆得一以清以宁乃至以贞者,即凡物各各皆得此一以成。然任物之各成乎清宁灵盈生贞等等者,要莫不皆一焉。故庄子本之,以泯小大之见,息封畛之患,玄同彼我,双遣是非,而休乎天钧。天钧者,一之谓也;一也者,非混同一一物以作

———————————

① 熊十力:《十力语要》,《熊十力全集》第四卷,第204页。

一，乃即于一一物而皆见一，……总之，老子开宗，直下显体，庄子得老氏之旨而衍之，便从用上形容。《老》、《庄》二书合而观之，始尽其妙"。① 这样，熊十力把老庄之"道"解释成与万有打成一片、即物即道的"道"。他把"道"解释为"有""无"之统一，因为作为天地之根、宇宙基源的"道"，即是生成天地万物最究极、最本源的实在，必须具有神形两方面的品格。他刻意强调老庄之"道"乃"有""无"两面的统一，并把"易道"的品格融合进来，以阳刚之性补充阴柔之性，将超越之道内化于天地万物及人类之中。

首先，我们看熊十力中年(20 世纪 30 年代)对"道"的诠释。

熊十力中年对意大利学者马格里尼详细解释老子哲学，大体上以道涵盖心(无)物(有)两面。如释四十二章"道生一"，以道发现精神，精神为一，神则涵形，其与精神俱时发现者为形本，形神对待成二，有一、二，故有三。他以阳为一、为神，阴为二、为形，冲和为三，阴阳和，万物生焉。又释首章为，始万物之无，即是精神，母万物之有，即是形本。又释四十章"天下万物生于有，有生于无"则谓："夫有者，形之始凝者也。其始虽微，而万物资生焉，微所以成著也。无者神也，神虚而形实，虚能生实，实不能生虚也。"又释十一章"有之以为利，无之以为用"为："夫神至虚，而谓之无，明其无滞迹也。此虽道之发现，然即于此而道存焉。所谓即用而言，体在用也。(神即无，乃道之用。体者实体，即道是也。言乎神，而道即神矣，离神不可得道也;言乎用，而体即用矣，离用亦不可得体也。)形之始成，而谓之有，虽依神故有，但已为形本，则与神之无滞迹者相反而既成为物矣。虽推原而言，亦可说形与神同为道之发现，然形之既成，毕竟自成为物，而离失道之本然矣。故成形之有，但为精神作用所凭藉之具，故云'有之以为利，无之以为用'。夫神，以其至虚而无，故能用有而无不利也。然则体无而全神者，其至矣乎。(体无之体，是体合义，谓反之自心而去其逐物之累、即体合于无而神全矣。)"②按，可以图表示为：

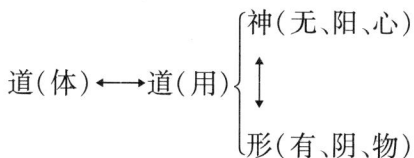

$$\text{道(体)} \longleftrightarrow \text{道(用)} \begin{cases} \text{神(无、阳、心)} \\ \updownarrow \\ \text{形(有、阴、物)} \end{cases}$$

_____

① 熊十力:《十力语要》,《熊十力全集》第四卷,第100—101 页。
② 熊十力:《十力语要》,《熊十力全集》第四卷,第206—207 页。

这里在解释"有之以为利,无之以为用"时,把体用之用,训为神妙无限之用,无用之大用,而把形质之有、实利之用,释为有限之用,即精神凭借的工具。如果我们将上表对照第二章熊十力哲学范畴表,则不难看出,熊十力体用观是有取于《老子》,而他又是以自己的"体用不二"、"翕辟成变"观来解释《老子》的。他说,吾心之本体即宇宙之本体,非有二也,故不可外吾心而求道(本体);吾心发用处,即是道之发用,故善体道者,体之自心而得矣,岂外求哉? "夫神之必资于形也,无之必待乎有也。""常无而常有,常有而常无,此道体之本然也。其在于人,则谓之本心。此心不住诸相,(住者住著。泯绝一切攀援妄想,于所缘相都无坚执,都无留碍,名为不住。)故常无;(离相寂然,故无。)行一切相,(此心无不起时,而心起必有所缘境相,心于一切相无所不行。)故常有。(所谓冲寞无朕而万象森然。)""心常无,即神全,(心不能无,即非其本心;非其本心,则丧其神也。)故可观始物之妙。(始物之妙者,神也。)""心常有者,神之不得不显也,(必待形有,神乃显发。)于此观物之成,以有徵求故也。""两者,有与无也,……形神毕竟不异,即有无毕竟不异,以同体故,故说为同。云何同体? 谓形神皆道之发用故。"①

熊十力是以"本心"本体论来诠释老子的"自然"本体论的。在他的诠释中,逐步把"道体"引向"心体",把"道体"所具有的超越性、绝对性、普遍性、无限性、圆满性保留下来。同时,他特别强调老庄本意的"无包含有""有生于无"的思想,并以"易体"之大用流行、生生不息、日新富有、灭故生新的特点补充"道体"的深不可测、虚不可象、冥然无作、无处不在。尽管熊十力批评过王弼的《老子注》,但不难发现王注的影响、积淀。王弼注所肯定的"天地虽广,以无为心"、"灭其私而无其身,则四海莫不瞻,远近莫不至"、"殊其己而有其心,则一体不能自全,肌骨不能相容"等等思想,在这里都得到发挥。即是说,不仅宇宙之有、现象世界、人文世界及其差异变化,即存在的终极根源在寂然至无的世界;不仅洞见、察识富有万物、雷动风行的殊相世界,需要主体摆脱诸相的束缚,脱然离系,直探万有的深渊;而且习气的系缚、外物的追素,小有的执著,会导致吾身主宰的沉沦、吾与宇宙同体境界的消亡。因此,熊十力先生对"挫锐解纷"、"和光同尘"、"谷神不死"、"复归其根"、"为学日益"、"为道日损"、"无为而无不为"、"无用而无不用"

---

① 熊十力:《十力语要》,《熊十力全集》第四卷,第208页。

的解释,在肯定人文世界的前提下,着重强调了人生向道德境界和超道德境界的升华。他不是一般地解释道体问题,而是把有无观引入心性论的领域。

熊十力以道家思想,特别是其道体观、有无观,论证滞留物用、执著有为对于"心体"的遮蔽,论证本心与习心之辨,论证摄心归寂、内自反观、炯然明觉、澄然虚静的境界。老庄以非人文、非道德的径路对人生超越境界的论证,被熊十力纳入到肯定人文、肯定道德的径路上来了。这可以说是熊十力对道家资源的活用。

其次,我们看熊十力晚年(20 世纪 50 年代)对"道"的诠释。在基本思路不变的前提下,熊十力直接以"体用"释"无有"。其实在 20 世纪 40 年代的《读经示要》中就明确说过:"夫无者,言乎宇宙本体,所谓太极或太易是也。体则寂然无形,故说为无,非空无之无。有者,言乎本体之显为大用,所谓乾元是也。……无者,以体言。有者,以用言。……有也者,言其生生之盛也,言其变化不测也"。①

他在《原儒》中说:"老氏所谓道,盖合虚、神、质三者,而为混然不可分割之全体。《老子》第二十五章曰:'有物混成,先天地生。(有物之物字,作虚字用,乃隐指道而言,不可作物质解也。混成者,老氏以为宇宙基源,所谓道者并非空洞的无,而是虚与神、质三者混合而成,故曰混成。辅嗣注云:'混然不可得而知,而万物由之以成,故曰混成也。'此则以不可知释混字,以'万物由之而成'释成字,以二义结合曰混成,牵强太甚,不可从。余言虚神质三者混合而成,则会通老氏全书之旨,的然如是,至后当知。先天地生者,即第一章云'无,名天地之始'是也。)寂兮寥兮,独立不改,(寂寥,无形体也。独立,无对也。不改者,变化无常而其德性恒无改易。)周行而不殆,可以为天下母。(神质混一,其周行无所不至。盖至真之极充塞流动于无量无边之虚空中,何殆之有?天地万物皆其周行之势用所发现,故曰为天下母。母者,以能生故名。)……'"②又释《老子》二十一章"道之为物,其恍其惚",其中有象、有物、有精、有信,认为一方面指道体恒自如如,永恒、绝对、至大无外、无形、无名、无状、无物、唯一、第一、不变、不动,由此才能为万物之始之母,另一方面,又指道体真实,虽无形相,而非空无,虽本不动,而涵盖

---

① 熊十力:《读经示要》,《熊十力全集》第三卷,第 952 页。
② 熊十力:《原儒》,《熊十力全集》第六卷,第 591 页。

流动活跃。也就是说,道体是恍惚无象之虚空,但虚而不虚,虚而涵实,无而涵有。熊十力批评王弼对"其中有信"的解释不妥,认为应将"信"释为"实"。"虚而不虚者,生神、生质,故虚而实。虚生神质,无能所可分,亦无先后,……神质与虚,混然为一,完然圆满,是谓混成,亦谓之太一。由斯而论,则第一章有无二名亦可得正解。混成无形,故说名无;混成之动,愈出而无穷无尽则为万物母。故就动出而言,应名为有,混成是体。动出是由体起用,有无二名依体用假立。体用可分,究不可析而二之,故第一章曰'此两者同出而异名也'。辅嗣于此章全不通,故其注第一章,亦胡乱说去。此二章从来学人罕得其解,谈者道其所道,非老氏所谓道也。老学之根柢不明,则其一切之论皆不可究其所自。须知,老子所谓道本虚神质之混成,而神与质皆自虚生,故老氏以虚无立本。辅嗣学老而不了混成,是其最大迷谬。但于老氏以虚无立本之旨,则有甚深体会,魏、晋以来注老诸家未有能及之者也。"①

这里肯定老学根底乃虚、神、质的统一,特别发挥老学之虚(无、体)本来就涵盖着实(有、用),又指出老氏以虚无立本。同时,熊十力指出,有无同出于元(道),道之体为无,道之用为有,无乃天地之始,有乃万物之母。"无,以道之体言,道无形故说为无;有,以道之用言,为天地万物之母,是道之用故。体用本不二,故曰同。出者,道之动,第五章云'动而愈出'是也。动出是用,自无涉有,遂致有无异名,故曰'出而异名'。自无涉有者,非谓本无而后有也。无者,言其体,由体起用,故云'自无涉有'。有无二名虽异而实不异。无以名其体;有以名其用。体者用之体;用者体之用;体用本不二,故曰同。同,谓之元。"②

按,熊十力在《原儒》下卷说,他在 25 年前以心物分疏老氏有无之论,至《原儒》上卷仍持此义,1954 年定居沪上之后,才认为老氏有无"究是体用之辨,不可以心物分疏也。"又说:"老氏真以虚空为万化之源也,其学殆与浑天说有关,……今谓庄生称关、老'建之以常无有'者,太虚洞然,本来无所有,故曰常无有。无有,何所建? 虚而生神生质,神质与虚混然为一,则以混成建之也。下云'主之以太一'者,虚含神质,混然为一矣。不谓之太一

---

① 熊十力:《原儒》,《熊十力全集》第六卷,第 593 页;又参见《十力语要》,《熊十力全集》第四卷,第 214—215 页。两处所释,略有不同。
② 熊十力:《原儒》,《熊十力全集》第六卷,第 589 页。

得乎？老学根柢,此番掘出无疑。"①中年以道为本体,心物为道之功用;心微妙而无形,不改其本体清虚之性,故以心名无;物凝而有质,便违其本体之自性,故名物曰有。晚年则直接以无为道体,有为道用;虚、神、质之浑成为体,动出为用:

道体（虚、无）◀━━━▶ 道用（有）

$$虚 \begin{matrix} 神 \\ \\ 质 \end{matrix} （浑成为体、无）◀━━━▶ 虚 \begin{matrix} 神 \\ \\ 质 \end{matrix}（动出为用、有）$$

对照前表,晚年解老与中年解老基本意涵仍能统一起来。中年以"心物"释"无有",晚年以"体用"释"无有"。中年所释已涵有体用义,晚年所释体用义更加圆融。按晚年所解,"心物"与"无有""体用"尚不在一个层次,"心物"只是"无""体"之动出、发用。不过这个思想,在前引中年释老的《语要》卷二中已有了。

　　我们的兴趣,不在分疏熊十力中晚年解老的区别,而在于熊氏对老子有无观的吸取和改造究竟有什么意义和价值。熊十力在《新论》说:"王辅嗣解《老子》,言凡有皆始于无。其所谓有,即谓一切物;其所谓无,亦斥体而目之,非空无之谓也。有始于无,谓凡有皆以无为体耳。今滞于有者,不知有即是无,如泥执绳相者,不知绳即是麻。触目皆真,而滞有者不悟。"②"老子云:'(玄)元德,深矣、远矣。'又曰:'生而不有,为而不恃,长而不宰,是谓元德。'夫元德者,生德也。生生不息,本来真故、如故。生而无染,本圆明故。生而不有,本寂静故。是则曰真、曰如、言乎生之实也。曰圆明,言乎生之直也。曰寂静,言乎生之几也。是故观我生,因以会通空宗与《大易》之旨。吾知生焉,吾见元德焉,此本论所由作也。"③"老子谓之无者,以其无状无象,故说为无耳,非真无也。其曰用之不勤者,妙用无穷,周普万物,而荡然无所劳耳。老子说用之不勤,我亦何尝于大用流行着得一勤字。使大化之行而有所勤劳,则造化亦将熄矣。但勤劳与刚健,二义迥别。勤劳,是拘

① 　熊十力:《原儒》,《熊十力全集》第六卷,第624—625页。
② 　熊十力:《新唯识论》语体文本,《熊十力全集》第三卷,第83页。
③ 　熊十力:《新唯识论》语体文本,《熊十力全集》第三卷,第172—173页

执或留滞义。刚健,具有清净、纯固、坚实、勇悍、升进,与不可穷屈及无竭尽等义。须知,用之不勤者,正以其刚健故耳。刚健乃为众妙之门,何劳之有?老子只有见于用之不勤,而未深体夫用之所以不勤者,自是他有所未至。老子说道无,我亦何可于他所谓无之上,起一毫有相的执著,但无非真无,故万化由之以成。这个无状无象的物事,才是至刚至健的,所以能成万化,否则便是颓废的无,又何妙用可言呢? 老子只喜欢说无,却不知所谓无才是至刚至健,我想老子尚不免耽着虚无的境界。"①

最后,我们可以总结熊十力对老庄"道体"有无观之借鉴和改造的意义了。

第一,肯定道家"道——无、有"之本体论和超本体论的价值。方东美先生喜讲超本体论、起绝本体论。道家形上学"无有统一"模型是熊十力形上学"体用统一"模型的原型之一。显然,熊十力借取了道家形上学来补充儒家形上学,又以儒家形上学来改造道家形上学。先秦儒家是"天"、"仁"或"诚"的形上学,"天"、"仁"、"诚"是创生万物的超越根据,但基本上只含有"有"之一层。道家之"道"也是生成万物的超越根据,但它则涵括了"无"与"有"之两界、两层。就道体而言,道是无限的真实存在实体;就道用而言,周溥万物,遍在一切之用。道之全体大用,在"无"界中即用显体,在"有"界中即体显用。"有"界是相对的现象世界,"无"界是超越的精神世界,绝对的价值世界。相对的"有"与绝对的"无",本体界与超本体界相互贯通。这是就两界而言的。若就两层而言,"无"是心灵虚静的神妙之用,是"道"之作用层;"有"是生、为、长养万物之利,是"道"之现实层。庄子所说"建之以常无有"是真正的哲学智慧。道家这种既无又有、既相对又绝对、即妙用即存有之双向圆成的玄道,早就启发了宋明道学(理学)即体即用、即无即有的模型,是熊十力本体论之渊源。但道家之道的实现方式是否定的方式,是"不"、"反"、"复",即通过虚无保证存有,通过不有、不恃、不宰、不争、贵柔、守雌、去生、不为,来长养万物,那么这种"有"其实也是虚有。道家形上学的重心是"无",是"道冲","用之或不盈,渊兮似万物之宗",是不生之生、不有之有、不长之长、不用之用、不宰之宰、不恃之恃、不为而为。"无"之超本体论是一种特殊的睿智,具有(或强于)境界的品格而

① 熊十力:《新唯识论》语体文本,《熊十力全集》第三卷,第114—115页。

不具有(或弱于)现实的品格。熊十力正是吸取了道家之"无"、佛家之"空",并以儒家之"有"加以补充,才益显深刻的。熊十力认为,儒家之性、天、刚健精神,亦是一种"无"——清静、澄明。熊十力主张"无(空)不碍有"、"有不碍无(空)",即有即空(无),相反相因。他的"心体"的第一特质便是"无"、"空",即虚寂本性。他认定,儒、释、道三家,"虽学术不同,而以认识心体为第一着,则莫或异也。……然真正认识心者,却是于心之行相而透悟心体,既见心体方是真正认识心,易言之,即是真正认识精神。"①"将冀人皆发悟,同返虚无之极,毋失性命之正,此老学心要也。"②强调"心"、"无"本体的虚寂本性,是熊十力本体论的重要一环。这不是说,熊十力生命本体是不真实的。熊十力绝对本心论,赋予本心的超越、遍在、圆满、永恒的特性,恰恰是引入了道家"道体"的特性,与道家结下了不解之缘。这是熊十力哲学所包含的超本体论、超道德境界的一部分。但我们很快就会发现,熊十力哲学与道家的最大不同是没有过于偏重于"无"之层面,毋宁说,他恰恰强调了"有"之层面。因此,在肯定"道——无、有"两界两层本体与超本体论的基础上,熊十力着力批评了道家之"无"。

第二,批评"虚无为本"在宇宙—人生论,特别是外王学之负面。熊十力指出:"老氏之无非空无也。本性虚寂,故说为无。儒者亦非不言无,《中庸》言天性曰'无声无臭至矣'。但儒者不偏着在无上,与老氏又有别。"③"孔子说'天行健'。而老仅曰'周行不殆已耳'。其实,本体现为大用,纯是刚健,故流不行已。老子耽虚静,于健德没理会。由此,谈人生,谈治化,便多差谬。此《新唯识论》所由作也。"④熊十力批评老庄为厌世派哲学,认为他们"语化虽妙,而不悟真体流行,其德本健,(此是老、庄与吾儒《大易》根本异处)又复耽于观化。遂以委心顺化为悬解"⑤。"儒家主张成能,尽人之能,以实现其所固有之天真,欲皆理而人即天也,此老氏所不喻也。老氏谈体,遗却人能而言,故庄周言用,亦只形容个虚莽旷荡,全没有理会得天行

① 熊十力:《原儒》,《熊十力全集》第六卷,第713—714页。
② 熊十力:《原儒》,《熊十力全集》第六卷,第597页。
③ 熊十力:《十力语要》,《熊十力全集》第四卷,第251页。
④ 熊十力:《读经示要》,《熊十力全集》第三卷,第731页。
⑤ 熊十力:《读经示要》,《熊十力全集》第三卷,第776页。

健的意义"。① 这里当然包含着儒道的分歧。道家强调无用之用;儒家强调有用之用。儒家之"有""用",即建构人文世界,以人文化成天下;道家之"无""用",则要从人文世界中超越出来,回归到自然而然的自然境界。道家把"无"作为"道"最崇高的性相,主张超本体论优越于以"有"代表变化世界的动态本体论;儒家把"有"作为"道"最崇高的性相,主张本体论优越于以"无"代表恒如不动的超越本体论。道家的逍遥无待之游,是自我真实的自由人格之体现,以"适己性"为特征;儒家的刚健自强之道,是自我真实的创造精神之体现,以"人文化成"为特征。熊十力面对现代世界的建构,当然不能忽视"有"之现实层面,因此要批评道家,特别是道家末流沉溺虚寂,尽废人能,委心任运,守弱自全。按,熊十力基于宇宙人生"无""有"两面的建构,诠释道家、批评道家,以廓然大公的"虚有""造实"之儒"道",反对遗世独立、旷荡无用的道"道"流弊。熊十力赞扬道家宗师慧解甚高,然批评其对仁义之源、伦理之需,对客观面的文化建制,过于轻视,削弱了人之积极能动改造外在现实世界的真实意义的理解。

第三,认同道家之"无"在道德论、道德境界及超越境界的慧识。尽管熊十力批评道家以虚无为本,柔弱为用,妨碍了"有"之层面(人文、客观现实世界)的能动建构,但在人生境界的追求上,对于道家破除、超脱有相的执著,荡涤杂染,消解声色犬马、功名利禄的系缚,顺人之本性,养心之清静方面,则无不欣赏、认同。虚、无、静、寂,凝敛内在生命的深度,除祛逐物之累,防止"本心"被"习心"遮蔽,正是熊十力"本心"论的一个重要方面。这种"无为"、"无欲"、"无私"、"无争",救治生命本能的盲目冲动,平衡由于人的自然本性和外物追逐引起的精神散乱,亦是熊十力道德哲学的基本内容。熊十力释《老子》十五章:"心浮散,即不静,必凝聚而后静,故曰'浊以静之'。清,虚也,明也,纯也,净也。心恒静,即虚明澄净,故曰'静之徐清'。……夫安以久,则恐其溺于虚静,而废生生之大用也,故必于动用中致涵养之功,而后见生生不息真机,……心本虚无,而至于溢者,私欲盛也。修道在损去私欲,复归于无,故曰'不欲盈'也。……若夫执有者,徇物而失其虚;浮动者,纵欲而舍其静,此道之所以丧也。故知道者,明知虚不离有,而必以虚为本;明知静不离动,而必以静为本。故曰'致虚极,守静笃'。致

① 熊十力:《十力语要》,《熊十力全集》第四卷,第101页。

虚不极则犹未能虚也,守静不笃则犹未能静也。'万物并作',至虚而妙有,至静而善动也。复,返之虚静也。有焉而未尝不虚,何物之系?动焉而未尝不静,何欲之累?故曰'万物并作,吾以观复'也。"①这是对"虚"、"无"、"静"、"寂"的境界之肯定。当然,熊十力对此亦有批评:"《大学》首言止定静安,却与道家一味虚静的主张不同。老子便呵斥色声等物令人盲聋爽发狂。《庄子》七篇亦本此意。所以他们致知,只是致个虚灵的知。庄子谓之'灵台'。王船山先生说老庄是守其孤明,此语极有见地。缘他总要绝物,他务排除人欲尽净,却剩下一个虚灵的知。所谓'灵台'即是一个孤明的状态。儒者却不如此,他根本要识得自家良知,而他很有气力的把他底良知推致得出来,不为私欲阻碍。他得着这个把柄却不绝物,而正要行乎事事物物,悉量得其理,如所谓知明处当者,此与道家天渊不同了。"②就是说,儒家主张不废生生大用,于动用中、于行乎事事物物中致涵养之功。但在最终的境界上,熊十力亦认同道家的超越之境。这即是超越升华,不为俗累,宛若大鹏神鸟背云气,负苍天,翱翔太虚,"独与天地精神往来","以游无穷",所谓"至人无己,神人无功,圣人无名"。这就启发人们由现实到理想,由有限到无限,致广大尽精微,遍历层层生命境界,去情欲之惑,蔑钱权之诱,解心知之蔽,破生死之执,超脱各种相对价值系统,包括与恶相对的善、与美丑相对的艺术价值等等,在精神的解放中达至绝对的美善相融的境界,即个人与无限的宇宙契合无间的天地境界。

第四,赞扬"体无"之本体方法论的贡献。知识论只能在"有"之层面讨生活,至多只是一种量智,谈不上智慧,尤其是人生智慧。上升到"无"的境界,才能透悟"恒有""纯有",反思人的真实存在。生命实感、生命体验上升到"性智",此即"玄览"。关于这一点,我们将在本章第三节详说。

二、老庄之"独体"与熊十力之"个体"

老庄哲学对于人的个体存在性和精神自由的向往,与佛教、谭嗣同、章

---

① 熊十力:《十力语要》,《熊十力全集》第四卷,第218—220页。
② 熊十力:《十力语要》,《熊十力全集》第四卷,第120页。

太炎的有关思想,对熊十力哲学的影响是深刻的。谭、章所谓"虽天地之大,可以由心成之、毁之","依自不依他"、"以自识为宗"、"大独必群,群必以独成"等等,撇开时代性不论,思想渊源上亦来自道家、佛教和陆王心学。本节主要谈谈道家个体性问题及其与熊十力哲学的关联。

老子有一种"畏"、"避祸"、"孤独"的意识,似乎看到了"散朴为器"、"始制有名"以来,文明建制、礼乐仁义、圣智巧利、他人共在,所造成的个体人的"被抛"、"沉沦"与"无家可归"的尴尬处境。文明异化导致了个体自我的失落。《老子》第二十章反映的就是这种情绪:"绝学无忧。唯之与阿,相去几何? 善之与恶,相去若何? 人之所畏,不可不畏,荒兮,其未央哉! 众人熙熙,如享太牢,如春登台。我独泊兮,其未兆,如婴孩之未孩,儽儽兮,若无所归! 众人皆有余,而我独若遗。我愚人之心也哉,沌沌兮! 俗人昭昭,我独昏昏。俗人察察,我独闷闷——澹兮,其若海;飂兮,若无止。众人皆有以,而我独顽似鄙。我独异于人,而贵食母。"这里明显地表现了一种焦虑和孤独:假我与真我、群体与个体、人心与世俗、人的本真状态与虚妄相对的名教系统之间的冲突、挣扎和觉醒。在这个不再满足个体精神需求的世界里,在礼乐制度文明、知识科技异己化为个体的宰制的背景中,老子期盼着至少在精神上获得个体自我的地位——方案是:绝圣弃智、绝仁弃义、绝巧弃利;见素抱朴、少私寡欲、复归婴儿;修之于身,其德乃真;以身观身,道为我用,我之自化。这是道家系统"以自为本"的滥觞。

庄子哲学突出了人的个体性,尤其是"自本自根"、"独有之人,是为至贵"、"独与天地精神往来"、"以游无穷"诸说,从精神上肯定了个体人的地位。庄子的《逍遥游》、《齐物论》在我国哲学史上明确提出了"个体性"原则。《老子》即有"道生之,德畜之"之说。道是人之所共由,德是我之所自得。庄生天籁齐物之论所言者为"道";此道乃整体的和谐,而这种整体的和谐源于个体人格的平等、独立,殊相物事的彼此疏离,即众人、众物、众论之无不齐;此道表现出对各相对价值系统的容忍、尊重,由此才能上达绝对的价值系统。庄生逍遥无待之游所重者为"德";此德(得)乃个体的自在自得,而这种个体的自在自得取决于个体此在如何超越于精神奴役、名教宰制、物欲系缚、他在牵累;此德传达的是对泯灭个体人独立地位、自由本性的社会异化的抗议,是对无所依待的精神自由的向往追求。《逍遥》与《齐物》即内圣与外王、适己性和与物化、众生之大自在与众论之无不齐、个性自由和众生平等、人之殊相与宇宙共相、自在与自为。① 两论所表达的睿智在于：人们面对自己的生命、自己的自在存在作出的选择，需要相对地与整体共在"分生"、"独化"，在新的层次上重塑自我，使个我本己的人格结构、精神生命一次次获得跃迁、新生。这不是排斥共相共在，而是一次次适度地疏离、超越、提升，直至无穷。庄生在强大的"超我"面前，不肯同流合污，主张保持相对独立性，以讽刺讥弹暴君暴政及其帮闲帮凶，视功名利禄、邀宠奔竞为"腐鼠"，始终保持清高的节操，而于风刀霜剑、荣辱得失不屑一顾，剖视人生负面，人性缺弱——残暴、自私、狡诈、虚伪等弊病，鞭挞透底！

郭象注《庄子》抉发"万有独化"论，不仅承认在"无"之精神超越境界中个体的逍遥无待，尤其肯定在"有"之现实存在世界中个体的自由无限性。万物各自以自己作为自己存在的根据，"物任其性，各当其分"、"块然自生"、"掘然自得"、"因而自因"、"足于其性"、"生则所在皆本"、"变化无往而非我"。郭象的思想是在现实世界里把个体从名教纲常等社会体制的束缚中分疏出来，并把这种个体性上升为宇宙本体。

现在我们再来看看熊十力是如何吸取、扬弃道家"独体"学说的。从背景来看，熊十力所面对的也是文明（不过是现代文明）异化造成真实自我的失落，因而有可能使他的思想与老庄思想产生某种共鸣——跨越时空的遥契。他同样在对儒家传统、名教纲常之负面所作的抨击中，透露出他对"个体性"的反思。在这里，他又表现出思想内在的深刻矛盾：个体与整体之间、无有之间、内圣外王之间、适性和与物化之间的思想张力。

首先，熊十力对"自本自根""依自不依他"的肯定。他说，哲学之究极"要在反己而识自本自根。非可向外觅本根也。'自本自根'一语，本《庄子》。庄子此语甚妙，盖深得《大易》之旨。""吾之生命，与宇宙大生命为一。所谓游于无待，振乎无穷者也。"②"道家盖以个人的生命即是宇宙大生命，宇宙大生命亦即是个人的生命。庄子云：'天地与我并生，万物与我为一。'此证真之谈也。"③"庄子盖悟到，生命是全体性，充实、圆满，无在无不在。

---

① 章太炎《齐物论释》以"自在"、"平等"释《逍遥游》，《齐物论》；钱基博《读庄子天下篇疏记》以"适己性"释"为王"，以"与物化"释"外王"。
② 熊十力：《读经示要》，《熊十力全集》第三卷，第732、733页。
③ 熊十力：《明心篇》，《熊十力全集》第七卷，第173页。

生命不是我之一身所独有,是乃天地万物共有之生命也。庄子之意只如此。其实,天地万物共有之生命,即是我之一身独有之生命;我之一身独有之生命,即是天地万物共有之生命。……谓其是一,则一即是多;谓其是多,则多即是一。……庄子于生命,高谈天地万物共有,而忽视每一物各有。其极大错误,略说有二:一、泛称天地万物共有,则生命将成为莽荡无依据。二、忽视天地万物各各独有生命,便陷于虚无主义。否定万有而不自知其谬。庄子确犯此过"。①

今按,熊十力对庄子生命论的分析颇值得重视。一方面,他确信在逍遥无待之游的精神之域,庄生所强调的自本自根与儒家反己自识可以会通,以确立人格的独立、思想的自由、精神的解放。正如我们在第一章和第五章所介绍的,熊十力严肃批判了个体性、民族性的丧失,批判自主性的沉沦、奴性的戕害,论证自因自动,呼唤思想、学术、精神独立,无所依傍,一切依自不依他,自本自根、自信自足、自发自辟、自主自立、自诚自明、自树自救,以求得个性与民族性的彰显,自家内在宝藏的保任、发挥。另一方面。他又不断地批判庄子及庄学末流"以大化为外界独存的力量,而以人为小。由其说,吾人与大化根本不一"②;"南华根本迷谬处,即在视天化为无上之威力,而吾人之生,只是大化中偶然之化,如昙花一现耳。……庄生之宇宙观与人生观,只是委心任运,恭然无自在力"③也就是说,庄子的个体性、偶然性、殊性,乃至其逍遥自得,最终摆脱不了个体人无法预期、无法逃避的道之共相、必然和天化的宰制。熊十力从自主自由个性的独立不苟出发,痛斥庄生最终堕入了天帝精神、普遍必然性的深渊,甚至有一种命定论、宿命论的倾向。由于自由与必然、个体与整体关系的裂解,熊十力认为庄子的个体性原则并没有最终确立起来。我们知道,庄子的"变化密移、畴觉之欤"思想对熊十力《新论》变化观影响甚大,毋宁说,熊十力生灭灭生的变化观大体上是庄学和佛学之综合。但我们不能不注意,熊十力经常诠释《庄子·大宗师》的藏舟藏山之喻,一方面赞扬庄子精于察变,另一方面批评他使吾人和万物在变化无穷的外在大力面前无所作为。"详庄周之论,盖惊叹有外界唯一之

---

① 熊十力:《乾坤衍》,《熊十力全集》第七卷,第 657—658 页。
② 熊十力:《原儒》,《熊十力全集》第六卷,第 354 页。
③ 《印行十力丛书记》,《熊十力全集》第四卷,第 17—18 页。

大力,独司造化之机,吾人或万物皆出于机,又皆反入于机,只是造化之玩具。人生无一毫自主自动力,无一毫意义,无一毫价值。"①熊十力又批评庄子的思想脱离现实,指出他的超越与儒家的超越是有区别的:"庄子言'独与天地精神往来'与孟子言'上下与天地同流'二说截然异旨。孟子盖浑然与天地万物同体,不别求绝对精神也;庄子所谓天地精神,实与黑格尔氏所云绝对精神相近。庄子对于天地精神起超越感而皈依之,故曰独与往来。孟子有经世之志,不忍脱离现实,而庄子则否。二家之学,其归根处确不同也。"②可见,熊十力认为,如果不在"有"的层面自主自动,实现人生价值,而在造化面前无所作为,逃遁于精神的无何有之乡,那就最终否定了个体的生命。熊十力的这个批评是有根据的。

其次,从必然与自由的辩证关联上思考个体的主体性。熊十力说:"昔余不信人生有自由,因为一个人在未生已前,早经旁的东西把他底生命规定了。……易言之,你底整个的人生都是社会造就的,社会是一个鸿炉,也是一个造化主,他在你未生以前,早先安排了种种模型,使你生来便投入模型中,你底种种活动,无非依着这模型做些填实功夫,如此说来,人生哪得有自由?……如今又觉得人生真自由,何以故?自由是相对的名词,在限制之中,而有自强自动自创,以变更不合理的限制底余裕,这才叫自由。若是无限制,又从何见出自由?社会的种种模型,固然限制了我人底生命,但是我人如果不受他底固定的不合理的限制,尽可自强起来,自动起来,自创起来,破坏他底模型,变更他底限制,即是另造一个新社会,使我和我底同类都得展扩新生命。如此岂不是人生有大自由么?……我们若是把个人屈伏于社会,使得大家凑成一副死机器,便与宇宙变动不居的生机大相违戾,是大不幸的事。"③他主张"各个人任他底意志和思想技能自由的充分发展",反对抹杀个人自由,使个体沦为机件,任某种势力摆弄、陵轹,刍狗万物,莫此为甚。他肯定个体有转移风会、曲成万物的能力和责任。但他同时也看到社会文化环境、各种条件对个体的限制和个体自身缺弱的限制。他认为没有什么"绝对的自由"。自由只是相对于限制而言,自由是内在主宰、道德自

---

①　熊十力:《原儒》,《熊十力全集》第六卷,第 353 页。
②　熊十力:《原儒》,《熊十力全集》第六卷,第 664—665 页。
③　熊十力:《十力语要》,《熊十力全集》第四卷,第 477—478 页。

律。"自由谓内有主宰。此释自由却好,然言主宰者必归之内心,心托境生,而能适应或改造乎境,于此见心之有主宰义。即由如是主宰义故,见其不受环境限制而有自由可言。故自由待限制而后见,无所谓绝对。(绝对自由,只是一个幻想)"①"个人不能离社会而独存,必期改造社会,以适于共同生活,而不容昏乱势力之存在者,此当有进无退。"②熊十力肯定个体的主体能动性和自由意志,又承认必然性的限制。他晚年在谈到整体与个体、自由与必然关系时曾有一个"十六句义":

> 一为无量,无量为一。
>
> 全中有分,分分是全。
>
> 始则有终,终而复始。
>
> 此转为彼,彼亦莫往。
>
> 发展无竭,譬彼洪流。
>
> 自由必然,无想有鹄。
>
> 伟哉造化,怒者其谁。
>
> 相反相成,万有公则。③

这里把每一个体作为本体的全体(整体)的显现来肯定的,每个个体因得到本体之全而成其性。关于这一点,我们以下再谈。就自由与必然的关系而论,熊十力用了《庄子·齐物论》之典:"夫吹万不同,而使其自己也,咸其自取,怒者其谁邪?"原指风窍不同,形声乃异,物皆自得,未始不齐,但究其根源则为天籁,没有天籁的发动,万窍是发不出声音来的。熊氏以"怒者"指"主动者",认为没有什么主动之神来司造化,肯定万物各以自己的方式存在的合理性,肯定个体人的独立性、主体性。他高扬了个体人的意志自由,甚至加以夸大,但仍指出自由不是凭意想,自由不是盲目的意志,自由不是无限的目的论的。通过自由与必然关系的讨论来界定个体性与主体性,似是对前述老庄的个体性沦于宿命论的纠正。

再次,关于"吾丧我"的评析。《庄子》对个体自我地位的确立,采用的是否定的方式,即《齐物论》所说的"今日吾丧我"的方式。什么叫"吾丧

① 熊十力:《十力语要》,《熊十力全集》第四卷,第68页。
② 熊十力:《十力语要》,《熊十力全集》第四卷,第87页。
③ 熊十力:《原儒》,《熊十力全集》第六卷,第323页。

我"呢？庄子的原意是,要做到精神自由,就要有普遍的精神平等;而要有精神平等就必须消解每个个体自身的障碍,即是要忘掉"私心"、"小我"。"吾丧我"就是精神自我摆脱形躯自我的束缚限定,跨越情识、我执、成见、自我中心等等思想障碍,恢复真正的自我——"真君"。这是中国儒、道、释、宋明理学四大思想传统都认同的,虽然其他各家不一定主张形如槁木、心如死灰或取无为消极的"心斋"、"坐忘"的方式,但以"无己"、"忘我"(这里己、我都是指的小体、小我)来实现个体价值,获得人的精神自由、道德自由,却是共通的。熊十力也是如此。熊十力把自由解释成顺着人的天性(明净的善性)去发展,而把小己利害的计较、为我之私的膨胀视为不自由的显现。他常常是从道德自由、道德主体性的角度省视人的个体性问题。他批评庄子说:"造化在我,非我与生化真宰为二也。知我之所以为我,则存诚而其德不易,体健而其用不穷,位天地,育万物,皆我之自化也。而况予之左右臂与尻,其有不自我制之者乎?"①又说:"志者,只是心有存主。则万理之宗,万善之源,反己体之而即是。无须向外模仿,知其在己之谓默识。尽其在己之谓思诚。实其在己之谓据德。是故存主工夫,悉皆自力,不依他起。自力则未有无成者也。如其无成,必是自力未发起也。易言之,即志未立也。"②他所谓自信、自力、自成,是积极主动地以意志力和修养工夫去达至"吾丧我",去克服人欲,而且自信这种根源性和原动力就是自己内在的宝藏,即本心、本性。

但这里不可避免地有着巨大的矛盾,因为作为个体能动性根源、作为个体真宰的本心、本性是共相,是人的禀赋、人的类特性。人的个体性、主体性,人的意志自由,人的自主自律,在熊十力看来,是对内在固有的人的道德本性,即精神自我、道德自我的发现、发掘、回归,其对立面则是形躯之身。在熊十力和中国哲学这里,人的个体性的凸显是伴随着人的形体自我的消解而达成的,是伴随着"吾丧我"、"无己"、"忘我"而实现的;但这个过程的结果,最终肢解了、丧失了人的个体性。熊十力说:"老曰'吾所以有大患者,为吾有身。及吾无身,吾有何患',云云。夫自私之恶根,在于有身。有身者,即佛氏所云身见或我执,王阳明所云随顺躯壳起念是也。一切自私之

---

① 熊十力:《读经示要》,《熊十力全集》第三卷,第776—777页。
② 熊十力:《读经示要》,《熊十力全集》第三卷,第702页。

大恶,其根源只是有身。此非反己工夫至深切者不知也。老氏已拔去自私之根矣。故曰:'我有三宝。'"①又批评老氏末流:"老聃尚朴,任自然,自然之说行,必有贱检约,而放荡无所不至者。朴之说行,必将反文明,而安偷惰,至以任情为率真,而实行不肯修,实学不肯讲者。其流弊可畏也。(率真绝非任情,古今能辨者少。老子之学,本非放荡与偷惰者,而其末流之弊,可以至此。)"②

又曰:"夫仁心之存乎人者,刚健,炤明,生生而能爱,不为小己之私欲所缚,常流通于天地万物而无间隔。此乃根于实体之德性,而为一切德行之源泉也。人皆有是心,而不幸甚易为形气的独立体所锢蔽。(独立体,谓身。)独立体既成,便自有权能,故其锢蔽仁心也甚易,而仁心之发露颇难。"③"原夫吾人生命本与宇宙大生命浑然为一,不可分割,但人自有生而后已成独体(谓成为独立的个体),如张人便与其自身以外之人人,或天地万物互相对立。易言之,即势成矛盾,却迷失其本来浑一之大体,(大体一词见《孟子》,此借用之,犹云大生命。)几于不可复。"④

熊十力看到了身与心、形体自我与精神自我、个体与整体、殊相与共相之间的矛盾冲突,但他对与肉身相联系的个体、独体及其物质欲望,多少是有点贬抑的。

什么叫做个体的人(独体)呢?什么叫做"个体性"呢?人的生命难道不是理性生命和感性生命的统一吗?本体仁性的生命创造、道德冲动,能够离开肉身材性、生命权能吗?它难道不是与同样隐伏在人性深处的物欲需求、知性冲动相伴随、相补充的吗?以"吾丧我"、"无我"、"忘我"的模式所挺立的道德的主体性和道德的个体性,如果是以贬抑材知自我作为代价的话,那么,不仅材知自我会沦丧,仁性自我亦会随之消解。当然,道家和儒家在这里主要讲的是"超脱",是"无"的境界,超越境界,是生命的归乡。⑤

① 熊十力:《读经示要》,《熊十力全集》第三卷,第780—781页。
② 熊十力:《读经示要》,《熊十力全集》第三卷,第780页。
③ 熊十力:《明心篇》,《熊十力全集》第七卷,第273页。
④ 熊十力:《原儒》,《熊十力全集》第六卷,第335页。
⑤ 这里受到唐力权先生根身与道身、材性与仁性统一思想的影响。唐先生认为,仁性与材性(爱罗,Eros)是人性中相反相成的两个方面,又认为根身与道身的异化与对立,在儒、道思想中是不存在的。详见唐力权:《周易与怀德海之间——场有哲学论序》,沈阳:辽宁大学出版社1991年版。

最后，我们谈谈儒道哲学与"个体性"原则在当代重建的问题。

诚然，道家注重个体性的问题。道家对儒家将个体融化于社会整体之"超我"结构（礼教文明），虐杀个性的伦理异化、政治异化，均有严厉的批判；道家提出了"以自为本"的原则，而且反对以共相之"仁"、"理"泯灭个体，以"道"生"德"畜的方式说明殊相、个体存在的合理性。但是道家对于"本我"的理解同样是片面的。与儒家一样，道家对材知个体、爱罗生命多少是有所贬抑。道家对"自我"设计的应对"超我"的方法是"抟扶摇而上者九万里"，遗世独立，飘然远行，即脱离现世的；而道家宗师又确乎看到了人世间的一切都受命运的支配，在命定的必然面前"知其不可奈何而安之若命"。在客观必然性与精神自由的张力之间，道家给个体性的挺立所开的药方，不是在现实的实践活动中统一自由与必然、个体与整体、物质与精神，而是"堕肢体，黜聪明，离形去知"。这可能会伤害个体性，当然强调的是超越人的自然性。

儒家不是不讲"个体性"，相反，儒家对个体道德创造性、对个体道德人格的强调，可以说举世罕有。但儒家的运思方式是穷理、尽性、至命。理、性、命都是共相，与之相对的势、几、数才是殊相。儒家从类的观念界定人，把它的主性规定为仁性或义理之性（熊十力谓"本心"），而把人的自然属性、动物性排斥在主性之外，是为气质之性（熊十力谓"习心"）。尽性本是一个十分繁杂的过程，因为共相的实现是个体化，每一现实可能的个体各有它的特性，不同个体能否尽性及在一定时空尽性的程度、速度，彼时彼地外在环境的作用以及其他的机缘，都十分繁杂。儒家虽然也有修养工夫论，但大体上，特别是心学一系，对繁杂的尽性过程、个体化过程都是比较漠视的，强调的是"需先识仁"、"先立乎其大者"。熊十力也是这样。但我们知道，单个人"是一个特殊的个体，并且正是他的特殊性使他成为一个个体，成为一个现实的、单个的社会存在物……"①如果我们对每一个体作为一定的特殊的社会存在物的多样性、多面性、多重需求、独特处境、品格教养的差异、乃至个体良知的差异等等加以"简约化"，实际上就无法讨论人的个体性问题，甚至道德的个体性问题。熊十力哲学的缺陷就在这里。熊十力本心仁体说，尽管也有诸如"本心"与"习心"的分疏，但总体上所说的"人之为人之

---

① 《马克思恩格斯全集》第42卷，北京：人民出版社1979年版，第123页。

道",是指的类的、共相的人道,"真实自我"亦是指的作为普遍人性的道德自我。因此总体上,熊十力哲学是讨论共相的哲学而不是讨论殊相、个体的哲学。当然,熊十力哲学在张扬人的创造性、能动性时,较之冯友兰哲学等,有更多的感性色彩和生活气息,在流动的辩证法中也涉及个体性问题,这是不言而喻的。

熊十力对儒家个体人格的张扬与先儒无异。实际上,这种个体人格,是宇宙生命的反映。正如他所说,每一个小水泡都是整个大海的体现,每一个个体生命、个体人格精神都以宇宙大生命或绝对的本心为其自性。因此,个体人格甚至包容了自然秩序、历史法则。个体的责任感、使命感、担当意识,自我意识的圆满自足、无限能动性,三军可夺帅,匹夫不可夺志,如此等等,确乎是一种自由的精神、自由的个体性。因为具体的个体(仁人志士)在具体的处境中是非精神的、不自由的,人格如若作为一个具体的个体,是用不着他力(他律)驱之使然,而凭其内在精神主宰自己(自律),挺身而出,血荐轩辕。因此,我们看,儒家的、熊十力的道德哲学乃是"肯定个人的绝对个体性",而所放弃的乃是"个人的偶然和易变的个体性"①。前者仍然是共相,落实到具体场合、具体的人才是殊相,而一旦实现、落实化为具体的道德行为,就不能离开个体的感性的生命存在。

按康德、黑格尔的说法,在一定意义上,非道德的人不是一个具有"主体性"的人。主体性的最高点是自己主宰自己、自己决定自己的道德意志和道德实践活动。这里,自由意志绝不是无限制的任意性,而是从外物或肉体等自然律下超脱出来,服从内在的道德律则去选择、去行动。这时的人,才不是仅仅靠外在的标准来审判自己的行为的伦理客体,而变成了根据自己的立法主宰并审判自己的伦理主体。人类的主体性,随着道德理性的高扬,得到最充分的体现。就这一方面来说,熊十力哲学对于主体性、特别是道德的主体性的阐发,是十分有意义的。

但我们这里所说的是"个体性"问题。个体性与主体性不同。因为主体性毕竟仍然是人之为人的某种普遍性,而不是个人之为个人的个体性。主体性的片面高扬也容易掩蔽个体性。每一个个体是另一个个体不可替代

---

① [德]黑格尔著,范扬、张企泰译:《法哲学原理》,北京:商务印书馆1961年版,第340页。

的存在,在客观条件的许可下作自由自律的活动。主体性、道德主体性的价值,同样需要落实在个体身上。就主体性涵盖的主观性、能动性、自主性而言,主体性与个体性可以相容;就个体性涵盖的差异性、独特性、独立性、自身同一性而言,二者则不可以相互替代,混为一谈。具体的人作为特殊的人本身就是目的,而不是手段!

但是,特殊的人在本质上是同另一些这种特殊性相关的,所以每一个特殊的人都是通过他人的中介,同时也无条件地通过着普遍性的形式的中介来肯定自己并得到满足的。因此,个体必须通过社会群体的现实生活把自己实现出来;社会群体的发展和实现,终究必须落实在每个个体的意识和行为中。

总之,个体性的确立,个体的自我完善,必须考虑个体与群体、理性生命与感性存在、大体与小体、道义与功利、必然与自由、共相与殊相等等一系列的矛盾。我们从儒道哲学谈到个体性问题,就是因为传统哲学忽视了作为有欲望的、感性存在的具体的人。康德的"人是目的"的思想是深刻的。当代西方哲学又从西方传统的理性主义那里超越出来,进一步肯定了个体的存在和个体的自由;尽管有很多缺失,但提出了很多问题,诸如个人怎样把自己放在价值的本位上才能实现自己的解放,自为的存在与为他的存在的关系,如何把握个人的最本己的"整体能在",如何把个人融汇在对象和环境世界中,在"忘我"的境界中体验生命的归乡。如此等等,有一些可以为改造儒道哲学提供借鉴,有一些又可以与儒道哲学会通。马克思和恩格斯肯定了"个体性"范畴,认定"每一个人都无可争辩地有权全面发展自己的才能"①。马克思、恩格斯把全面发展自己的一切能力作为每个人的"职责、使命、任务",而且把发展及保持自己的"信仰自由、思想自由、交往自由",保持自己的独立性和维护自己的人格尊严视为个人不可让渡、不可剥夺的权利。马克思指出,把人的社会存在的所有的多样性、丰富性、完整性再生产出来,发展和造就个人的需要、才能、享用、品质、力量、观念、交往方式、语言等,总之人的全面发展将成为未来社会大生产的目的本身。② 因此,"个

---

① 《马克思恩格斯全集》第 2 卷,北京:人民出版社 1957 年版,第 614 页。
② 参见《马克思恩格斯全集》第 46 卷(上册),北京:人民出版社 1979 年版,第 486—494 页。

体性"原则在中国哲学的确立,有赖于现代化事业和现代人的全面发展,有赖于对传统资源的体认和扬弃。个体与群体、理性自我与感性自我总是相依相待的。个体性是全面的,不是片面的;个体性、殊相、偶然与群体性、共相、必然的关系亦是辩证的、统一的。

三、老庄之"玄鉴"与熊十力之"澄观"

熊十力非常欣赏老庄的语言哲学。他指出,知见愈山,解释愈多,而吾人与万物浑然同体的不属形限的本原,乃益被障碍,而无可参透。"哲学或玄学,如果不是以驰逐戏论为务,而是在发现真理,那么,我们于此,便不可信任自家的知见用事,直须在这里(谓玄学。)关闭此一道门。(谓知见。)才有玄览之路。尤其是对于哲学界,或古今哲学家,许多纷纭复杂的知见和说法,就得用空宗大扫荡的手段,务期斩尽葛藤,方得回机向上。"①熊十力指出,他所说的涤除知见,不是对世间一切知识都不理会,而是在作本体玄思时,不能随知见支配。任何冥思都使人超逾当下,趋于玄远,把握永恒,倾听未来,体悟吾人与世界的真实关系。而道家澄心凝思的玄观,给予熊十力深深的启发。②

熊十力在给沈有鼎的一封信中指出:"儒家'与天地合其德,与日月合其明',老子底'返朴',庄子底'逍遥游'。这些话都是表示他大澈悟大自在的真实境界。因此他不愿意过计算的生活,不肯把本来浑全的宇宙无端加以解析,不肯把他本来浑一的生命无端分作物我,别了内外。他见到分析是因实际生活方面而起的一种支离破碎的办法。他并不是故意反知,却是超出知识猜度的范围而握住了真理。因此,应该说他是超知识的。"③这里包含着一个深刻的语言哲学的问题,即语言能否、怎样表达与道同在的境界、道与名的关系、有名与无名的关系等等。

---

① 熊十力:《新唯识论》语体文本,《熊十力全集》第三卷,第164—165页。
② 《老子》佳世本第10章"涤除玄览",按马王堆帛书甲乙本,均为"涤除玄监"、"监"即"鉴",镜子也。
③ 熊十力:《十力语要》,《熊十力全集》第四卷,第97页。

熊十力对语言与道的关系的理解,大约有如下几层:首先,语言不能直接表诠道体,因而我们不能执著于语言;其次,语言的妙用可以启发人们接近于道、回归于道;再次,语言对道之境界的表达方式是遮诠,即暗示、隐喻、否定。

"真常之道本非言说所及。言说所以表诠物事,而道不可说是一件物事,使道而可言说,则必非常道矣,故曰'道可道,非常道'。下句首'名'字,谓依道而立道之名也,可名之'名',诠召之谓也。道之一名,原是假立,非名可应其实也,故道毕竟不可名。缘名之起,必由知与物接,用斥指事物,造作形象,遂从而制之名,故名之所可诠召者,唯物象耳,必非真常之名也。此真常道,无物无象,何可执名以求之乎? 故曰'名可名,非常名。'"①我们给宇宙本体和吾人与天地万物同体的境界勉强起一个名字——"道",但这个名称是假立的,我们不可"缘名而起执"。"理之极至,微妙难言,不得已而举喻以明,欲使学者善会其指,但不可缘譬喻而妄起执着。设将至道作呆板事物一般理会,则其人终不可与语道已。"②这都是说语言不能直接说明道。语言只能表达有形之物,不能表达无形之神;如果我们勉强以语言指喻精神境界,那么,决不要执著于这些语言工具或语言阶梯,在必要的时候甚至要扫荡这些名相,抽掉这些阶梯。熊十力说,对于象《老子》、《庄子》这样博大深微的体系,切不可泥执文字,必须善会其言外之意,虚怀体会他们的意境。《老子》的"道可道,非常道";"俗人昭昭,我独昏昏;俗人察察,我独闷闷";《庄子》的"大道不称""大辨不言";都是讲对于形而上之道,必须"实体之身心践履之间,密验之幽独隐微之地。此理昭著,近则炯然一念,远则弥纶六合,唯在己有收摄保聚之功故也。如其役心于述作之事,则恐辩说腾而大道丧,文彩多而实德寡。须知哲学所究者为真理,而真理必须躬行实践而始显,非可以真理为心外之物,而恃吾人之知解以知之也。质言之,吾人必须有内心的修养,直至明觉澄然,即是真理呈显,如此方见得明觉与真理非二。中国哲学之所昭示者唯此。然此等学术之传授,恒在精神观感之际,而文字记述盖其末也。"③在现象之"有"界,尚可务别析、驰辩智,而在本体之"无"

---

① 熊十力:《十力语要》,《熊十力全集》第四卷,第 204 页。
② 熊十力:《十力语要》,《熊十力全集》第四卷,第 204 页。
③ 熊十力:《十力语要》,《熊十力全集》第四卷,第 201—202 页。

界,则自得于无言、冥默。

但我们知道,熊十力是著名的"体用不二"论者。因此,"有"与"无"之间、"有名"与"无名"之间绝没有天渊之隔。即用显体,即体显用。熊十力把"有"与"无"、"有名"与"无名"都视为道之发用。那么,语言的沟通呢?不执著名言,才能体会、回归于道;但名言仍有名言的功能。其实名言是由"有"至"无"、由"无"至"有"的阶梯。因此,"有名"与"无名"乃相反而相成。"无形,故不可名,然不可名,即其名也。无物者,至虚至明而无方相,'复归无物',即由虚极静笃之功,以全其至虚至明之本体。"①既然道与万物不二,"无名"与"有名"亦不二。欲言"无"而物出以成,欲言"有"而不见其形。所以,熊十力对"为学"与"为道"、"言"与"不言"、"名"与"不名"的关系均有深刻理解。

熊十力说:"习于辨析事物,而成为有统系之知识,是谓之学。故以为学之功而为道,必无当也。何则?为学必用功于外,方于事物致其精析,而知识日以增多,故曰'为学日益'也。为道必用功于内,损去私欲,务期尽净,然后复归无为,故曰'为道日损,损之又损,以至于无为'也。无为者,冲寂虚无,任运而无所为作,故曰'无为'。然妙用无边,故曰无为而无不为也。夫无为者,至真之极也。"②他认为,名、言、向外析物之术,其出愈远,其知愈少,役心趣外,转迷其本。这种知解无法透识寂寥至真之极。熊十力强调,真正能"与道同在"之言、之知,不是知识之知、平常之言,而是默然冥契、自明白了。这就需要摄心虚静,收敛其心,才能如老氏所说"不行而知,不见而名,不为而成"。熊十力把"不行而知"、"知常曰明"之"知"都理解成超越知解的"体知"。

有可言之理、可征之事,又有不可言之理、不可述之事。老子的理解是:"智者不言,言者不智。"③庄子的理解是:"言无言;终身言,未尝言;终身不言,未尝不言。""道未始有封,言未始有常"。"夫言非吹也,言者有言,其所言者,特未定也。"④这不仅说明了语言的局限性而且说明了语言的不定性。

---

① 熊十力:《十力语要》,《熊十力全集》第四卷,第212—213页。
② 熊十力:《十力语要》,《熊十力全集》第四卷,第217页。
③ 《老子·五十六章》。
④ 《庄子·齐物论》。

因为道体的微妙恍惚、生生无限,很难以确定的名言界定,至多只能通过语录、寓言、诗歌,巧为暗示、譬喻。熊十力先生指出,如果用西方求知识的态度、西方的形式逻辑来理解中国学问,绝对如隔靴搔痒,了不相涉。《老》、《庄》、《论》、《孟》、《易》、《庸》,文约义丰,意境深远,广大如天,博厚如地,宏通微妙,理趣奥博。善读者,必于言外得意,故非深识精思之士,则读孔老诸氏之书,必漠然无所得也。熊先生特别推崇孔孟、老庄的语言表达方式,认为它能激发人们心中最丰美、深邃的生命精神,直透人的心灵深处,启发人达到崇高的境界。尤其是老庄的玄妙的隐喻、启示,界乎"言"与"不言"、"名"与"不名"之间,很好地解决了"道体"的表达问题。宇宙人生的真谛、善性、美景、生命精神、真正的理境、真善美的理想追求、终极的关怀,都很难以用日常语言直接表明,而老庄、孔孟的语言哲学,却乎达到上乘!熊十力往往把孔子的"天何言哉"和庄子的"天地有大美而不言,四时有明法而不议,万物有成理而不说"并称,主张摆脱逻辑理念的束缚,以隐喻、多义的比兴语言来表达形而上学的意涵,并启发人们"体道",返之虚静,提升道德人格和境界,努力追求"止于至善"。对于"深弘而肆"、"诙诡谲奇"、诗意盎然、汪洋恣肆、暗示性无边无涯、涵盖面无穷无尽的道家、佛家、儒家典籍,阅读它们,不仅要用理智,而且要用情感,甚至要投射全幅的生命,要有自己活生生的体验、体悟。

熊十力说:"中国学问所以不事逻辑者,其所从入在反己,以深其涵养而神解自尔豁如,然解悟所至,益复验之践履。故阳明所谓'知行合一',实已抉发中国学问之骨髓。"[①]除了体悟言外之意,更需身体力行。熊十力认为,工夫不在"言"与"名",而在涵养心性,履行实践,直至明觉澄然,真理呈显。熊十力解《老》所说的"虚其心"、"摄心归寂"、"内自反观"、"明觉澄然"或"炯然明觉"、"虚明澄静"或"虚明澄净",与海德格尔所说的无遮蔽的"恬然澄明"之境,是同一境界。这既是宇宙真实、人生真意,个体人真实生存的写照,又是人们体验这种深层真实、体验超越意境所必需的心境。扫荡名相、知解、杂染、欲念的执著,即是求真致善审美,即在倒读世界的"解蔽"活动中,在"敞开"中,对存在和道的观照!

---

① 熊十力:《十力语要》,《熊十力全集》第四卷,第112页。

第八章

熊十力与冯友兰、金岳霖、贺麟①

熊十力、冯友兰(1895—1990)、金岳霖(1895—1984)、贺麟(1902—1992)哲学是"后五四时期"(20世纪30—40年代)中国哲学的瑰宝。

熊、冯、金、贺哲学出现的文化背景是20世纪末至21世纪初,特别是"五四"时期,在激烈的文化冲突中产生的以现代批评传统和以传统批评现代的双向互流的文化思想运动。

正是在这样的文化背景下,通过对中外文化精髓的深层反省,他们摆脱了情绪化的对峙,开始了真正意义上的"新的综合",即在吸收融化、超越扬弃中外文化遗产的基础上,重建民族文化精神。

熊、冯、金、贺哲学出现的时代背景是百多年来深重的民族危机,尤其是贞下起元、民族复兴的抗日战争。

正是在这样的时代背景下,在艰难困苦、颠沛流离之际,他们满怀深挚而悲愤的忧患意识和中华民族必定复兴的坚定信念,发愤创制了各具特色的民族化的哲学体系,在吸纳古今中西印思想资源的基础上,挺立了民族文化的主体性,为传统哲学的现代化作出了难能可贵的探索。

熊、冯、金、贺共同的、终极的关怀是重建中国哲学,尤其是它的形而上学。

熊、冯、金、贺面临的、必须作出回应的主要有三大问题:

第一,如何从哲学层次上论证中国社会与中国文化的近代化或现代化。

---

① 本章曾以《熊冯金贺合论》为题提交1990年12月在北京召开的冯友兰思想国际会议(由中国文化书院主办),并发表于北京《哲学研究》1991年第2期和台湾《哲学与文化》1991年7月出版的第206期,北京《新华文摘》1991年第5期全文转载。

这是外王学的问题。他们批评了"中体西用"、"全盘西化"、"本位文化"诸论,并予以理论上的提升。

第二,在欧风美雨冲刷之后,如何重新寻找我们民族失落了的精神家园,重新确立传统知识分子对于宇宙、人生的根本意义的终极信念。这是内圣学的问题。回答这个问题,不仅对于我们民族具有特殊的意义,而且对于整个人类和世界文化具有普遍的价值。中国文化价值系统的崩坏、意义结构的解体和自我意识的丧失,集中表现在传统哲学的、宗教的或准宗教的形上世界观的迷失。"五四"运动对传统文化的冲击,留下了一大片精神或心理空间。转手稗贩来的浮浅芜杂的西学,无法从根本上救治人们无所依归、无所适从的精神或心理危机,即信念、价值、存在与形上的迷惘。在对中西印文化精神反思的基础上,批判继承中国人过去赖以安身立命的终极根据,并且在新时代的背景下予以创造性地转化,发掘其现代意义,论证"人是什么"和"人之所以为人之道",不仅能寻找一条生路来挽救中国文化的危机,而且能寻找一条生路来挽救现代人的"存在的惶惑",尤其是对于西方世界出现的工具理性的膨胀、人文价值的丧失、道德意识的危机、生命本性的困惑,能够起到补偏救弊的作用。特殊的中国文化之精神价值对于现代世界和现代人类仍具有普遍的意义。

第三,能否重新使中国哲学挺立于世界现代文化之林,使之与当代世界各种思潮对话,取决于中国哲学家能否现代化地建构我们固有的文化精神、哲学智慧。这是中国哲学自身建设的问题。这种建构、阐释或表达,必须摆脱注经或解经传统,但又不能完全抛弃传统哲学有益的概念、范畴,必须部分地摆脱原有的语言和方法,使用新的语言表达和方法论架构,具有冷峻的理性思辨和严整的体系,但又不能阉割传统哲学的骨髓和风貌、活的精神和丰富的情感;必须从深层次上把握中西印哲学之本质特点,而又不能没有哲学家个人的创见、卓识,不能没有自己独立完整的哲学思想系统和独特的风格。

以上三方面,就是熊十力、冯友兰、金岳霖、贺麟哲学所以为作、所以能作和所以这么作的共性前提。熊、冯、金、贺哲学所以为作、所以能作、所以这么作的个性前提,乃与他们各自的性格、气质、人生体验、生活经历、学养、知识结构、学术路向、风格、境界及个人所处的不同的文化共同体有关。

一、熊十力与冯友兰

熊十力哲学的中心范畴是"本心"、"仁体",范畴体系围绕"体与用"而展开。他的本体,不是僵死、机械、外在、无根的"自然本体",不是君临于宇宙万象和人类生活之外之上、与人的活动脱节的、虚构的"精神本体"或所谓的"超绝本体",而是现实、能动、刚健、有活力的人类"生命本体"。此体即是本体即是主体即是现象即是功能。"体用不二"模型将宇宙人生打成一片,合天地万物于一体,强调了人之生命与宇宙大生命的有机、动态的整合,进而认定生生不息、翕辟开阖的宇宙本原,即是吾人之真性,即人之所以为人之真宰。

熊十力借鉴船山哲学,"尊生以箴寂灭,明有以反空无,主动以起颓废,率性以一情欲",通过"举体成用"、"称体起用"、"主体开用"、"由用显体"的论证,突出了生命本体的实有性、能动性、流衍性,使之成为一切文化活动、一切文化成果、一切文化价值的真实的根源。熊十力以这种方式探讨了人的本体论的地位和关于最高存在的思想,以人文主义的自觉,维护了"人道之尊",高扬了人的主体性和创造性,肯定了现世的、刚健进取的人生态度。这就把中国传统本体论与西方前现代哲学本体论所强调的"存在"之静止的自立性和"存在"高居于超越界,与表象世界截然二分的思想模式的差异更加凸显出来。

熊十力哲学在外王学上继承谭嗣同、章太炎的理路,结合自己亲身参加辛亥革命的实践体验,借助心学和佛学,彰显个性、能动性和自由,强调"依自不依他",主张舍故趋新、不守故常,努力从传统思想资源里寻找"科学、民主、革命、社会主义"的根芽。

熊十力形上学的路数,大体上是孟子—陆王的路数,同时综合了佛学的变化观、周易哲学的生生不已之论,把客体面的大化流行,基建于主体面的日新其德。他的哲学洋溢着勃勃生机。他虽然也间接地受到柏格森、倭伊铿哲学的影响,但严厉批判西方生命哲学把本能、欲望、冲动等与形骸俱始的习气看成是生命力的本质。熊十力挺立人的道德主体,强调自我本然的道德心性(良知)的自我觉醒和自家体贴的个人生命体验,将文化生命或精神生命实存地投射或推扩到天地万物中去。熊十力借助他学到的唯识学和因明学,以缜密的理性思辨,对实存的本体论化及其所导致的宇宙论观点作了系统的论证。在一定意义上,我们甚至可以说,熊十力哲学是生命体验型的道德形上学。

与熊十力一样,冯友兰亦以人文的自觉,批评了唯科学主义的误导。冯友兰尤其能对维也纳学派"拒斥形上学"的运动作出辨析,指出中国传统哲学的形上学是好的、真正的形上学,它看起来不切实用,然而它却能提高人的境界,指导人生,给人以安身立命、乐天知命之根据,使人受用无穷。这是无用之用,是乃大用。经过现代哲学的洗礼,传统形上学完全可以发扬光大。

冯友兰哲学的中心范畴是"理"、"气"、"道体"、"大全",范畴体系围绕"理与气"而展开。他的形上学的路数,大体上是《易》、《庸》—程朱的路数。他的特点是以柏拉图、新实在论哲学,以西方的逻辑分析方法来重建程朱理学,凸显了逻辑先在的理世界的主宰性。虽然同是重建道德的形上学,却与熊十力恰恰构成对立的两极。

如果说,熊十力哲学主要讨论的是"本体与主体"、"主观与客观"的关系的话,那么,冯氏哲学主要讨论的则是"共相与殊相""一般与个别"的关系。熊氏主张"一本";冯氏主张"二分"。熊十力强调的是本体(仁、心)的绝对性及其所赋予每个个体的能动性、主体性、自由个性;冯友兰强调的是本体(理世界)的客体性、必然、共性。冯友兰的这种倾向,与他访学欧美、体验到的从传统到现代变革的世界大势和人类文明的发展大道有关。冯友兰哲学表现出理性的峻峭冷静。

在外王学层面上,这两种哲学其实是殊途同归。它们是从不同的角度为中国社会的近代化和现代化(即冯氏所说的"中国到自由之路")作论证。冯友兰似乎有意回避近代以来高扬主观能动性以弥补动力不足的老路,而另辟新途,从强调人类社会与人类文化发展的共同规律的角度,论证中国的出路在于由家庭为本位的社会转变为以社会为本位的社会,实现这一转变的关键是产业革命、工业化、生产力的发展。这样来"别共殊",使我们在学习外国的问题上持科学的态度,避免教条主义地全盘照搬。因为我们学习的是各民族文化在现代化过程中带有普遍性的东西,如商品生产、科学精神与科学方法、民主制度等,而不是学习对方特殊的个性层面的内容与形式。

共相是必需学的、也是可能学的;殊相是不可能学的,也是不必学的。按这样一个逻辑推导,民族性、个性是当存而不当去者。梁漱溟在《中国文化要义》中批评冯友兰《新事论》过于强调了"中西之分"大都是"古今之异",认为"中西之分"确实还有一个"中外之别"的问题,即民族文化的个性、特殊性的问题。① 冯友兰一生反思的是"旧邦新命",一方面保持旧邦的同一性和个性,另一方面促进现代化(新命)的实现。他时而强调这一面,时而强调那一面。在冯友兰、梁漱溟反思的基础上,科学地、辩证地认识共殊问题,可以使我们健康地体认民族化与现代化的关系。

在内圣学层面上,熊十力重视的是人之所以为人的共性问题,但他强调成就人格的体验性、个别性、能动性。冯友兰(包括金岳霖)重视的也是人之所以为人的共性问题,在实现的层面上,强调的不是实感、体悟、自由流动,而是规范、知解、静态、模型。因此,冯友兰没有选择当下呈现良知的路数,而选择了比较平实的、低层次的、格物穷理的路数,通过道德知识的途径和修养工夫,达到本体境界。这个路子具有较大的普遍性和适用性。

冯友兰认为,本体是共相,是有层次的、人之所共由的做人之理、之道。熊十力则强调"本体非共相",意即本体即性即心即理、亦主亦客、即存在即活动,而不是客观、静态、只存在不活动的。他批评"金、冯二人把本体当做他思维中所追求的一种境界来想。所以,于'无极而太极',胡讲一顿"②。"本体不可作共相观。作共相观,便是心上所现似的一种相。此相便已物化,而不是真体显露。所以说,本体是无可措思的。"③按熊十力的解释,本体不是理智或知识的对象,不是抽象的一般,不可用理智求,而只能契悟、冥会、亲证、实践。抗战以前,熊十力、冯友兰在北京辩论过"良知"问题。熊十力认为,本体是感性具体之心,是物我合一的大生命,是天赋人受的道德本性。"良知"是真实的"呈现",不容许有一丝一毫的假设。在冯友兰看来,"良知"不过是一个假设,用康德的话来说,是不得不有的"设准"。

---

① 参见梁漱溟:《中国文化要义》,路明书店 1949 年版,第 29—39 页。
② 熊十力:《致居浩然论本体》(1938 年 3 月 19 日),《熊十力全集》第八卷,第 409 页。
③ 熊十力:《新唯识论》语体文本,《熊十力全集》第三卷,第 94 页。

　　按冯友兰的路数,道德秩序和宇宙秩序具有客观性。宇宙、人伦,万物各类,都有分别遵循的原理(道),也有整体的原理(道)。事物若要保持完善的状态,它的运行必须在恰当的地位、限度和时间中进行,人的欲望和情感都满足和表现到恰当的限度。然而并不是所有的人都能遵循这些道和理,因此,必须通过道德知识和道德教育的作用,使人们觉悟,在日常人伦中穷理尽性,最终达到崇高的精神境界。

　　在一定意义上,我们不妨说,冯友兰哲学是主知主义的道德形上学。形上与形下、理与气、心与性理暂时分离,然后统一起来。理气不离不杂,先分疏,后整合。这种分析型的道德形上模式,强调道德修养、道德境界提升的层次、模型、标准、规范,显得有理性、有秩序。这就为我们提供了进一步分析事实判断与价值判断、实然问题与应然问题的契机。冯友兰讲理气形上学,其良苦用心乃在于改造传统笼统、浑沦、不讲逻辑、以价值取代事实的思维模式,具有现实意义。

　　相比较而言,陆王—熊十力之生命体验的道德形上学,对于人们道德行为之内在根据的善良意志等等人性之正面要素,过于地理想化了,强调的是一种自主自律的道德,欣赏当下即是、顿然超悟地把握本体,将人提升到真实本然的高层面;程朱—冯氏之主知主义的道德形上学,在重视人性之正面的同时,似乎对于人性之负面有所警醒,在重视自主自律的道德的同时,又正视道德他律,希冀通过现实自然的低层面,有秩序地上升到道德理想的境界。前者即工夫即本体,后者通过工夫达到本体。前者是逆觉之道,后者是顺取之道。两者并行而不相悖,并育而不相害。

　　实际上,两者的界限并非那么严格。冯友兰哲学最有生命力的地方并不是枯燥的、略嫌呆板的理、气、道体、大全的推衍,而是他的人生哲学;不是他的正的(分析)方法,而是他的负的(体认)方法。所以,他的哲学也不能完全归于主知主义的道德形上学。

　　广义地说,冯友兰其人其书,整个地是一部人生哲学;狭义地说,他的人生哲学包括早年的《人生哲学》、中年的《新原人》、晚年《中国哲学史新编》关于原始儒、道,玄学、禅宗和宋明道学之境界的体悟。

　　冯友兰早年指出:"哲学之目的,即在确定理想人生,以为吾人在宇宙间应取之模型及标准,则对于宇宙间一切事物以及人生一切问题,当然皆须作甚深的研究。严格地说,吾人若不知宇宙及人在其中之地位究竟'是'如何,吾人实不能断定究竟'应该'如何。所以凡哲学系统至少必有其宇宙论及人生论。"①这还是"正的方法"。在《新理学》之后,冯友兰始重视被道家和禅宗推至其极的"负的方法"。在《新知言》中,他指出:"哲学是对于人生底,有系统底,反思底,思想。""形上学是哲学中底最重要底一部分。因为它代表人生底最后底觉解。这种觉解,是人有最高境界所必需底。"②按冯友兰的解释:反思的思想是以人生为对象的,在人生中思想人生的思想,是反思的思想。反思到极致,当然必须超越逻辑、超越经验。但是哲学家必须有系统地表达人类精神的反思,又必须使用逻辑分析方法。正的方法与负的方法并不矛盾,倒是相辅相成的。

冯友兰强调:"按照中国哲学的传统,它的任务不是增加关于实际的积极的知识,而是提高人的精神境界。""每个人各有自己的人生境界,与其他任何个人的都不完全相同。若是不管这些个人的差异,我们可以把各种不同的人生境界划分为四个概括的等级。从最低的说起,它们是:自然境界,功利境界,道德境界,天地境界。""照中国哲学的传统,哲学的任务是帮助人达到道德境界和天地境界,特别是达到天地境界。天地境界又可以叫做哲学境界,因为只有通过哲学,获得对宇宙的某些了解,才能达到天地境界。但是道德境界,也是哲学的产物。道德行为,并不单纯是遵循德律的行为;有道德的人也不单纯是养成某些道德习惯的人。他行动和生活,都必须觉解其中的道德原理,哲学的任务正是给予他这种觉解。"③

冯友兰的四层境界说,表明人生是一成就道德并超越道德的历史过程,终极目的是成贤(道德境界)成圣(天地境界)。

天地境界,其实是超道德的境界。中国哲学的目的,在于提高心灵的境界,达到超乎现世的境界,获得高于道德价值的价值。至此,我们可知,冯友兰哲学由主知主义的道德形上学,走向了超道德的形上学。熊十力哲学是由生命体验的道德形上学直接到达超越境界的。二者在内圣学上也是殊途同归。归就归在合内外、一天人、天地万物一体的境界,儒释道合一的境界。中国哲学既内在又超越、极高明而道中庸、即世间即出世、即伦理世界即超

① 冯友兰:《三松堂全集》第一卷,郑州:河南人民出版社1985年版,第353页。
② 冯友兰:《三松堂全集》第五卷,郑州:河南人民出版社1986年版,第165、167页。
③ 冯友兰:《中国哲学简史》,北京:北京大学出版社1985年版,第389、391页。

越世界的特点，于熊十力之"仁的本体论"和冯友兰之"理的本体论"又得到有力的证明。

二、熊十力与金岳霖

金岳霖本体论的中心范畴是"道"，道即是式（理、形式）与能（气、质料），范畴体系围绕"式与能"而展开，探讨的主要是共相与殊相、必然与偶然、可能与现实的问题。他融会道家老庄思想、程朱理学和西方亚里士多德、新实在论的思想，创造性地建构了新的哲学体系。金冯二氏在创制本体论时相互影响。

和熊十力哲学一样，金岳霖在《论道》中也肯定了现实世界是一个川流不息的运动变化的无穷历程，肯定了现实世界中万事万物的生灭变动。熊十力哲学试图研究世界运动变化的动力。金岳霖哲学着重研究世界错综复杂的联系和运动变化的规律。"道"就是总历程、总规律。"道"作为共相，总是存在于每一具体事物之中。任何具体事物，都含有共相与殊相的矛盾。

和冯友兰哲学一样，金岳霖哲学也讨论共相与殊相的关系，但冯友兰《新理学》把世界划分为"理世界"与"器世界"，割裂了共相与殊相，金岳霖则提出"共相底关联潜寓于个体界"①，力图把共相与殊相统一起来。冯友兰当年没有认识到"具体共相"，金岳霖体系里，"具体共相"则被保留了一个相应的地位。

金岳霖以大量篇幅论述世界之"变"中的可能与现实、必然与偶然的关系，以此对中国走向现代化的问题作了深刻的预示和理性的提升。他论证，"道"就是"式—能"的逻辑演变的过程，是能与可能到现实的不断推演的过程。"居式由能，莫不为道"②，"能"出入"式"的过程，就是具体事物的生灭过程。"能"之入于可能，即事物之生；"能"之出于可能，即事物之死。殊相的生灭、具体事物的变动具有偶然性，这种生灭叫做"势"；这种生灭变动所依据的固然的"理"，是共相的关联，具有必然性。金岳霖改造传统成语"理

---

① 金岳霖：《论道》，北京：商务印书馆1987年版，第90页。

② 金岳霖：《论道》，北京：商务印书馆1987年版，第40、201页。

有固然,势所必至"为"理有固然,势无必至"①。这就清醒地、深刻地揭示了现实世界的发展规律。我觉得,这是金高于熊、冯的地方。对此,我们不妨作出这种诠释,即无论是外王学上的中国现代化过程,还是内圣学上的道德修养、道德境果的提升,都必须考虑复杂的殊相的生灭和复杂的共相的关联及其复杂的相互关系,不可能那样理想化。理有固然,势无必至,的确是至尊至上的变的原则。这恐怕对我们考虑现实改革和精神文明建设都有启迪作用。他实际上批评了传统儒家历史哲学和道德哲学的理势关系之论。

金岳霖哲学当然也表达了理想。他把现实世界的无穷变化过程描绘成"无极而太极"的过程。在这一过程中,情求尽性,用求得体,殊相生灭的"势"力求逐渐达到具有典型性和完美性的"理"。不完美不合理的事物都将被淘汰,完美的合理的事物都将会实现。"太极为至,就其为至而言之,太极至真,至善,至美,至如。"②这是一种最高的境界、超越的境界,即"天地与我并生,万物与我为一"的境界。在一定意义上,我们不妨说金岳霖形上学是超越的形上学。在终极的境界上,熊、冯、金哲学显示了一致性。

金岳霖以逻辑分析方法和本然陈述代替过去哲学家的玄学。金岳霖元学的优点是概念精确、逻辑严谨、理论缜密,缺点是减却了诗意、韵味、隐喻、多义等等如他在那篇著名的《中国哲学》一文中所肯定的中国哲学的长处和优点。这倒可以启发我们考虑新的哲学体系如何在形式上结合中西哲学的长处的问题。这种结合当然不是旧瓶新酒或新瓶旧酒。

金岳霖以"道"为本,把儒、道、墨兼而有之的"道"作为中国文化区的中坚思想和中国思想中最崇高的概念、中国人思想与情感两方面的最基本的原动力。在金岳霖心目中,此"道"是成仁赴义、安身立命之道,是一形而上者、实存之本体和最终的目标。真正的人,"忧道不忧贫"、"铁肩担道义",以行道为安,达道为得。这一"道"并不脱离现实,并不脱离现象,就在现实和现象之中。

金岳霖说,研究元学和研究知识论必须采取不同的态度。"研究知识论我可以站在知识论底对象范围之外,我可以暂时忘记我是人,凡问题之直接牵扯到人者,我可以用冷静的态度去研究它,片面地忘记我是人,适所以

---

①　金岳霖:《论道》,北京:商务印书馆1987年版,第40、201页。

②　金岳霖:《论道》,北京:商务印书馆1987年版,第212页。

冷静我底态度。研究元学则不然,我虽可以忘记我是人,而我不能忘记'天地与我并生,万物与我为一',我不仅在研究底对象上求理智的了解,而且在研究底结果上求情感的满足。……知识论底裁判者是理智,而元学底裁判者是整个的人。"元学研究不能不"动我底心,怡我底情,养我底性。"①金岳霖反对以科学问题代替哲学问题,反对将科学的概念、思想、方法引申到哲学范围,反对将哲学视为具体科学之综合。可见金岳霖的本体论研究,仍然持人文主义的立场。与熊十力、冯友兰一样,金岳霖也十分关注至善问题和真善美统一的问题,这也是人生的终极关怀之一。与熊十力、冯友兰不同,金岳霖虽然给予道德问题以一定的地位,也表达了理想,但似乎并没有局限于道德的理想主义。在这一方面,他表现得很有理性、很冷静。

金岳霖的《知识论》是技术性很高的专业哲学,他的《逻辑学》则对改变国民的思维方式起了积极的作用。

三、熊十力与贺麟

贺麟是熊十力哲学最好的诠释者,他在《当代中国哲学》(1947 年)中对熊十力的评述至今仍有价值。熊贺的路数一致,私交很好。

贺麟哲学,论者一般谓为"新心学",其实不确。准确地说,贺麟哲学是中学西学、心学理学两面之调解的"理想唯心论",是道德的理想主义的形上学。

贺麟认为,作为宇宙人生之真理、万事万物之准则和真善美永恒价值的"道"即是本体,而精神则是主体。"若从体用的观点来说,精神是以道为体而以自然和文化为用的意识活动。根据这个说法,则精神在文化哲学中,便取得主要、主动、主宰的地位。自然也不过是精神活动或实现的材料。所谓文化就是经过人类精神陶铸过的自然。所谓理或道也不过是蕴藏在人类内心深处的法则。"②

贺麟认为,民族复兴,本质上应该是民族文化的复兴。因为中国百年来

① 金岳霖:《论道》,北京:商务印书馆 1987 年版,第 17 页。
② 贺麟:《文化与人生》,上海:商务印书馆 1947 年版,第 32 页。

的危机,根本上是一个文化的危机、文化上的失调。中国文化上的国耻,早在鸦片战争以前就出现了。根本原因是儒家思想的腐败、消沉、僵化、无生气、失掉孔孟真精神和应付新文化需要的无能。他在《儒家思想的新开展》一文中指出:"五四时代的新文化运动,可以说是促进儒家思想新发展的一个大转机。"其"最大贡献,在破坏扫除儒家的僵化部分的躯壳形式末节,和束缚个性的传统腐化部分。他们并没有打倒孔孟的真精神、真意思、真学术。反而因他们的洗刷扫除的工夫,使得孔孟程朱的真面目更是显露出来。""西洋文化之输入,无疑地亦将大大地促进儒家思想之新开展。……儒家思想之能否复兴问题,亦即儒化西洋文化是否可能,以儒家精神为体以西洋文化为用是否可能的问题。中国文化能否复兴的问题,亦即华化、中国化西洋文化是否可能,以民族精神为体以西洋文化为用是否可能的问题。……如果中华民族不能以儒家思想或民族精神为主体去儒化或华化西洋文化,则中国将失掉文化上的自主权,而陷于文化上的殖民地。"①

贺麟认为,问题的关键在于中国人是否能够真正彻底、原原本本地了解、把握、吸收、转化、利用、陶熔西洋文化以形成新的儒家思想、新的民族文化。他反对将儒学或民族文化褊狭化、浅薄化、孤隘化。儒学本是合诗教、礼教、理学三者为一的学养,即艺术、宗教、哲学三者的和谐体。贺麟主张吸收西洋艺术、基督教精华和正宗哲学(苏格拉底、柏拉图、亚里士多德、康德、黑格尔)使儒学艺术化、宗教化、哲学化,使儒学更加发皇其指导人生、提高精神生活和道德价值的特殊功用。他建议在哲学上建立"仁的宇宙观"和"仁的本体论"及"诚的宇宙观"和"诚的本体论"。他指出:《论》、《孟》多言仁,按这种理路发展,仁为仁体、天地之心、自然万物本性、生生不已之生机、万物一体生意一般之有机关系之神秘境界;《中庸》多言诚,诚为真实无妄之实理、实体、实在或本体,又指健行不息之道体的流行。这实际上是儒家道德形上学的两种路数,熊十力、冯友兰即这两种路数的最新代表,贺麟则主张综合之。

贺麟清醒地看到,中国哲学非不玄妙而形而上,但却疏于沟通有无、主客的逻辑桥梁,缺少一个从本体打入现象界的逻辑主体。"逻辑的心"即逻辑主体,是贺麟哲学的中心范畴。"逻辑的心""乃一理想的超经验的精神

---

① 贺麟:《文化与人生》,上海:商务印书馆 1947 年版,第 2、3 页。

原则,但为经验行为、知识以及评价之主体。此心乃经验的统摄者、行为的主宰者,知识的组织者、价值的评价者。自然与人生之可以理解,之所以有意义、条理与价值,皆出于此"①。他希望用西方哲学表现得较为充分的逻辑理念法度、普遍规律知识系统之"心"加强中国哲学表现得较为充分的道德行为、价值评价之"心"。这一"理念之心"是认识和评价的主体,万事万物的本性精华。万物之色相、意义、条理、价值之所以有客观性,即由于此认识的或评价的主体有其客观的必然的普遍的认识范畴或评价准则。万物的意义、价值由主体所赋予。由此出发的唯心论,是即心即理、亦心学亦理学的精神哲学。

贺麟的理路,是融合陆王、程朱,而以康德批导哲学、黑格尔精神哲学加以提扬和重释。可以说,当代港台新儒家实际上是循此路径而发展的。贺麟认为,他的唯心论不离开生活、文化或文化科学而空谈抽象的心,即既注重神游冥想乎价值的宝藏,又求精神的高洁与生活之切实受用,不落于戏论的诡辩、支离的分析、骛外的功利、蹈空的玄谈。因此,他这种唯心论,"就知识之起源与限度言,为唯心论;就认识之对象与自我发展的本则言,为唯性论;就行为之指针与归宿言,为理想主义"②。这种唯心论,在政治方面注重研究决定整个民族命运的命脉与精神,在道德论上持尽性主义或自我实现主义,在人生论上持理想主义。所谓"理想",是超越现实与改造现实的关键,是分别人禽之关键。他指出:"欲求真正之自由,不能不悬一理想于前,以作自由之标准,而理想主义足以代表近代争自由运动的根本精神。"③

贺麟哲学讨论了心物问题与知行问题。在心物问题上由心物平行说发展到心体物用论,把自然之物和文化之物都看成精神的表现。在知行问题上,他强调了知行之间的动态整合,并据行为心理学、意识现象学和近代哲学的身心学说重新诠释宋儒和孙中山的知行关系学说。

在本体方法学上,贺麟综合了熊、冯、金的方法论,主要是在胡塞尔现象

①　贺麟:《近代唯心论简释》,《哲学与哲学史论文集》,北京:商务印书馆1990年版,第131页。

②　贺麟:《近代唯心论简释》,《哲学与哲学史论文集》,北京:商务印书馆1990年版,第134页。

③　贺麟:《近代唯心论简释》,《哲学与哲学史论文集》,北京:商务印书馆1990年版,第134页。

学的启发下,提出直觉理智两端互补的学说。他认为,本体方法或哲学方法是由"前理智的直觉"到"理智的分析"到"后理智的直觉",由"感性直观"到"知性直观"到"理性直观"。"据此足见直觉与理智乃代表同一思想历程之不同的阶段或不同的方面,并无根本的冲突,而且近代哲学以及现代哲学的趋势,乃在于直觉方法与理智方法之综贯。""直觉方法一方面是先理智的,一方面又是后理智的。先用直觉方法洞见其全,深入其微,然后以理智分析此全体,以阐明此隐微,此先理智之直觉也。先从事于局部的研究,琐屑的剖析,积久而渐能凭直觉的助力,以窥其全体,洞见其内蕴之意义,此后理智之直觉也。直觉与理智各有其用而不相背。无一用直觉方法的哲学家而不兼采形式逻辑及矛盾思辨的;同时,亦无一理智的哲学家而不兼用直觉方法及矛盾思辨的。"①

贺麟以狄尔泰、柏格森、斯宾诺莎的直观法为参照,比照朱熹的直观法,认为朱子实在他们之上。他对于中西哲学的生命层面、价值层面的体悟能力很强,强调天才的直观与谨严的系统的统一,生活体验与逻辑法则的统一,整体的、当下的、瞬时的直接把握与理性方法的统一,虽不免有新黑格尔主义的痕迹,但仍包含着部分的真理。直觉不仅是思维方法,同时是一种生活态度,是精神修养达到的最高境界;直觉也不仅是道德的敏感,而且同时又是超道德的、艺术的、科学的或宗教的、哲学的洞观与神契。贺麟在强调充实、发展人生和逻辑、体验、玄思方法之统一上,与熊、冯、金殊途而同归。

四 、合 论

综上所述,熊、冯、金、贺通过不同的理路,使用不同的中心范畴与范畴体系和不同的方法学重建了传统形上学。他们的不同路向,既渊源于传统哲学的不同学派,又反映了中西学术思想传统的区别和现代西学的不同走向,从而在传统形上学的现代建构及其世界化方面提供了不同的模式。他

---

① 贺麟:《宋儒的思想方法》,《哲学与哲学史论文集》,北京:商务印书馆 1990 年版,第183、181 页。

们的共识是：以人本反对物本和神本；吸纳西学，发掘并发展作为民族文化精髓的形上睿智或本体论的洞见。

形上学或曰本体论、存有学，是关于最高存在或终极存在问题的探讨，是关于人与世界之关系，人对自身及其存在于其中的世界的一种整体的觉识、觉解。中华民族历史上不同学派的哲人有着不同的形上智慧，其中也有相同的看法。这样那样的一些根本看法，无形中成为中国人，特别是中国知识分子的精神主宰或精神支柱，制约着他们的行为方式和思维方式。熊、冯、金、贺从中抽象出中国文化区的中坚思想，尽管分别命名为"体"、"理"、"道"、"仁"、"诚"、"心"等等，但大体上捕捉到中国人关于世界和自身之觉解的共同本质，把握了人之所以为人、中国人所以为中国人之"本"，即人生最根本的信念、依托、根据和动力。"本立而道生"。"先立乎其大者"。他们一致认为，无论人们从事什么活动，政治的、经济的、科学的、文化的，如此等等，都必须有作为终极存在物的本体的支撑。失去了这一终极托付，就会像断了线的风筝，或如王阳明《咏良知诗》所说的："抛却自家无尽藏，沿门托钵效贫儿"。一个国家、一个民族抛弃了它，就会变成文化的殖民地；一个人抛弃了它，就会变成没有道德人格、没有主心骨的逐臭之蝇，就会异化成"非人"。熊、冯、金、贺哲学的中心和重心，盖在于此。

20世纪，现代人的处境是荒谬的、支离破碎的。20世纪的西方哲学，无论是现象学、存在主义、符号学，还是哲学人类学、解释学和西方马克思主义等，从根本上来说，是为了解决现代人精神的惶惑、形上的迷失、人生的危机和人与神、人与自然、人与人、人与自我情感、自我意识的异化。熊、冯、金、贺哲学发皇了传统本体论关于人在天、地、人、我之中的地位和人生的义务、责任、价值和终极意义的学说，并加以重新解释，把传统儒、释、道的世界观、宇宙观、人生观、价值观的有益成分加以重新建构，并介绍到国外，这是具有世界意义的贡献，是中国哲学走向世界的可贵尝试。他们的哲学，并不比并世的外国哲学逊色。

熊、冯、金、贺哲学各有自身的局限，有自身内在的冲突与紧张。其实就在熊氏之"体用"、冯氏之"理气"、金氏之"式能"、贺氏之"知行"等等主要范畴的论述上，不难发现其中的谬误、疏漏或不够通达之处。

但他们毕竟是20世纪中国最有才气、最有贡献的哲学家。对他们和他们的哲学必须予以正确的评价。

如何定位?

研究熊、冯、金、贺、哲学与他们前后左右哲学的关系,是正确定位的前提。以愚之见,熊、冯、金、贺哲学实在是若干重中间环节,不仅是传统哲学与现代哲学的中间环节,中国哲学与西方哲学的中间环节,大陆哲学与港台海外华人哲学的中间环节①,而且是我们今天青年一辈哲学工作者反思传统、回应现代、呼唤明天的中间环节。我们只能通过他们,而不能绕过他们。他们的地位就在这里。他们在思考中国传统的现代化时所讨论的关于本体与主体、主观与客观、共相与殊相、一般与个别、认识与实践、必然与偶然、可能与现实、传统与现代等诸种关系的　些积极的思维成果和一些深刻的思维教训,对我们有着重要的借鉴意义。尤其是关于人的终极存在,关于全面地体认、批判地继承传统文化和传统哲学现代化、世界化方面,他们所做的扎实而细致的工作,更值得人们珍视。

---

① 他们对港台文化保守主义与自由主义两派学者都有很大影响。如熊是唐君毅、牟宗三、徐复观的老师,金岳霖是殷海光的老师。冯友兰、贺麟对他们都有启发。

第 九 章

熊十力与唐君毅、牟宗三、徐复观

唐君毅(1909—1978)、牟宗三(1909—1995)、徐复观(1903—1982)是
当代港台学界新儒家之重要代表人物,20 世纪 50 年代以降致力于重建中
国人文精神,至今仍在海外具有一定的影响力。他们在 20 世纪 20 年代末
至 40 年代末曾先后不同程度地与熊十力先生有过一些交往,是熊先生的学
生。熊与唐、牟、徐的关系以及他们师弟对中国哲学的重振与再造,无疑是
20 世纪中国思想史和哲学史上一段有趣的佳话和颇有深意的文化现象。
熊先生的原创力在唐、牟、徐身上得到充分地展示。本章主要阐述熊与他们
三人学术思想上的联系与区别。

一、熊十力与唐君毅[①]

首先,我们看唐君毅学术思想转变与熊十力的关系。

唐君毅青年时代倾心于自然科学和西方新实在论。20 岁在南京中央
大学读书时曾听过熊先生讲《新唯识论》,对熊先生所讲宇宙有大生命完全
不能把握,曾提出质问。唐君毅当时的看法是:唯由科学以通哲学,乃为哲
学之正途。

查《十力语要》卷二,不难窥见熊唐之思想分歧。1936—1938 年间,他
们在通信中讨论过心与性、科学真理与玄学真理、思辨与体认的关系问题。

---

① 本节根据作者《唐君毅与熊十力》一文修改而成。该文曾于 1988 年 12 月在香港召
开的唐君毅思想国际会议(由法住文化学院主办)上宣读,并发表于台北《鹅湖》杂
志 1989 年 2 月"唐君毅先生纪念专号"(总 164 期)。

唐君毅考虑的是如何从分析科学中之概念、假说以汇归或依附于玄学,即科学真理与哲学真理的流通问题。熊十力则批评近世学术,重客观而黜主观,虽于物理多所甄明,而于宇宙真理、人生真性之体验,恐日益疏隔而陷于迷离状态矣。熊十力坚持扫相证体的观念,认为科学解析只能得宇宙之分殊,玄学证会才能得宇宙之浑全。

熊十力先生关于建立道德心性为本体的文化哲学思想,一直到 1942 年才为唐君毅所接受。唐君毅学术思想的重大转折发生在 1942—1944 年。1943 年出版的、收集 1934—1941 年间所写论文的《中西哲学思想之比较研究集》代表了君毅氏早期思想,而 1944 年出版的《人生之体验》、《道德自我之建立》才成为新的界碑。他由思辨地了解世界和自然宇宙论的观念转变到体悟地理解世界、确立"道德自我"的中心观念,显然有一个过程。发生这种变化的主因是唐君毅本人的生活体验;外在原因一是德国唯心论康德、特别是黑格尔的影响,二是熊十力、梁漱溟、钱穆、蒙文通、方东美、宗白华诸师和程兆熊、牟宗三、李源澄、邓子琴诸友的影响。

1951 年,唐君毅谈到他的中心观念之转变时说:"论文化最重要者,在所持以论文化之中心观念。如中心观念不清或错误,则全盘皆错。余在当时,虽已泛滥于中西哲学之著作,然于中西思想之大本大源,未能清楚。当时余所谓天人合一之天,唯是指自然生命现象之全,或一切变化流行之现象之全……对中国哲学思想,唯于心之虚灵不滞、周行万物一义,及自然宇宙之变化无方无往不复二义,有一深切之了解……又受新实在论者批评西方传统哲学中本体观念之影响,遂对一切所谓形而上之本体,皆视为一抽象之执著。故余于中国文化精神一文,开始即借用《易经》所谓'神无方而易无体'一语,以论中国先哲之宇宙观为无体观。此文初出,师友皆相称美,独熊先生见之,函谓开始一点即错了,然余当时并不心服……唯继后因个人生活之种种烦恼,而于人生道德问题,有所用心,对'人生之精神活动,恒自向上超越'一义,及'道德生活纯为自觉的依理而行'一义,有较真切之会悟,遂知人有其内在而复超越的心之本体或道德自我,乃有《人生之体验》、《道德自我之建立》二书之作,同时对熊先生之形上学,亦略相契会。"①可见,唐君毅实现思想转变及对中国哲学的全面体悟与熊先生有密切关联。1969

---

① 唐君毅:《中国文化之精神价值》,台北:正中书局 1987 年版,"自序",第 3—4 页。

年,唐君毅在晚年作《生命存在与心灵境界》后序中,又重提熊先生对他的启发、引导,同时又指出,他在哲学义理上所契于熊先生的,是先已有所见得而后有所印证、契合的。总之,唐君毅曾受到熊十力其人其学的精神感召、思想影响则是没有什么问题的。

其次,我们看唐君毅、熊十力二氏中心观念、致思取向的一致性。

熊十力先生的中心观念是"仁心本体",致思取向是"体用不二",根本意思是以人的道德本性作为宇宙生命和人类文化生生不息的终极根源,以天人之动态统一作为目的。唐君毅的中心观念"形而上的自我"或"道德自我",也即是熊十力的"本心本性"、"仁体"、心灵生命的"自我主宰"。唐君毅认为,人类文化都是"道德理性"或"超越自我"的各种不同的表现。"道德意识原是超越的涵盖于'吾人之各文化活动',与'接受客观事物之刺激'之'自然意识'之上之一意识。一切文化活动皆由我之自我发出,而辐辏于我之自我之内。而我之道德意识则为支配主宰自我,使吾人之自然自我化为常有文化之活动之自我;复使此自我之各文化活动得协调的发展,延续的完成;而建立吾人之道德自我者。由是而言,则吾人之道德意识,并非只所以成就吾人之文化活动,而实又为可藉文化活动之协调延续,以发展完成其自身,达到建立道德自我之目的者。当人知此理,而自觉的怀抱一建立道德在我之目的,自觉的求道德意识之发展完成,以从事文化活动时;则其他一切文化活动,皆自觉为其道德意识所涵盖,而成为其道德自我之自己建立历程中之各方面之表现;而道德意识之为一特殊的最高的文化意识之理,亦被吾人所自觉。"①唐君毅道德的理想主义的文化哲学系统的一个根本出发点即是把道德自我意识作为"体",而把人类各种文化活动作为"用",举凡家庭、经济、政治、哲学、科学、文学、艺术、宗教、体育、军事、法律、教育等文化活动都以人的道德理性为本;而道德意识又有自觉的与不自觉的之分,不自觉的道德意识为一切文化意识的基础,自觉的道德意识则涵盖一切文化意识。

道德自我(体)与文化活动(用)是一种动态统一的关系。从熊十力先生的"体用不二"到唐氏的"性道一元",为建构道德理想主义的文化哲学体系奠立了基本的框架和模式。在这里,唐君毅所谓"道",不过是人生、人性

---

① 唐君毅:《文化意识与道德理性》,台北:学生书局1968年版,第525—526页。

或人的心灵、生命活动的各种不同的表现形式、展示过程。所以，"道不能脱离人性的活动而说它是什么，人性亦不能脱离道而有它的表现……我们舍体无以说用，离用亦不能说有体的活动。故体用一元，性道亦一元。性为生命的流行，生生不已，道亦随性的生生不已而活动不已。又在人的生命活动上去说道，道不是静态的而是动态的……或说具有存在的意义的，而不只是客观外在于人之外的东西。由此一意义上说，我们实不能说性外之道，或心外之道，道必为心性的表现。"①也就是说，道是人性所表现出来的已成事实，积淀在人类的历史文化中，了解这些客观的东西虽然可以开启人的心灵，帮助人性的表现；但要使道成为了解者的道，必使道成为他生命活动的依靠，成为其自性自己的表现。唐君毅先生在《中国哲学原论》中所表达的这些思想无疑有熊十力体用观的印痕。

唐君毅对熊十力"体用不二"也有发展。他的"体用浑合之论"将主体（即本体）之用分疏为"由用返体之用"（即主体的消极活动、消极之用，屈、退而隐的层面）和"由体呈用之用"（即主体的积极活动、积极之用，伸、进而显的层面）。体用关系是体与积极之用或消极之用的关系。体用之间、积极之用与消极之用之间相互作用，主体的超越意义内在于二用之中并通过二用之转易而显现出来。主体不断克服活动的有限性，由降落而升进。这种分疏，比较熊十力单元简易之体用观，略为周全一些。

唐君毅以黑格尔《精神现象学》为样板，重视道德自我自觉地支配、展开、超越自己的发展过程，追溯道德自我在人生伦理、社会文化与自然宇宙中的地位。"他指出心之本体之存在及其真实至善即是道德自我的根源，且说明心之本体即现实世界之本体。最后，讨论精神或心之本体之表现于生活文化的各方面，以明人性之善及一切生活皆可含有神圣之意义。可以说是代表一种最富于玄学意味的理想主义的道德思想。"②就心之本体统摄和展开为人类文化创造活动而言，熊十力侧重研究心体这一核心，而唐君毅则侧重研究心体所展开的各层次、各客观内容。熊十力哲学是道德形上学基础；唐君毅哲学则是这一基础的衍生物——文化哲学。

熊唐的共性，正是我们在上面分析的"仁心本体"、"道德自我"的中心

---

① 李杜：《唐君毅先生的哲学》，台北：学生书局1983年版，第46—47页。

② 贺麟：《当代中国哲学》，南京：胜利出版公司1947年初版，第50页。

观念。唐君毅文化哲学的要旨,即是把人类一切文化活动,均统属于道德自我(或精神自我、超越自我),使之成为其分殊的表现或发用。这是他在文化哲学专著《文化意识与道德理性》"自序"谈本书宗趣的开篇所指陈的。他说他这本书的目的"一方是推扩我们所谓道德自我、精神自我之涵义,以说明人文世界之成立;一方即统摄人文世界于道德自我、精神自我之主宰之下。我认为中国文化过去的缺点在人文世界之未分殊的撑开,而西方现代文化之缺点,则在人文世界之尽量的撑开或沦于分裂。""一切文化活动之所以能存在,皆依于一道德自我,为之支持。一切文化活动,皆不自觉的,或超自觉的,表现一道德价值。道德自我是一,是本,是涵摄一切文化理想的。文化活动是多,是末,是成就文明之现实的。道德之实践,内在于个人人格。文化之表现,则在超越个人之客观社会。然而,一不显为多,本不贯于末,理想不现实化,内在个人者,不显为超越个人者,则道德自我不能成就他自己。而人如不自觉各种文化活动,所形成之社会文化之诸领域,皆统属于人之道德自我,逐末而忘本,泥多而废一;则将徒见文明之现实之千差万别,而不能反溯其所以形成之精神理想,而见其贯通;徒知客观社会之超越个人,而不知客观社会亦内在于个人之道德自我、精神自我;则人文世界将日益趋于分裂与离散,人之人格精神将日趋于外在化世俗化。"①

这明显是以体用、本末、一多的关系来诠解道德自我与文化活动、精神理想与人文世界的关系的。当然,与熊十力不同,唐君毅特别注意疏解客观化的过程,人类心灵外化为文化活动的各侧面、各层次、各系统,包括东西方思想史和文化史各方面的成就。熊十力对于"用"的无限丰富性、多样性实在是没有重视,也没有唐君毅的这种知识结构。熊十力肯定了"体",肯定了人的能动性和创造力,但熊十力没有正视人之创造力的实现——文化成果。

就文化意识的核心而论,熊唐二氏都认同儒家的人本主义。唐君毅刻意阐发了中国文化的人文精神,提出了重建中华人文的主张。唐君毅对我国传统精英文化各因素、各层面都有精到研究,承认他们的价值,但对儒学格外重视。他认为,儒学的人文思想是在与墨子的次人文、庄子和佛教的超人文及法家的反人文思想相互争鸣、渗透的过程中发展起来的。宋明儒在

---

① 唐君毅:《文化意识与道德理性》,台北:学生书局1968年版,第6页。

太极之外再立"人极",以人道透视天道,以天道保证人道,由此而在最诚敬的道德生活中,使人道有了形而上的究极意义,其中便涵有了宗教性(熊氏拒绝承认宗教性)。在释道的刺激下,儒学发展出一种"自觉能通贯到超人文境界之人文精神"。"这种人文精神之最高造诣,亦是'人'重于其所表现之'文'",也就是不断把人的生活中、心地上,一切不干净的渣滓污秽、一切扫除,开辟出一条"由人文世界,以通超人文世界之天心天理"的修养道路。唐君毅指出:"以人为主而言文,是为'摄末归本';以文为主而忘人,是为'忘本徇末'"。"吾人承认欲谋中国今后人文精神之发展,必须肯定人向往'超人文境界'之宗教,与人研究'非人文之自然'之科学之价值,并肯定自由社会及民主政治之保障人权与表现人格平等之价值。"唐君毅认为,离开人和人在精神上自作主宰,离开道德意识、人格平等而言宗教、科学、民主、人权等等,则并不能有助于人之文化创造与人格形成,甚至会使民主政治成为"分赃"之政治。"如何使此民主思想体现于一有实效而表现中国人文精神之民主制度及民主的政治生活,亦即为发展中国人文精神之一要务。"①总之,就人重于文、以人为体(本、主)以文为用(末、辅)而言,熊十力、唐君毅是一致的;就人文精神贯穿到超人文的宗教和科学、民主各层面来说,熊十力则涉及不够。

在理想人格的追求上,熊十力、唐君毅亦有一致性。这不仅表现在他们对道德本体、道德人格的高扬,尤其表现在他们做人与做学问的一致,智慧与生命的应合,真的生活、真的人格、真的知识的统一。直面现代社会对人性的肢解,他们同样忧心如焚。唐君毅说:"在科学研究中,我们要谈真实的人性人格与价值理想之所在,只能在科学家本人之真实存在上去找,而不能在科学家之科学知识科学语言中去找。"具体存在的科学家的真实的人性人格的表现,所抱之理想,所求之价值,既在他们求科学真理的活动中,又在其他的生命活动中表现出来。"人类社会中,各人之人格所肯定之当然理想,客观价值意识与历史精神,若同向某一方向变,则此人类社会文化历史之世界之存在状态,即皆向某一方向变。而此种执持其当然理想、价值意识、历史精神,并加以开辟,使之更广大高远;加以凝聚,使之更为真切笃实;

---

① 唐君毅:《中国人文精神之发展》,台北,学生书局1983年版,第34—35、41、43—44页。

以之直接主宰其内心之意志,以改进于其日常生活,再及于其社会之外表行为者;则为人之自己建立其理想人格之为如何如何之一真实存在之道德精神。此即为人类社会、人文历史世界之核心中的核心,枢纽中的枢纽。"①这里所体现的是和熊先生一样的问题,即现代性要受到新的人文主义审判的问题、人性异化的问题、人的真实存在的问题。熊十力、唐君毅所探究的问题,已关涉人类存在的永恒问题。熊十力、唐君毅的著作,可以视作中国式的存在主义著作。诚如唐君毅在《中华人文与当今世界》中所说,西方存在主义在论述人生存在的性相上,将消极处说得多,在个人主体意识方面说得多;而他自己则兼从消极的与积极的、主观个体意识与客观文化目标两方面说。在熊唐的著作中,关于心灵生命的存在及其所创生的继起存在如何相互联结、贯通,以及如何反观创生活动的根源,洞见其内在的形上存在的论述,所在多有。熊唐在存在或人方面寻求一种一切有活力的生命和一切精神活动从中涌流出来的统一的有创造力的源泉。这是他们献身探究的共同性。

最后,我们看唐君毅、熊十力二氏的差异及唐比熊多贡献了什么。

关于唐君毅、熊十力"差异",实际上我们在论及他们的"同一"时就涉及了。在客观地疏解人类文化各方面的成果,即我们前说的"用"、"末、多"等侧面,熊远不及唐广博、细腻。即便是在"体"、"本"、"一"之侧面,唐氏亦较熊氏丰富。唐君毅晚年在肯定"道德自我"的主导性的同时,将它扩大为"生命存在",涵盖精神生命不同的内容和不同的活动方面,因而相应地有不同的境界。这实际上不仅扩大了"用"和"相",而且丰富了"体",充实了本体与主体的内涵。此外,唐君毅所做的是一种广度式的判教工作,包含、判别了东西方宗教与哲学的主要思想传统。这就是他晚年著作、也是他的代表作《生命存在与心灵境界》的意义。是书与作者中年的文化哲学著作不同,打破了"道德自我"的狭隘性,从整个生命存在与心灵活动的广阔内涵出发,架构了弘大而辟的"三向九境"系统。(限于篇幅,不能详述。)

熊十力、唐君毅第二个大的差别是他们对"超越"的理解和强调程度的不同。总起来说,熊十力对儒家心性主体的尽性致命之超越有所论及,但没有突出强调,他更看重内在意义,有时甚至把积极尽人能的阳刚特性与超越

---

① 唐君毅:《中华人文与当今世界》,上册,台北,学生书局1980年版,第70—71、77页。

感对立起来,严辨儒家与宗教的界限。唐君毅则不同。唐君毅中年著作即肯定"道德自我"或"道德理性"的超越存在,晚年更以"超越"为主要范畴,以"超越"作为尽性立命,达到"天德流行境"的方式。有时候唐君毅甚至借助宗教信仰,吸收超越意义,来诠释心性天命等形上实体的内涵。"超越"是本体即主体的特质,即主体超越了思维矛盾律的相对相反,超越了主体所表现的活动之用以及一切境物的有限性,达到自我与天道的冥会。当然,这种超越主要仍是指的内在超越,心灵的无限性。在唐氏看来,儒家融摄了西方一神教和佛教,"其说最为圆融":"天心神性,本心本性,佛心佛性,皆同依于人观'人之成圣,所根据之有体有用之同一形上实在,或神圣心体'之异相,而有之异名。自下而上,以观其相,见其自身之无隐无潜,即为天心神体。自上而下,以观其相,见其潜隐于现实生命存在之妄执等之底,则为佛心佛性。自外而向内,以觉其相,见其具于吾人生命存在之内部而至隐,则为本心本性。"①心灵生命"次第超升",从客观境界到主观境界再到超主客观境界,通过升进与跌落的反复,通过超升过程中感觉经验、理性知识、逻辑思维、道德理想、宗教信仰之正负面作用的扬弃,最终达到"仁者浑然与物同体"的"天人合一"之境。

熊十力哲学强调主体性,但是他没有对主体性的结构、功能、动力及其与客体的相互关系作出具体、翔实的解析。在这一方面,由于有西方哲学的训练,唐君毅的探索则成功得多。他关于主体性的结构层次与动态发展的研究及科学、人文、宗教之超越依据的研究,虽仍觉冗赘,但较之熊先生则不知要清晰、深透多少倍。②

对儒学内部资源的理解和梳理,唐君毅比熊十力也较为深透。如唐君毅对儒学最独特也最重要的部门"工夫论"(这是其他哲学系统所缺乏的)有很大的建树。工夫论讲的不外是自我的转化,情理之间的问题。这门学问非常复杂,而唐君毅在《中国哲学原论》里,立论精辟,确实言之有物。就这点而论,新儒学到了唐君毅手里,的确进了一步。③

---

① 唐君毅:《生命存在与心灵境界》,台北:学生书局1986年版,下册,第353页。
② 参见沈清松:《哲学在台湾之发展》,台北:《中国论坛》十周年专辑。
③ 参见孟樊:《从新儒家到后现代——访哲学家劳思光教授》,《中国时报》1988年7月14日。

通过我们以上的论述,对熊十力、唐君毅的联系和区别有了大体的了解。他们共同的缺点仍然是在他们的中心观念上。即是说,把人类文化活动、社会活动、精神生产的根源性仅仅放在"道德自我"或"生命存在"上,这种文化意识或文化哲学的基础是有毛病的。文化是由人类群体不断创造的,而人是社会的人、实践着的人。社会物质生产活动才是人与文化的源头活水。仅仅从泛道德论的立场来解释人类文化客观发展的诸层次诸系统,是过于褊狭了。

二、熊十力与牟宗三

牟宗三 1932 年在北京大学读书时始从游于熊十力先生。熊牟二氏学宗陆王,发明本心仁体,学问路子一致。在当代重建"道德的形上学",以熊牟二氏贡献最大。熊十力奠定了基础,牟宗三则最终完成。

牟宗三早年兴趣在逻辑和知识论,后由罗素、怀特海转向康德,力图以康德哲学疏导、融摄儒学。牟氏的代表作,是他在 20 世纪 60—70 年代完成的,如《才性与玄理》、《佛性与般若》、《心体与性体》、《从陆象山到刘蕺山》、《智的直觉与中国哲学》、《现象与物自身》等。他重新疏导玄学、佛学,特别是宋明心性之学,探讨基本存有论的建立问题。[①] 我们这里主要讨论牟宗三如何在熊十力的基础上讨论"心体"与"性体",推进道德形上学的证成的。

熊十力对心体与性体的论述,本书第二章第二节有详细评介。这里谈谈牟宗三的见解。

"天命之谓性"或"性善"之"性",是道德实践之先天的或超越的根据。仁义内在于超越的(非经验的、非心理学的)道德心,是先天固有的,"非由外铄我也"。这是把仁义"收摄于性体以为纯粹而先天的道德理性,且不只是抽象的道德理性,而亦是必须具体呈现于那超越的道德心的。惟康德是从'自由意志'讲,而中国的传统则是喜欢从'性体'讲。自由意志经由其自

---

① 牟宗三 20 世纪 50 年代的思想反映在《道德的理想主义》、《历史哲学》、《政道与治道》三部著作中,这里不讲。参见郭齐勇:《简论牟宗三的中西文化比较模式》,《现代新儒学研究论集》(一),北京:中国社会科学出版社 1989 年版。

律性所先验提供的普遍法则是道德行为底准绳,而依中国传统,则是主张先验的普遍的道德法则是性体之所展现。"①牟宗三指出,中国传统没有像康德那样,费那么大的气力,去分解、辩解它的先验性与普遍性,其重点是落在"尽性"之"尽"字上。依儒家传统,性体所展现的道德法则,其先验性与普遍性,是随着天命之性而当然定然如此的,是不待辩解而自明的。"杀身成仁"、"舍生取义"、"君子所性,虽大行不加焉,虽穷居不损焉",并不只是实际的道德经验、道德感受,而是从严整而彻底的道德意识出发,直下立根于道德理性之当身,不能有任何歧出与旁贷的。仁义、礼义、本心,即表明在人的现实自然生命之上,种种外在利害关系之外,有这样一些超越的道德理性标准。"人的道德行为、道德人格只有毫无杂念无歧出地直立于这超越的标准上始能是纯粹的,始能是真正地站立起。这超越的标准,如展为道德法则,其命于人而为人所必须依之以行,不是先验的、普遍的,是什么?"②

牟宗三指出,"用气为性"与"用理为性"是中国哲学的人性论之两条理路。告子、荀子、董仲舒、扬雄、王充、刘劭等,即以"人类特殊的自然特征"论人性。中国儒学的正宗主流则是《论》、《孟》、《易》、《庸》为代表的"用理为性"。孟子所说的"性"是内在道德当身之性,其所谓善乃是这内在道德性当身之善。此性是普遍的、先验的,而且是纯一的,并不像气性那样多姿多彩,各个人不同的。其善亦是定然的,并不像气性那样,或善或恶,或无所谓善恶的。"孟子直就人的内在道德性说性,而《中庸》'天命之谓性'则推进一步把内在道德性之性通于天道、天命,不但直下是道德的,而且是本体宇宙论的,而孟子说尽心知性知天,则亦是原涵蕴此义的,故云'万物皆备于我矣,反身而诚,乐莫大焉。'这种论性显然是从由自然生命的种种特征说性,即从气性说性,来一个超越的大解放,从自然生命提高一层,开辟人的精神生命,建立人的理性生命。对气性而言,这可以说是'用理为性'(不是伊川朱子脱落了心的'只是理'之理)。康德说的那自由自主自律而绝对善的意志,若照正宗儒家看,那正是他们说的本心即性。(康德却并未把这视

---

① 牟宗三:《心体与性体》第一册,台北:正中书局1981年4版,第118—110页。(按:本书初版为1968年5月。)

② 牟宗三:《心体与性体》第一册,台北:正中书局1981年4版,第120页。

为人之'性'。注意。)明朝最后一个理学家刘蕺山讲诚意慎独正是说的这种意志。"①"用气为性"与"用理为性"两路会合于宋儒，便成了他们所严格分别的义理之性(天地之性、本源之性)与气质之性。这里把"义理之性"解释为上通天道，普遍、先验的，又是内在固有、自主自律的善良意志和人之所以为人的本性。

牟宗三认为，康德既没有认识到人性、性体的超越的层面，无视人性本身的德性，又没有把道德律、道德意识和行为看做是心性本体在实践活动中的自我呈现，因而只能架构一套空洞的理论。康德把自由意志的实践理性当做一种公设(设准)，只是"理当如此"，而不是人人固有的"性"。这一套理智主义的空论，不能落实在真实存在上。"正宗儒家讲'性'的密意"正是肯定意志自由、道德自律是定然的、真实的、呈现的。康德所说的人性只是人的自然特征，"未以他由讲道德所逼致的自律、自由的意志为人的性，故视之为假设而落了空，成为人类理性所不能及、知识所不能至的隔绝领域"。"正宗儒家肯定这样的性体心体之为定然地真实的，肯定康德所讲的自由自律的意志即为此性体心体之一德，故其所透显所自律的道德法则自然有普遍性与必然性，自然斩断一切外在的牵连而为定然的，无条件的，因此才能有'存心纯正，不为别的，但为义故'的道德行为，如'有杀身以成仁，无求生以害仁'，'所欲有甚于生，所恶有甚于死'等语之所示。"②牟宗三分析孟子由"所欲"、"所乐"内收至"所性"，始见出道德人格之尊严，即斩断与外在对象的牵连，显出意志之自律(性体、心体的主宰性)。他认为，道德性的性体心体不只是在截断众流上只显为定然命令之纯形式义，只显为道德法则之普遍性与必然性，而且还要在具体生活上通过实践的体现工夫，即所谓"尽性"，作具体而真实的表现。这种对"性体"即内在即超然的界定，以及天人的沟通等等，都是对熊十力性体说的发挥和发展。

关于心性本体的不二，尤其是"心体"所涵盖的能动的、实践的、生命情绪情感的内涵，牟宗三亦继承熊十力而有所推进。

康德把道德主体只看成实践理性，把一切情感因素排除在道德主体性之外，因此其形式原则只能是理性原则，对道德法则的把握也只能是出之理

① 牟宗三：《心体与性体》第一册，台北：正中书局1981年4版，第123页。
② 牟宗三：《心体与性体》第一册，台北：正中书局1981年4版，第137、138页。

性的活动而不能出于价值感。这种理性与情感二分的主体性架构,使康德的形式原则本身只是判断原则而不是践履原则,其道德主体只是立法者,本身不含实现道德法则的力量,此种力量落在感性层中的道德情感上。① 道德创造、道德实践活动的力量何在?

儒家"心体"说,尤其是陆王心学的"心体"说,所以为熊牟所看重,分疏心性、心理诸说所以为熊牟所诟病,根本上是道德实践如何可能,其内在根据和内在动力何在的问题。熊十力批判释道,屡屡阐发的也是寂静心性本体的活动、变化、发用流行的问题。康德所说的道德情感、道德感,是着眼于其实然的层面,其底子是发自"人性底特殊构造",类似于董仲舒一类所说的由气性、材质之性而发的仁爱之情,属经验、后天的,无定准的。然则在什么关节上,它可以上提而至超越的层面,使之成为道德法则、道德理性之表现上最为本质的一环?"依正宗儒家说,即在作实践的工夫以体现性体这关节上;依康德的词语说,即在作实践的工夫以体现、表现道德法则、无上命令这关节上。但这一层是康德的道德哲学所未曾注意的,而却为正宗儒家讲说义理的主要课题。在此关节上,道德感、道德情感不是落在实然层面上,乃上提至超越层面转而为具体的、而又是普遍的道德之情与道德之心,此所以宋明儒上继先秦儒家既大讲性体,而又大讲心体,最后又必是性体心体合一之故。""这种心、情,上溯其原初的根源,是孔子浑全表现的'仁':不安、不忍之感,恻隐之感,悱启愤发之情,不厌不倦、健行不息之德,等等。这一切转而为孟子所言的心性:其中恻隐、羞恶、辞让、是非等是心,是情,也是理。理固是超越的,普遍的,先天的,但这理不只是抽象地普遍的,而且即在具体的心与情中见,故为具体地普遍的;而心与情亦因其即为理之具体而真实的表现,故亦上提而为超越的、普遍的,亦主亦客的,不是实然层面上的纯主观,其为具体是超越而普遍的具体,其为特殊亦是超越而普遍的特殊,不是实然层上的纯具体、纯特殊。这是孟子磐磐大才的直悟所开发。到陆象山便直以此为道德性的本心与宇宙心:这当然不是一个抽象的干枯的光板的智心,故理在其中,情也在其中,故能兴发那纯粹的道德行为道德创造,直下全部是道德意识在贯注,全部是道德义理在支柱,全部是道德心、情在开朗、在润泽,朗天照地,了无纤尘。到王阳明则复将此本心一转而为良知:良

---

① 参见李明辉:《儒家与康德》,台北:联经出版事业公司 1990 年版,第 56 页。

知是认识此本心之诀窍,亦是本心直接与具体生活发生指导、主宰关系之指南针;而良知之内容亦不只是光板的、作用的明觉,而是羞恶、辞让、是非、恻隐全在内的心体之全,故阳明总言'良知之天理',亦总言'精诚恻怛'之本心:这也是既是理,也是情,也是心。"①

按:心性本体内在涵括的道德情感是道德实践的内在冲力。康德和儒学对道德情感的界定显然不同。康德将其停在实然层面,归之私人幸福原则之下,为经验的原则。道德情感如不能予以开展,上提至超越层面而定住其道德实践上的本质意义,则道德实践即不能言。"正因康德之道德哲学无自实践工夫以体现性体心体一义,故亦不能正视此道德感、道德情感也。他只是由抽象的思考,以显道德之体,他只是经验的与超越的对翻,有条件的与无条件的对翻,此已极显道德之本性矣,惜乎未至具体地(存在地)体现此'道德之体'之阶段,故只言道德法则、无上命令(定然命令)之普遍性与必然性,而对于超越之心与情则俱未能正视也。若以儒家义理衡之,康德的境界,是类乎尊性卑心而贱情者。(当然康德并未把他所讲的自由自主自律而绝对善的意志连同着它的道德法则无上命令视为人之'性',但儒家却可以这样看。注意。)"②

由"心体"(——心、性、理、情之统一,即存有即活动之统一、道德创造之体与道德创造之用的统一)出发,心学一系的儒家从不把道德意志自由作为"假定"或"设准",而视为真实的呈现。康德却没有反身正视自由自律的意志即是本心,即是兴趣之源,其自身就能实践、生效起作用,沛然莫之能御,尚何处去找兴发力呢? 按儒家的理解,意志自律不是知识理念,而是在道德践履活动中"步步呈现"的实践的德性之知。这种呈现过程,是直觉体悟、逆觉体证的过程。心性本体的"呈现"及对这一本体的"证悟",如上所说,虽特殊而亦普遍,虽至变而亦永恒。性体心体乃至意志自由就是在这种体证中、在真实化、充实化中而成为真实生命系统里得到其本身的绝对必然性。

牟宗三对小程、朱子"析心与理为二"的理路作出了尖锐的批评,指出他们将本体之理(排斥了心的)规定为客观、静态、知性、形式的东西,"只存

---

① 牟宗三:《心体与性体》第一册,台北:正中书局1981年4版,第126、127页。
② 牟宗三:《心体与性体》第一册,台北:正中书局1981年4版,第129页。

有而不活动",缺乏活泼泼的现实感性内容和道德实践活力。牟宗三认为,来自认知性的、外在普遍的伦理概念说教,只是他律道德,而不是自律道德,因为那不是发自个体内在的道德本心的。牟宗三又指出,程朱之理虽不能够"即活动即存有",但仍是一种"存在之理",而不是西方柏拉图、亚里士多德的存在与本质分离的"形构之理"。

从总体上来说,在心体与性体的当代诠释上,牟宗三的基本思路与熊十力不异;而在理论的细密,尤其是以康德道德哲学作为参照所作的梳理和融摄上,乃至在对宋明学术所作的缜密阐释方面,牟宗三则大大超过了熊十力。

在道德的形上学的建立上,牟宗三显然亦超过了熊十力。牟宗三指出,康德虽然凸显自律道德,但由于不识性体的超越义和心体的动态实践义,不识心体性体的一致,终究只能建立一"道德底形而上学",营造一种道德的理论体系,而不能够建立一"道德的形上学",直下地把握良知的呈现及其全体大用。康德求立一"道德的神学",天人打成两橛,终不免堕入他律道德的窠臼。

在《智的直觉与中国哲学》、《现象与物自身》等著作中,牟宗三进而分疏了两层存有论。牟宗三认为,康德所说的超越的区分,应当是一存有上的区分(现象界的存有论与本体界的存有论的区分)而不是一般形而上学所说的本体与现象的区分。牟宗三又指出,他过去完全忽略了知性的存有论的性格,没有充分正视康德洞见的重大意义。但康德不肯承认人有智的直觉,把智的直觉看成上帝的专利,因此他只能就知性的存有论(即"执的存有论")的性格成就现象界的存有论即内在的形上学,而不能成就超绝的形上学,即本体界的存有论("无执的存有论")。中国儒、释、道大都肯定人有智的直觉,以此改造康德哲学,可以完成康德无法完成的超绝的形上学与基本的存有论。

智的直觉也就是德性之知,是本心的明觉发用。牟宗三由道德学的进路,证明了在我们人这有限的存在里,智的直觉不仅是在理论上必须肯定的,而且是实际上必然呈现的。智的直觉并非别有根源,其根源就是仁心本体。"本心仁体既绝对而无限,则由本心之明觉所发的直觉自必是智的直觉。只有在本心仁体在其自身即自体挺立而为绝对而无限时,智的直觉始可能。如是,吾人由发布无条件的定然命令之本心仁体或性体之为绝对而无限,即可肯定智的直觉之可能。""当本心仁体(自由意志是其良能)随时在跃动,有其具体呈现时,智的直觉即同时呈现而已可能矣。只有当把自由意志只看成是一孤悬的抽象的理性体,而忘记它本身就是一种心能,就是本心仁体之明觉活动,才认为智的直觉不可能,不能为吾人所有。"①

"本心仁体之明觉活动反而自知自证其自己,如其为一'在其自己'者而知之证之,此在中国以前即名曰逆觉体证。此种逆觉即是智的直觉,因为这纯是本心仁体自身之明觉活动故……""本心仁体本是无限的,有其绝对普遍性。它不但特显于道德行为之成就,它亦遍润一切存在而为其体。前者是它的道德实践的意义,后者是它的存有论的意义;前者是它的道德创造,……在道德的形上学中,成就个人道德创造的本心仁体总是连带着其宇宙生化而为一的,因为这本是由仁心感通之无外而说的。就此感通之无外说,一切存在皆在此感润中而生化,而有其存在。……仁心之明觉活动觉润一切,同时即照了一切,此照了活动即是它的'虚明照鉴',在此说'智的直觉'。它的虚明照鉴觉之即润之,润之即生之。故智的直觉本身即给出它的对象之存在(对象是方便言,实无对象义),此即智的直觉之创生性。"②

总之,就道德主体的绝对普遍性说,道德本心不仅是开道德界的道德实体,同时还是开存在界的形而上的实体。本心仁体的明觉发用,其自由自律不容自己,证明它本身是自由无限心,具有绝对普遍性、无限性及创生性。它在创造、实践道德的过程中,通过明觉感通,引发"於穆不已"的宇宙秩序。"存在界的存在即是'物之在其自己'之存在,因为自由的无限心无执无著故。'物之在其自己'之概念是一个有价值意味的概念,不是一个事实的概念;它亦就是物之本来面目,物之实相。我们由自由的无限心之开存在界成立一本体界的存有论,亦曰无执的存有论。……自由无限心既朗现,我们进而即由自由无限心开'知性'。这一步开显名曰知性之辩证的开显。知性,认知主体,是由自由无限心之自我坎陷而成,它本身本质上就是一种'执'。它执持它自己而静处一边,成为认知主体,它同时亦把'物之在其自

---

① 牟宗三:《智的直觉与中国哲学》,台北:台湾商务印书馆 1987 年四版,第 193、194 页。(按:本书初版为 1971 年 3 月。)

② 牟宗三:《智的直觉与中国哲学》,台北:台湾商务印书馆 1987 年四版,第 196、199 页。

己'之物推出去而视为它的对象,因而亦成为现象。现象根本是由知性之执而执成的……知性之执,我们随佛家名之曰识心之执。……我们由此成立一'现象界的存有论',亦曰'执的存有论'。现象之所以为现象在此得一确定的规定。现象与物之在其自己之殊特义俱已确定而不摇动,则它们两者间的超越区分亦充分被证成而不摇动。物之在其自己永不能为识心之执之对象,识心之执永不能及之,此其所以为'超绝的'。"①

我们知道,熊十力先生的体用论亦是讲的道德本心创发道德行为,继而遍体万物而不遗,在不容已地感通中,圆照无方,通彻一切,与万物为一体;而万物则在仁心的明觉感通中,即在熊氏所谓"性智"(牟宗三所谓"智的直觉")中,如如地存在,成其自己。但熊十力先生没有如牟宗三建构这样两层的存有论以证成道德的形上学。按,牟宗三将"物自身"(即"物之在其自己")视为一价值概念,非事实概念。万物在我们见闻之知(感性、知性)的认知活动中,都是有一定样相的有限存在,而在无限心无执著的纯智的直觉(玄智、圆照)中,却是物自身,无时空性,无流变相。这意思是:到这一境界中,知是无知之知(知无知相),物是无物之物(物无物相)。这无知之知即是德性之知,使人呈现其本来面目,在其自己,本身就是目的;它也使万物呈现其本来面目,在其自己,万物本身也就是目的。它使人、也使万物有其无限永恒的意义,此时,心物冥合,我之纯亦不已就是宇宙的於穆不已,反之亦然。道德主体为贯彻道德心愿,自觉地自我坎陷(亦即自我否定)成为认知主体,与物为对,从而形成以物为对象,研究其样态、流变、实然之理的科学知识系统。道德主体有了这一坎陷,才能真正实现自己。这一坎陷是道德主体的不容已,而认知主体的开显也因此有其辩证的必然性。无执的无限心自我否定转成有执的有限心,因而有了感性、想像、知性分解,有了经验知识及经验对象所以可能的条件。

牟宗三指出,如依康德的思路说,道德以及道德的形上学之可能与否,其关键端在智的直觉是否可能。在西方哲学传统中,智的直觉是没有彰显出来的,但在中国哲学传统中却得以充分被彰显出来。人虽是有限的存在,但却有智的直觉这种主体机能,故虽有限而可取得一无限的意义。儒家重

---

① 牟宗三:《现象与物自身》,台北:学生书局1984年四版,第6—7页。(按:本书初版为1975年8月。)

道德是大宗,另外还有两个旁枝,一是道家,一是佛家。从道德上说智的直觉是正面说,佛家道家是负面说,即从对于不自然与无常的痛苦感受而向上翻求"止"求"寂"以显示。但这都是从人的实践以建立或显示智的直觉:儒家是从道德的实践入手,佛道两家是从求止求寂的实践入手。其所成的形上学叫做实践的形上学:儒家是道德的形上学,佛道两家是解脱的形上学。形上学,经过西方传统的迂曲探索以及康德的批判检定,就只剩下这实践的形上学,而此却一直为中国的哲学传统所表现。如果只有实践的形上学,则形上学中所表现的最高的实有、无限而绝对普遍的实有,必须是由实践(道德的或解脱的)所体证的道德的本心(天心)、道心(玄照的心)或如来藏自性清净心。除此以外,不能再有别的。人的真实性乃至万物的真实性只有靠人之体证证现这本心、道心或自性清净心而可能。"基本存有论"就只有从本心、道心、真常心处建立。康德所意想的形上学是他所谓"超绝形上学",其内容是集中于自由意志、灵魂不灭、上帝存在这三者之间处理。唯他以为对于这三者,理论理性是不能有所知的,要想接近它们,只有靠实践理性。是通过实践理性的要求,乃不能不设拟这三者,但设拟不是具体的呈现,所以道德的形上学终不能充分实现完成。现在顺中国哲学的传统讲出智的直觉之可能,这是康德哲学之自然的发展,亦可以说是"调适上遂"的发展,始可以真正建立康德所向往的超绝的形上学。①

　　以上是牟宗三基本存有论的主要意思。这里,我们暂时不去分析牟宗三在道德的形上学之内在的矛盾。他的自身无限心说、良知坎陷说、智的直觉说,他对道德主体与知识主体的理解,他关于两层存有论的构想,他对儒释道和儒家内部从荀子到程朱的评析,都有一些局限性,值得认真评说和仔细推敲。现在,只略说与熊十力的关系。从我们述介的牟宗三道德形上学之基本内容来看,与熊十力哲学思想的主旨是相当一致的。关于通过道德而接近或达到形上本体的实践体验,关于心体与性体之合一,关于凸显活生生的存在的创造活力、实践能力,关于主体与本体的一致,关于道德的理想主义,关于生命个体的体悟证会,关于道德重于知识、体一大于用多(理一大于分殊)等等,这些都与熊十力思想一致。二者的区分在于,牟宗三没有

---

① 参见牟宗三:《智的直觉与中国哲学》,台北:台湾商务印书馆 1987 年四版,第346—348 页。

像熊十力那样去建构宇宙论,而只是研究心性论,并通过心性论直接上达道德形上学。不仅道德形上学完成了熊十力未竟之业,而且对中国哲学的全面疏解亦由于西方哲学的功力而超过了他的老师。尽管二人都以内圣之学为主导,尽管牟宗三所论证的新外王仍很难由老内圣开出,但牟宗三毕竟以两层存有论突破了体用框架,对现代西方科学和知识论的理解水平大大高于熊十力。沿着熊十力的思路,牟宗三把思孟——陆王心学一系的道德本体论在当代提扬到了不能再高的水平,因此随之而来的问题则是对这种道德形上学及其与现代社会的适应问题,以及创造性地全面体认、转换中国哲学传统的问题提出检讨和反思。

三、熊十力与涂复观

徐复观 1943 年在北碚勉仁书院初次拜访熊十力先生。徐复观原名佛观,熊十力先生认为观佛之空不如观易之复,乃改为现名。徐复观中年以前供职军政界,与熊先生交往之后,才选择了新的人生道路。徐复观说他决心扣学问之门的勇气,是启发自熊先生,对中国文化从 20 年的厌弃心理中转变过来,也是得自熊先生的启示。熊先生对他起死回生的一骂,使他终生受用。

唐君毅与牟宗三都是学哲学的科班出身,唐氏的最大贡献在文化哲学上,牟氏的最大贡献在道德形上学上。熊氏曾对唐、牟期许颇高,亦知道他们各有自己的一套。徐氏与唐牟二氏不同,知命之年才专力从事学术研究。徐复观学术总方向是检讨并弘扬中国文化,贡献在思想史和艺术哲学方面。徐复观一生处在学术与政治之间,特别表现了抗议精神,风骨嶙峋,在人格精神上很像他的老师。个性特征上,徐是勇者型,唐是仁者型,牟是智者型。

熊十力先生对徐复观的最大影响,或者说,熊徐二氏的同一,主要表现在对传统负面的鞭笞上。熊徐二氏把批判的矛头都指向专制主义,而且都是反对把儒学传统与专制主义等同起来。与熊氏一样,徐氏也指出,专制政治压歪并阻遏了儒家思想正常的发展,并认为儒家思想在长期的适应、歪曲中,仍保持其修正缓和专制的毒害,不断给予社会人生以正常的方向与信心,因而使中华民族度过了许多黑暗年代,乃由于先秦儒家立基于道德理性的人性所建立起来的道德精神的伟大力量。徐复观认为,思想史研究的任务之一,是把中国文化中原有的民主精神重新显豁疏导出来,在中国文化中发现可以和民主政治衔接的地方。徐复观还检讨传统社会和传统士人的弊病,指出:"智识分子没有自由活动的社会平面,文化即失掉其自律与自主底伸展。宋儒及明中叶以后一部分士人,渐意识到文化的社会性,而不把朝廷视为文化的函数,故儒学得到新底发展。(《朱子语类》卷八一,黄卓录'民之于君,聚则为君臣,散则为仇雠,如孟子所谓君之视臣如草芥,则臣视君如寇仇是也'。此系儒家对君主之基本态度,但此一态度能尽量发展吗?)然结果都受到政治之打击与束缚,其基本精神,不能继续下去。一般士人,为了做官而谈政治,决不能构成政治学;为了争宠而说有谈无,决不能构成哲学。于是中国历史上的大多数士大夫,总是自觉或不自觉底挟带着满身政治污秽,而中国文化的真精神,也常不免和这种污秽夹杂在一起。此一历史的条件,一起到现在还没有改变。"①这些话,与我们在第五章介绍的熊十力先生的话,何其相似乃尔。徐复观对传统和现实政治的批判是深刻、全面、尖锐的,在他一生撰写的大量时论杂文中充分表露了出来。因此,人们称他为饱含着自由及创新精神的传统主义者。对于熊徐这类思想家,确实要修订"自由——保守"或"创新——传统"的机械二分法,如萧欣义在《徐复观文录选粹》编序中所说的那样。徐复观的代表作《两汉思想史》考察了从先秦到两汉中国社会与中国学术的巨变,其中也充满了批判专制主义的内容。徐复观曾谈到他与钱穆先生的区别,指出钱先生发掘的二千年的专制并不是专制,因而我们应当安住于历史传统政制之中,不必妄想什么民主。"而我所发掘的却是以各种方式反抗专制,缓和专制,在专制中注入若干开明因素,在专制下如何多保持一线民族生机的圣贤之心、隐逸之节,伟大史学家文学家面对人民的呜咽呻吟,及志士仁人忠臣义士,在专制中所流的血与泪。"②徐复观所高扬的"以德抗位"的传统和对《春秋》"贬天子,退诸侯,讨大夫"的肯定,都可以与以熊十力相会通。

徐复观通过思想史的研究特别是对中国人性论的研究,着力探讨了传统道德文明的深刻的一面,以拯救当代文化的虚脱混乱和知识分子的本性

---

① 徐复观:《徐复观文录选粹》,台北:学生书局1980年版,第10页。
② 徐复观:《良知的迷惘——钱穆先生的史学》,《华冈学报》1979年第8期。

迷失。

徐复观引起人们争议的,是他要为中国文化"披麻戴孝"说;而为人们广泛引用,在海峡两岸至今不绝于耳的"忧患意识"说,亦出于徐复观。

殷周之际产生的忧患意识,"不同于作为原始宗教动机的恐怖、绝望。一般人常常是在恐怖绝望中感到自己过分地渺小,而放弃自己的责任,一凭外在地神为自己作决定。……脱离了自己的意志主动、理智导引的行动;这种行动是没有道德评价可言,因而这实际是在观念地幽暗世界中的行动。由卜辞所描出的'殷人尚鬼'的生活,正是这种生活。'忧患'与恐怖、绝望的最大不同之点,在于忧患心理的形成,乃是从当事者对吉凶成败的深思熟虑而来的远见;在这种远见中,主要发现了吉凶成败与当事者行为的密切关系,及当事者在行为上所应负的责任。忧患正是由这种责任感来的要以己力突破困难而尚未突破时的心理状态。所以忧患意识,乃人类精神开始直接对事物发生责任感的表现,也即是精神上开始有了人地自觉的表现。"①按,徐复观认为,周革殷命之后,周人并没有新胜利者的趾高气扬气象,而是产生了这种充满责任感的忧患意识,由把责任、信心交给神转而为自我担当——蕴蓄一种坚强的意志和奋发的精神。在忧患意识跃动下,人的信心的根据,渐由神而转移向自己本身行为的谨慎与努力。

周初人表现的"敬"、"敬德"、"明德"观念,尤其是"敬"——直承忧患意识之警惕性而来的精神敛抑、集中,及对事的谨慎、认真的心理状态,反省、规范自己行为的心理状态,与宗教的虔敬,近似而实不同。这不是被动的警戒心理和消解自己主体性,而是自觉的、主动的、反省的、凸显自己主体积极性与理性作用的心理状态。

徐复观指出,"敬"与"德""明"的连用,周初文献所反映的由"敬"贯注的"敬德"、"明德"的观念世界,周人以此照察、指导自己的行为,对自己的行为负责,这正是中国人文精神最早的出现。这种人文精神是以"敬"为动力的,这便使其成为道德的性格,与西方人文主义不同。

徐复观正是从原始宗教的转化入手,来考察人性论的。他认为孔子的天命不是人格神的天命,而是有血肉的具体生命;孔子的"畏天命""实即对

---

① 徐复观:《中国人性论史》(先秦篇),台北:台湾商务印书馆 1969 年初版,第 20—21页。

自己内在地人格世界中无限地道德要求、责任，而来的敬畏。性与天道的融合，是一个内在地人格世界的完成，即是人的完成"。① 当时用天、天命、天道来表征的，正是道德的普遍性、永恒性；而"下学而上达"，正是从经验的积累中，从实践的上达中，证知道德的超经验性的。孔子注重的是天命与自己生命的联结，即在血气心知的具体地性质里，体认它有超越血气心知的性质。这即是在具体生命中开辟内在人格世界的无限性。"仁"即是一个人自觉地精神状态，至少包括两方面：一是对自己人格的建立及知识的追求发生无限的要求；二是对他人毫无条件地感到有应尽的无限的责任。这就是成己、成物之两面。"仁"是内在于每一个人的生命之内的、作为生命根源的人性，是人之所以为人的最根本的规定。徐复观认为："孔子对仁的开辟，不仅奠定了尔后正统地人性论的方向，并且也由此而奠定了中国正统文化的基本性格。这是了解中国文化的大纲维之所在。"②徐复观在诠释《中庸》的命与性之关系时指出，与世界上其他文化系统不同，《中庸》表明中国文化强调人的生命自身，生命活动的现世，有究极的价值而不需转换为另一生命、另一世界。"天命之谓性"使人感到自己的性与天有内在的关联，天的无限价值即具备于自己的性之中，而成为自己生命的根源，所以在生命之自身，在生命活动所关涉到的现世，即可以实现人生崇高的价值，这便可以启发人们对其现实生活的责任感和积极向上努力的人生态度。"率性之谓道"指普遍性的道德本性表现为每一个人的"庸言"、"庸行"，各个体之特殊性内涵有普遍性之天，或可上通于有普遍性之天。因此，顺着人性而发的行为即是道，道即含摄在人性之中。这也就是说，道乃内在于人的生命之中。但天命之性，常常为生理的欲望所压所掩。把潜伏在生命深处的天命之性解放出来，为欲望做主，便须有戒慎恐惧的慎独的工夫。就"仁"与"诚"之关系而论，仁是诚的真实内容，诚是仁的全体呈露。"把成就人与物，包含于个人的人格完成之中，个体的生命与群体的生命，永远是连结在一起，这是中国文化最大的特性。这种地方，只能就人性的道德理性自身之性格而言。因为人性有此性格，所以可规定人的行为的方向，并完成此种内在的人

---

① 徐复观：《中国人性论史》（先秦篇），台北：台湾商务印书馆 1969 年初版，第 89—90 页。

② 徐复观：《中国人性论史》（先秦篇），台北：台湾商务印书馆 1969 年初版，第 100 页。

格世界。而决非就外在的功效而言。若就外在的功效而言,则人与物将永无同时完成之日。但尽管如此,因为人性中有此要求,所以人便可以向此方向作永恒的努力。而人类的前途,即寄托在这种永恒努力之上。"①以上对孔子和《中庸》的积极人生观的诠解,与熊十力倡导的新儒学的精神方向相当一致。而徐复观对"诚明"的阐发,已接近"仁"、"智"并举的水平,就这一点来说则超过了熊十力。如他说:"仁智的不可分,因为仁智皆是性的真实内容,即是性的实体。诚是人性的全体显露,即是仁与智的全体显露。因为仁与智,同具备于天所命的人性、物性之中;顺着仁与智所发出的,即成为具有普遍妥当性的中庸之德之行;而此中庸之德之行,所以成己,同时即所以成物,合天人物我于寻常生活行为之中,每一人皆可在其自身得到最高价值的完成满足,而无所待于外;所以孔子说'中庸之为德,其至矣乎'。同时,以诚与明、仁与智,为人性真实内容的思想,才真能给人类以信心,才真能对人类前途提供以保证。"②

徐复观虽无意建构形上学体系,但他从思想史的角度,在诠释之间,亦透露了他关于人类道德精神主体即本体的思想。这在我们上面述介的他关于原始宗教到忧患意识,从仁到诚的解说中已表露出来了。关于性善论,徐复观认为,它是中国文化长期发展的结果。"性善两字说出后,主观实践的结论,通过概念而可诉之于每一个人的思想,乃可以在客观上为万人万世立教。……孟子所说的性善,实际便是心善。经过此一点醒后,每一个人皆可在自己的心上当下取善的根苗,而无须向外凭空悬拟。中国文化发展的性格,是从上向下落,从外向内收的性格。由下落以后而再向上升起以言天命,此天命实乃道德所达到之境界,实即道德自身之无限性。由内收以后而再向外扩充以言天下国家,此天下国家实乃道德实践之对象,实即道德自身之客观性、构造性。从人格神的天命,到法则性的天命;由法则性的天命向人身上凝集而为人之性;由人之性而落实于人之心,由人心之善,以言性善:这是中国古代文化经过长期曲折、发展,所得出的总结论。"③这样一个总结

①　徐复观:《中国人性论史》(先秦篇),台北:台湾商务印书馆1969年初版,第152页。
②　徐复观:《中国人性论史》(先秦篇),台北:台湾商务印书馆1969年初版,第156页。
③　徐复观:《中国人性论史》(先秦篇),台北:台湾商务印书馆1969年初版,第163—164页。

论,无疑与熊十力、唐君毅、牟宗三所得出的结论相一致。而徐复观所说的道德的超验性、无限性、客观性、结构性云云,也接近道德形上学的思考。

当然,徐复观思想的重心是抉发中国思想史上由宗教到人文、由神性到人性的发展过程。他认为由原始宗教神话到道德理性的建树,代表了人类自我向上的最高峰。"孟子性善之说,是人对于自身惊天动地的伟大发现。有了此一伟大发现后,每一个人的自身,即是一个宇宙,即是一个普遍,即是一个永恒。可以透过一个人的性,一个人的心,以看出人类的命运,掌握人类的命运,解决人类的命运。每一个人即在他的性、心的自觉中,得到无待于外的、圆满自足的安顿,更用不上夸父追日似的在物质生活中,在精神陶醉中去求安顿。这两者终竟是不能安顿人的生命的。"①徐复观认为性善论确立了人格尊严和人与人互相信赖的根据,表现在政治思想方面,即确立人民的好恶是指导政治的最高准绳。他认为,孟子由性善论推扩的"王政"学说,是以人民为主的政治,而并非如一般人所说的只是以人民为本的政治;孟子代表了在中国政治思想史中最高的民主政治的精神,只缺乏民主制度的构想。而这正是以仁义内在即道德主体性为基准的。顺人的自由意志以为仁义,是人的自由的发挥;靠外在强制之力以为仁义,则只有以人类的自由意志作牺牲。例如,为保持自由而不谈仁义,如道家;或者牺牲自由而戕贼人以为仁义,如从法家到法西斯。徐复观把自由主义与保守主义的精义统合了起来。

徐复观对道家人性论思想的解释,亦纳入道德自我、道德自由的系统。他说,道家老子虽没有性善的观念,但老子所说的德,即等于后来所说的性,而德是道之一体,则老子实际上也认为人性是善的。儒道两家所以能将自己所信任的性、德之善推及于人民,乃因为两家都有真正的慈、仁,以为其动力。庄子对现实变乱有无限的悲情,在无可奈何之中,"特别从自己的性、自己的心那里,透出一个以虚静为体的精神世界,以圆成自己,以圆成众生;欲使众生的性命,从政治、教义的压迫阻害中解放出来;欲使每一人、每一物,皆能自由地生长。一方面,他好像是超脱于世俗尘滓之上;但同时又无时无刻,不沉浸于众生万物之中,以众生万物的呼吸为个人精神的呼吸;以众生万物之自由为个人的自由;此即他所说的'独与天地精神往来,而不傲

---

①　徐复观:《中国人性论史》(先秦篇),台北:台湾商务印书馆1969年初版,第182页。

倪于万物'；他所欲构建的，和儒家是一样的'万物并育而不相害，道并行而不悖'的自由平等的世界。只有在达到此一目的的途辙上，他与儒家才有其不同。他掊击仁义，是掊击一切可以为统治者压迫人民所藉口的东西。而世儒之过于依赖现实，其容易为统治者所藉口，乃至甘心供统治者的利用，以加强统治者的惨酷之毒，真是值得庄子加以棒喝涤荡的。他在掊击仁义之上，实显现其仁心于另一形态之中，以与孔孟的真精神相接，这才使其有'充实而不可以已'的感觉。这是我们古代以仁心为基底的伟大自由主义者的另一思想形态。"①这里对儒道共性个性的疏解，与熊十力先生不同，更显现了徐复观对传统多元文化的宽容心态。

徐复观对中国艺术精神的诠释，正是在对中国人性论诠释的基础上进行的。他说："中国文化的主流，是人间的性格，是现世的性格。所以在它的主流中，不可能含有反科学的因素。可是中国文化，毕竟走的是人与自然过分亲和的方向，征服自然以为己用的意识不强。于是以自然为对象的科学知识，未能得到顺利的发展。所以中国在'前科学'上的成就，只有历史的意义，没有现代的意义。但是，在人的具体生命的心、性中，发掘出道德的根源、人生价值的根源；不假神话、迷信的力量，使每一个人，能在自己一念自觉之间，即可于现实世界中生稳根、站稳脚；并凭人类自觉之力，可以解决人类自身的矛盾，及由此矛盾所产生的危机；中国文化在这方面的成就，不仅有历史的意义，同时也有现代的、将来的意义。……在人的具体生命的心、性中，发掘出艺术的根源，把握到精神自由解放的关键，并由此而在绘画方面，产生了许多伟大的画家和作品，中国文化在这一方面的成就，也不仅有历史的意义，并且也有现代地、将来的意义。"②徐复观指出，庄子之所谓道，落实于人生之上，乃是崇高的艺术精神；而他由心斋的工夫所把握到的心，实察乃是艺术精神的主体。由老学、庄学所演变出来的魏晋玄学，它的真实内容与结果，乃是艺术性的生活和艺术上的成就。历史上的大画家、大画论家，他们所达到、所把握到的精神境界，常不期然而然的都是庄学、玄学的境界。他说，人生上的所谓"玄"，乃指的是某种心灵状态、精神状态。中国艺术中的绘画，系在这种心灵状态中所产生、所成就的。科学心灵与艺术

---

① 徐复观：《中国人性论史》（先秦篇），台北：台湾商务印书馆1969年初版，第412页。
② 徐复观：《中国艺术精神》，台北：学生书局1984年版，"自叙"，第1—2页。

心灵本不相同;而在每一个人的具体生命中,可以体验得到的东西,也与唯心唯物之争无异。假定谈中国艺术而拒绝玄的心灵状态,那等于研究一座建筑物而只肯在建筑物的大门口徘徊,再不肯进到门内,更不肯探讨原来的设计图案一样。中国文化中的艺术精神,穷究到底,只有由孔子和庄子所显出的两个典型。由孔子所显出的仁与音乐合一的典型,是道德与艺术在穷极之地的统一,可以作万古的标程。在文学方面,则常是儒道两家,尔后又加入了佛教,三者相融相即的共同活动之场。由庄子所显出的典型,彻底是纯艺术精神的性格,而主要又是结实在绘画上面,亦伸入到其他艺术部门。

徐复观不囿于道德主体的唯一性,而强调艺术精神的主体,实际上肯定了人作为主体的多元。由道德而艺术,徐复观拓展了现代新儒家的研究领域。而徐复观对道家多重价值的认同,则更为深刻和开放。他说,若不顺着道家思辨的形而上学的路数去看,而只从他们由修养的工夫所到达的人生境界去看,则道家所用的工夫,乃是一个伟大艺术家的修养工夫。"他们由工夫所达到的人生境界,本无心于艺术,却不期然而然地会归于今日之所谓艺术精神之上。也可以这样地说,当庄子从观念上去描述他之所谓道,而我们也只从观念上去加以把握时,这道便是思辨地形而上的性格。但当庄子把它当作人生的体验而加以陈述,我们应对于这种人生体验而得到了悟时,这便是彻头彻尾的艺术精神。"[1]

徐复观指出,心斋、坐忘,正是美的观照得以成立的精神主体,也是艺术得以成立的最后根据。达到心斋、坐忘的历程,一是消解由生理而来的欲望,使欲望不给心以奴役,于是心便从欲望的要挟中解放出来,这是达到无用之用的釜底抽薪的办法;二是不让心对物作知识的活动,不让由知识活动而来的是非判断给心以烦扰,于是心便从知识无穷地追逐中得到解放,而增加精神的自由。心摆脱了欲望和知见的遮蔽,心的虚静的本性便可以呈显出来。虚静的自身,是超时空而一无限隔的存在;这是自由的心与自由的天地万物,两无限隔地主客两忘的照面。从老子"致虚极,守静笃"起,发展到庄子的无己、丧我、心斋、坐忘,是以虚静作把握人生本质的工夫,同时即以此为人生的本质。并且宇宙万物,皆共此一本质。可以说,当一个人把握到自己的本质时,同时即把握到了宇宙万物的本质。在主客两忘、物我合一的

---

① 徐复观:《中国艺术精神》,台北:学生书局 1984 年版,第 50 页。

境界上,与物冥之心,即是作为美的观照之根据的心;与物冥之物,即成为美的对象之物。这是在以虚静为体之心的主体性上,所不期然而然的结果。

徐复观指出,儒家发展到孟子,凸显了人的道德精神的主体,道家发展到庄子,凸显了人的艺术精神的主体。但中国艺术精神与西方不同,强调的是从人格根源上涌现、转化出来。西方美学家"毕竟不曾把握到心的虚静的本性,而只是'骑驴求驴'的在精神'作用'上去把捉。这若用我们传统的观念来说明,即是他们尚未能'见体',未能见到艺术精神的主体。""儒道两家的人性论的特点是:其工夫的进路,都是由生理作用的消解,而主体始得以呈现;此即所谓'克己'、'无我'、'无己'、'丧我'。而在主体呈现时,是个人人格的完成,同时即是主体与万有客体的融合。所以中国文化与西方文化最不同的基调之一,乃在中国文化根源之地,无主客的对立,无个性与群性的对立。'成己'与'成物',在中国文化中认定是一而非二。但儒道两家的基本动机,虽然同是出于忧患意识;不过儒家是面对忧患而要求加以救济;道家则是面对忧患而要求得到解脱。"①

总之,徐复观对于道德精神主体与艺术精神主体的疏解,虽然在总体方向上与熊十力一致,然却又有诸多的不同。就其肯定在人的具体生命的心、性中发掘道德的根源、人生价值的根源,由此而解决人生的安顿,并凸显道德的主体性的能动性、积极性原则时,与熊十力心性之论无异;就其强调每一人、每一物的由己、成己、内在自主自律,自我自用而言,可能由于更多地融合了庄学,而较熊十力更加突出了道德自由和个体性的原则。而这一点进步,是对现代新儒家过于看重人之所以为人的共相的一个重要的突破。徐复观对儒学负面的认识比熊十力更为深入,批判也更加自觉。因此,他对中国人性论的疏解,比起熊、唐、牟来,更显得新鲜活泼。而在艺术精神主体的确立上,亦埋下了瓦解(或再生)现代新儒学的伏笔。因为如果肯定人不仅仅是道德活动的主体,而且是艺术活动的主体的话,那么也同时可以肯定他为独立的认知活动的主体、政治、经济活动的主体,如此等等。那么,存在界的两层或多层,人文世界的开出,不必统归于唯一的道德自我或仁心本体。那么,是否可以考虑以体的多元来开用之多元,是否不必说知识主体一定是道德主体自我坎陷之后所生,是否不必以道德自我为文化世界的唯一

① 徐复观:《中国艺术精神》,台北:学生书局 1984 年版,第 132、133 页。

源头。徐复观思想的内在矛盾，可以说比熊、唐、牟都更加明显，这也预示着现代新儒学思潮的分化和发展。

四　、　余　论

熊十力与唐君毅、牟宗三、徐复观分属现代新儒学之两代。学生辈的唐、牟、徐在对现代社会的理解上，在对西学的融摄上，在对中国文化的反省上，在内圣学的分疏和深化上，在外王学的"开新"上，无疑都大大超过了他们的老师。

熊、唐、牟、徐的思想体系和他们对于中国哲学思想史的再诠释、再建构，各有其自身的独立性、完整性和个性特征，各有他们自身的内在矛盾、局限、甚至错谬。

就共性而言，他们比较强调存在的超越根据，天道心性的合一，重视道德心性的超越、无限、先验、无对性；强调主体，把主体之自由无限心单维化成唯一的道德主体；强调道德主体的至上性，肯定它为一切文化活动、一切文化创造的根源；相对地忽略客观化的过程，降低知识、科学、经济、政治活动对于人生的意义，把道德活动孤绝化；对于人的气性、才质、情欲，大体上取贬抑的态度；存在感和生命感偏于道德性，脱离多元多样的现代生活；对人性和德性的发展取理想主义的态度。

全面地评析现代新儒学不是本章的任务。从熊向唐、牟、徐的发展中，一条重要的信息是，现代新儒学的体系愈圆足，内在矛盾愈显豁。唐君毅的文化哲学系统、牟宗三的道德形上学系统是熊十力体用哲学发展的两种形态，但从根本上来说，唐、牟并没有超克熊先生的体用矛盾，没有脱离"体"的单维化与孤绝化，尽管他们不再以体用范畴为核心。包括徐复观在内，他们的心性论当然可以在现代社会和现代人的生活中起作用，但是，脱离现实客观多样化的生活的道德主体的高扬和超越，总是一种理想化的。如何在现实生活层面转化儒家的道德理想、道德人格、道德价值，需要有一种多元、开放、求实的心态。

其次，对待古今中外各文化系统，熊与唐、牟、徐当然都有吸取，各人融摄的程度和心态都有不同，但总起来说，过分抬高了儒家，特别是儒学中心学一系的价值,相对贬抑了中华文化多样发展中的其他资源的作用,相对贬抑了外来文化对中华文化发展中的多重作用。

因此,从熊—唐、牟、徐两代新儒家中吸取合理因素,创造性地加以转化,必须做到两个"超克"。① 一是创造性地在现代人生活中转化"心性论"的价值,为现代人的安心立命提供有益的营养,但必须从道德心性的唯一至上性和无限性中超越出来,充分认识道德自我的有限性,如实地扩大生命的存在感受,在客观化的生活中逐步做到自律和自主。二是以宽容、开放的心态对待多样的传统和多样的外来文化,从儒学的"一本性"中超越出来。

熊十力师弟的学术贡献和局限都是比较有特色的。熊先生自己就是"不拘家派"的。过分渲染传承、统系,并不是熊十力的风格。因此,本章并无意宣扬门户或家派。从我们以上的评述中,我们确已知道他们各自的学术个性都比较强烈,唐、牟、徐虽不同程度地受到熊氏的启发,但各人的学术思想与他们的老师相比,差异性仍是很大的。他们在以传统心性之学批判现代社会弊病方面有一些同一性,在体认传统儒家价值上也有一些同一性。本章指出了熊与唐、牟、徐的一些同一和差异,注重的当然只是熊对他们的主要影响。但要真正深入地细究唐、牟、徐,仍需俟之来日。笔者将在下一部著作中对这一思潮及各代表人物,作整体的和个案的研究。

---

① "超克"是傅伟勋教授使用的一个概念,即超越、扬弃。这里借鉴了傅教授的《儒家思想的时代课题及其解决线索》一文,见傅伟勋著《批判的继承与创造的发展哲学与宗教二集》,台北:东大图书公司 1986 年,第 21—53 页。

参 考 文 献

一、熊十力主要著作

1.《唯识学概论》,1923、1926、1930 年北京大学讲义本。

2.《因明大疏删注》,1926 年北京大学印本。

3.《新唯识论》文言文本,浙江省立图书馆发行,木刻本,1932 年 10 月。

4.《破〈破新唯识论〉》,北平斌兴印书局代印,北京大学出版部代售,1933 年 2 月。

5.《佛家名相通识》,1937 年北京大学出版组印行。

6.《十力论学语辑略》,北京出版社 1935 年 10 月版。

7.《新唯识论》语体文本,重庆商务印书馆 1944 年 3 月版;湖北“十力丛书”,线装三卷四册排印本,1947 年。

8.《读经示要》,重庆南方印书馆 1945 年 12 月版;上海正中书局,线装三卷三册排印本,1949 年。

9.《十力语要》,湖北“十力丛书”,线装四卷四册排印本,1947 年。

10.《十力语要初续》,香港东升印务局,1949 年 12 月版。

11.《摧惑显宗记》,大众书店 1950 年印本。

12.《论六经》,大众书店 1951 年夏印本。

13.《新唯识论》删定本,北京印本,1953 年秋。

14.《原儒》二卷二册,上海龙门联合书局 1956 年版。

15.《体用论》,上海龙门书局 1958 年春影印本。

16.《明心篇》,上海龙门书局 1959 年 4 月排印本。

17.《乾坤衍》,中国科学院印刷厂 1961 年影印本。

18.《存斋随笔》,未刊,封用拙抄本。

19.萧萐父主编、郭齐勇副主编:《熊十力全集》,九卷十册,湖北教育出版社 2001 年 8 月版。

二、其他相关论著

1. 萧萐父主编:《玄圃论学集——熊十力生平与学术》,三联书店 1990 年 2 月版。

2. 黄冈县政协编:《回忆熊十力》,湖北人民出版社 1989 年 2 月版。

3. 方克立、李锦全主编:《现代新儒学研究论集》(一、二),中国社会科学出版社 1989 年 4 月、1991 年 12 月版。

4. 冯契:《中国近代哲学的革命进程》,上海人民出版社 1989 年 8 月版。

5. 李泽厚:《中国现代思想史论》,东方出版社 1987 年 6 月版。

6. 袁伟时:《中国现代哲学史稿》(上卷),中山大学出版社 1987 年 6 月版。

7. 傅乐诗等著:《近代中国思想人物论——保守主义》,台北时报出版公司 1980 年 6 月版。

8. 贺麟:《当代中国哲学》,胜利出版公司 1947 年 1 月版。

9. 谢幼伟:《现代哲学名著述评》,台湾正中书局 1947 年版。

10. 郭湛波:《近五十年中国思想史》,北平人文书店 1936 年版。

11. 任继愈主编:《中国哲学史》(1—4 卷),人民出版社 1979 年版。

12. 任继愈主编:《中国哲学发展史》(1—3 卷),人民出版社 1983—1988 年。

13. 萧萐父、李锦全主编:《中国哲学史》(上下卷),人民出版社 1982—1983 年。

14. 吕澂:《中国佛学源流略讲》,中华书局 1979 年版。

15. 吕澂:《印度佛学源流略讲》,上海人民出版社 1979 年版。

16. 吕澂:《因明入正理论讲解》,中华书局 1983 年版。

17. 汤用彤:《汉魏两晋南北朝佛教史》,中华书局 1983 年版。

18. 汤用彤:《隋唐佛教史稿》,中华书局 1982 年版。

19. 任继愈:《汉唐佛教思想论集》,人民出版社 1981 年第三版。

20. 田光烈:《玄奘及其哲学思想中之辩证法因素》,云南人民出版社 1958 年版。

21. 石峻等编:《中国佛教思想资料选编》(第一卷,第二卷 1—4 册),中华书局 1981—1983 年。

22. 中国佛协编：《中国佛教》（一至四册），知识出版社 1980—1989 年版。

23. 方立天：《佛教哲学》，中国人民大学出版社 1986 年 7 月版。

24. 太虚：《略评新唯识论》，《太虚法师全书》第五十册，香港 1965 年印本。

25. 欧阳渐：《答陈真如论学书》，《内院杂刊》，1937 年印本。

26. 吕澂、熊十力：《辩佛学根本问题》，《中国哲学》第十一辑，人民出版社 1984 年版。

27. 刘定权：《破新唯识论》，《内学》第六辑，1936 年印本。

28. 周叔迦：《新唯识三论判》，直隶书局 1933 年版。

29. 王恩洋：《评新唯识论者的思想》，《文教丛刊》，1945 年第 1 期。

30. 巨赞：《读熊十力所著书》，《法音》，1981 年 1、2、4 期，1982 年第 2 期。

31. 印顺：《评熊十力的新唯识论》，《中国哲学思想论集》，台北牧童出版社 1978 年版。

32. 冯友兰：《新理学》，商务印书馆 1939 年版。

33. 金岳霖：《论道》，商务印书馆 1940 年（渝）版。

34. 梁漱溟：《东西文化及其哲学》，商务印书馆 1922 年版。

35. 梁漱溟：《读熊著各书书后》，未刊稿本。

36. 贺麟：《近代唯心论简释》，重庆独立出版社 1942 年版。

37. 贺麟：《文化与人生》，商务印书馆 1947 年版。

38. 张岱年：《中国哲学大纲》，中国社会科学出版社 1982 年版。

39. 张岱年：《真与善的探索》，齐鲁书社 1988 年 6 月版。

40. 张岱年：《张岱年文集》（第一卷），清华大学出版社 1989 年 4 月版。

41. 方东美：《生生之德》，台北黎明出版公司 1987 年 4 版。

42. 唐君毅：《生命存在与心灵境界》（上下册），台北学生书局 1986 年版。

43. 牟宗三：《心体与性体》（1—3 册），台北正中书局 1968 年版。

44. 张君劢：《中西印哲学文集》（上下册），台北学生书局 1981 年版。

45. 徐复观：《中国人性论史（先秦篇）》，台湾商务印书馆 1969 年 1 版。

46. 封祖盛编:《当代新儒家》,三联书店 1989 年 4 月版(本书实为景海峰所编)。

47. 罗义俊编著;《评新儒家》,上海人民出版社 1989 年 12 月版。

48. [日]岛田虔次:《关于新儒家哲学——熊十力哲学》,日本同朋舍 1987 年版。

49. 郭齐勇:《熊十力及其哲学》,中国展望出版社 1985 年 12 月版。

50. 郭齐勇:《熊十力与中国传统文化》,香港天地图书公司 1988 年 9 月版;台北远流出版公司 1990 年 6 月版。

51. 郭齐勇:《天地间一个读书人:熊十力传》,台北业强出版社 1994 年版;上海文艺出版社 1994 年版。

52. 郭齐勇主编:《玄圃论学续集——熊十力与中国传统文化国际学术研讨会论文集》,湖北教育出版社 2002 年版。

附录一

论熊十力与唐君毅在刘蕺山
"意"与"诚意"观上的讨论与分歧

　　戊子己丑间,即 1948 年底至 1949 年初,熊十力数次致函唐君毅、牟宗三,批评唐对刘宗周(念台、蕺山,1578—1645)的认同,批评蕺山之"意"与"诚意"观,捍卫王阳明学。熊与唐、牟间为此事通函八、九封,现仅存熊函五封。本文拟分疏熊、唐对蕺山之学的理解与分歧。

一、戊子己丑良知意念之辨

　　从文献上来看,这场讨论在《十力语要初续·答唐生》上露出一些痕迹。我在整理《熊十力全集》的过程中,特别是整理过去未发表过的 1948—1949 年间熊十力给唐君毅、牟宗三诸门人的信札中,才认识到这一讨论的严重性。

　　《十力语要初续·答唐生》,是经过删改、修饰了的熊至唐的函札,致函时间是 1949 年 1 月 23 日。原函的文字要比《初续》所录多一些,言辞更尖锐、激烈一些。从原函可知,熊在杭州时听人说到当时唐发表的文章,唐之意"似因前儒谈心,多只在虚明觉照处或知的方面说,此毕竟靠不住,所以有取于念台以主宰言'意'"①。此处所指唐的文章,据我考证即为在《学原》1948 年 2 卷 1 期上发表的《泛论阳明学之分流》一文。牟宗三于 1947 年 8 月在《历史与文化》第 3 期、1948 年 3 月在《理想历史文化》第 1 期发表

---

① 熊十力:《复唐君毅再论良知主宰》(1949 年元月 23 日),《熊十力全集》第八卷,湖北教育出版社 2001 年版,第 523 页。

《王阳明致良知教》上下篇,这一长文于 1954 年在台北出版单行本。唐、牟 40 年代末关于王阳明及其学派的文章是这场讨论的先导。

1948 年底,熊与牟宗三、唐君毅之间已有了好几函,专门讨论阳明学,特别是刘蕺山论"意"与"诚意"问题。我据熊函所提示及唐君毅日记,把这一讨论的往来函札的情况排列如下:

1948 年 12 月 26 日　熊十力就良知主宰问题答唐君毅(《熊十力全集》卷八);

1948 年 12 月 29 日,牟宗三致函熊十力;

1948 年 12 月 31 日,牟宗三复函熊十力;

1948 年 12 月 31 日,熊十力致牟宗三转唐君毅(《熊十力全集》卷八);

1949 年 1 月 11 日,唐君毅复函熊十力、牟宗三(各一函);

1949 年 1 月 13 日,熊十力复牟宗三(《熊十力全集》卷八);

1949 年 1 月,熊十力嘱牟宗三转唐君毅(《熊十力全集》卷八);

1949 年 1 月 23 日,熊十力复唐君毅再论良知主宰(《熊十力全集》卷八);

1949 年 2 月 3 日,唐君毅复函熊十力。

以上熊氏函札,一般只具日月,未系年,年代由我考定。熊十力"又嘱宗三转君毅"一函,未具月日,内容与此有关,相信也写于这一时段。

熊、唐、牟讨论蕺山学,时值 1948 年岁末至 1949 年岁首。其时熊十力避战乱住在广州郊外化龙乡黄艮庸家"观海楼"①,牟宗三在杭州浙江大学②,唐君毅则在南京、无锡、上海间往返③。其时牟在浙大哲学系执教,唐在中央大学(南京)执教,并在江南大学(无锡)兼课,但因寒假与战乱,并未正式上课。

熊十力以上遗札均存唐君毅处。20 世纪 80 年代,我在搜集、整理《熊十力全集》的过程中,唐先生胞妹唐至中女士将唐先生兄妹处所存熊先生

---

① 郭齐勇:《熊十力年表》,《天地间一个读书人——熊十力传》,台北:业强出版社 1994 年版,第 285—286 页。

② 蔡仁厚:《牟宗三先生学思年谱》,台北:学生书局 1996 年版,第 15—16 页。

③ 唐君毅:《日记》(上),霍韬晦主编:《唐君毅全集》卷二十七,台北:学生书局 1988 年 7 月版,第 18—24 页;唐端正:《唐君毅先生年谱》,《唐君毅全集》卷二十九,台北:学生书局 1990 年 7 月版,第 67—70 页。

函札数十通的影印件陆续寄我,使我得以最早阅读以上资料,并加以整理。我们不妨把熊、唐、牟讨论蕺山学的故实称为"戊子己丑良知意念之辨"。在时局危急,居无定所之际,他们仍能静下心来争论明代学术思想史上的"良知"、"意"与"诚意"等问题,真是现代新儒学史上的一段佳话。惜唐、牟致熊函札数通未见,但唐、牟有关阳明学与刘宗周思想的观点,可从上述论文及其他唐、牟著作中找到。限于篇幅,本文只谈熊、唐,不谈牟氏。

二、识本体即是工夫:熊对蕺山学的批判

熊氏批评唐君毅的主要内容,概括起来,有如下一些:

1. 批评唐氏推重刘念台以"意"为心之所存,为良知之主宰之说,指出阳明以"良知"(心)为内在主宰,不能"离良知而别觅主宰"。批评唐氏认同良知善善恶恶之几,常能主宰乎念虑之间,肯定良知善善恶恶之几,常有定向乎善而不容昧者,即是所谓"意";批评唐氏调和阳明、蕺山二家之说。

2. 批评唐氏谓王龙溪、罗近溪"于良知烂熟"和江右以下以至蕺山之工夫论,"为王学更进一解,而和会晦庵与阳明,为宋明之理学作最后之殿军"论[1],指出:二溪与聂双江、罗念菴均未注意明物察伦与扩充工夫;刘蕺山思想混乱,其说源于王栋(一菴);真正宋明儒学殿军,"其必以船山、二曲、亭林三位合为一体而后可耳"[2]。

熊氏对刘蕺山之批判的主要内容是:

1. 批评蕺山之论,远离《大学》之"诚意"本旨,指出"诚"与"诚意"只是"毋自欺",单刀直入,此即顺良知主宰而努力推扩。"致良知"之"致"即是"推扩"。"推扩工夫即顺良知主宰而着人力。""若无推扩之人功,主宰只是无为,将被私欲隔碍,以至善善不能行,恶恶不能去。"[3]

---

[1] 唐君毅:《泛论阳明学之分流》,收入唐氏《哲学论集》,《唐君毅全集》卷十八,台北:学生书局1990年2月版,第194页。

[2] 熊十力:《就良知主宰问题答唐君毅》(1948年12月26日),《熊十力全集》第八卷,第518—519页。

[3] 熊十力:《答唐生》,《十力语要初续》,《熊十力全集》第五卷,第216页。

2. 以孔子"十五志学"与《孟子》"养气"章为根据,特别提揭"志"与"立志",重申"志"为天人之间的枢纽,认为"志"不立,即己物化而失其"天"("天"指吾人内在之性智或良知,非指外在之上神)。"此枢纽树不起,则毋自欺不能谈。毋自欺作不到,而言涵养操存,其不陷于恶者鲜矣。"①批评蕺山以忿懥、恐惧、好乐、忧患为心之体或心最初之几,以离开了仁体良知之"情"为心体。"夫善言此心最初之几者,孟子四端,千的万当。以其于性之见端处言情,则情为随顺大明真体而显发之情,故此情即性,而非好好色、恶恶臭之情也。好好色、恶恶臭之情,是与形骸俱起之习气所成,非真性也。此等好恶,无有大明或良知为之宰也。"②熊氏认为,工夫基于"立志","志"未立定,哪有工夫?"志"就是工夫,亦即是本体。

3. 批评蕺山在良知或心体之中,又建一层主宰为"意",指出"意"是依本心(即良知)之发用而得名。"念台言意有定向,不悟有定向者,乃良知之发用,自然如是,非可于良知或心体之上,别构一重'意'来,说有定向也。""良知备万理,无知无不知,是吾人内在主宰。不可于良知或心体之中,又建一层主宰名'意'。"③

4. 指出他自己《新唯识论》也有"意"这一名相,乃改造佛家唯识学"心、意、识"三名而成,是随义异名而实一物,犹如一人有多名。"以其为吾人与天地万物之统体言,则曰心;剋就其为吾身之主宰言,则曰意;剋就其感物而动言,则曰识……念台并非如此说。他所谓心、虚灵、觉、主等名,并不是我那样说。我的说,可以说是依方面的异而不同其名。他似是在自心中分了许多层次。"④

熊十力指出自己的路数是:"即工夫即本体",此源于孔子的"人能弘道"、孟子的"扩充"和《易传》的"圣人成能"。按熊氏的解释:"良知确要致,他本是身之主(即主宰之谓),但上等人气质清,可不大费力,一识此本体(即主宰),便不会违他,视明、听聪,处处是主宰用事。质不美者,如能闻师友启

---

① 熊十力:《答唐生》,《十力语要初续》,《熊十力全集》第五卷,第219页。

② 熊十力:《答唐生》,《十力语要初续》,《熊十力全集》第五卷,第219页。

③ 熊十力:《答唐生》,《十力语要初续》,《熊十力全集》第五卷,第219、220—221页。

④ 熊十力:《致牟宗三转唐君毅》(1948年12月31日),《熊十力全集》第八卷,第520页。

迪,得识本体,却要自家努力把他(本体或主宰)推扩出来。诚意工夫全仗此。"①这与《天泉证道记》所载,阳明回答接人的两种方式十分近似。对于利根人乃直示识本体即工夫之义,而愚夫愚妇则不能直透本原。按熊的理解,良知主宰知善当为,知恶不可为,而人们常常不顺良知为善止恶,这是习心或私意起来计较利害得失所致。此时,人们常常为自己找一个理由或借口,此即自欺。诚意只是无自欺。有了自欺,真意即被障碍而不能为善去恶,久而久之,真意全被障碍,遮蔽,即本体失掉了,主宰不见了。

考察熊十力所谓"即工夫即本体"的路数,我们注意到,熊氏只是强调"自反"、"推扩","顺汝良心一直推扩去","好善如好好色,非做到不可;恶恶如恶恶臭,非拔去不可。此等努力的行动,也即致良知之致。易言之,即推扩工夫。此当就依顺良知主宰处说,而非可于好恶之情动时说也。好恶情动时,如动得正必是早已顺着良知推扩,常常有主宰在,故好恶不乱。此时自不须于好恶上再着意添个好之真、恶之真。"他又说:"主宰不是由人立意去作主之谓,主宰非外铄非后起,而确是汝之本心,是汝固有之良知或性智,亦即孟子所云'仁义之心',程朱云'天理之心',却要在知善知恶、知是知非之知或智处认识他。阳明教初学,总在此指点,认识了这个面目,却要自家尽人能,即努力去推扩他。推扩得一段,主宰的作用便显发一段。推扩得两段,主宰的作用便显发两段。你时时在在顺主宰的作用而推扩之,即无所往而不是主宰显发。于流行见主宰,要于此悟去;即工夫即本体,要于此悟去。一息不推扩即容易失掉主宰,而习心私意将乘机而起变,自欺而不自觉矣。"②

熊十力反对朱子、阳明"在意发处求诚",也批评理学家用"克治"工夫。综合以上"推扩"之论,我们可知熊氏与蕺山的分歧:1)熊氏批判蕺山混淆了良知的存在与良知的发动,尤警惕"意念发动"时习心私意的渗入,他不忍心把"良知本心"叫做"意",也不愿意在"良知本心"之上"头上安头",或在"良知本心"之内,增加一个中间环节。2)平心而论,熊氏是"即本体即工夫"的路数,或"识本体即是工夫"的路数,而不是他所标榜的"即工夫即本

---

① 熊十力:《致牟宗三转唐君毅》(1948 年 12 月 31 日),《熊十力全集》第八卷,第 520页。

② 熊十力:《致牟宗三转唐君毅》(1948 年 12 月 31 日),《熊十力全集》第八卷,第 522—523 页。

体"的路数。按他的"体用不二"观,说是"即工夫即本体"也不错,因为"即工夫即本体"与"即本体即工夫"本不二。大体上,蕺山之偏向,乃是由工夫而识本体,而熊氏虽批判二溪、心斋乃至所有王门近于狂禅,骨子里却与他们一样,仍是当下直接透悟本体,直指本体,使人识得本体,而识本体亦即是工夫的一路。3)熊氏坚持王阳明"识得良知为一头脑"之论,以良知为主宰,坚持阳明致良知的工夫正是诚意的理路。按阳明之良知,即是人能知善知恶,而好善恶恶,为善去恶即是良知的发用。按熊氏对阳明学的把握,识良知为大头脑乃能为善去恶。熊氏反对蕺山把"良知"解释为好善恶恶、为善去恶的"意",更反对以"意"为良知之主宰,亦反对蕺山之"诚意"的工夫论。

三、由工夫以识本体:唐对蕺山学的诠释

熊十力对唐君毅的批评,如前所说,主要针对唐文《泛论阳明学之分流》,尤其是其首段。唐先生此文,特别是首段,对王门后学作了一个概观或定位。《明儒学案》以地域分王门为六派,然在唐氏看来,王学分流主要在两路:以浙东之龙溪、泰州之心斋、近溪为一路,大体皆直指本体即是工夫;以江右之双江、念菴为另一路,大体以归寂主静之工夫以识本体。前一学派"透辟直截,纵横自在,专提向上一机,直是霹雳手段"。这一批人自得之深,未必在阳明之下,王学普被之功,亦当归于他们。"然闻者或承担太易,忽略修特,故传至于赵大洲以至管东溟、何心隐、李卓吾、周海门之伦,匪特融释佛老,亦复时带游侠纵横之习,而儒学亦渐失其本。龙溪、近溪可谓于良知烂熟,而其末流诸人之于良知,则可谓由熟而烂。至于江右之传,则双江、念菴、塘南之伦,皆求道甚苦,鞭辟近里,不敢轻易承担。归寂以通感,主静以凝照,以言高明浑化,诚远非龙溪、近溪之比。龙溪谓彼等于良知本体,未能真信得及,盖亦近是。然诸人沉潜渊静之工夫,则或尤胜于阳明。且正由于彼等于良知未能真信得及,故反能下开一派'意'为心之所存、良知之本之说,为王学更进一解,而和会晦庵与阳明,为宋明之理学作最后之殿军。心斋与近溪、龙溪近狂,而江右近狷。言自得功深,简易直截,不可不推龙溪、近溪、心斋之流。若言精微细密,在王学理论上,更能加以推进,以

融释朱子,则当循江右以下至蕺山之一流也。""江右与泰州龙溪皆特重如何透悟良知本体。二派之不同唯在泰州龙溪皆主直下承担良知本体,而江右则欲由主静归寂以显良知之本体。"①

以上是唐君毅关于王门的概观或基本分析。唐氏正是把蕺山放在王门发展的脉络上加以考察的。一般地说,龙溪、心斋、近溪属于顿教系统,江右至王塘南、刘蕺山则属于渐教系统。前者"皆重在使人超善恶之对待,不重在知善知恶、为善去恶上用功夫,而要在使人由超善恶念,以直透悟本体。然此本体毕竟如何悟入而自信得及,此则并无他妙巧,只在指点一人之当下一念现前之良知灵明,自证其良知灵明。此一自证,便是良知灵明之自信自肯,便透入良知本体。自证便自证了,自信便自信了,自肯便自肯了,便更无其他话可说。"②与这种以良知为当下呈露的看法不同,聂双江、罗念菴以良知为未显之先,纯为未发,纯为内在,以良知为寂体。后者下启王塘南之说。"塘南不以'意'为心之所发,而为心之所存,而'意'为良知所以为良知之根据或良知之主宰。刘蕺山尤畅发此义,至喻'意'如良知之定盘针。以'意'为心之所存,为良知之主宰,而良知乃有一内在而又超越之根原。"③

唐君毅认为,由江右至蕺山一脉,重新发现一良知之超越的根源,而近乎朱子之以理为心之根源,而又没有朱子之理的外在之嫌,又可以矫泰州、浙东之现成良知、性无善恶、不学不虑之言所滋生之弊端。

"意"有两种,分属不同层次。第一种是自然发生的或善或恶的意念,习称"念"。第二种是主宰此或善或恶的意念之好善恶恶而止于至善的"意"。后一种"意"根源于心体或良知,为一常存者。唐氏认为,这是良知之所以为良知的根据。"良知之所以为良,唯在其好善恶恶而不在知善知恶也。唯通过此意乃可言吾人道德生活之为善去恶,乃可言有主宰之者,亦乃真有所谓良知之流行。则此'意'为良知有主宰之作用之根据,以至可言为良知之主宰,此即王塘南、刘蕺山等之所以唯以此心之所存有定向而中涵存发只是一几者为'意',而以起伏无常憧憧往来者为'念'。'念'皆发而始有,未发即无,亦皆着于物者,与'意'之为心所存,而存发一几独立不倚

---

① 唐君毅:《泛论阳明学之分流》,《哲学论集》,《唐君毅全集》卷十八,第 194 页。
② 唐君毅:《泛论阳明学之分流》,《哲学论集》,《唐君毅全集》卷十八,第 202 页。
③ 唐君毅:《泛论阳明学之分流》,《哲学论集》,《唐君毅全集》卷十八,第 205 页。

者异,由是而'意'为良知之主宰之说生。"①

依唐君毅的研究,刘蕺山的"知藏于意"、"意为良知之主宰"和"诚意、慎独"之教,为救治王学末流空疏之弊,返虚为实,作出了极大贡献。蕺山之"意",发而为善善、恶恶,即所谓"一几而二用"。唯其如此,此"意"才是良知之主宰,而不是一体平铺的灵明。此"意"既以善善恶恶而得名,故只能说是至善,遂可杜无善无恶之说之流弊,使致良知的工夫不需在无善念恶念上用,而只在诚其好善恶恶之"意"上用。蕺山以"诚意、慎独"代致良知之教,使阳明致知工夫正在诚意之说,乃可以得其正解。唐君毅说:"唯徒以知与灵明为言,则良知之主宰义不显,且可流为玩弄灵明流连光景之弊,并忽视良知之所以为良。而指出'意'为良知之主宰,则良知之所以为良知之根据见,而良知主宰义亦跃然于心目之中。而玩弄灵明流连光景之不足以言致良知,亦昭昭然矣。"②总之,蕺山承江右而发展,由良知之发为好善恶恶为善去恶之"意"为"知之主宰",而归宿于"诚意",实属由工夫以释本体或识得工夫即见本体的路数。

唐君毅是现代学者中最早、最系统地研究刘蕺山的专家。他早年即对刘蕺山学极有兴趣,认为蕺山学实与朱子学、阳明学鼎足而三。在写于1935 年的《论中西哲学之本体观念之一种变迁》(收入《东西哲学思想之比较研究论集》)和写于1945 年的《晚明理学论稿》(收入《哲学论集》)两篇论文中,唐先生写成了蕺山学研究之"诚意说"、"慎独教"、"意者心之所存"三部分。在1956 年《晚明理学论稿》的改写稿中,又进一步完成蕺山学研究之后两部分"心之性情"与"心气理融贯为一之说",并进一步阐释三足鼎立或三系说之意。③ 唐氏名著《中国哲学原论·原教篇》的第十三至第十九章关于王学论争与流派、罗念菴、罗近溪、王学之弊及东林、"刘蕺山之诚意、静存,以立人极之道"(第十八章)及宋明心性论之发展等内容,即源于1945 年的《晚明理学论稿》及 1956 年的改写稿,虽经重写,但唐氏 1973 年

① 唐君毅:《泛论阳明学之分流》,《哲学论集》,《唐君毅全集》卷十八,第 208 页。
② 唐君毅:《泛论阳明学之分流》,《哲学论集》,《唐君毅全集》卷十八,第208—209 页。
③ 关于唐君毅一部分著作的考证,特别是涉及宋明理学,包括刘蕺山学的部分,详见赖贤宗:《体用与心性:当代新儒家哲学新论》,台北:学生书局 2001 年 6 月初版,第69—70、99、105、109—110 页。参看赖贤宗论文集中《唐君毅对宋明理学三系的内在发展的新解》、《唐君毅的中国哲学史稿之文献学的考察》诸文。

在"自序"中说他关于宋明儒学发展的基本看法,30 年无大变。唐氏《中国哲学原论·原性篇》第十五章有关刘蕺山的心性论的内容,亦本于他三十—四十年代的研究。不用说,君毅对蕺山之工夫论给予了极大的同情。

四、评　论

黄宗羲《子刘子行状》(凡下简称《行状》)谓刘蕺山于阳明之学,一生凡三变:"始而疑,中而信,终而辩难不遗余力,而新建之旨复显。"①按黄宗羲的说法,蕺山晚年对阳明学的批评、辩难,才真正光大了阳明学,显豁了阳明学之本旨。《行状》曰:"先生以谓新建之流弊,亦新建之择焉而不精,语焉而不详有以启之也。其驳《天泉正道记》曰:'新建言:"无善无恶者心之体,有善有恶者意之动,知善知恶是良知,为善去恶是格物。"如心体果是无善无恶,则有善有恶之意又从何处来?知善知恶之知又从何处起?为善去恶之功又从何处用?无乃语语绝流断港乎?'其驳'良知'说曰:'知善知恶,从有善有恶而言者也。因有善有恶而后知善知恶,是知为意奴也,良在何处?又反无善无恶而言者也,本无善无恶,而又知善知恶,是知为心祟也,良在何处?止因新建将意字认坏,固不得不进而求良于知,仍将知字认粗,故不得不进而求精于心,非《大学》之本旨明矣'。"②盖君毅对蕺山的评价,沿宗羲而来。宗羲在《行状》中举蕺山发先儒所未发之大端四项——"静存之外无动察"、"意为心之所存,非所发"、"已发未发以表里对待言,不以前后际言"、"太极为万物之总名"等,俱为君毅所肯定。

君毅之发展,其所超过宗羲之论者,在于以现代哲学方法诠释蕺山学,特别是"意"与"诚意"说。君毅以"绝对的善"的观念,发挥蕺山之"独"与"独体"学说,指出蕺山改易阳明四句教为"有善有恶者心之动,好善恶恶者意之静,知善知恶者是良知,有善无恶者是物则(一说为善去恶者是物

---

① 戴琏璋、吴光主编:《刘宗周全集》第五册,台北:中研院文哲所筹备处 1996 年版,第50 页。

② 戴琏璋、吴光主编:《刘宗周全集》第五册,台北:中研院文哲所筹备处 1996 年版,第49—50 页。

则)",内中含有层次性:一般所自觉的有善有恶之心之动,为最低一层次;知善知恶之"知"为较高一层次;此"知"又藏于更高一层次的好善恶恶的"意"之中。"至此'意'之好善恶恶,则本于'意'中自具有善无恶、而体物不遗之物则,以为其天理或性;故'意'能为心之主,而于此有善有恶之心之动,能知好其善,恶其不善,以定向乎善。"①那么,这个"意"就是"独体",就是心之真体。在工夫论上,蕺山认为,在心有善恶念之动后,再加以省察,以知善知恶,为善去恶,这还是低层次的;更高一层工夫,是在诸意念未起时,以存养于善恶念未起之先。也就是"意"永恒自己戒慎恐惧,以自慎其独,即表现此"意"自为主宰以流行。唐君毅认为,刘蕺山所谓静存之工夫所呈之本体的善,是尚未有相对之善恶可统的绝对的或真正的"绝对善"。

　　唐君毅指出:"蕺山所言之诚意之工夫,固可说是居于阳明所言之知善念恶念,而好善恶恶之良知之上一层面,而本此工夫,以见得之本体之善以言性善,亦即为真正绝对之善,而更无一毫之可疑之性善。"②唐君毅认为,这与阳明所说良知于不睹不闻中,恒自戒慎恐惧之旨相通。君毅称之为"超越的内在省察"。"此乃属于良知之本体之自身,而为其善恶念未起之时,所自具之一戒慎其善恶念之发,而恐惧其发之陷于非是之一本体上的工夫。则蕺山之功,便唯在于此良知之戒慎恐惧中,更见此'意'之自诚而恒定向乎善,以常存常发,以为此良知之体,而谓此'知'乃藏于'意'者而已。此即蕺山之所以于阳明之言良知,多有所疑,而亦谓'乃信阳明先生所谓戒惧是本体之说,非虚语也。'又自谓其言以诚意为本,乃'阳明本旨'之故也。"③

　　这种分析真正发掘了蕺山对阳明学的发展与贡献。蕺山说:"独是虚位,从性体看来,则曰莫见莫显,是思虑未起,鬼神莫知时也。从心体看来,则曰十目十手,是思虑既起,吾心独知时也。然性体即在心体中看出。"④在

---

① 唐君毅:《中国哲学原论·原性篇》,《唐君毅全集》卷十三,台北:学生书局1991年6月版,第497页。

② 唐君毅:《中国哲学原论·原性篇》,《唐君毅全集》卷十三,台北:学生书局1991年6月版,第499页。

③ 唐君毅:《中国哲学原论·原性篇》,《唐君毅全集》卷十三,台北:学生书局1991年6月版,第499—500页。

④ 刘宗周:《学言》(上),《刘宗周全集》第二册,第448页。

这里,"意"是具有形上意义的性体与作为道德主体的心体的合一。

我们再回过头去看熊十力先生对蕺山的批评。熊先生只承认"意"为心之所发,而不承认"意"为心之所存,没有像唐先生那样分疏"意"的两个层面,认为"意"没有本体层,亦不必过于剖判良知之心的所存与所发。即使要分别良知之心的所存与所发,熊先生坚持的是朱熹和阳明的立场。朱子训"意"为"所发",阳明曰"有善有恶者意之动",熊氏承朱、王而以"心"为所存,"意"为所发。但蕺山认为,"如恶恶臭,如好好色",正见此心之存主有善而无恶,这也就是唐君毅所说的"超越而内在"的"绝对善"。按蕺山说:"意无所为善恶,但好善恶恶而已。""《大学》之言心也,曰'忿懥、恐惧、好乐、忧患'而已。此四者,心之体也。其言'意'也,则曰'好好色,恶恶臭'。好恶者,此心最初之机,即四者之所自来,所谓'意'也。故'意'蕴于心,非心之所发也。又就'意'中指出最初之机,则仅有知好知恶之'知'而已,此即'意'之不可欺者也。故'知'藏于'意',非'意'之所起也。又就'知'中指出最初之机,则仅有体物不遗之物而已,此所谓'独'也。"①熊先生对这段文字最为不满。实际上,蕺山所指出的,此好恶只是微几,而非发几,"微几"便是独体。在蕺山那里,"意"即是"诚",是所存的大本。所谓"意根"、"诚体",即心即性,根源在天。其思路,正是唐君毅所提揭的,此"意"中有超越性,又是内在的,即超越与内在的统合,心体与性体的统合,亦是蕺山所谓本体与工夫的打合。

熊十力先生的哲学,亦是超越与内在、心体与性体、本体与工夫的统合。如前所述,熊先生统合的路数是直下地透悟本体,是由本体而工夫的。熊先生一再讲自信自肯自证,即良知灵明的自信自肯自证。熊先生并没有虚怀体察蕺山学对阳明学的改造与推进。

总而言之,"戊子己丑良知意念之辨"之先,唐君毅已形成了自己对宋明学术、明代思想史及蕺山学的一系列看法,牟宗三也形成了自己关于阳明学及其派属的看法;在此次辩论中,熊以识本体即是工夫的路数批评蕺山有违阳明,因特显豁良知本体,以为为善去恶之本,由透悟良知本体而识良知,致良知,而为善去恶;唐则认为蕺山学不违阳明、源于阳明又超过了阳明,特别欣赏识工夫即是本体的路数,对其意念之辩、独体、诚意、慎独之论作了哲

① 刘宗周:《学言》(上),《刘宗周全集》第二册,第457—459页。

学阐释。这次讨论并没有什么具体结果,熊、唐、牟各自持自己的观念。但从讨论的文献中,我们亦可看出熊对蕺山原始材料的研读不够,所用哲学方法也不够;唐的分析则充分从材料出发,亦有方法学的调整与支持,这亦是第二代新儒家的胜场。

近十年,我国大陆学者有关蕺山学的研究,在熊、唐、牟的基础上又有了新的进境。① 关于明代理学和蕺山学的讨论,还在继续之中。熊、唐、牟的讨论仍能起到启迪的作用。

---

① 我所见到的有,陈来:《宋明理学》,沈阳:辽宁教育出版社 1991 年版;衷尔钜:《蕺山学派哲学思想》,济南:山东教育出版社 1993 年版;东方朔:《刘蕺山哲学研究》,上海人民出版社 1997 年版;张学智:《刘宗周的诚意慎独之学》,《明代哲学史》,北京大学出版社 2000 年版;李振纲:《证人之境——刘宗周哲学的宗旨》,北京:人民出版社 2000 年版。

熊十力论著编年目录

1913 年

《证人学会启》,《庸言》第 1 卷第 7 号,1913 年 3 月 1 日。

《熊升恒答何自新书》,《庸言》第 1 卷第 12 号,1913 年 5 月 16 日。

《健庵随笔》,《庸言》第 1 卷第 18 号,1913 年 8 月 16 日。

《健庵随笔(续)》,《庸言》第 1 卷第 23 号,1913 年 11 月 1 日。

《翊经录绪言》,《庸言》第 1 卷第 24 号,1912 年 11 月 16 日。

1918 年

《熊子真心书》,自印行世,1918 年冬月,蔡元培作序。

1920 年

《熊子真来信》,《新潮》第 2 卷第 4 号。

1923 年

《唯识学概论》讲义,北京大学印刷。此稿先一年撰成,并讲授于北大。

1925 年

《废督裁兵的第一步》,《现代评论》第 1 卷第 5 期,1925 年 1 月。

《境相章》并附《带质境说》,南京支那内学院年刊《内学》第 2 辑,1925 年 12 月。

1926 年

《唯识学概论》第二种讲义,北京大学印刷,约于 1925 年冬至 1926

年春。

《因明大疏删注》，上海商务印书馆出版，1926 年 7 月。是书亦有北大讲义课印本，名《因明学》，其"揭旨"作于 1925 年 12 月 30 日。

1930 年

《唯识论》第三种稿本，公孚印刷所印。

《尊闻录》，1930 年 10 月在北京自印 150 部线装本，辑录 1924 至 1928 年间论学语录、笔札，后编为《十力语要》卷四。

1932 年

《新唯识论》文言文本，浙江省立图书馆发行，1932 年 10 月杭州初版，线装宣纸木刻本，马一浮作序、题签。

1933 年

《破破新唯识论》，北平斌兴印书局代印，北京大学出版部等代售，1932 年 2 月出版，驳刘定权衡如的《破新唯识论》。

《新唯识论参考资料》，包括《答某君难新唯识论》和《略释"法"字义》二文，北京大学出版组印刷。

《杂感》，《大公报》世界思潮栏，1933 年 4 月 20 日。

《要在根本处注意》，《独立评论》第 51 期，1933 年 5 月 21 日。

《略释"法"字义》，《大公报》世界思潮栏，1933 年 7 月 30 日。

《小言：循环与进化》，《大公报》世界思潮栏，1933 年 8 月 17 日。

1934 年

《易道佛》，《大公报》世界思潮栏，1934 年 3 月 22 日。

《无吃无教》，《独立评论》第九十五期，1934 年 4 月 8 日。

《新唯识论要旨》，熊十力先生讲，石麟记，《大公报》世界思潮栏，1934 年 5 月 3 日。

《英雄造时势》，《独立评论》第 104 期，1934 年 5 月 21 日。

7 月 30 日致函胡适，并附《答薛秀夫》一文，希望能在《独立评论》上发表，未果。此文后来略加修改，以《答薛生》为题，收入《十力论学语辑略》，又载 1934 年 9 月 20 日《大公报》。

《易佛儒——答薛生》，《大公报》世界思潮栏，1934 年 9 月 20 日。

《答谢石麟》，《大公报》世界思潮栏，1934 年 11 月 15 日。

1935 年

《清诰授奉直归州学正傅雨卿先生传》，北大《史学》第 1 期，1935 年 1 月。

《文化与哲学——为哲学年会进一言》，《大公报》，1935 年 4 月 23 日与 24 日连载；又载《文化建设》第 1 卷第 9 期，1935 年 6 月 10 日。

《读经》，《安雅学刊》第 1 期，1935 年 6 月。

《中国哲学是如何一回事》，《文哲月刊》第 1 卷第 1 期，1935 年 10 月。

《十力论学语辑略》，北京出版社出版，线装宣纸仿宋铅字印制，1935 年 10 月，马一浮题签，辑录 1932—1935 年间论学书信、笔札。后加上 1942—1944 年笔札及传记若干，编为《十力语要》卷一。

1936 年

《答朱进之》，《中心评论》第 2 期，1936 年 2 月 1 日。

《论不朽书》，《中心评论》第 4 期，1936 年 2 月 21 日。

《关于宋明理学之性质》熊十力与张东荪，《文哲月刊》第 1 卷第 6 期，1936 年 3 月。

《与张东荪论学书（宋明儒家取佛学修养方法问题）》，《中心评论》第 9 期，1936 年 4 月。按，此与上文为同文，文字略有不同。

《答唐君毅书》，《中心评论》第 13 期，1936 年 5 月 21 日。

《答满莘畬先生》，《北平晨报》，1936 年 6 月 8 日，又载《中心评论》第 12 期，1936 年 5 月 11 日。

《佛学名辞释要序》，《北平晨报》思辨栏，1936 年 8 月 10 日。

《科学真理与玄学真理（答唐君毅）》，《文哲月刊》第 1 卷第 7 期，1936 年 8 月 10 日。

《答唐君毅》，《北平晨报》1936 年 9 月 25 日。按，此与 1936 年 5 月《中心评论》所载《答唐君毅》为同文。

《佛学名辞释要》28 条，《哲学评论》第 1 卷第 2 期，1936 年 12 月。

是冬至次春,答意大利米兰大学教授罗雪亚诺·马格里尼长函,论中国传统哲学的特色,并释《老子》。后收入《十力语要》卷二。

1937 年

《佛家名相通释》,居正资助,北京大学出版组出版,1937 年 2 月 6 日。全书二卷。马一浮题签。先印行的题名为《佛学名辞释要》。

1938 年

《中国历史讲话》,重庆中央陆军军官学校石印,1938 年夏。

《鸠摩罗什赠慧远偈略释》,见汤用彤《汉魏两晋南北朝佛教史》第十章,商务印书馆长沙印行,1938 年。此标题为本目录编者所加。

《中国历史纲要》,未刊稿。两小本手稿,写作年代不详,估计为 1938—1939 年在璧山所作,写作时间与《中国历史讲话》大约相当。此标题为邓子琴所拟。

1939 年

9 月 17 日作《复性书院开讲词》,四川乐山。这一讲词后收入《十力语要》卷二。

1940 年

《新唯识论》语体文本上卷,1940 年 8 月由吕汉财资助印刷 200 册。

1941 年

《十力语要》卷二,1941 年 4 月由周封岐资助印刷 400 册。该卷收录1937—1938 年和 1940 年后的笔札。跋语写于 1940 年 6 月 15 日。

1942 年

《新唯识论》语体文本上中两卷,居正募资,北碚勉仁书院哲学组出版,1942 年正月。

《新唯识论语体文本序言》,《志学》第 1 期,1942 年 1 月 15 日。

《论周官成书年代》,《图书集刊》第 2 期,1942 年 6 月。

《论体相(答梅居士书)》,《思想与时代》第 12 期,1942 年 7 月 1 日。

《论玄学方法(答谢幼伟)》,《思想与时代》第 16 期,1942 年 11 月 1 日。

《熊十力谢幼伟之学术通讯》包括熊氏三文:《儒家和墨法——致张其昀书》、《谈生灭——致谢幼伟书》、《答谢幼伟论玄学方法》和《谢氏答熊先生论玄学方法》,《思想与时代》第 17 期,1942 年 12 月 1 日。

1943 年

《哲学与史学(悼张荫麟先生)》,《思想与时代》第 18 期,1943 年 1 月 1 日。

《研究孔学宜注重〈大易〉、〈春秋〉、〈周礼〉三经》,《孔学》第 1 期,1943 年 8 月。

《孔子内圣外王之学》,《孔学广播讲演集》第 1 辑,孔学会主编,成都 1943 年 8 月初版。

1944 年

《新唯识论问答》,《哲学评论》第 8 卷第 5 期,1944 年 1 月。

《新唯识论》语体文本,全书三卷,中国哲学会作为"中国哲学丛书"甲集之第一部著作,由重庆商务印书馆出版,1944 年 3 月。

《学术通讯》含三文:《论性(答邓子琴)》、《说易(节万氏易书序)》、《论文(答江易铧)》,《哲学评论》第 8 卷第 6 期,1944 年 3 月。

《学术通讯:答友人书》,《哲学评论》第 9 卷第 1 期,1944 年 5 月。

《学术通讯》含二文:《情感与理智(答诸生)》、《谈郭象注(答友人)》,《哲学评论》第 9 卷第 2 期,1944 年 7 月。

《与人论执中》,《三民主义半月刊》第 5 卷第 3 期,1944 年 8 月。

4 月 15 日为居正《辛亥革命札记》(《梅川日记》)作序,5 月 17 日为谢幼伟《现代哲学名著述评》作序,是年前后曾为李西屏《辛亥武昌首义纪事》作序。

1945 年

《重印〈周易变通解〉序》,《图书集刊》第 6 期,1945 年 5 月。

《论汉学》,《中国文化》第 1 期,1945 年 9 月 15 日。

《说食》,《三民主义半月刊》第 7 卷第 8 期,1945 年 12 月。

《吴崑传》和《何自新传》,收人张难先著《湖北革命知之录》中,是书由重庆商务印书馆出版 1945 年 11 月。

《读经示要》三卷,中国哲学会列为"中国哲学丛书"甲集之三,由重庆南方印书馆出版,1945 年 12 月。

1946 年

《论学书札》包括《与陶开士书》和《示菩儿》,《中国文化》第 2 期,1946 年 6 月 10 日。

《为青年申两犬义——公诚与自由》,《三民主义半月刊》第 9 卷第 5 期,1946 年 7 月 1 日。

《黄海化学工业研究社附设哲学研究部讲词》,《黄海化学社附设哲学研究部特辑》,四川乐山五通桥,1946 年 8 月。郭按:这一长篇讲词曾以《中国哲学与西洋科学》为题在某报连载九次。

《黄海化学工业研究社附设哲学研究部简章》,《黄海化学社附设哲学研究部特辑》。

编订《十力语要》卷三(包括 1942—1946 年间论学短札、书信)和《十力语要》卷四(在《尊闻录》基础上编成)。

1947 年

撰《增订十力语要缘起》,1947 年 3 月。

《新唯识论》语体文本全一册,上海商务印书馆重印,1947 年 3 月。

《论学三书》(《与薛星奎》、《答刘公纯》、《答周生》),《学原》第 1 卷第 1 期,1947 年 5 月。

《论关老之学书》,《龙门杂志》第 1 卷第 4 期,1947 年 5 月 27 日。

《论关尹与老子(与陈君书)》,《东方与西方》第 1 卷第 3 期,1947 年 6 月。按,此与上文为同文。

《答牟宗三问格物致知书》,《学原》第 1 卷第 2 期,1947 年 6 月。

《与柏特教授论哲学之综合书》,《哲学评论》第 10 卷第 5 期,1947 年 6 月 11 日。

《论湖湘诸老之学书》,《龙门杂志》第 1 卷第 5 期,1947 年 6 月 17 日。

《论治学不当囿于一孔书》,《龙门杂志》第 1 卷第 5 期,1947 年 6 月 17 日。

《朱尊民先生事略》,《三民主义半月刊》第 10 卷第 8 期,1947 年 7 月 1 日。

《读汪大坤绳荀》,《龙门杂志》第 1 卷第 6 期,1947 年 8 月 8 日。

《略说中西文化》,《学原》第 1 卷第 4 期,1947 年 8 月。

《论本体书与说理书》(与贺自昭、朱孟实),《哲学评论》第 10 卷第 6 期,1947 年 8 月。

《读智论偶抄》,《东方与西方》第 1 卷第 4 期,1947 年 9 月。

《读智论抄》,《世间解》第 3—7 期长篇连载,1947 年 9 月—1948 年 1 月。

《与友论〈新唯识论〉》,《学原》第 1 卷第 6 期,1947 年 10 月。

《论东方哲学与西方科学——答张东荪书》,《人言月刊》第 3 期,1947 年 12 月 16 日。

《新唯识论》语体文本三卷四册,《十力语要》四卷四册,冬月由湖北省和武汉市政府出资,印行线装大字本各 1000 套,通称 1947 年湖北《十力丛书》印本,乃《新唯识论》和《十力语要》的最好版本。书前有门人刘虎生等于是年十月朔日所撰之《印行十力丛书记》,其中录有熊十力书信数通。

1948 年

《论事物之理与天理(答徐佛观)》,《学原》第 1 卷第 12 期,1948 年 4 月。

《略谈新论旨要(答牟宗三)》,《学原》第 2 卷第 1 期,1948 年 5 月。

7 月 13 日致信胡适,并附《读谭子(峭)化书》一文。

《漆园记》,《学原》第 2 卷第 6 期,1948 年 10 月。

《申述新论旨要平章儒佛摧惑显宗记》,假黄艮庸名义撰著,驳印顺法师《评熊十力的新唯识论》。是文收人《十力语要初续》时改题为《新论平章儒佛诸大问题之申述(黄艮庸答邓子琴)》。

1949 年

《读经示要》经徐复观商请吴俊升,由上海正中书局再版,三卷三册线装本,为《读经示要》的最好版本。

《十力语要初续》,香港东升印务局 1949 年 12 月出版。是书搜集 1947—1949 年间论文、笔札及熊仲光的《困学记》。

《韩非子评论》,香港人文出版社印为单行本,1949 年冬。是书曾以《述熊正韩》为题,以胡拙甫即胡哲敷名义发表于《学原》第 3 卷第 1 期(香港出版)上,时间约为次年一月。是书为胡哲敷所写成,有些思想来源于熊十力,经熊氏作出修改,可作为熊氏研究的参考资料。

1950 年

《摧惑显宗记》全称为《申述新论旨要平章儒佛摧惑显宗记》,赵介眉赞助,由张云川商请大众书店印行 200 部,署名为黄庆。较之《十力语要初续》中收录的《新论平章儒佛诸大问题之申述》,则在前增加了阐述《新唯识论》的文字约 13 页,在后附有《与诸生谈新唯识论大要》、《为诸生授新唯识论开讲词》。是冬题《卷端小识》。

《与友人论张江陵》,二三君子集资印 200 部,1950 年仲秋。为大众书店印。

1951 年

《论六经》又名《与友人论六经》,大众书店郭大中、万鸿年为其印行 200 部,1951 年夏。

1952 年

删定《新唯识论》语体本。

旅美学者陈荣捷以英文撰《现代中国之宗教趋势》一书,由哥伦比亚大学出版,其中第六章《知识分子之宗教》特列专节介述《新唯识论》。

1953 年

《新唯识论》壬辰删定本由董必武、林伯渠等协助印行,1953 年秋。

1954 年

12 月 23 日订《甲午存稿》,未刊手稿,内有长函《与友人(郭沫若)》和《与宰平及艮庸》。

1955 年

春作《哀文》,收入唐玉虬《怀珊集》。

《原儒》上卷由上海龙门联合书局印存百部。

1956 年

夏初,《原儒》下卷脱稿。初秋,《原儒》下卷印存百部,又将上下卷各印200 部。12 月以全书上下两册加印 5000 套,玉扣纸八开,线装,由上海龙门联合书局出版,公开发行。下卷附录《六经是孔子晚年定论》。

《谈"百家争鸣"》,《哲学研究》第 3 期,1956 年 6 月。

1957 年

4 月 3 日应辛亥革命志友何自新之子何小龙之邀,为其母作墓志:《贞节夫人何母杜氏墓志》。

1958 年

《体用论》,上海龙门书局影印 200 部出版,1958 年春。

1959 年

《明心篇》,上海龙门书局排印 200 部出版,1959 年 4 月。

《唐世佛学旧派反对玄奘之暗潮》,《中国哲学史论文初集》,科学出版社 1959 年版。

1960 年

《读经示要》,台北广文书局按 1949 年正中书局印本影印出版,1960 年3 月初版,徐复观撰《印行记》。是书于 1960 年 5 月再版,1978 年 4 月印行第 5 版,1976 年 6 月印行第 6 版。

1961 年

3 月作《记陈营长癸丑德安就义事》，纪念黄冈人陈博平反袁事迹。

《乾坤衍》，由郭沫若交中国科学院印刷厂影印百余部，1961 年夏。

《佛家名相通释》，台北广文书局 1961 年 12 月重印出版，徐复观撰《重印名相通释序》。

1962 年

《新唯识论》语体本全一册，台北广文书局 1962 年 1 月重印出版。是书 1974 年 2 月印行第 3 版。

《十力语要》全一册，台北广文书局 1962 年 6 月重印出版。是书 1973 年 11 月再版，1977 年 7 月第 3 版。

以上二种书，均按 1947 年湖北《十力丛书》本影印，但删却了《印行十力丛书记》。

《儒行篇疏论》选自《读经示要》，香港《人生》杂志第 278 期，1962 年 6 月。

1963 年

撰成《存斋随笔》一书，仲冬完稿，并已由封用拙誊正，作好了影印的准备，惜未能影印、刊行。此书封君誉正稿有两种，内容相同。

熊十力论"翕与辟"、"理与气"、"心与仁"、"体与用"语录，见陈荣捷以英文撰之《中国哲学资料书》，普林斯顿大学出版社，1963 年版，其中第 43 章为《当代唯心论新儒学：熊十力》，资料多选自《新唯识论》和《原儒》。1973 年是书出第 4 版。

1964 年

12 月致书董必武，谈读周恩来《政府工作报告》的感想。

1965 年

8 月作《先世述要》，未完稿。

1970 年

《原儒》,香港龙门书店 1970 年冬重印。

1971 年

《原儒》,台北明伦出版社 1971 年 1 月重印。

《十力语要初续》,台北乐天出版社 1971 年 4 月重排出版,谢幼伟作重刊序言。是书 1974 年 3 月及 1975 年 4 月再版。该出版社改名为洪氏出版社后,于 1982 年再印此书。

《因明大疏删注》,台北广文书局 1971 年 4 月重印,是书于 1972 年再版。

1972 年

《新唯识论》语体本,台北乐天出版社按 1947 年湖北《十力丛书》版重印,1972 年 11 月。

《韩非子评论》,台北兰台书局 1972 年 11 月重印。

1973 年

《新唯识论》文言本,由唐君毅寄周绍贤,交台北文景出版社 1973 年 4 月重印。

1975 年

《新唯识论》文言本与《破破新唯识论》,台北河洛图书出版社 1975 年 3 月合刊重印。

《中国历史讲话》,台北智仁出版社,1975 年 3 月重印,1979 年 7 月再版,牟宗三作重印前记。

1976 年

《明心篇》,台北学生书局影印,1976 年 3 月。

《乾坤衍》,台北学生书局影印,1976 年 3 月初版,1983 年 8 月第 4 版。

《体用论》,台北学生书局影印,1976 年 4 月初版,1983 年 9 月第 3 版。

1977 年

熊十力论治学方法、哲学本体论、历史文化、民国思想界及中西文化的语录汇编,李霜青编,《中国历代思想家》,台北商务印书馆,王寿南总编,1977 年版。

1978 年

《韩非子评论》,台北学生书局 1978 年 10 月重印。

《略说新论旨要(答牟宗三)》和《新唯识论》语体本之《明宗章》,收入《中国哲学思想论集》,项维新、刘福增主编,台北牧童出版社 1978 年版。

1979 年

《中国历史讲话》,分期连载于台湾东海大学《中国文化月刊》,1979 年 11 月—1981 年 5 月。

1980 年

《先世述要》首次由徐复观发表于香港《明报》月刊第 176 期,1980 年 8 月。徐氏写有序言。

1981 年

《熊十力致蒙文通书简》,《中国哲学》第 5 辑,第 374—375 页,北京三联书店 1981 年 1 月。

《新唯识论要旨述略》、《新唯识论问答》、《破破新唯识论》、《答谢幼伟书》四文,收人《当代儒佛之争——熊十力〈新唯识论〉论战选辑》,林安梧编辑,台北全国出版社 1981 年 10 月出版。是书并收太虚、巨赞、印顺、黄艮庸、谢幼伟、霍韬晦等关于《新论》的论文。是书于 1990 年 6 月由台北明文书局重印。

1983 年

《新唯识论》文言本,台北学生书局 1983 年 6 月重印。

《尊闻录》,台北时报文化出版公司据 1930 年北平线装大字初版本重印,杜维明作重印《序言》,1983 年 10 月。

1984 年

《辩佛学根本问题——吕澂、熊十力往复函稿》,《中国哲学》第 11 辑,第 169—199 页,人民出版社 1984 年 1 月版。

《佛家名相通释》,台北洪氏出版社 1984 年 4 月 30 日再版。

《熊十力与刘静窗论学书简》,刘述先编,台北时报文化出版公司 1984 年 6 月印行。

《读经示要》,台北明文书局 1984 年 7 月重排出版。

《中国历史讲话》,台北明文书局 1984 年 12 月影印出版。书前影印熊十力给黄本初的手札,后附《为青年申两大义——公诚与自由》、《答张生》文,并影印熊十力给张北海的手札。

1985 年

《佛家名相通释》,上海中国大百科全书出版社 1985 年 7 月版,重新标点、重新排印出版,附有王元化的跋语《记熊十力先生》。

《熊十力论著集之一——新唯识论》包括《熊子真心书》、《新唯识论》文言本、《破破新唯识论》、《新唯识论》语体本,并附刘定权《破新唯识论》,北京中华书局重新标点、重新排印出版,1985 年 12 月,前印萧萐父、汤一介的《编者弁言》。是书由郭齐勇、景海峰、李明华、王守常整理,萧、汤主编。

《与梁漱溟论宜黄大师》,台北《鹅湖》第 11 卷第 5 期,1985 年 11 月。

陈瑞深译注陈荣捷氏英文《中国哲学资料书》第 43 章《当代唯心论新儒学:熊十力》,台北《中华文化复兴》月刊,第 212、213 两期。

1986 年

《佛家名相通释·撰述大意》1956 年 10 月修改稿,《中国文化与中国哲学》,东方出版社 1986 年 12 月,第 337—347 页,景海峰整理。

《熊十力论著集之一——新唯识论》,台北文津出版社 1986 年 10 月,据 1985 年 12 月北京中华书局本影印。

1988 年

《略释十二缘生》,《存斋随笔》中的一节,《中国哲学》第 14 辑,人民出版社 1988 年 1 月,第 303—330 页,景海峰、王守常整理。

《熊十力致黄焯论学书》,《中国哲学》第 14 辑,第 331—334 页,郭齐勇、李明华整理。

《中国文化散论——〈十力书简〉选载》,《中国文化与中国哲学》第 2 辑(1987),北京三联书店 1988 年 3 月版,第 1—19 页。初次发表熊十力致梁漱溟、林宰平、徐复观、牟宗三等的论学书札十篇,景海峰、王守常整理。

《熊著选粹》,梁漱溟选编。梁氏于 1961 年 7 月从《十力语要》和《读经示要》中选录 22 段熊氏语录精粹,收入《勉仁斋读书录》,是书 1988 年 6 月由人民日报出版社出版。该书还收入了梁氏《忆熊十力先生》和《读熊著各书书后》二文。

《论张江陵》,台北明文书局 1988 年 3 月重版印行。

《论六经》,台北明文书局 1988 年 3 月重版印行。

《摧惑显宗记》,重印本,台北学生书局 1988 年 6 月初版,前有刘述先撰写的重印序言。

《原儒》全一册,重新校正,排印,台北明文书局 1988 年 12 月 10 日初版,前有林安梧撰写的代序。

1989 年

《熊十力书函选辑》,《回忆熊十力》,湖北人民出版社 1989 年 2 月版,景海峰等整理,选录熊十力致董必武、郭沫若、梁漱溟、林宰平、黄艮庸、王星贤、黄焯、陈亚三等书函共四十一通,自述一篇。

《新唯识论》、《原儒》,《孔子文化大全》论著类,山东友谊书社 1989 年 7 月初版。

1990 年

《与友人书》1954 年 10 月,甲午存稿之一,《致郭沫若》,《玄圃论学集——熊十力生平与学术》,北京三联书店 1990 年 2 月版,第 1—10 页,郭齐勇整理。

《熊十力论学书札(三通)》,致牟宗三、唐君毅,《中国文化》创刊号,北京三联书店1990年5月出版,第181—185页,王守常整理。

《十力语要》,台北明文书局1990年重版印行。

《十力语要初续》,台北明文书局1990年8月重版印行。

《新唯识论》上、下,台北明文书局1990年重版印行。

1991年

《熊十力学术通信一则》(《致张晓峰》),《中国文化与中国哲学》(1989),北京三联书店1991年5月版。

《中国学术思想的自立之道》(摘自《论六经》之末章),题目为编者所拟,《中国文化》第5期,1991年12月,北京《中国文化》编辑部编,中华书局香港出版。

1993年

《存斋随笔》,台北鹅湖月刊社出版。

《熊十力集》(《当代新儒学八大家集》之二),黄克剑等编,北京群言出版社1993年12月初版。

1994年

《熊十力论著集之二——体用论》,北京中华书局1994年2月出版。是书包括熊十力《新唯识论》(壬辰删定本)《赘语》和《删定记》、《甲午存稿》(《与友人》、《与宰平及艮庸》)、《体用论》、《明心篇》、《乾坤衍》、《存斋随笔》等论著。是书由萧萐父、汤一介主编,由郭齐勇、萧汉明、李维武等整理、标点。

《存斋随笔》,上海远东出版社1944年12月版。

1995年

《熊十力学案》,郭齐勇编撰,载方克立、李锦全主编的《现代新儒家学案》,中国社会科学出版社1995年版。

1996 年

《熊十力论著集之三——十力语要》，北京中华书局 1996 年 8 月版，是书包括四卷《十力语要》，以 1947 年湖北《十力丛书》本为底本，由王守常整理、标点。

《当代新儒学的根基：熊十力新儒学论著辑要》，郭齐勇编，北京中国广播电视出版社 1996 年 12 月。方克立主编"现代新儒学辑要丛书"之一。

1999 年

《熊十力学术文化随笔》，熊十力著，郭齐勇编，北京中国青年出版社 1999 年 1 月出版，"二十世纪中国学术文化随笔大系"之一。

2001 年

《熊十力全集》，湖北教育出版社 2001 年 8 月版，是书九卷十册，共 480 余万字。其中，正文八卷八册，包括了编者当时所能搜集到的熊十力先生所有已刊与未刊的论著书札；又有附卷上下两册，包含了已有的海内外最有代表性的关于熊十力生平及其佛学、哲学思想的研究论文。这是迄今为止最丰富、最完整的熊著集成。本全集编纂出版委员会主任萧萐父，副主任武修敬，委员娄齐贵、袁定坤、郭齐勇、景海峰、王守常、蔡兆华、张国平、陆才坚、胡治洪，主编萧萐父，副主编郭齐勇。

跋

　　本书系据我的博士论文《熊十力研究》（1990 年 7 月）修改、扩充而成。论文是在博士生导师萧萐父教授指导下完成的。萧老师和指导小组李德永教授、唐明邦教授、段启咸教授于德业诸方面对我的教诲、帮助、批评、提携，情深似海，永志难忘。数年来，亦不断承蒙陈修斋教授、杨祖陶教授的不吝赐教、悉心帮助。受业所获益者，岂但学问而已？如何在生活实践中，在人生各种际遇下，挺立道德自我，追求理想人格，成就人品与文品，真诚无伪地做人与做学问，是我这十多年来，尤其近三年来，在以上各位老师的言传身教之下，在与熊十力、梁漱溟诸前辈神交的过程中逐步体验到的。

　　张岱年先生与已故梁漱溟先生、贺麟先生对于我的研究曾经给予过多方面的指导。

　　本论文于 1990 年 8 月寄送十二位海内高明指点、评审。他们是：任继愈教授、周辅成教授、冯契教授、石峻教授、朱伯崑教授、章开沅教授、汤一介教授、方克立教授、李锦全教授、涂又光教授、丁祯彦教授、吴熙钊教授。同年 9 月 5 日，在武汉大学哲学系，由李锦全、方克立、涂又光、吴林伯、萧萐父、李德永、唐明邦七教授组成论文答辩委员会，在李锦全教授主持下，通过认真地答辩与评审，一致通过了论文。周辅成、任继愈、冯契、方克立等专家在评审报告及给萧先生的私函中提出的一些批评十分中肯，其意义已不只限于学问。朱伯崑先生特别提醒我不要把心学思想家的路数和思想特征作为整个中国哲学的路数和思想特征。我特别尊重这些批评意见。前辈学者的爱心使我终身受用。吉光片羽，恐成绝响，特记于兹。以上所有专家学者们的指教与批评弥足珍贵，使我获益良多。本书修订时，已充分采纳、吸取、借鉴了他们宝贵的意见。

　　从内容来看，本书前五章可视为内篇，后四章可视为外篇。从写作时间来看，前五章和附录完成于己巳（1989）酷暑与庚午（1990）盛夏之间，作为博士论文通过了答辩；第九章的第一部分，完成于博士论文之前，约在戊辰

(1988)与己巳之间;第八章完成于通过论文不久的庚午秋冬;第六、七章和九章大部则完成于壬申(1992)之夏。由于教学和其他项目的科研任务,特别是《熊十力全集》整理任务细琐繁重,论文修订扩充工作拖延了近两年时间。

我的博士论文,较之我的硕士论文《熊十力的认识辩证法初探》(1984)及其扩大本《熊十力及其哲学》(1985,北京展望)和修订再版本《熊十力与中国传统文化》(香港天地1988年版和台北远流1990年版)有了新的超越。在熊十力本体论哲学架构及内涵、内在张力、学术渊源、思想影响的诠释与批导上,有了较大的创进。研究角度、视野、侧重面、参照系之异动和改换,是显而易见的。我的此前成果,主要解决的是熊十力其人其书等基本史实梳理,以及熊十力思想对传统的批导和与近代中国思想史的关联问题,因为当时熊十力研究尚是一片空白,甚至连他的生平都暗而不彰。本书所要解决的则是熊十力之为熊十力的核心问题,即熊十力哲学本体论问题,及其作为20世纪人文主义思潮的形上奠基者对现代的批导和多面影响的问题,包括熊十力与儒、释、道《易》学,与现代哲学诸家的联系与区别,及他在现当代中国哲学思想史上的地位问题。本书和我此前研究熊十力的著作,不可以相互取代。

数年来,我参加了方克立、李锦全二教授领导的"七五"—"八五"期间国家社会科学重点项目之一——"现代新儒学思潮研究"课题组。承蒙二位先生的厚爱,拟将本书纳入他们主编的"现代新儒学研究丛书·专人研究系列"中,作为课题组学术成果之一,由天津人民出版社出版。责任编辑盛家林同志为本书出版付出了辛勤的劳动。

最后要再一次诚挚地感谢导师萧萐父先生、李德永先生、唐明邦先生。11年来,他们不仅领我走进了学术研究殿堂的大门,而且为我在德业诸方面的提高和发展倾注了心血! 在我经过了蹉跎岁月,于而立之年得以深造以降,他们对我的教育、帮助,总是如此亲切、及时,即使于严峻中亦渗透着深情。此生遇良师接引,真是莫大的幸事!

谨以此书献给在熊十力生平与思想研究中给予我指教、帮助的所有的人! 谢谢他们的关怀、鞭策、尊重与爱。

郭齐勇

壬申(1992)三伏于武汉

责任编辑：方国根

图书在版编目（CIP）数据

熊十力哲学研究/郭齐勇 著．－北京：人民出版社，2011.10
（哲学史家文库　第 2 辑）
ISBN 978－7－01－009262－1

Ⅰ.①熊…　Ⅱ.①郭…　Ⅲ.①熊十力(1884～1968)－哲学思想－研究
Ⅳ.①B261.5

中国版本图书馆 CIP 数据核字(2010)第 176956 号

熊十力哲学研究
XIONGSHILI ZHEXUE YANJIU

郭齐勇　著

人民出版社 出版发行
（100706　北京朝阳门内大街166号）

北京市文林印务有限公司印刷　　新华书店经销

2011 年 10 月第 1 版　2011 年 10 月北京第 1 次印刷
开本：710 毫米×1000 毫米 1/16　印张：20
字数：320 千字　印数：0,001－3,000 册

ISBN 978－7－01－009262－1　定价：49.00 元

邮购地址 100706　北京朝阳门内大街 166 号
人民东方图书销售中心　电话 (010)65250042　65289539